Der moderne Knigge

Karin Myria Pickl

Der moderne Knigge

Souverän und stilvoll auftreten in Alltag und Beruf

NGV

Gesamtproducing: Dr. Gabriele Schweickhardt, Lektorat & Redaktion Frankfurt/M.
Illustrationen im Innenteil: Billaudelle – Agentur für Medien, Design und Illustration
Gesamtherstellung: Naumann & Göbel Verlagsgesellschaft mbH, Köln

ISBN 978-3-625-11824-4

www.naumann-goebel.de

INHALTSVERZEICHNIS

Das richtige Gefühl für Stil 8

Für wen ist dieses Buch geeignet? 9

Etikette – eine Einführung 10

Der erste Eindruck 12

Wer war Knigge? 13

Gutes Benehmen im Wandel der Zeiten 14

Benimmunterricht – was bringt er? 15

Gutes Benehmen – alltägliche Situationen privat und in der Öffentlichkeit 17

Etikette heute – richtig auftreten, Sympathien gewinnen 18

Höflichkeit & Co 28

Anstand mit Abstand: die Distanzzonen 31

Von der Begrüßung bis zum Abschied 34

Geschenke und andere Aufmerksamkeiten 48

Einladungen – aussprechen und annehmen 53

Familiäre Anlässe 62

Gute Nachbarschaft 68

Vereine, Ehrenamt & Co. – so sind Sie gut dabei 78

Kommunikationskultur 80

Menschliches Miteinander – Kommunikation als Weg 81

Nonverbale Kommunikation/Körpersprache 81

Verbale Kommunikation/Sprache 85

Wie sage ich was? 92

Moderne Korrespondenz 96

Visitenkarten 117

Dresscodes, Farb- und Stilberatung: Kleider machen noch immer Leute 122

Vom Sinn der korrekten Kleidung 123

Dresscodes 124

Der persönliche Stil 126
Veranstaltungen mit besonderen Kleidungsvorschriften 132

Bei Tisch und im Restaurant 133
Die Kunst des Tischdeckens 134
Tischsitten und -manieren – in der Familie und mit Gästen 146
Wie isst man was? Speisen von A – Z 166
Kleine Menükunde 173
Kleine Weinkunde 176
Im Restaurant 178

Veranstaltungen und Übernachtungen 187
Veranstaltungen 188
Über Nacht 202

Souverän im Business 214
Business-Basics 215
Dresscodes und Image 216
Stil am Arbeitsplatz 223
Der Ton macht die Beziehungsmusik 226
Sich duzen oder siezen am Arbeitsplatz 228
Zeit und Ordnung – eine Sache der Wertigkeit 232
Der Schreibtisch: ein Spiegel der Seele 235
Klasse Team: wertschätzendes Miteinander 238
Umgang mit Krankheiten 239
Sicher, souverän und selbstbewusst auftreten 240
Begrüßung, Bekanntmachen, Vorstellen und Verabschiedung 241
Kommunikation im Job 244
Gäste- und Besucherbetreuung 248
Meetings und Konferenzen 248
Geschäfts- und Arbeitsessen 251
Betriebsfeierlichkeiten 254
Beruf & Privates mischen? 256
Unternehmenskulturen 256
Dienst- und Geschäftsreisen 257

Messen und Kongresse 258
Bewerbung und Vorstellungsgespräch 259
Berufseinsteiger – „die ersten 100 Tage“ 265
Interkulturelles Know-how 269
Diplomatisches Geschick 269

Stilvoll unterwegs 271
In öffentlichen Verkehrsmitteln 272
Mit dem Auto unterwegs 276
Radfahrer und Inlineskater 282
Über den Wolken 283
Auf See 287
Achtsam reisen 288
In der Natur 293
Etikette weltweit 295

Special für sie und ihn 344
Die moderne Frau 345
Männer-Special 356
Sie und er 361

Früh übt sich: Knigge für Kids und Jugendliche 364
Gutes Benehmen macht Spaß 365
In der Familie 369
Kinder in der Öffentlichkeit 373
Sich unterhalten 378
Kids bei Tisch 379
Kinder zu Gast oder als Gastgeber 382
Klamotten 387

Service 390
Weiterführende Literatur 390
Hilfreiche Internetadressen 391
Register 392

Das richtige Gefühl für Stil

Knigge ist wieder richtig beliebt, sein Vermächtnis erfährt in der gegenwärtigen Zeit eine neue Wertschätzung. Nach Jahren der Lässigkeit im Miteinander entdecken wir die Vorzüge guter Umgangsformen wieder – und teilweise auch völlig neu. Denn der „Knigge" als bloßes Regelwerk für richtige Verhaltensweisen verstanden hat ausgedient. Heute geht es vielmehr darum, zwischenmenschliche Sensibilität zu entwickeln und ein Gespür dafür, welches Verhalten in welcher Situation angebracht ist. Und das von innen heraus, aus dem Herzen, im ganz persönlichen Stil. Nicht, um sich selbst hervorzutun und andere in „Wissende" und „Nichtwissende" zu unterteilen, sondern um ein angenehmes Miteinander zu schaffen. Wer das umsetzt, zeigt Achtung – vor dem eigenen wie auch vor fremdem Leben.

FÜR WEN IST DIESES BUCH GEEIGNET?

Gutes Benehmen ist heute wieder richtig in und ein entscheidender Türöffner – privat wie auch beruflich. Wer damit jedoch noch verstaubte Förmlichkeit, steife Regeln und gekünstelte Floskeln verbindet, liegt völlig falsch. Nicht die starre Höflichkeit steht im Vordergrund, auf deren Einhaltung strengstens geachtet wird, sondern ein lebendiges, wertschätzendes Miteinander zum Wohle aller. Moderne Umgangsformen sollen dafür eine Grundlage bieten, an der sich jede Frau und jeder Mann orientieren kann.

Die Art, wie wir Beziehungen gestalten, wird in allen Lebensbereichen zunehmend wichtiger. Wer anderen gegenüber ehrlich ist und ihnen Respekt und Wertschätzung entgegenbringt, zieht gute Beziehungen oft wie magisch an. Begegnungen, aus denen alle Beteiligten mit einem zufriedenen Gefühl gehen, sind Nahrung für die Seele. Wir gewinnen die Herzen und Sympathien unserer Mitmenschen, die Lebensfreude nimmt zu, Selbstsicherheit und Selbstbewusstsein wachsen. So bekommen wir mit mehr Leichtigkeit die Informationen und Kontakte, die wir benötigen und die uns guttun. Das alles reduziert Stress, fördert unser Wohlbefinden und ist daher sogar aktive Gesundheitsvorsorge.

Im Business entscheidet richtiges Benehmen inzwischen meist auch über Erfolg oder Nichterfolg. Nur mit den richtigen Kontakten kommen wir auf unserer Laufbahn gut vorwärts. Und hier wiederum gewinnen wir durch freundliches, souveränes Auftreten: indem wir dem anderen Respekt entgegenbringen, echtes Interesse zeigen, Vertrauen wecken und positive Gefühle hinterlassen. Für Bewerber ist beispielsweise das Testessen oft die entscheidende Prüfung dafür, ob sie den Job erhalten oder nicht. Der Arbeitsmarkt ist inzwischen voll von hervorragenden Fachkräften. Wer da mit guten Umgangsformen glänzt, sich souverän und authentisch präsentieren kann, sticht aus der einheitlichen Masse der zahlreichen Interessenten äußerst positiv heraus.

Das Gute: Moderne Umgangsformen kann man lernen – mit dem nötigen Wissen und viel Praxis –, denn sie sind das Entscheidende. Sie gewinnen an Souveränität und Selbstsicherheit im täglichen Leben sowie im Umgang mit Kunden, Kollegen, Vorgesetzten und sonstigen Autoritätspersonen in der Öffentlichkeit.

Das vorliegende Buch wendet sich an Frauen und Männer – ob jugendlich oder erwachsen. Junge Leute erhalten Hilfen, um ihren Platz in der Gesellschaft zu finden. Erwachsene können ihr Knigge-Wissen auffrischen oder Neues hinzulernen. Dieser „Knigge" soll ihnen vorwiegend als Wegweiser durch den Alltag mit seinen verschiedenen Lebensbereichen dienen und den zwischenmenschlichen Umgang erleichtern:

- im öffentlichen Leben
- mit Behörden, Banken, Versicherungen, Geschäften
- in Schule, Ausbildung und Beruf
- im Privatleben mit all seinen Facetten
- in der Familie und der Verwandtschaft
- bei Ärzten oder Therapeuten
- mit dem Internet und moderner Technik
- bei Tisch
- auf Empfängen, Festen, Vernissagen
- im Straßenverkehr
- im Sport und in Vereinen
- bei Seminaren – ob beruflich oder privat
- bei der Existenzgründung
- auf Reisen

ETIKETTE – EINE EINFÜHRUNG

Seit Langem gilt das Standardwerk „Über den Umgang mit Menschen" von Adolph Freiherr Knigge, erschienen 1788, als die Basis für gutes Benehmen und einen höflichen Umgang miteinander. Obwohl es seither viele Veränderungen im gesellschaftlichen Leben gab, haben seine grundlegenden Ansichten immer noch Gültigkeit. Zunehmend finden auch die philosophisch-ethischen Hintergründe seiner Schriften Beachtung.

Der Begriff „gute Umgangsformen“ schließt alle Übereinkommen zur zwischenmenschlichen Interaktion ein, die das gesellschaftliche Zusammenleben erleichtern und ein harmonisches Miteinander sicherstellen sollen. Andere Bezeichnungen dafür sind: Anstand, Benimm, Benehmen, Betragen, Etikette, Gesittetheit, gute Erziehung, guter Ton, Manieren, Schicklichkeit, Schliff oder Stil. Allerdings gibt es, je nach Kulturkreis und gesellschaftlichem Stand, auch viele Unterformen, die nicht immer miteinander vereinbar sind. So können dann Probleme auftreten, wenn Menschen aus verschiedenen kulturellen oder sozialen Kreisen aufeinandertreffen. Im Laufe des globalen Zusammenwachsens entwickeln wir ja vielleicht eines Tages ein System, das für alle Menschen gleichermaßen gültig ist.

Kritiker wehren sich vorwiegend gegen starre Regeln und gekünstelte Verhaltensvorgaben, denen sich die Menschen unterordnen sollen. Moderne Umgangsformen wollen jedoch keine „Gesellschaftsmarionetten“ erzeugen, sondern bieten für den authentischen, verantwortungsbewussten Menschen und Bürger Leitlinien, wie er persönliche und gesellschaftliche Interessen miteinander verbinden kann. Dafür, und da sind sich die meisten einig, braucht es gewisse Grundregeln für den respektvollen Umgang miteinander. Ein Beispiel ist die „goldene Regel“: „Was du nicht willst, das man dir tu, das füg auch keinem andern zu“. Sie kann in allen Kulturen, sozialen Schichten und Situationen als Wegweiser dienen. Auch moralische Werte wie Anstand, Freundlichkeit, Respekt, Rücksichtnahme, Entgegenkommen oder Wertschätzung bieten eine gute allgemeine Grundlage.

Und schließlich liegt es an jedem Einzelnen, ob er die Regeln als lästige Pflicht sieht und sich innerlich davon distanziert oder ob er sie annimmt und mit seiner Persönlichkeit erfüllt zum Leben erweckt. Wenn man auch mit manchen Regeln nicht einverstanden ist, sollte man zumindest die Hintergründe und Gepflogenheiten kennen, um dann die eine oder andere Vorgabe bewusst und mit einer guten, persönlichen Begründung zu brechen.

DER ERSTE EINDRUCK

Höchstens eine halbe Minute dauert es, bis wir einen ersten Eindruck von einem anderen Menschen gewonnen und – ihn meist auch gleich in eine Schublade gesteckt haben. Sympathisch – unsympathisch, kompetent – inkompetent, charmant – unhöflich ... Das mögen manche vielleicht nicht gern lesen, doch scheint es ein ganz menschlicher Zug zu sein. Schließlich ist es auch ein wichtiger Schutz, auf diese ersten inneren Botschaften zu achten. Bewusst oder unbewusst spüren wir, ob uns jemand wohlgesinnt ist oder nicht.

Dennoch: Reflektieren Sie Begegnungen und bleiben Sie auch bei weiteren Zusammentreffen offen – wir wissen ja nie, in welcher Situation wir jemanden gerade kennenlernen. Sowohl Ihr Gegenüber kann sich in einer schwierigen Lebenslage befinden als auch Sie selbst. Und dann ist in der Regel unsere Wahrnehmung der anderen Menschen etwas einseitig und getrübt. Wir können andere nicht verändern, nur verstehen. In unserer eigenen Hand liegt dagegen immer die Verantwortung für uns selbst – für unser Auftreten, unser Wohlbefinden, unser Selbstbewusstsein.

Einen guten Gesamteindruck schafft das erfolgreiche Zusammenspiel folgender Aspekte:

Äußerlichkeit: Kleidung, Schmuck, Frisur und Make-up
Körperlichkeit: Körperhaltung, Bewegung, Mimik und Gestik
Innerlichkeit: innere Haltung, Lebensphilosophie, Menschenbild
Sprachfähigkeit: Sprache, Ausdruck, Wortschatz
Höflichkeit: allgemeines Benehmen und Umgangsformen

Entscheidend ist: Gutes Benehmen beginnt immer bei uns selbst – mit unserer Selbstachtung. Wir können anderen nur dann ein guter Wegbegleiter, aufmerksamer Zuhörer, professioneller Kollege oder liebevoller Freund sein, wenn wir uns selbst mögen, wertschätzend mit uns umgehen und in allen Belangen optimal für uns sorgen.

Schon Knigge befasste sich in seinem Standardwerk auch mit dem Umgang mit sich selbst. So empfahl er zum Beispiel: „Es ist nützlich und interessant, über den Umgang mit anderen Menschen seine eigene Gesellschaft nicht zu vernachlässigen. Es kommen Augenblicke, wo wir uns selbst am nötigsten sind. Gehe ebenso vorsichtig, fein, redlich und gerecht mit Dir selber um wie mit anderen! Sorge für Deine Gesundheit, aber verzärtle Dich nicht! Respektiere Dich selbst, und habe Zuversicht zu Dir selber!"

(„Über den Umgang mit Menschen", Seite 9, Nikol-Verlag 2004)

WER WAR KNIGGE?

Adolph Freiherr Knigge wurde am 16. Oktober 1752 in Bredenbeck bei Hannover geboren. Seine Eltern, Philipp Carl Ernst Freiherr Knigge und Louise Wilhelmine, entstammten beide demselben alten Adelsgeschlecht. Der Vater war unter anderem promovierter Jurist und Hofgerichtsrat sowie Besitzer zweier Rittergüter. Die inzwischen allerdings verarmte Familie trug den Titel „Freiherr" ohne den typischen Zusatz „von". Adolph verlor seine Mutter schon mit 11 Jahren. Sein Vater starb wenig später, als er selbst gerade mal 14 Jahre alt war – und hinterließ ihm 130.000 Reichstaler Schulden. Nach dem Tod seines Vaters bekam er in Hannover Privatunterricht und studierte ab 1769 in Göttingen Jura und Kameralistik. 1771 ernannte ihn Landgraf Friedrich II. von Hessen-Kassel zum Hofjunker und Assessor der Kriegs- und Domänenkammer. 1773 heiratete er Henriette von Baumbach. Sie hatten eine gemeinsame Tochter. Am 6. Mai 1796 starb Adolph Freiherr Knigge mit 43 Jahren in Bremen, wo er im Dom beigesetzt wurde.

Knigge war ein Freigeist und keineswegs Vertreter einer steifen Etikette, mit der man ihn heute oft fälschlich in Verbindung bringt. Im Gegenteil – er eckte in der adligen Gesellschaft oft durch seine aufklärerische Art an und machte sich das Leben dadurch ziemlich schwer. Er trug allerdings wesentlich mit zur Befreiung des Bürgertums aus der Abhängigkeit vom Adel bei. 1788 erschien sein bekanntestes Werk, „Über den Umgang mit Menschen", das wir heute meist mit dem Begriff „Knigge" und aktuellen Benimmratgebern gleichsetzen. Das Buch hat damit aber so gut wie nichts zu tun. Es handelt sich vielmehr um eine soziologische Schrift, eine praktische Lebensphilosophie mit vielen autobiografischen Zügen. Er beschreibt, wie Menschen unterschiedlicher Generationen, Berufe, Charaktere und Stimmungslagen miteinander umgehen sollten. Doch Knigge vermittelt kaum konkrete Benimmregeln wie Kleidungsvorschriften oder Tischsitten. Sie wurden erst später von den Verlagen ergänzt.

GUTES BENEHMEN IM WANDEL DER ZEITEN

Auch Umgangsformen unterliegen dem Wandel der Zeiten, verändern sich mit der Weiterentwicklung der Gesellschaft. War es früher Sitte, sich starren höfischen Regeln zu unterwerfen, ist das Ziel der heutigen Benimm-Kultur, nachvollziehbare, menschliche Regeln aufzustellen, die wir flexibel, authentisch, der Situation und den beteiligten Mitmenschen angepasst anwenden können. Es geht nicht mehr darum, uns in ein förmliches Korsett zu zwängen, das unserer individuellen Natur widerspricht und alle Menschen gleich machen soll, sondern um eine Art Leitfaden, wie wir mit Würde und Achtung, Toleranz und Freiheit, Respekt und Wertschätzung miteinander umgehen können, ganz unabhängig von:

- Gesellschaftsschicht und sozialem Milieu (vom Bettler bis zum Millionär)
- beruflicher Position (von der Aushilfskraft bis zum Chef)
- Alter und Geschlecht (ob Kind oder Pensionär, Frau oder Mann)
- Intelligenz und Schönheit (ob der IQ bei 80, 100 oder höher liegt, ob Schönheitskönigin oder nicht)
- körperlichen und psychischen Einschränkungen (wie z. B. eine Behinderung oder Krankheit)

Entscheidende Veränderungen in den letzten Jahren und Jahrzehnten

Im Vergleich zum 20. Jahrhundert ist unser Leben heute stark von technologischem Fortschritt und einem Bewusstseinswandel im Miteinander geprägt, die zu Veränderungen in den Umgangsformen beigetragen haben:

Internationalität: Wir wachsen weltweit immer mehr zusammen und müssen daher zunehmend mit Menschen aus anderen Kulturen umgehen können – sei es im Alltag durch viele Einwanderer, durch internationale Kunst und Küche oder im Beruf durch vermehrte Geschäftskontakte ins Ausland.

Neue Medien: Die rasante Verbreitung des Internets macht es notwendig, sich „im Netz" ebenfalls gut auszukennen und stilgerecht zu präsentieren. Auch der Umgang mit neuen Telekommunikationssystemen wie dem Handy ist neu.

Emanzipation: Frau und Mann stehen in unserer Gesellschaft mehr und mehr gleichberechtigt nebeneinander. Das hat zu Veränderungen in Anrede und Anschrift wie auch im Umgang miteinander geführt. Im Alltag verlieren die Rangunterschiede immer mehr an Bedeutung, eine zuvorkommende Behandlung richtet sich in erster Linie nach den praktischen Bedürfnissen. Auch im Berufsleben sind die geschlechtertypischen Rollen flexibler geworden. Es gibt heute viele Frauen in Männerberufen, manchmal auch Männer in typischen Frauenberufen. Viele Männer müssen sich daher in ihrer Rolle als Mann neu definieren und orientieren, Frauen wiederum oft einen Weg finden, ihre Weiblichkeit mit den beruflichen Anforderungen in Einklang zu bringen.

BENIMMUNTERRICHT – WAS BRINGT ER?

Normalerweise bekommen wir die wichtigsten Umgangsregeln im Elternhaus vermittelt. Wenn Eltern ihren Kindern das nötige Wissen und Fingerspitzengefühl nicht mitgeben können, weil sie es selbst nicht gelernt haben, sich nur in Teilbereichen auskennen oder ihr Wissen nicht „up to date" ist, können die Kleinen diese Dinge in Benimmkursen nachlernen. Hier vermitteln Profis systematisch aufbereitet und an vielen Beispielen erläutert, wie man sich heute auf dem gesellschaftlichen Parkett richtig bewegt.

Es gibt Kurse für Frauen und Männer, Kinder und Jugendliche, zum Thema richtiges Verhalten bei Tisch oder Auftreten in höheren Gesellschaftskreisen. Weiterhin findet man spezielle Bewerberseminare, berufliche Trainings für das In- und Ausland, Telefon- und Internetschulungen. Darüber hinaus werden witzig-kuriose Knigges für Autoliebhaber, Flirts und Intimeres, Weihnachtsmänner oder die Münchener Wies'n angeboten. Eine weitere Möglichkeit bieten moderne Medien: Online-Seminare, Kurse auf CD-ROM, DVDs oder Videos. Für Kinder kommen zunehmend auch unterhaltsame Bücher und Computerspiele auf den Markt, die sie in die Welt der internationalen Sitten und Gebräuche einführen. Außerdem laufen seit einigen Jahren an zahlreichen Schulen Benimmprojekte – sehr gut angenommen und mit positiven Ergebnissen.

Gemeinsam geht es leichter: Mit Freunden „üben"

Um neue Verhaltensweisen leicht und locker zu lernen, können Sie sich auch mit Gleichgesinnten zusammenschließen. Üben Sie gemeinsam Situationen ein, die Sie dann im „richtigen Leben" anwenden. Ein paar Beispiele:

- ein gemeinsames Essen in einem noblen Restaurant
- Variante: Restaurant mit ausländischer Küche
- Besuch einer Oper, Theateraufführung oder Tanzveranstaltung
- Teilnahme an einem Empfang oder einer Vernissage
- Einladung von Gästen zu einem feinen Essen zu Hause
- Wochenendausflug in eine Metropole
- Besuch eines Bewerbertags oder einer Messe
- Teilnahme an einem Seminar
- ein Date …

Besprechen Sie hinterher gemeinsam, wie es Ihnen gegangen ist. Was ist gut gelungen? Wo haben Sie das Gefühl, noch etwas üben zu müssen? Was ist Ihnen bei den anderen aufgefallen? Souveränität strahlen Sie erst dann aus, wenn Sie ausreichend Erfahrungen gesammelt haben und sicher sind. Daher: Suchen Sie so oft wie möglich Situationen auf, in denen Sie Ihre Umgangsformen trainieren können. Es lohnt sich!

Gutes Benehmen – alltägliche Situationen privat und in der Öffentlichkeit

„Höflichkeit ist wie ein Luftkissen: Es mag wohl nichts drin sein, aber sie mildert die Stöße des Lebens."

(Arthur Schopenhauer)

Ob und was in der Höflichkeit steckt, entscheiden Sie selbst. „Füllen" Sie höfliches Verhalten beispielsweise mit Wertschätzung, Mitmenschlichkeit und Wohlwollen. Durch die richtige Einstellung und das passende Verhalten können Sie jedes Ereignis verschönern – ob in der Familie, im Kreise der Verwandtschaft, in öffentlichen Situationen oder im Beruf. Dabei geht es vor allem um die kleinen und doch so wichtigen Dinge im Leben wie Pünktlichkeit und Sorgfalt, angemessene Nähe und Distanz, richtiges Begrüßen und Anreden, stilvolle Einladungen und Geschenke oder gute Gastfreundschaft und Nachbarschaft.

ETIKETTE HEUTE – RICHTIG AUFTRETEN, SYMPATHIEN GEWINNEN

Ob im Privatleben oder in der Öffentlichkeit – wer fit ist im „Einmaleins des guten Tons", sammelt schnell Sympathiepunkte und kommt meist auch leichter durchs Leben. Doch dabei geht es nicht darum, sich nur die richtigen Floskeln und Verhaltenweisen anzutrainieren, gute Manieren somit als Mittel zum Zweck zu benutzen, um an persönliche Ziele zu gelangen. Entscheidend ist die innere Einstellung, mit der wir den Menschen begegnen, und unsere damit verbundene Ausstrahlung. Wer anderen aus innerer Überzeugung heraus wertschätzend, respektvoll, ehrlich, hilfsbereit, tolerant und wohlwollend gegenübertritt, sorgt für eine tragende Basis im Umgang mit seinen Mitmenschen.

Hände aus den Hosentaschen – die Basics

Gute Manieren beziehen sich auf viele verschiedene Lebensbereiche. Für den Umgang im täglichen Miteinander hier zunächst die wichtigsten Grundlagen auf einen Blick:

Begrüßen: Grundsätzlich grüßt derjenige zuerst, der den anderen eher sieht. Achtet man auf die Rangordnung, grüßt der Herr die Dame zuerst, der Jüngere den Älteren, der Mitarbeiter den Vorgesetzten.

Händedruck: Zur Begrüßung sollte er kurz und fest sein; die Hand nicht quetschen, aber die eigene auch nicht schlaff in die des anderen legen, die dargebotene weder „durchschütteln" noch „schlagen".

Offenheit: Achten Sie auf eine offene Körperhaltung – sie signalisiert Freundlichkeit, Entgegenkommen und Gesprächsbereitschaft. Daher: die Arme nicht vor dem Körper verschränken oder auf dem Rücken halten, sondern locker hängen lassen. Die Hände aus den Hosentaschen nehmen. Beim Sitzen die Beine nicht übereinanderschlagen.

Aufrichtigkeit: Eine aufrechte Körperhaltung spiegelt auch die innere Aufrichtigkeit und Ehrlichkeit dem anderen gegenüber wider.

Augenblicke: Schauen Sie Ihrem Gesprächspartner in die Augen und halten Sie den Blickkontakt – das vermittelt Sicherheit, Selbstbewusstsein und Ehrlichkeit. Wem das zu anstrengend ist, der sollte sein Gegenüber zumindest so oft wie möglich ansehen.

Duzen oder Siezen? In vielen Lebensbereichen ist das Duzen heute anerkannt und üblich. Im Job oder in einer Gruppe passen Sie sich, damit Sie nicht in eine Außenseiterrolle geraten, am besten der Allgemeinheit an – sofern Sie sich damit auch wohlfühlen.

Tabu: einem deutlich älteren Menschen (Altersunterschied etwa eine Generation) oder einem Vorgesetzten das Du anbieten.

Pünktlichkeit: Sie ist eines der wesentlichen Kriterien für Respekt und Wertschätzung. Wer andere ohne Bescheid zu geben warten lässt, zeigt sich grob unhöflich und nachlässig im Umgang mit deren Zeit.

Authentizität: Wer echt ist, wirkt viel präsenter und kann dadurch besser wahrgenommen werden.

Gesunde Distanz: Um sich in einer Begegnung gut zu fühlen, ist auch der richtige äußere Abstand zueinander wichtig. Kommen Sie anderen nicht zu nahe, gehen Sie aber auch nicht zu sehr auf Distanz. Suchen Sie den passenden Abstand, mit dem Sie sich wohlfühlen.

Small Talk: Eine leichte Konversation kann bei vielen Gelegenheiten ein hervorragender Türöffner sein. Werten Sie das leichte Geplänkel daher nicht als seicht oder belanglos ab, sondern genießen Sie die kleinen Schwätzchen über das Wetter, den Urlaub oder die täglichen Nachrichten.

Hygiene: gepflegt von Kopf bis Fuß

Das schönste und teuerste Outfit hilft nichts, wenn jemand mit ungewaschenen Haaren oder schmutzigen Fingernägeln zu einem Termin erscheint. Es gibt Situationen, in denen eine gepflegte Erscheinung ganz entscheidend sein kann. Wir sollten jedoch vorsichtig sein mit vorschnellen Verurteilungen, denn letztlich können wir nie wissen, warum jemand im Moment so auftritt, wie er es tut. Vielleicht steckt auch eine Krankheit hinter rauen Händen oder brüchigen Fingernägeln?

Dennoch – zu einem perfekten Auftreten gehören auf jeden Fall dazu:

Haare & Haarschnitt: Ein guter Haarschnitt, der zu Ihrem Typ passt. Hier lohnt es sich, ein paar Euro mehr auszugeben und sich richtig gut beraten zu lassen. Die Haare haben wesentlich mehr Wirkung – auf andere, aber auch auf uns selbst –, als vielen bewusst ist. Sie sollten immer frisch gewaschen und gut frisiert sein.

Hände & Fingernägel: Achten Sie auf gepflegte Hände und Fingernägel – nicht umsonst heißt es, die Hände eines Menschen sind seine Visitenkarte. Man muss kein Handlesekünstler sein, um von den Händen auf den Menschen schließen zu können. Wer ungepflegte Hände hat, ist in der Regel auch in anderen Lebensbereichen eher nachlässig. Sorgen Sie mit einer guten Handpflege für einen sorgfältigen Eindruck.

Dufte Seiten: Ein weiteres, oft heikles Thema sind Düfte. Wer sich regelmäßig duscht und ausgewogen lebt, hat meist keinen auffälligen Körpergeruch. Wenn Sie dann noch ein dezentes Parfum verwenden, kann im Grunde nichts schiefgehen. Vorsicht aber vor zu aufdringlichen Düften – sie verursachen bei manchen Menschen sogar Kopfschmerzen. Wenn Sie Ihr Gegenüber also nicht in die Flucht treiben möchten, sollten Sie bei leichten, zarten Parfums bleiben. Dann bleibt auch Ihr Gesprächspartner. Wer stark zu Körpergeruch neigt, sollte das am besten zunächst ärztlich abklären lassen, um Krankheiten auszuschließen. Auch die Ernährung kann Auslöser dafür sein. Trinken Sie ausreichend reines Wasser, am besten zwei bis drei Liter täglich, das reinigt den Körper von innen. Außerdem sollten Sie auf synthetische Kleidungsstoffe verzichten, da sie wenig atmungsaktiv sind und sich der Schweiß somit am Körper staut. Besser geeignet: leichte Stoffe aus Naturfasern. Und sorgen Sie für regelmäßige Entspannung – auch Stress verursacht unangenehme Körpergerüche.

Strahlende Zähne: Wenn wir lächeln, offenbaren wir sie unserem Gegenüber – die Zähne. Sie gehören, wie auch die Hände, zum Gesamterscheinungsbild eines Menschen dazu und lassen uns Rückschlüsse ziehen auf seine Pflegesorgfalt und -gründlichkeit. Grundvoraussetzung für gesunde Zähne ist eine gewissenhafte Reinigung – regelmäßig und richtig. Lassen Sie sich am besten individuell bei Ihrem Zahnarzt beraten. In den letzten Jahren wird in unserer Gesellschaft außerdem immer mehr Wert auf die Ästhetik der Zähne gelegt. Zahnärzte und Kieferorthopäden bieten viele Möglichkeiten, Verfärbungen, Fehlstellungen oder andere Probleme in den Griff zu bekommen. Auch hier können Sie sich entsprechend informieren.

Eine regelmäßige und gründliche Mundhygiene ist darüber hinaus wichtig, um Mundgeruch zu vermeiden – entscheidend, damit Ihre Mitmenschen nicht ein paar Schritte zurückweichen, wenn Sie mit ihnen sprechen. Nach dem Verzehr von Knoblauch oder anderen scharfen Speisen helfen Hausmittel wie Milch trinken, eine Kaffeebohne oder Petersilie kauen. Sowohl Fette als auch Chlorophyll können den Geruch schwächen. In der Apotheke gibt es außerdem spezielle Präparate wie Chlorophylltabletten – die angeblich sehr gut wirken. Vor besonders wichtigen Treffen oder Veranstaltungen ist allerdings der Verzicht am besten!

Hautpflege und Make-up: wirken auch auf das Selbstbewusstsein. Verwenden Sie speziell auf Ihre Bedürfnisse abgestimmte Pflegeprodukte, die Sie gern mögen. Denn noch vor der Kleidung ist die Pflege das, was Sie direkt umhüllt und Ihr Wohlbefinden entscheidend mitbestimmt. Wer empfindlich reagiert, sollte auf sanfte, ökologische Produkte zurückgreifen. Make-up sollte dezent und unaufdringlich Ihren Typ unterstreichen.

Sonstiges: Klingt banal, wird aber oft vergessen – achten Sie auf saubere Ohren und zupfen Sie gegebenenfalls Ihre Augenbrauen. Darüber hinaus können Sie sich ab und zu Extrapflegeeinheiten wie eine Gesichtsmaske, ein Peeling, eine Ampullenkur oder eine Massage gönnen. Das tut dem Körper gut und intensiviert Ihr allgemeines Wohlbefinden. Männer sollten sich zudem gründlich rasieren – auch der Dreitagebart ist für offizielle Anlässe tabu. Für Bartträger gilt: Der Bart braucht ebenso regelmäßige Pflege wie das Kopfhaar.

Vom richtigen Zeitpunkt: Tugend Pünktlichkeit

„Pünktlichkeit ist die Kunst abzuschätzen, um wie viel sich die anderen verspäten." Dieses anonyme Sprichwort ist vielleicht dann ganz hilfreich, wenn Sie in Ihrem Bekanntenkreis Menschen haben, die öfter mal zu spät oder zu früh kommen. Es zeigt aber auch, dass wir für solche Situationen zusätzliche Energien mobilisieren müssen – und die können wir anders besser nützen, wenn sich jeder an die vereinbarten Zeiten hält.

„Pünktlichkeit ist die Tugend der Könige“ – nach diesem Sprichwort lebt es sich daher wesentlich leichter. Unpünktlichkeit meint sowohl das Zuspätkommen als auch ein überpünktliches Zufrühdransein. In beiden Fällen können Sie es sich leicht mit anderen verscherzen.

Ihre Mitmenschen warten zu lassen – ob aus eigener Schuld oder aufgrund äußerer Umstände – wird man Ihnen mit großer Wahrscheinlichkeit als grobe Unhöflichkeit auslegen, vor allem, wenn Sie nicht rechtzeitig Bescheid geben. Sobald sich abzeichnet, dass Sie nicht pünktlich sein können, teilen Sie das mit. Sie zeigen damit, dass Sie verantwortungsbewusst handeln und mit der Zeit anderer nicht gedankenlos umgehen.

Wichtig ist, dass Sie die entsprechenden Telefonnummern dabeihaben. Es ist besser, direkt anzurufen und keine SMS zu schicken, da diese mitunter einige Zeit im Netz „unterwegs“ sein kann und der Adressat sie dann zu spät bekommt. Achten Sie auch darauf, Ihr eigenes Handy eingeschaltet zu haben, damit Sie gegebenenfalls den Anruf des anderen rechtzeitig entgegennehmen können. Bei sehr wichtigen Angelegenheiten, beispielsweise bei einem Vorstellungsgespräch, einem Anwaltstermin oder einem Date, sollten Sie gezielt mehr Zeit einplanen und lieber vor dem Termin noch eine kleine Runde spazieren gehen, als gehetzt oder gar zu spät anzukommen.

Pünktlichkeit „auf die Minute“ ist angesagt, wenn Sie:

- zu jemandem nach Hause eingeladen sind. Ideal: eine Minute später dran sein. So hat Ihr Gastgeber Zeit für die restlichen Vorbereitungen, einen letzten Blick in den Spiegel oder einfach, um noch mal kurz durchzuatmen
- jemanden von zu Hause abholen; hier ist es ebenfalls am besten, „eine Minute nach“ zu klingeln
- ein Vorstellungsgespräch haben

  Wichtig: Planen Sie ausreichend Zeit für die Anreise, die Anmeldung am Empfang und für den Weg durch das Haus ein. Optimal ist es, wenn das Personal Sie pünktlich auf die Minute anmeldet.

- einen Termin bei einem Arzt, Therapeuten, Berater etc. haben. Hier können Sie auch ein paar Minuten früher eintreffen und sich ins Wartezimmer setzen. Je nach Auslastung kommen Sie so möglicherweise auch etwas früher dran

  Ausnahmen: Bei privaten Partys ist es in Ordnung, wenn Sie bis zu 15 Minuten später kommen. Die Gastgeber sind meist froh, noch ein paar Minuten für letzte Vorbereitungen zu haben.

Für Dates gilt noch immer die alte Regel: „Ein Dame lässt man nicht warten". Wenn Sie sich als Mann also mit einer Dame verabredet haben, sollten Sie fünf Minuten früher am vereinbarten Ort sein. Als Frau haben Sie damit einen Zeitpuffer von etwa zehn Minuten – Sie sollten höchstens fünf Minuten nach dem ausgemachten Zeitpunkt da sein. Ideal ist es, wenn Sie ganz pünktlich sind. So punkten schon mal beide!

Zeiten

Bei manchen Veranstaltungen ist der Beginn mit einer Abkürzung angegeben. 10 Uhr s. t. bedeutet, „sine tempore" – „ohne Zeit", das heißt, die Veranstaltung beginnt Punkt 10 Uhr. Es wird also absolute Pünktlichkeit erwartet. 10 Uhr c. t. heißt „cum tempore" – „mit Zeit", damit ist das „akademische Viertelstündchen" gemeint, das dann allerdings auch exakt eingehalten werden muss. Sie können folglich damit rechnen, dass die Veranstaltung genau um 10.15 Uhr anfängt. Bei sehr großen Feierlichkeiten mit einer langen Gästeliste kann sich der Beginn jedoch auch noch weiter verzögern. Steht auf einer Einladung nur die Uhrzeit ohne weitere Angaben, sollten Sie pünktlich erscheinen.

In **Österreich** schätzt man Pünktlichkeit. Allerdings ist es zu privaten Anlässen durchaus üblich, das akademische Viertelstündchen zu spät zu kommen.

In der **Schweiz** ist Pünktlichkeit ein Muss, vor allem in den deutschsprachigen Gebieten.

Sicherheit geht vor: Treppen steigen

Wie ist das denn nun mit dem Treppensteigen – geht sie voraus oder er? Früher war es üblich, dass der Herr vorausging, damit er keinen Blick auf die Beine seiner Begleiterin werfen konnte, was damals als höchst unschicklich galt. Der Nachteil: Geriet die Frau ins Stolpern, konnte er ihr nicht beispringen. Daher ist es heute genau andersherum: Die Frau geht vor, damit der Mann sie zur Not stützen kann. Allerdings sollte er so knapp hinter ihr gehen, dass sein Blick mehr ihren Rücken trifft als Beine und Gesäß. Weiterhin kann inzwischen jede Frau selbst entscheiden, wie viel Bein sie zeigen möchte. Ist die Treppe breit genug, können beide auch nebeneinander gehen. Beim Hinabsteigen ist es – aus obigem Grund – dann genau umgekehrt: Er geht voraus, sie hinterher.

Generell gilt: Die schwächere oder ranghöhere Person geht zuerst. Sind Sie zum Beispiel mit einer älteren Person unterwegs, gleich ob Frau oder Mann, lassen Sie diese vorangehen. Sollte sie ins Straucheln kommen, können Sie dann schnell eingreifen.

Gekonnt warten – in der Schlange, im Wartezimmer, am Empfang

Ob am Bahnhof oder Flughafen, an einer Kasse oder im Wartezimmer des Arztes, an der Ampel oder bei Behörden ..., immer wieder kommen wir in Situationen, wo wir – allein oder gemeinsam mit anderen Menschen – warten müssen. Verhalten Sie sich in erster Linie so, dass Sie andere nicht stören und die vielleicht bereits unruhige Atmosphäre nicht noch mehr anheizen. Oft bietet sich bei solchen Gelegenheiten die Chance, sich durch einen netten Small Talk die Wartezeit so angenehm wie möglich zu machen.

In der Schlange: Was tun, wenn Sie ein paar Minuten an einer Kasse warten müssen? Andere Leute beobachten, auf den Boden stieren, flirten, sich einfach mit dem Schlangenvorder- oder -hintermann unterhalten, den Einkauf überdenken, Preise zusammenrechnen ...? Was auch immer – vermeiden sollten Sie auf jeden Fall: zu drängeln und anderen Leuten mit dem Einkaufswagen zu nahe zu kommen, sich lauthals über die Wartezeiten zu beschweren, andere Kunden zu offensichtlich zu beobachten oder unfreundlich zur Kassiererin zu sein – auch wenn sie vielleicht genervt ist. Bleiben Sie selbst ruhig und versuchen Sie, ihr Verständnis entgegenzubringen. So ein Tag an der Kasse kann ganz schön stressen! Vielleicht blüht sie wieder auf, wenn sie als Mensch und nicht nur als „Kassiermaschine" wahrgenommen wird.

Im Wartezimmer: Da das Wartezimmer ein öffentlicher Raum ist, brauchen Sie nicht anzuklopfen. Allerdings sollten Sie beim Hereinkommen die Anwesenden freundlich grüßen. Müssen Sie im Behandlungszimmer warten, während der Arzt ein persönliches Telefonat mit einem anderen Patienten führt, sollten Sie – sofern es möglich ist – anbieten, den Raum kurz zu verlassen.

Richtig ausborgen – Gegenstände und Geld

Etwas ausleihen – sei es Mehl oder Milch bei den Nachbarn, Bücher oder CDs von guten Bekannten oder auch mal ein fetziges Kleidungsstück von der besten Freundin – kann die Beziehung vertiefen oder zerstören, je nachdem, wie man damit umgeht. Geben Sie daher die Dinge so schnell wie möglich, ordentlich und gereinigt mit einem lieben Dank zurück. Dann leiht man Ihnen sicherlich gern wieder etwas oder fragt auch mal bei Ihnen nach.

Geld ausleihen ist eine besonders heikle Angelegenheit. Nicht umsonst heißt es: „Bei Geld hört die Freundschaft auf". Viele Beziehungen sind dadurch schon in die Brüche gegangen. Daher: Fragen Sie wirklich nur Familienangehörige, sehr gute Freunde oder Bekannte danach. Legen Sie genau fest, welchen Betrag Sie wann zurückzahlen, und halten Sie sich exakt daran. Der sicherste Weg für beide: Einen schriftlichen Darlehensvertrag abschließen. Ob Sie Zinsen vereinbaren oder nicht, liegt in Ihrem Ermessen. In jedem Fall sollten sie unter denen der Kreditinstitute liegen. Steht man einer Person sehr nahe, beispielsweise in der Familie, ist es am besten, ganz darauf zu verzichten. Für manche Menschen hat sich folgendes Prinzip bewährt: Leihe Freunden nur so viel Geld, wie du ihnen auch gern schenken würdest. Eine kleine Aufmerksamkeit als Dankeschön und um zu zeigen, wie sehr Sie diese Unterstützung wertschätzen, hinterlässt auf beiden Seiten ein gutes Gefühl.

Fauxpas: So kommen Sie elegant aus dem Fettnäpfchen

Irgendwann passiert er jedem einmal … der Tritt ins Fettnäpfchen. Am liebsten würden wir dann im Boden versinken, uns in Luft auflösen oder wünschen uns, wir könnten die Uhr zurückdrehen und noch mal ganz von vorn beginnen. Nachdem uns menschlichen Wesen normalerweise keine dieser Möglichkeiten offensteht, heißt es Ausschau halten nach Alternativen.

Doch zunächst: Was ist ein Fauxpas überhaupt genau? Der Begriff kommt aus dem Französischen und bedeutet „falscher Schritt" oder „Fehltritt" – gemeint ist laut Duden Taktlosigkeit bzw. ein Verstoß gegen die allgemeinen Umgangsformen. Es sind unabsichtliche Regelverletzungen, Ungeschicklichkeiten oder unbedachte Äußerungen, die beim anderen Unmut auslösen, ihn verletzen und kränken. Sie fragen beispielsweise in einem feinen, italienischen Restaurant nach einem Hamburger, laden einen Moslem zum Schweinebratenessen ein oder gehen im bunten Party-Outfit zu einer Beerdigung. Im Deutschen verwenden wir dafür auch die Redensart „ins Fettnäpfchen treten". Dabei kann es sich um relativ harmlose Missgeschicke handeln, die anderen keinen wirklichen Schaden zufügen – oder um schwerwiegendere Missgeschicke. Im erstgenannten Fall nehmen Sie mit Humor, etwas Selbstironie und Leichtigkeit dieser unangenehmen Situation die Spitze. Gerade wer in solchen Situationen über sich selbst lachen kann, wirkt sympathisch und nimmt auch den anderen ihre Unsicherheit. Denn viele sind gerade aus Angst vor Missgeschicken im Umgang miteinander verkrampft. Bei Fehlern, die andere wirklich verletzen, schwer schädigen oder mitbetreffen, müssen Sie sich möglichst zeitnah entschuldigen. Daran führt kein Weg vorbei.

Sich entschuldigen

So grotesk manche Sachverhalte auch wirken mögen und Sie sich vielleicht denken, dass Ihnen die Wahrheit wohl eh kein Mensch glaubt – bleiben Sie dabei. Ihr Gegenüber wird es – bewusst oder unbewusst – merken, dass Sie ehrlich sind, und kann dann Ihre Entschuldigung auch leichter annehmen. Sie sollte aufrichtig und freundlich sein – dann ist Ihnen auch niemand böse. Im Gegenteil: Es haben sich sogar schon zahlreiche nette Bekanntschaften oder Partnerschaften aus solchen Situationen entwickelt.

Nehmen Sie die Lage ernst, aber machen Sie kein Drama daraus. Entschuldigen Sie sich aufrichtig, aber nicht unterwürfig. Das gibt ein paar Souveränitätspunkte extra. Unterlassen Sie übertriebene Floskeln wie „Das ist mir aber äußerst peinlich" oder „Ich bin absolut untröstlich" – sie wirken aufgesetzt oder sogar ironisch-herablassend. Auch nur zu schweigen ist tabu! Gebrauchen Sie das gute, altbewährte Wort „Entschuldigung" – oder in jüngeren Kreisen auch ein „Sorry". Im Grunde ist es jedoch zweitrangig, was Sie sagen, die Hauptsache ist, dass Sie es ehrlich meinen.

Lügen haben kurze Beine ...

... selbst wenn es sich nur um eine kleine Notlüge handelt; am besten ist es, sich das Schummeln ganz abzugewöhnen. Schon um sich selbst gesund zu erhalten. Denn lügen verursacht Stress in unserem Körper. Es verändert beispielsweise das Nervensystem, die Atmung, Blutdruck und Puls. Außerdem belastet es das Gedächtnis unnötigerweise. Sie müssten sich ja in Ihrem Gehirn ein extra „Archiv" für alle Lügen anlegen, damit Sie Ihre Ausreden nicht vergessen. Denn richtig peinlich wird es dann, wenn Sie sich eines Tages selbst widersprechen und die Wahrheit ans Licht kommt. Dabei muss es sich nicht einmal um eine beabsichtigte, bewusste Lüge handeln. Selbst einfache Höflichkeitslügen, Floskeln, ein wenig Tief- oder Hochstapelei, Verschweigen bestimmter Details, Ausweichen aus Angst oder um nicht Stellung beziehen zu müssen sind schon unehrlich. Auch wenn Sie Ihr Gegenüber durch die Unwahrheit nur schonen wollen – Sie verletzen auf der anderen Seite durch Ihre Unehrlichkeit. Die Wahrheit bringt immer auch eine gute Lösung und Ehrlichkeit ist ein aktiver Beitrag zu einem gesunden Miteinander.

Die Grundlagen

Höflichkeit zählt zu den menschlichen Tugenden, Sitten und Normen. Sie schließt zum Beispiel Respekt, Rücksichtnahme, Wohlwollen, Distanz und Taktgefühl mit ein. Es gibt keine allgemeinen Regeln der Höflichkeit, die für alle Kulturen und Zeiten gültig wären. Sie unterscheiden sich je nach Gesellschaft und verändern sich auch im Laufe der Zeit. Der Begriff ist abgeleitet vom Wort „höfisch", das den Umgang am Hofe, vor allem ab dem hohen Mittelalter, bezeichnet. Das Gegenteil der Höflichkeit ist die Grobheit.

Freundlichkeit ist der wertschätzende, herzliche, liebenswürdige und interessierte Umgang mit bereits vertrauten Menschen und mit Freunden. Dazu gehören zum Beispiel Aufmerksamkeit, Hilfsbereitschaft, Dankbarkeit, Geduld, Rücksichtnahme oder Zustimmung. Freundlichkeit steht zwischen höflicher Distanz und einer intimen Beziehung. Man ist am anderen interessiert, baut eine persönliche Beziehung auf und bringt sich selbst dabei mit ein – ohne auf eine zu nahe und vertrauliche Ebene zu wechseln. Echte Freundlichkeit ist nur dann möglich, wenn man auch mit sich selbst freundlich umgehen kann.

Taktgefühl zu haben heißt, mit anderen Menschen so umzugehen, dass sie jederzeit ihr Gesicht wahren können, sich niemals bloßgestellt oder beschämt fühlen. Es ist ein Persönlichkeitszug, eine Charaktereigenschaft, die vor allem Toleranz voraussetzt und durch Vorbild und Erfahrung erlernt oder weiter ausgebildet werden kann. Allerdings ist es kein rhetorisches Mittel, das man einübt und bei Bedarf einsetzen kann, oder ein „Werkzeug", wie beispielsweise Fürsorglichkeit oder Anteilnahme, das dazu dient, andere zu beeinflussen – sei es auch noch so positiv gemeint –, sondern ein Mittel, um ihr Sein zu achten.

Respekt wird uns meist erst dann richtig bewusst, wenn er fehlt: Jemand murrt uns unhöflich an, wir erleben respektlos rebellierende Jugendliche, lesen in den Schlagzeilen von Gewalt … Da wird die Sehnsucht und der Ruf nach den alten Werten wieder laut: Rücksichtnahme,

Höflichkeit, Toleranz und Friedfertigkeit. Respekt meint jedoch nicht seelenlose Höflichkeit oder gar Unterwürfigkeit, sondern ist eine echte innere Achtung und Rücksichtnahme anderen Menschen gegenüber. Und das setzt Selbstachtung wie auch ein Respektiertwerden von anderen voraus. Das Wort leitet sich von dem lateinischen Verb „respectare" ab, was so viel bedeutet wie „zurückblicken, sich umsehen". Wir können uns Respekt durch eine autoritäre Haltung, Drohungen und Gewalt verschaffen – doch in diesem Falle wird der Respekt, aus Angst geboren, nur so lange halten, wie die Unterdrückten sich nicht anders wehren können. Kinder etwa lernen auf diesem Wege nicht, sich wirklich in andere Menschen hineinzuversetzen und deren Gefühle zu achten, sondern nur, sich vor unangenehmen Konsequenzen zu schützen. Wer sich stattdessen mit gesunder persönlicher Autorität, Wertschätzung der anderen oder besonderen Leistungen Respekt erwirbt, erhält auch echte Anerkennung. Für Eltern und Lehrer heißt das, dass sie sich nicht nur auf ihre Machtposition berufen, sondern sich auch den Respekt der Kinder verdienen sollten – durch Achtung den Kindern gegenüber, echtes Vorbildsein, Authentizität, Charakterstärke und eine überzeugende innere Haltung. Respekt ist immer gegenseitig – unabhängig von Alter und Position.

Wertschätzung kann sich auf die Leistungen, den Stand in der Gesellschaft oder den Charakter eines Menschen beziehen. In dieser Form ist Wertschätzung an Bedingungen gebunden. Darüber hinaus gibt es aber eine Form, die den Menschen, wie er ist – mit all seinen Eigenschaften, Stärken und Schwächen – bedingungslos als menschliches Wesen annimmt.

In **Österreich** spielt Höflichkeit eine sehr große Rolle. Die Sitten und Gebräuche weichen in der Regel kaum von denen in Deutschland ab, Österreicher legen jedoch größeren Wert auf ihre korrekte Einhaltung, vor allem auf die richtige Verwendung von Titeln. Die jüngeren Generationen gehen heute allerdings immer mehr von den allzu formellen Richtlinien ab und pflegen auch lockerere Umgangsformen.

In der **Schweiz** geht es ebenfalls etwas förmlicher zu als in anderen westeuropäischen Ländern. Obwohl Deutschland und die Schweiz

Nachbarländer sind und die Menschen, zumindest teilweise, die gleiche Sprache sprechen, gibt es dennoch wichtige Unterschiede – in der Mentalität, der Kommunikation, dem Brauchtum und manchen Umgangsformen. Die Schweizer sind sehr höflich und respektvoll – im Alltag und im Berufsleben, unter Freunden wie auch unter Fremden. Ausländern gegenüber sind sie etwas zurückhaltender und freundlich-distanziert. Diskretion, Gründlichkeit und Zuverlässigkeit sind dort ein Muss! Schweizer nehmen Deutsche oft als zu direkt und hart wahr, manchmal auch als arrogant und egoistisch. Dagegen haben Deutsche öfter Probleme mit der indirekten, umschreibenden Art der Schweizer. Das Leben in der Schweiz ist geprägt von ihrer geographischen und kulturellen Vielfalt, der Mehrsprachigkeit und einer Liebe zum gelebten Brauchtum.

Emotionale Intelligenz – mit Kopf und Herz

Daniel Goleman weckte mit seinem Buch „Emotionale Intelligenz" 1995 die Aufmerksamkeit für die Fähigkeit des Menschen, mit Gefühlen umzugehen – mit den eigenen wie auch mit denen anderer Menschen. Galt lange Zeit der IQ (Intelligenz-Quotient) als die Voraussetzung für Erfolg und Wachstum schlechthin, erkannte man zunehmend, dass auch die Herzensqualitäten eine wichtige Rolle spielen. Der EQ, der Emotionale Quotient, „meint diejenige Intelligenz, die sich in unserem Verständnis und unserer Handhabung menschlicher Gefühle zeigt – einer komplexen Skala zwischen Angst und Wut, Liebe und Aggression, Verzweiflung und Freude." – so steht es im Klappentext seines Buches erklärt. Ohne den EQ ist auch der IQ nichts wert, entscheidend ist, dass Herz und Verstand miteinander in Einklang kommen.

Zur Emotionalen Intelligenz gehören Fähigkeiten wie:

Empathie (Einfühlungsvermögen): andere Perspektiven einnehmen können, sich in andere Menschen und ihre Lebenssituation hineinversetzen, sie dadurch besser verstehen und akzeptieren können. Dazu gehören auch Anteilnahme, Mitgefühl und Taktgefühl

Kommunikationsfähigkeit: die eigenen Ansichten und Ziele, Gefühle und Gedanken ausdrücken sowie anderen aktiv zuhören zu können
Beziehungskompetenz: Kontakte knüpfen und Beziehungen aufrechterhalten – ob privat oder beruflich – und alle Fähigkeiten, die damit zu tun haben, wie Konflikt-, Team- oder Durchsetzungsfähigkeit
Selbstbewusstsein: ein Gefühl für sich selbst haben, für die eigenen Bedürfnisse und Wünsche, Stärken und Schwächen. Damit verbunden auch die Fähigkeit, mit den eigenen Gefühlen gut umgehen und selbst für die Befriedigung seiner Bedürfnisse sorgen zu können

ANSTAND MIT ABSTAND: DIE DISTANZZONEN

Der richtige Umgang mit Nähe und Distanz, Verbindung und Abgrenzung ist ebenfalls ein wichtiger Faktor im Umgang miteinander. Jeder kennt die unguten Gefühle, die sich einstellen, wenn jemand bewusst oder unbewusst, gewollt oder ungewollt in unsere Intimsphäre eindringt und unseren persönlichen Schutzraum verletzt. Der optimale räumliche Abstand ist abhängig von der Situation und von der Beziehung, in der zwei Personen zueinander stehen. Menschen, die die räumlichen Grenzen anderer (und meist auch die eigenen) nicht erkennen und achten, wirken aufdringlich, einschüchternd, grob, gefühlskalt oder rücksichtslos. Raumverletzungen sollten wir umgehend deutlich machen und den anderen in seine Schranken weisen. Oft ist das Zu-nahe-Kommen keine böse Absicht. Dennoch: Mit Ihrer Reaktion stellen Sie Ihren eigenen Schutzraum wieder her.

Die vier Distanzzonen

In unserem westlichen Kulturkreis, so haben Verhaltenspsychologen herausgefunden, gibt es vier Distanzzonen. Werden sie nicht eingehalten, fühlen wir uns unwohl und sorgen in der Regel so schnell wie möglich dafür, die richtige Distanz wiederherstellen zu können.
Intime Distanz: Diese Zone beträgt bis zu 50 Zentimeter; wir sind dem anderen ganz nah und haben auch Körperkontakt. Sie ist Familienmit-

gliedern und guten Freunden vorbehalten. Das Eindringen in die intime Zone sollte von beiden Menschen ausdrücklich erwünscht sein, andernfalls löst das unangenehme Gefühle, Widerwille, Ärger, Ablehnung und Aversion bis hin zu Aggressionen aus. Im öffentlichen Leben sollte man sehr behutsam damit umgehen.

Persönliche Distanz: Sie reicht von 50 Zentimetern, also etwa ab Armlänge, bis zu gut einem Meter. Wir nehmen sie etwa ein, wenn wir jemanden mit einem Händedruck begrüßen, in persönlichen Gesprächen sind oder bei Feiern. Dies ist der passende Abstand für Freunde, Bekannte oder Kollegen.

Gesellschaftliche Distanz: Die dritte Zone geht bis zu einem Abstand von etwa zwei Metern. Sie ist dann angebracht, wenn wir uns mit Geschäftspartnern treffen oder ein Gespräch mit dem Vorgesetzten, Lehrer bzw. Ausbilder haben. Man begegnet sich abwartend und kann diese Zone durch einen Tresen oder einen Schreibtisch noch deutlicher markieren.

Öffentliche Distanz: Sie beginnt ab etwa vier Metern. Typische Situationen dafür sind beispielsweise Vorträge, Reden oder Referate, die jemand vor einem Publikum hält oder wenn Sie jemanden auf der anderen Straßenseite grüßen.

In Situationen, in denen aufgrund der äußeren Umstände das Einhalten der Distanzzonen nicht möglich ist, sollten Sie die Begegnungsphasen so kurz wie möglich halten, etwa wenn Sie Ihren Gästen das Essen oder Getränke servieren.

Wenn Sie jemandem Ihre Sympathie zeigen und darauf hinweisen möchten, dass Sie ihm gern nahe sind, können Sie ihm zum Beispiel so entgegenkommen:

- freundlichen Blickkontakt suchen und aufmunternd lächeln
- zur Begrüßung auf den anderen zugehen
- ihn freundlich herein- oder zu sich herwinken
- wenn er Ihren Raum betritt, die Arbeit beiseitelegen
- einen Stuhl und etwas zu trinken anbieten
- wenn Sie am Schreibtisch sitzen, aufstehen und um den Tisch herumgehen

Wie wir anderen zu nahe treten können:

- unachtsam die Intimzone betreten
- ohne Anklopfen eine Tür öffnen
- aufdringlich sein
- ungebeten Ratschläge geben
- zu viel reden und den anderen nicht zu Wort kommen lassen

Wenn Ihnen jemand zu nahe kommt, können Sie zum Beispiel so reagieren:

- schrittweise zurück oder zur Seite gehen
  Vorsicht: Manche Menschen rücken einfach „nach" – in so einem Fall sollten Sie auf sprachliche Mittel zurückgreifen.
- wertschätzend eine Grenze setzen, indem Sie nein zum Verhalten, aber ja zur Person sagen, etwa: „Ich kann Sie besser wahrnehmen, wenn ich mehr Abstand habe" (gilt auch für manche Brillenträger)
- direkt aussprechen, wenn jemand Ihre diskreten Hinweise nicht versteht: „Bitte entschuldigen Sie, aber das möchte ich nicht."
  Wichtig: Formulieren Sie es so, dass Sie beide ihr Gesicht wahren können.
- Anspielungen oder ungewollte Berührungen beim ersten Mal am besten ignorieren, wenn Sie nicht sicher sind, ob es absichtlich oder unabsichtlich geschehen ist. Wiederholen sich diese Vorkommnisse, sollten Sie jedoch sehr bald zum Ausdruck bringen, dass Sie dieses Verhalten nicht dulden. Wichtig auch hier, es wertschätzend zu formulieren, damit die Situation nicht eskaliert

Kulturelle Unterschiede

Auf internationalem Parkett sieht das alles anders aus. Die Distanzzonen haben sich im Laufe der Evolution in den einzelnen Kulturkreisen je nach Dichte des Zusammenlebens der Menschen und nach möglichen Bedrohungen entwickelt. Grundsätzlich gilt heute jedoch die Armlänge als guter Maßstab für die Grenzlinie, die Sie nicht ohne „Einladung" übertreten sollten. Im Vergleich zu Mitteleuropa sind die Distanzzonen in Nordeuropa oder Nordamerika größer (in England beispielsweise sind Berührungen kaum üblich), aber geringer in Südeuropa oder südamerikanischen Ländern.

VON DER BEGRÜSSUNG BIS ZUM ABSCHIED

Begrüßen

Grüßen und Begrüßen ist nicht dasselbe. Beim Grüßen haben wir keinen Körperkontakt, Begrüßen schließt alle Formen mit direktem Körperkontakt ein: Händeschütteln, Wangenkuss, Umarmung und den altmodischen Handkuss. Wenn wir jemanden treffen, geben wir mit dem Gruß zu verstehen, dass wir ihn gesehen und erkannt haben. Einen uns bekannten Menschen zu „übersehen" und nicht zu grüßen ist grob unhöflich!

Die zeitgemäße Reihenfolge beim Grüßen ist: Derjenige, der den anderen zuerst sieht, grüßt zuerst. Damit hat auch der Erste die Wahl, welche Form der Begrüßung er möchte. Der Begrüßte erwidert den Gruß dann entsprechend. Früher war es üblich, auch im Privatleben auf Rangordnungen zu achten. So galt: Die deutlich jüngere Person grüßt die ältere zuerst (es sollte ein Unterschied von etwa einer Generation sein) und der Herr grüßt erst die Dame. Diese Regel ist heute überholt, wenngleich manche Menschen, vorwiegend ältere Personen, sich noch danach richten. Für den beruflichen Bereich ist die Rangfolge jedoch nach wie vor ausschlaggebend: Der Rangniedrigere grüßt vor dem Ranghöheren.

Wer neu zu einer Gruppe hinzukommt, grüßt zuerst. Ist die Gruppe überschaubar, gehen Sie nach den oben genannten Regeln vor, ansonsten grüßen Sie der Reihe nach. Tabu: Nicht alle Gruppenmitglieder grüßen. Entweder grüßen Sie alle Personen einzeln oder geben einen allgemeinen Gruß in die Runde.

In Schule und Beruf gelten normalerweise die Hierarchieregeln.

Gruß-Basics

Einen anderen Menschen zu grüßen ist Ausdruck unserer Achtung und Wertschätzung. Sprechen Sie die andere Person nach Möglichkeit immer mit ihrem Namen an. Halten Sie Blickkontakt und lächeln Sie freundlich und offen.

Haltung: Mit einer offenen Körperhaltung zeigen Sie Vertrauenswürdigkeit. Nehmen Sie die Hände aus den Hosen- oder Jackentaschen – auch wenn diese Haltung bei jungen Leuten sehr beliebt ist, in Gegenwart älterer Menschen können Sie damit einige Sympathiepunkte verspielen. Achten Sie auf die richtige Distanz (siehe Distanzzonen).

„Guten Tag" oder „Hallo": Welche Formulierung Sie verwenden, hängt stark von dem Vertrauensverhältnis ab, das Sie zur anderen Person haben. Den Namen sollten Sie jedoch immer dazusagen, damit sich Ihr Gegenüber wirklich als Person wahrgenommen fühlt.

Aufstehen: Sitzen Sie am Tisch, beispielsweise in einem Restaurant, und es kommen noch weitere Gäste hinzu, erheben Sie sich zur Begrüßung. Soll ein Gleichgewicht im Miteinander signalisiert werden, stehen die Sitzenden auf – unabhängig von Alter, Geschlecht und Rang. Ein angedeutetes oder nur halbes Aufstehen ist Ausdruck von Geringschätzung.

AUSNAHME: Es ist offensichtlich, dass Sie aufgrund von Platzproblemen oder körperlichen Beschwerden nicht ganz aufstehen können.

Händedruck, Händeschütteln oder Handschlag?

Reichen Sie als Gastgeber Ihren Gästen die Hand, heißt das: herzlich willkommen in meinem Heim. Ich vertraue dir. Ein angenehmer Händedruck sollte ein paar Sekunden dauern, nicht zu fest und nicht zu schlaff sowie von freundlichem Blickkontakt begleitet sein. Ihm auszuweichen vermittelt den Eindruck von Schüchternheit, Unsicherheit oder einem schlechten Gewissen.

Vermeiden Sie es, die Hand des Gegenübers zu fest zu drücken, ihm gar keinen Gegendruck zu geben, sie zu lange zu schütteln oder zu heftig „einzuschlagen". All diese Formen sind den meisten eher unangenehm und daher nicht empfehlenswert.

Auch beim Händedruck ist der Grundsatz „Wer den anderen zuerst sieht, grüßt zuerst“ oder die allgemeine Rangfolge zu beachten. Reicht Ihnen jemand zur Begrüßung die Hand, nehmen Sie sie auf jeden Fall an. Reichen Sie die Hand nie über ein Hindernis hinweg wie einen Tisch oder eine Stuhllehne. Diese Barrieren schaffen ein Gefühl von Distanz.

Bei sehr förmlichen Gelegenheiten sollte beim Herrn das Jackett geschlossen sein, er sollte den Hut abnehmen und im Winter auch den rechten Handschuh ausziehen.

Küsschen, Küsschen: die Akkolade

Die Akkolade, wie der Wangenkuss offiziell heißt, ist vor allem in Frankreich und anderen Mittelmeerregionen verbreitet. In den letzten Jahren kommt er auch bei uns zunehmend in Mode. Der Begriff stammt vom lateinischen Wort für „Umhalsen“ ab und meint eine Begrüßungsform, bei der sich zwei Menschen angedeutete Küsschen auf die rechte und die linke Wange geben, meist verbunden mit einer leichten Umarmung – aber ohne einen echten, feuchten Kuss! Je nach üblicher Sitte vor Ort sind es zwei oder drei Küsschen. Da bei der Akkolade die Intimzonen übertreten werden, sollte man sie nur anwenden, wenn beide Personen sich bereits etwas näher kennen und signalisieren, dass ein Näherkommen erwünscht ist. Besonders Herren sollten sehr vorsichtig damit umgehen, wenn sie Frauen auf diese Weise begrüßen möchten. Im Geschäftsleben ist die Akkolade allerdings wenig verbreitet.

Anreden und Bekanntmachen

Die korrekte Anrede

Möchten Sie eine andere Person ansprechen, ist es heute üblich, die Anrede „Frau“ beziehungsweise „Herr“ in Verbindung mit dem Namen zu verwenden. Bei Eheleuten nennen Sie beide Namen einzeln, also nicht „Guten Tag, Herr und Frau Müller“, sondern „Guten Tag, Frau Müller. Willkommen, Herr Müller“.

Begriffe wie „Fräulein“, „Gnädige Frau/Gnädiger Herr“, „Gattin/Gatte“ oder „Gemahlin/Gemahl“ sind völlig veraltet (wobei die letzten beiden

Begriffspaare nie als direkte Anrede verwendet wurden, sondern man fragte zum Beispiel einen Herrn nach dem Befinden seiner Gattin oder der Frau Gemahlin). Ab damit in die sprachliche Mottenkiste.

Ausnahme: Älteren Menschen fällt es oft schwer, sich auf die modernen Umgangsformen umzustellen – hier dürfen Sie gern darauf zurückgreifen. Manche ältere Frauen legen zum Beispiel noch Wert darauf, mit „Fräulein" angesprochen zu werden. Achten Sie diesen Wunsch. Junge Frauen ab etwa 18 Jahren werden mit „Frau" angesprochen.,

Sehr unhöflich und herablassend können Anreden wie „Gute Frau/Guter Mann", „Gnädigste", „Junge Frau/Junger Mann", „Frau Nachbarin/Herr Nachbar" oder „Frau Kollegin/Herr Kollege" wirken.

Wenn überhaupt, sollten Sie diese Formen, ebenso wie ein zu saloppes „Hallo", höchstens in einer humorvollen, wohlwollenden Weise und nur bei Personen wählen, die Sie sehr gut kennen. Ansonsten kommen Sie bei den Angesprochenen als zu flapsig, anmaßend oder gönnerhaft an und können sie schlimmstenfalls sehr verletzen. Diese Formen erwecken leicht den Eindruck, dass Sie die andere Person nicht wirklich ernst nehmen und sich über sie stellen. Ein herzliches „Frau Nachbarin" zu einer Hausmitbewohnerin, zu der Sie bereits eine sehr gute, freundschaftliche Beziehung pflegen, ist dagegen durchaus in Ordnung und kann die Beziehung sogar noch vertiefen.

Absolut tabu: ältere Menschen mit „Oma" oder „Opa" anzusprechen – diese Bezeichnung ist nur der Familie vorbehalten.

Von Rang und Namen

Ziemliche Verwirrung herrscht bei vielen darin, wie man Personen mit Titeln korrekt anspricht. Wissen hilft aus dem vermeintlichen Chaos heraus. Hier die wichtigsten Grundsätze zum Ansprechen von Menschen „mit Rang und Namen":

Nennen Sie den Titel einer Person bei der Anrede immer mit – egal ob es sich dabei um einen militärischen Rang, einen akademischen Grad oder einen Adelstitel handelt. Während Sie bei der schriftlichen Anrede alle Titel in der korrekten Reihenfolge anführen sollten, ist es beim persönlichen

Treffen ausreichend, den höchsten Titel zu wählen. Verzichten Sie auf diese Bezeichnungen erst dann, wenn derjenige es Ihnen ausdrücklich anbietet, beispielsweise so: „Lassen Sie den Professor ruhig weg".
Achtung: Der Zusatz „ e. h." (ehrenhalber) oder „h. c." (honoris causa) bei einem um der Ehre willen verliehenen Doktortitel wird nicht ausgesprochen.

Wenn möglich, informieren Sie sich vor allem bei sehr hochrangigen Persönlichkeiten vorher, wie sie gern angesprochen werden möchten. Eine gute Anlaufstelle dafür ist das Sekretariat oder die Presseabteilung.

Die verschiedenen Titel in ihrer Reihenfolge:

Militärischer Rang wie Major, Oberstleutnant, Leutnant oder Hauptmann

Akademischer Grad wie Professor/Professorin oder Doktor/Doktorin

Nicht akademische Titel, Bezeichnungen für Träger öffentlicher Ämter, kirchliche Würdenträger oder andere Amtsinhaber – zum Beispiel Bundeskanzler/-in oder Minister/-in, Staatsanwalt/-anwältin oder Verteidiger/-in, Bischof oder Dekan, Präsident/-in oder Direktor/-in

Adelstitel wie Graf/Gräfin, Freiherr/Freifrau oder Baron/Baronin

Bei Frauen verwendet man alle akademischen Titel, Amts- und Funktionsbezeichnungen in weiblicher Form, zum Beispiel Professorin, Ministerin, Bürgermeisterin oder Staatsanwältin. Auch die Bezeichnung „Doktorin" bürgert sich langsam ein.

Anrede und Begrüßung in Österreich und der Schweiz

In **Österreich** reicht man sich zur Begrüßung und zum Abschied die Hände. Als Grußformel dient „Grüß Gott". Österreicher legen auf Titel großen Wert, fast jeder hat einen. Man spricht sich direkt mit dem Titel ohne Namen an, also „Grüß Gott, Herr Kommerzialrat" oder „Grüß Gott, Frau Professor". Anders als in Deutschland wird in Österreich bei Frauen in der mündlichen Anrede die männliche Form verwendet, also nicht „Frau Professorin", wenngleich die Titel seit einigen Jahren auch in weiblicher Form

verliehen werden, demnach beispielsweise die offizielle Bezeichnung „Hofrätin" oder „Professorin" lautet.
AUSNAHME: Die Titel „Kammersängerin" oder „Kammerschauspielerin" wurden schon immer in weiblicher Form verwendet.

Titel werden vor allem nach Amts- und Berufstiteln unterschieden:
Amtstitel: Bezeichnung, die mit der Bekleidung eines öffentlichen Amts verbunden ist. Die wichtigsten Amtstitel: Ministerialrat, Hofrat, Oberrat, Amtsdirektor, Amtsrat, Fachoberinspektor, Fachinspektor, Oberkontrollor, Kontrollor, Oberoffizial, Offizial, Oberamtswart, Amtswart. Weiterhin gibt es den Sektionschef, Positionen im Bundesheer, bei der Polizei, im Zoll und bei der Justiz.
Berufstitel, die für besondere Leistungen vom Bundespräsidenten oder von den Kammern verliehen werden, zum Beispiel: Hofrat, Regierungsrat, Kommerzialrat, Professor, Obermedizinalrat/Medizinalrat, Baurat, Bergrat, Oberschulrat/Schulrat, Oberstudienrat/Studienrat, Universitätsprofessor, Kammersänger, Kammerschauspieler.

Adelstitel sind seit 1919 verboten, inoffiziell werden sie aber immer noch benutzt.

Weiterhin sprechen Österreicher Frauen noch mit „gnädige Frau" an und auch der Handkuss ist noch üblich. Die Begrüßung mit Umarmung und Wangenküsschen ist nur bei einander bereits vertrauteren Personen üblich. Zur Verabschiedung ist „Auf Wiedersehen" üblich, „Servus" sollte nur guten Freunden vorbehalten bleiben.

In der **Schweiz** grüßt und begrüßt man sich eher zurückhaltend und förmlich. In den deutschsprachigen Gebieten ist zur Begrüßung ein Händedruck üblich, in den italienischen und französischen Regionen eine Umarmung mit Wangenküsschen. Bei offiziellen Anlässen begrüßt man Frauen oft noch mit Handkuss und spricht sie mit „gnädige Frau" an, wie das auch in Österreich üblich ist. Bei der Anrede verwenden die Schweizer die förmlichen Versionen und den Nachnamen. Titel gehören in der mündlichen wie in der schriftlichen Anrede dazu. Auch wenn man im Business keinen allzu großen Wert auf Hierarchien legt, sollten die Titel dennoch immer gebraucht werden. Die typische Grußformel in der Schweiz ist „Gruezi", die auch bei offiziellen Veranstaltungen Verwendung findet. Ausländer sollten so allerdings nicht grüßen – das wird sonst in manchen Gegenden als anbiedernd aufgefasst. Ansonsten gibt es je nach Region und Sprache zahlreiche andere Grußformeln.

Vorstellen und Bekanntmachen: der kleine Unterschied

Ob im privaten oder im beruflichen Bereich – sich Unbekannten, mit denen man in näheren Kontakt tritt, vorzustellen, ist eine Basisregel guter Umgangsformen. Wenn kein Dritter Sie vorstellt, tun Sie es selbst. Lassen Sie niemanden in Unkenntnis über Ihre Person. Jede und jeder möchte gern wissen, mit wem er es zu tun hat.

Doch kennen Sie den feinen Unterschied zwischen Vorstellen und Bekanntmachen? Vorstellen bedeutet, einen Ranghöheren über den Rangniedrigeren zuerst zu informieren – impliziert also immer eine Hierarchie. Beim Bekanntmachen geht man dagegen von zwei gleichgestellten Personen aus, die sich neu kennenlernen. Während es bei beruflichen Treffen daher durchaus angebracht sein kann, Personen einander vorzustellen, ist dies im Privaten kaum mehr üblich. Auch hierarchische Unterscheidungen zwischen Frauen und Männern fallen in vielen Lebensbereichen immer mehr weg. Die moderne Form ist inzwischen das Bekanntmachen.

Andere zusammenbringen

Menschen neu kennenzulernen oder selbst zwei einander noch fremde Menschen in Kontakt zu bringen bedeutet für alle Seiten zunächst etwas Unsicherheit. Das ist völlig normal, denn jeder Mensch und jede Situation ist anders. Mit dem Wissen um die wichtigsten Grundregeln schaffen Sie sich eine sichere Basis.

Grundform: Wenn Sie zwei Menschen miteinander in Verbindung bringen möchten, können Sie das zum Beispiel so formulieren: „Frau Müller, das ist Herr Nett. Wir kennen uns aus dem Foto-Club. Herr Nett, das ist Frau Müller, eine gute Freundin von mir."

Verstaubt: Verzichten Sie auf altbackene Floskeln wie „Gestatten Sie, dass ich Ihnen … vorstelle? oder „Erlauben Sie mir, Ihnen … vorzustellen?". Niemand wird hier ernsthaft mit nein antworten. Entsprechend sind Antworten wie „Angenehm", „Sehr erfreut" oder gar „Habe die Ehre" veraltet. Ein freundlicher Tagesgruß genügt. Modern und herzlich kommen Sie bei Ihrem Gegenüber an, wenn Sie einen kurzen Satz wie „Schön, Sie kennenzulernen" oder „Ich freue mich, Sie (nun auch persönlich) kennenzulernen" beifügen.

Betitelt: Nennen Sie akademische Grade und Adelstitel immer zum Namen dazu. Bei mehreren Titeln wird nur der höchste genannt. Adelstitel sollten Sie, sofern sie Ihnen bekannt sind, vollständig aufzählen. Ausnahme: Die Titelträger geben Ihnen deutlich zu verstehen, dass Sie die Titel weglassen können.

Korrekt: Achten Sie darauf, die Namen korrekt auszusprechen. Sind Sie sich unsicher oder haben Sie einen Namen vergessen, fragen Sie höflich und ehrlich nach – das kommt besser an, als im Nachhinein einen Fehler korrigieren zu müssen.

Eingleisig: Wollen Sie einen Redner oder Seminarleiter den Teilnehmern vorstellen, geschieht dies in der Regel eingleisig, das heißt, niemand wird erwarten, dass Sie im Gegenzug alle Teilnehmer einer größeren Gruppe einzeln nennen. Es genügt, wenn Sie den Vortragenden einführen: „Es freut mich, dass ich Ihnen Frau Professorin Weise vorstellen darf. Sie ist Expertin für XYZ …". In einer kleineren Gruppe ist es dagegen ein sehr aufmerksamer Zug, wenn Sie alle Personen einzeln mit ihrem Namen nennen.

Privat trifft Business: Sind Sie privat mit Ihrem Partner unterwegs und treffen dabei beispielsweise Ihren Chef, stellen Sie zuerst Ihre Begleitung dem Vorgesetzten vor, dann umgekehrt. Ist Ihr Chef ebenfalls in Begleitung, stellt er nun Sie und Ihren Partner vor.

Wortwechsel: Wenn es die Situation erlaubt, wechseln Sie auch gleich ein paar Worte mit Ihrer neuen Bekanntschaft (siehe Kapitel 3, „Small Talk", Seite 85 ff.). Machen Sie selbst zwei Menschen miteinander bekannt, können Sie den beiden den Kontakt erleichtern, indem Sie einen Hinweis auf gemeinsame Berührungspunkte geben. Zum Beispiel so:

„Frau Hofer kommt eben von einer Fahrt nach Salzburg zurück. Da waren Sie doch auch kürzlich.“ Und schon können sich die beiden kurz über Salzburg unterhalten.

In Situationen, in denen die Rangfolge wichtig ist, gelten folgende Grundregeln:

Zuerst wird immer der Rangniedrigere dem Ranghöheren vorgestellt, sodass der Ranghöhere einen Wissensvorsprung hat. Zum Beispiel so: „Das ist Frau Wissen, sie unterstützt uns ab heute ehrenamtlich beim Projekt XYZ.“ „Frau Wissen, das ist Herr Professor Weisheit, der Leiter des Instituts und Verantwortliche für das Projekt.“

Weiterhin wird dem Älteren der Jüngere und der Dame der Herr vorgestellt.

(Die ausführlichen Regeln für das Berufsleben finden Sie in Kapitel 7, „Souverän im Business“, Seite 240 ff.)

Sich selbst vorstellen

Besser ist es, wenn eine dritte Person das Vorstellen oder Bekanntmachen übernimmt, da hier beide Seiten vollständiger informiert werden. Stammt einer der beiden beispielsweise aus adligem Hause, wird er sich selbst nicht mit dem Adelstitel vorstellen und Ihnen bleibt diese wichtige Information vorenthalten. Lässt es sich nicht anders einrichten, müssen Sie sich selbst vorstellen, sollten aber – vor allem bei gesellschaftlichen Anlässen – aufmerksam sein, wie andere Menschen mit Ihrem Gegenüber umgehen. Vielleicht erhalten Sie auf diesem Wege noch hilfreiche Hinweise und können sich vor einem Fauxpas schützen.

Modern ist es, wenn Sie beim Vorstellen einen vollständigen Satz formulieren und am besten Ihren Vor- und Nachnamen nennen: „Ich bin Anna Müller“. Nennen Sie nur Ihren Vornamen, ist das eine Einladung zum Duzen.

Altmodisch, aber nicht falsch ist es, den Vornamen wegzulassen – „Ich heiße Müller“. Wortkarg und unhöflich dagegen wirken Sie, wenn Sie nur Ihren Vor- und Nachnamen oder gar lediglich den Familiennamen nennen: „Anna Müller“ oder nur „Müller“ sind daher tabu. Ausnahme: Sie müssen sich in einer größeren Gruppe mehreren Menschen kurz hintereinander vorstellen. Seltsam mutet es an, wenn Sie sich wie James Bond vorstellen: „Mein Name ist Müller, Anna Müller“.

Höflich, aber ebenfalls verstaubt, sind Formulierungen wie „Mein Name ist …“ oder „Ich heiße …“. Sie wirken förmlicher, aber auch weniger selbstbewusst. Die neutralste und aktivste Formulierung ist daher: „Ich bin Anna Müller“.

Benutzen Sie für sich selbst nie die Anrede „Frau“ oder „Herr“. Sagen Sie also nicht: „Ich bin Frau Müller“, sondern „Ich bin Anna Müller“. Völlig out ist daher zum Beispiel diese Kombination: „Ich heiße Fräulein Müller“. **Akademische Grade oder Adelstitel** lässt man bei der Selbstvorstellung weg – sonst wirkt das arrogant oder angeberisch. Auch auf eine Berufsbezeichnung sollten Sie in der Regel besser verzichten, es sei denn, sie ist in einer beruflichen Situation wesentlich. Sind Sie neu in einer Firma und stellen sich nun einem Kollegen vor, können Sie beispielsweise sagen: „Ich bin Anna Müller, die neue PR-Managerin in der Touristikabteilung“.

Duzen oder siezen?

Grundsätzlich ist bei dieser Frage zu bedenken: Das Du schafft mehr Vertrautheit und Nähe, das Sie mehr Distanz und Abgrenzung. Doch es gibt hier keine allgemeinen Regeln. Sie müssen daher in jeder Situation immer wieder neu abwägen, wie nahe Ihnen eine Person steht.

Siezen Sie grundsätzlich jeden erwachsenen Menschen. Gleichaltrige sollten ab einem Alter von etwa 25 Jahren zum Sie wechseln – natürlich nur bei Fremden, nicht bei Freunden. Es ist bei uns üblich, immer erst um Erlaubnis zu fragen, bevor man zum Du übergeht. Niemand sollte das einfach so tun – obwohl das, oft aus Unwissenheit heraus, immer häufiger vorkommt. Wirklich verletzend kann dieses Verhalten sein, wenn ältere Menschen jüngere einfach duzen – auch wenn diese den Kinderschuhen längst entwachsen sind. Ebenso ist es herablassend und respektlos, alte Menschen, Pflegebedürftige, Behinderte oder ausländische Bürger – womöglich noch mit einem herablassenden Lächeln – zu duzen. Egal wie alt eine erwachsene Person ist, welcher Herkunft sie ist oder in welchen sozialen Verhältnissen sie lebt – aus Achtung vor dem anderen sollte man immer erst fragen, ob das Du erwünscht ist. Und: auch ein Nein mit Würde und Achtung der anderen Seite gegenüber akzeptieren.

Das Du anbieten

Obwohl die Duz-Hemmschwelle in unserer Gesellschaft in den letzten Jahren sehr viel geringer geworden ist, gibt es immer wieder Situationen, in denen man sich unsicher fühlt, wer jetzt wem am besten das Du anbietet. Im Grunde ist es jedoch ganz einfach: Im Privaten hängt es vom Alter ab: Der Ältere bietet immer dem Jüngeren das Du an, wobei diese Regel nur für Altersunterschiede ab etwa 20 Jahren gilt, also zwischen verschiedenen Generationen. Bei Gleichaltrigen fallen diese Vorgaben weg – hier können Sie ganz nach Gefühl entscheiden. Auch das Geschlecht ist heute dafür normalerweise nicht mehr ausschlaggebend. Früher war es üblich, dass die Frau hier den ersten Schritt tut. Bei Personen, denen die traditionelle Etikette noch wichtig ist, sollten Sie diese Regel jedoch aus Höflichkeit und Toleranz dennoch beherzigen.

In beruflichen Situationen ist die Hierarchie vor dem Alter entscheidend. Hier bietet immer der Ranghöhere das Du an. Wenn beispielsweise Ihr Chef jünger ist als Sie, darf trotzdem nur er den ersten Schritt tun. Innerhalb eines Teams ist die Dauer der Firmenzugehörigkeit wegweisend. Die Person, die länger im Unternehmen ist, darf anfragen, ob Sie zum Du übergehen möchten.

Und wie mache ich es nun?

Wenn Sie einer anderen Person gern das Du anbieten möchten, sich aber noch unsicher fühlen, prüfen Sie zunächst, was hinter dieser Unsicherheit steckt. Stimmt das Du wirklich oder ist es nicht doch aus anderen, bisher nicht bedachten Gründen sinnvoller, beim Sie zu bleiben? Wenn Sie sicher sind, bieten Sie der Person behutsam das Du an – und lassen Sie ihr auch ausdrücklich die Möglichkeit, nein zu sagen. Das verhindert, dass Ihr

Gegenüber nur aus Höflichkeit oder um Sie nicht zu verletzen zustimmt. Jeder sollte frei wählen können, ob er beim Sie bleiben oder zum vertrauteren Du wechseln möchte. Wichtig ist, dass beide ganz zu ihrer Entscheidung stehen. Ein halbherziges Du schafft ein ungutes Gefühl auf beiden Seiten. Und ein Zurück gibt es normalerweise nicht – zumindest nicht ohne die Gefahr, dass eine peinliche oder verletzende Situation entstehen könnte.

Die einzige **Ausnahme:** Das Du ist Folge eines feuchtfröhlichen Beisammenseins, im Zustand alkoholisierter Gelöstheit geschenkt. Wenn Sie beispielsweise mit einem Nachbarn beim Siedlungsfest im Rausche einer allgemeinen Verbrüderung mit gegenseitigem „Verduzen" zum Du übergegangen sind, können Sie das rückgängig machen. Sie sollten dann möglichst gleich am nächsten Tag mit viel Feingefühl das vorherige Verhältnis wiederherstellen. Entschuldigen Sie sich ehrlich und formulieren Sie positiv, damit sich Ihr Gegenüber nicht verletzt fühlt, etwa so: „Ich möchte gern unsere bisher so angenehme nachbarschaftliche Beziehung beibehalten." Und wenn Sie gern beim Du bleiben möchten, sollten Sie auch das nochmals kurz ansprechen – dann weiß Ihr Gegenüber, dass Sie auch in nüchternem Zustand zu Ihrem Wort stehen.

In vielen Fällen ergibt sich das Du im Kontakt bei beiden Seiten fast von allein. Wenn die Chemie zwischen zwei Menschen stimmt, „gleiten" beide leicht in das Du hinüber, ohne es konkret abzusprechen. Wenn möglich, sollten Sie dennoch kurz etwas dazu sagen, zum Beispiel: „Schön, dass wir uns jetzt duzen. Von meiner Seite aus können wir gern dabei bleiben."

Sie dürfen jederzeit von Ihrem Recht Gebrauch machen, ein Du abzulehnen – jedoch immer mit Takt- und Fingerspitzengefühl. Formulieren Sie Ihre Worte wertschätzend und positiv, sodass Sie den anderen nicht verletzen. In Gruppen oder im Arbeitsteam sollten Sie aufpassen, dass Sie sich nicht ausschließen und sich damit Chancen verbauen oder als hochmütig abgestempelt werden, wenn Sie als Einzige beim Sie bleiben möchten. Variante: Bei Kontakten, die Sie sehr schätzen, bei denen Sie aber gern eine gewisse Distanz beibehalten würden, können Sie auch das Siezen mit dem Vornamen kombinieren. So ist es beispielsweise in einigen modernen Unternehmen üblich.

Sind Sie Teilnehmer an einem Kurs oder Seminar, bei dem zu Beginn vereinbart wurde, dass sich alle duzen, sollten Sie das Du hinterher auch beibehalten. Ist es Ihnen bei einem Teilnehmer sehr unangenehm, können Sie das entweder mit einer positiven Begründung direkt ansprechen oder ihn diskret immer wieder siezen, bis er ebenfalls wieder auf das distanziertere Sie zurückgreift.

Verabschiedung – so bleiben Sie in guter Erinnerung

Die Verabschiedung ist ebenso wichtig wie das Begrüßen. Mit einem positiven Abschied bleiben Sie und die gemeinsam verbrachte Zeit bei den anderen in guter Erinnerung.

Wenn es am schönsten ist, sollte man gehen

Verabschieden Sie sich von den anderen Gästen – in kleiner Runde von jedem persönlich, auf größeren Veranstaltungen nur von denjenigen, mit denen Sie näher Kontakt hatten wie den unmittelbaren Tischnachbarn oder guten Bekannten. Gehen Sie nicht, solange Ehrengäste noch anwesend sind. Schütteln Sie dem Gastgeber die Hand und bedanken Sie sich herzlich.

Aufgabe des Gastgebers ist es, eine Tafel aufzuheben. Meist können es sich die Gäste dann in anderen Bereichen bequem machen. Für diejenigen, die früher aufbrechen müssen, eine gute Gelegenheit – sie können sich verabschieden, ohne viel Störung zu verursachen.

Richtzeit für Einladungen mit Abendessen ist Mitternacht, spätestens um 2 Uhr sollte das Beisammensein beendet sein. Wenn auf der Einladung angegeben war, wann das Fest zu Ende ist, halten Sie sich an diese Vorgabe – außer der Gastgeber lädt Sie ehrlich ein, noch länger zu bleiben. Verabschieden Sie sich vom Gastgeber und den anderen Gästen. Fragen Sie gegebenenfalls auch die anderen Gäste, ob Sie jemanden zur Bahn oder nach Hause bringen können – ein Zeichen von Aufmerksamkeit.

Tipp: Bietet der Gastgeber zu später Stunde Kaffee an, ist das ein deutliches Zeichen, dass Sie aufbrechen sollten. Sie dürfen den Kaffee gern noch annehmen, sollten sich danach aber zügig aufmachen.

Früher Aufbruch

Wenn Sie vorzeitig gehen müssen, verabschieden Sie sich unauffällig, damit Sie nicht ungewollt eine Aufbruchstimmung auslösen. Geben Sie Ihren unmittelbaren Tischnachbarn Bescheid und nicken Sie den Personen kurz zu, die Ihr Gehen mitbekommen. Verabschieden Sie sich immer vom Gastgeber und teilen Sie ihm kurz den Grund mit, warum Sie früher wegmüssen. Am besten geben Sie ihm schon bei Ihrer Zusage Bescheid. **WICHTIG:** Es sollte sich um einen wirklich bedeutsamen Anlass handeln, zum Beispiel einen beruflichen Termin oder eine besondere Familienangelegenheit. Bei einem Festessen sollten Sie auf jeden Fall bis zum letzten Gang bleiben und nicht unmittelbar, nachdem das Essen beendet ist, gehen.

Wenn die Gäste „festsitzen" …

… es ihnen so gut gefällt, dass sie einfach nicht gehen möchten, können Sie als Gastgeber zunächst beginnen, mit kleinen Gesten ein wenig Aufbruchstimmung in die Runde zu bringen: ein dezentes Gähnen, ein Hinweis auf den morgigen Tag oder leere Teller und Gläser wegstellen. Bleiben diese Handlungen ohne Erfolg, ist es durchaus erlaubt, Ihren Gästen mitzuteilen, dass Sie am nächsten Morgen früh aufstehen müssen oder ganz einfach sehr müde von dem anstrengenden Tag sind. Bleiben Sie freundlich und danken Sie ehrlich für das Kommen – dann wird Ihnen das niemand übel nehmen.

Dank am nächsten Tag

Heute nicht mehr zwingend nötig, aber immer noch eine sehr nette Geste ist es, sich am nächsten Tag nochmals für die Einladung zu bedanken – telefonisch, schriftlich oder per E-Mail. Die Art des Dankes sollte der Einladung entsprechend gewählt sein. Wer kein Gastgeschenk dabei hatte, kann jetzt auch noch einen Blumenstrauß schicken. Wenn Sie sich gut verstanden haben und mögen, ist es eine nette Geste, einer Einladung auch eine Gegeneinladung folgen zu lassen. Ebenso willkommen kann stattdessen auch eine Einladung in ein Theater oder ein Konzert sein.

Die Sitte, zu einem Besuch ein Gastgeschenk mitzubringen, ist schon uralt. Wir kennen zum Beispiel aus der Bibel die Gaben der Heiligen Drei Könige für den kleinen Jesus. Bei den Indianerstämmen war es üblich, dass die Häuptlinge zu ihren Zusammenkünften Geschenke mitbrachten, um sich gegenseitig in Wert und Ansehen zu bestätigen. Damals orientierten sich die Gaben vorwiegend am Reichtum des Gastes und der Wertschätzung, die er dem Gastgeber bezeigen wollte. Heute ist es immer noch Brauch, zu Einladungen etwas mitzubringen, allerdings sollten die Mitbringsel dem Anlass angemessen, aber eher von ideellem Wert sein.

Der richtige Umgang mit Gastgeschenken

Mit Gruß: Stecken Sie Ihre Visitenkarte mit einem persönlichen Gruß in das Geschenk oder den Blumenstrauß, am besten in einem kleinen, passenden Umschlag. So kann Ihr Gastgeber die Mitbringsel beim Auspacken gleich zuordnen. Geben Sie das Geschenk ohne große Worte. Kommen Sie mit Ihrem Partner oder Ihrer Partnerin zu einem Paar, dann überreicht der Herr der Gastgeberin die Blumen.

Die Kosten: Die Ausgaben für das Geschenk sollten angemessen, aber nicht zu hoch sein; es geht mehr um die Geste, den ideellen Wert und Ausdruck der Freundschaft. Andernfalls könnte man den anderen leicht in Verlegenheit bringen, wenn er sich mit einem ebenso teuren Geschenk revanchieren möchte – dies aber aus finanziellen Gründen nicht kann. Messen Sie daher nicht den Wert eines Menschen am materiellen Wert seiner Gabe. Etwas anders sieht es bei Geschenken zu besonderen Anlässen wie zu Geburtstagen, zur Hochzeit, zu einem Jubiläum aus. Da sollten Sie bei der Auswahl auch im Hinblick auf den materiellen Wert darauf achten, wie gut Sie eine Person kennen und wie nahe sie Ihnen steht.

Die Flasche Wein: In Deutschland gilt: Sie können jederzeit eine Flasche mitbringen, getrunken wird aber der vom Gastgeber bereitgestellte Wein.

Stilvoll ohne: Bei anonymeren Veranstaltungen wie Empfängen oder

Vernissagen wird in der Regel kein Gastgeschenk erwartet. Unüblich ist es auch, zu beruflichen Treffen ein Geschenk mitzubringen – es sei denn, Sie möchten sich etwa für eine gelungene Zusammenarbeit bedanken.

Tipp: Hatten Sie vor der Einladung keine Gelegenheit mehr, ein Gastgeschenk zu besorgen, können Sie sich am nächsten Tag noch mit einer kleinen Aufmerksamkeit für die Einladung bedanken. Geschenke sind jedoch kein Ersatz für das Sichbedanken!

In Österreich sind Einladungen nach Hause ein Zeichen der Ehre, die einem erwiesen wird. Man sollte sie nur aus sehr wichtigen Gründen absagen. Die Gastgeber erwarten kleine Geschenke. Ein Strauß Blumen, den Sie ausgepackt überreichen, passt immer.

In der Schweiz sollte man Besuche in der Regel vorher vereinbaren. Gastgeschenke sind ebenfalls üblich, vor allem bei der ersten Einladung.

Mitbringsel, die immer passen

Gerade wenn Sie eine andere Person noch nicht gut kennen, ist die Wahl des passenden Geschenks oft etwas schwierig. Wenn möglich, erkundigen Sie sich bei Familienangehörigen, Freunden, Bekannten oder Kollegen. Bevor Sie völlig danebenliegen, können Sie immer zu den Klassikern greifen:

- ein Blumenstrauß
- eine Flasche Wein
- edle Pralinen
- ein Buch oder Hörbuch; hier sollten Sie zumindest eine grobe Ahnung haben, in welche Richtung der Geschmack Ihrer Gastgeber geht.
- eine Musik-CD
- Gutschein für ein Buch, einen Konzert- oder Theaterbesuch
- neue, praktische und witzige Hilfsmittel für die Küche
- Schönes und/oder Hilfreiches für das Büro
- ein Reisesouvenir, wenn Sie erst kürzlich im Urlaub waren

Bei guten Freunden und bei Bekannten, deren Geschmack und Vorlieben Sie bereits besser kennen, kann das Geschenk natürlich auch sehr persönlich ausgewählt sein. Behalten Sie für alle Fälle den Kassenzettel, dann können Sie es zur Not umtauschen. Entscheiden Sie sich nie für Dinge, die Sie selbst loshaben möchten, und seien Sie vorsichtig mit Selbstgebasteltem. Das sollten Sie nur schenken, wenn Sie den Geschmack der anderen Person sehr gut kennen.

Welche Blumen zu welcher Gelegenheit?

Allgemeine Tipps:

Ob Frau oder Mann – Blumen kann man heute jedem schenken.

- In klare Folien verpackte Blumen müssen vor dem Überreichen nicht unbedingt ausgepackt werden
- Wenn Sie nicht sicher sind, ob die Person Platz für Topfpflanzen hat, schenken Sie lieber einen frischen Blumenstrauß
- Zu gesellschaftlichen Anlässen, Kondolenzbesuchen und Vernissagen werden keine Blumen mitgebracht
- Zu Feierlichkeiten, Empfängen oder Jubiläen schicken Sie die Blumen oder ein Geschenk am besten ein paar Stunden vorher. So kann der Gastgeber sich vor dem Fest um die Geschenke kümmern und hat dann alle Hände frei, um die Gäste zu begrüßen

Mit anderen Worten: die Sprache der Blumen

Schöne Blumen sind so gut wie immer ein gern gesehenes Geschenk. Sie passen zu fast allen Gelegenheiten – doch: Sie haben auch eine symbolische Sprache. Und die sollten Sie kennen, um nicht in ein Fettnäpfchen zu treten:

rote Rosen: sind als Blumen der Liebe nur für Herzallerliebste bestimmt

Chrysanthemen: sind vor allem für Beerdigungen geeignet

weiße Blumen: stehen bei älteren Menschen oft für den Tod

Margeriten: bringen Freude und Harmonie

Tulpen: heilen ein gebrochenes Herz, gut zur Versöhnung

Edelweiß: „Du bist wunderschön"

Iris: „Ich stehe zu dir"

Jasmin: „Ich finde dich bezaubernd"
Salbei: „Ich denk an dich"
Vergissmeinnicht: „Vergiss mich nicht"

Es gibt zahlreiche Listen, nach denen Blumen auch weniger schmeichelhafte Botschaften vermitteln können, zum Beispiel die Akelei „Du bist ein Schwächling" oder die Gladiole „Sei nicht so stolz". Aus meiner Sicht sind jedoch alle Blumen ein Geschenk der Natur und daher immer positiv. Suchen Sie sich einfach die schönsten heraus, die Sie dem anderen gern schenken möchten.

Kranken(haus)besuche

Dezente Düfte: Suchen Sie einen Strauß oder ein Gesteck aus frischen Blumen aus, die nicht allzu stark duften sollten. Topfblumen sind aus hygienischen Gründen in Krankenhäusern nicht erlaubt, denn die Blumenerde kann Krankheitserreger oder Ungeziefer enthalten.
Praktisch: Bringen Sie gegebenenfalls eine passende Vase mit. Fragen Sie notfalls vorher in der Klinik nach. Es gibt inzwischen auch schöne, schlichte und preiswerte Vasen. Die können Sie gleich dazuschenken.
Tabu: Blumen nicht in der Friedhofsgärtnerei kaufen oder von dort liefern lassen. Das könnte, gerade bei schwer Kranken, sehr verletzend ankommen.
Vorsichtshalber: Sind Sie sich unsicher, ob ein Besuch passend ist, schicken Sie einen Blumenstrauß, verbunden mit einer schönen Genesungskarte. Auch hier können Sie vorher in der Klinik anrufen, einen Gruß ausrichten lassen und um eine Nachricht bitten, ob ein Besuch willkommen ist. Fragen Sie eventuell auch vorher bei den Angehörigen nach, wie es dem Patienten geht und worüber er sich freuen würde. Wenn Sie jemanden besuchen, der bald entlassen wird, sollten Sie bedenken, dass er vielleicht nicht alle Blumen mitnehmen kann oder will. Möglicherweise passt dann eine Kleinigkeit besser und Sie schenken den schönen Blumenstrauß, wenn er wieder zu Hause ist.

Beim Betreten: Klopfen Sie vorher an der Zimmertür an und grüßen Sie beim Hereinkommen auch die anderen Patienten. Erkundigen Sie sich nach dem Befinden und überreichen Sie das Geschenk. Seien Sie behilflich, die Blumen in eine Vase zu stellen. Manchmal kümmert sich auch das Krankenhauspersonal darum. Wenn es möglich ist, sollten Sie mit dem Patienten das Zimmer verlassen. So stören Sie die Bettnachbarn nicht und können selbst auch freier miteinander sprechen. Wird einer der Patienten behandelt, sollten Sie das Zimmer verlassen.
Als Patient: Sind Sie selbst Patient in einer Klinik, bedanken Sie sich während des gesamten Aufenthalts immer wieder beim Personal für die Hilfeleistungen. Bei der Entlassung freuen sich die Mitarbeiter dann über eine kleine Aufmerksamkeit – ob ein kleiner Geldbetrag für die Kaffeekasse, etwas Süßes oder Schönes für die Station.

Wie ist das mit dem Annehmen und Auspacken?

Wenn Sie selbst der Beschenkte sind, nehmen Sie das Geschenk möglichst mit der linken Hand an, dann haben Sie die rechte für die Begrüßung frei. Bedanken Sie sich herzlich. Auch wenn etwas nicht so Ihrem Geschmack entspricht, sollten Sie vor allem die Ihnen mit der Gabe entgegengebrachte Wertschätzung dankbar würdigen. Zeigen Sie Ihre Freude darüber und vermeiden Sie Floskeln wie „Das wäre aber nicht nötig gewesen“. Stellen Sie am besten einen kleinen Tisch bereit, auf dem Sie die Mitbringsel schön aufstellen können. Bereits vorbereitete Vasen erleichtern Ihnen das Abstellen der Blumensträuße.
Tipp: Halten Sie Haftklebezettelchen bereit, auf denen Sie notieren können, wer das Geschenk oder den Blumenstrauß mitgebracht hat, falls keine Visitenkarte dabei ist.

Die Geschenke sollten Sie sofort auspacken und sich gleich persönlich beim Geber bedanken. Gerade das Auspacken bereitet Beschenktem wie Schenkendem ja die größte Freude. Lassen Sie möglichst alle anderen daran teilhaben. Nur bei großen Veranstaltungen können Sie das Öffnen auf später oder den nächsten Tag verlegen. Damit sich kein Gast beschämt fühlt, weil er ein weniger hochwertiges Präsent als die anderen Gäste mitgebracht hat, sollten Sie sich über die Vorzüge jedes einzelnen gleichermaßen freuen.

Tipp: Packen Sie die Geschenke beispielsweise zwischen Hauptgang und Dessert oder nach dem Essen aus. Dann sind alle Gäste bereits angekommen und Sie können sich ganz den Mitbringseln widmen, ohne das Auspacken zwischendurch immer wieder unterbrechen zu müssen, weil es geklingelt hat.

Unpassendes Geschenk? Hat der Schenkende leider nicht das richtige Präsent ausgewählt, versuchen Sie dennoch, sich über die Geste zu freuen. Die meisten Menschen schenken in guter Absicht und es kommt nun mal hin und wieder vor, dass man nicht das Passende aussucht.

Defektes Präsent? Ist das Mitbringsel unterwegs zu Bruch gegangen – entweder auf der Hinfahrt zum Veranstaltungsort oder auf dem Postweg, falls es bereits vorher versendet wurde, bedanken Sie sich dennoch zunächst und würdigen Sie die Gabe. Dann können Sie nach einer Lösung suchen. War der Gegenstand möglicherweise vorher schon beschädigt und es fiel dem Schenkenden nur nicht auf, lässt er sich vielleicht umtauschen. Bei Postversand können Sie beim Unternehmen reklamieren. Ist ein wertvolles Geschenk beschädigt, sollten Sie es auf jeden Fall mitteilen, bei Kleinigkeiten eher darüber hinwegsehen.

EINLADUNGEN – AUSSPRECHEN UND ANNEHMEN

Das Wichtigste zuerst: Laden Sie Gäste erst dann ein, wenn Sie sich sicher sind, wann und wie Sie feiern wollen. Spontane Feste sind zwar oft auch sehr amüsant, meist aber mit viel Stress für den Gastgeber verbunden. Planen und organisieren Sie in Ruhe und mit einer ausreichenden Vorlaufzeit. Für große Festlichkeiten ist das ohnehin ein Muss. Je besser die Planung, desto entspannter sind Sie – und Ihre Gäste.

Diese Vorlaufzeiten sollten Sie einkalkulieren:

Spontanpartys mit Freunden: wenige Tage oder Stunden

Feste wie Geburtstage, Grillpartys, Faschings- oder Weihnachtsfeiern: 2 bis 4 Wochen

Jubiläen oder runde Geburtstage: 1 bis 2 Monate
Besondere Festlichkeiten wie Hochzeiten, Jubiläen, (seltene) Klassentreffen etc.: 2 bis 3 Monate

Der Anlass: aus dem Leben gegriffen ...

Wenn Sie Gäste zu sich nach Hause einladen, kann das zu einem bestimmten Anlass geschehen – etwa zu einem Geburtstag, einem Jubiläum, zur Kommunion oder Konfirmation eines Kindes, zu einer Verlobung oder Hochzeit oder einem Umzug. Sie können sich aber auch selbst einen Grund einfallen lassen, um vielleicht die neuen Arbeitskollegen Ihres Mannes kennenzulernen oder einfach mal wieder den Freundeskreis um sich zu haben. Besonders kreativ sind Ideen, die auf Ihr persönliches Leben zugeschnitten sind. Waren Sie etwa erst kürzlich auf Hawaii oder in Neuseeland, dann verbinden Sie einen geselligen Grillabend mit einer Diashow und einem landestypischen Büfett. Oder Sie sind eben umgezogen und laden nun alle Helfer und Freunde zu einer Kochparty in die neue Küche ein.

Tipp: Machen Sie Ihre Gäste neugierig und geben Sie ihnen die Möglichkeit, sich aktiv zu beteiligen – mit solchen Erlebnissen bleiben Sie in bester Erinnerung.

Die Einladung

Mit der Einladung ist es ähnlich wie mit uns selbst: Der erste Eindruck entscheidet oft schon, ob ein Gast sich willkommen fühlt und gern zusagt oder ob er zögert. Je herzlicher, stilvoller, sorgfältiger die Einladung gestaltet und formuliert ist, desto „einladender" ist sie – im wahrsten Sinne des Wortes. Neben den „harten Fakten" wie Datum, Uhrzeit und Ort senden Sie mit Ihrer Einladung auch „weiche Botschaften" – Herzlichkeit, Gastfreundschaft, Achtung, Aufmerksamkeit oder Sorgfalt.

Weiterhin löst die Art der Einladung im Vorfeld Erwartungen bei den Gästen aus – und denen sollten Sie dann auf der Feier auch gerecht werden. Passen Sie die Auswahl der Karten dem Stil des Festes an. Für einen bayerischen Abend eignet sich zum Beispiel ein entsprechend rustikales Design, für eine fetzige Party darf es ruhig kräftig bunt sein, die Garten-

party lockt dagegen mit Naturmaterialien. Versprechen Sie nichts, was Sie nicht einhalten können:
edle Aufmachung: stilvolles, feines Ambiente
schlichte, klassische Art: eher förmlich, zum Beispiel für berufliche Anlässe
witzig-originelle Gestaltung: ein lockeres Zusammentreffen
kurze SMS oder E-Mail: spontanes, unkompliziertes Beisammensein

Bei großen Feierlichkeiten wie einer Verlobung oder Hochzeit, Kommunion oder Konfirmation, einem runden Geburtstag oder einem Jubiläum sind schriftliche Einladungen ein Muss. Sie können bereits vorgedruckte Karten oder Briefe verwenden, denen Sie noch ein paar persönliche Zeilen hinzufügen, oder die Einladung ganz handschriftlich verfassen. Für einen normalen Geburtstag oder ein Grillfest, eine Faschings- oder Gartenparty dürfen es auch witzige Karten sein, eine E-Mail oder gar ein persönlicher Telefonanruf.

Der persönlichste Weg ist die mündliche Einladung – bei einem Zusammentreffen oder per Telefon. Sie ist vor allem für private, informelle Anlässe gut geeignet. Hier würde eine schriftliche Einladung eher etwas deplatziert wirken. Wie in einem Einladungsschreiben sollten Sie aber ebenfalls alle wichtigen Angaben mitteilen.

Variante: Die Person erst mündlich einladen und ausdrücken, dass Sie sich sehr über ihr Kommen freuen würden – und danach eine schriftliche Einladung mit allen Informationen schicken.

Das sollte eine Einladung beinhalten:

- korrekte Anrede der Adressaten (siehe Seite 99 ff.)
- Gastgeber
- Anlass und Art des Festes
- Datum und Uhrzeit, eventuell auch mit Dauer
- Adresse und Ort, gegebenenfalls mit Wegbeschreibung für ortsunkundige Gäste
- Angabe, ob Begleitpersonen erwünscht sind
- Angabe, ob und bis wann Sie um Antwort bitten
- Telefonnummer für Rückfragen und Notfallnummer (z. B. Handy),

unter der Ihre Gäste auch am Tag des Ereignisses kurzfristig jemanden erreichen können, etwa bei noch auftauchenden Fragen oder bei einer Autopanne

- gegebenenfalls Kleidungshinweis – üblicherweise ist nur der Dresscode für den Herrn angegeben, aus dem sich die entsprechende Kleidung für die Dame ableiten lässt (siehe Seite 124 f.).
- Programm – zumindest die wichtigsten Programmpunkte sollten Sie nennen, damit sich Ihre Gäste darauf einstellen können
- gegebenenfalls Antwortkarte
- gegebenenfalls Möglichkeit, einen Essenswunsch anzugeben (z. B. Vegetarier, Diabetiker)

Tipp: Überprüfen Sie alle Angaben akribisch! Es ist äußerst peinlich und kann mit viel unnötigem Aufwand verbunden sein, wenn Sie beispielsweise aus Versehen das falsche Datum nennen oder sich bei der Adresse vertippen.

Wichtig: Geben Sie bekannt, ob es etwas zu essen gibt und was. Es ist äußerst unangenehm, wenn man einen Abend hungrig verbringen muss, weil man vorher nichts gegessen hat – in der Annahme, dass es auf einem Fest auch Bewirtung gibt. Oder umgekehrt nicht mit einem Essen rechnet und sich dann, obwohl im Grunde satt, aus reiner Höflichkeit noch den Magen vollstopft.

Beispiele für Bewirtungshinweise: „Wir laden …"

- „zu einem Abendessen" – hier gibt es richtig zu essen
- „zu einer „Cocktailparty" – mit Drinks und kleinen Snacks
- „zum Cocktail prolongé" – mit zusätzlichem Büfett
- „zu einem Get-together" – meistens mit Snacks oder kleinem Büfett
- „zu einem Umtrunk" – es stehen kleine Knabbereien bereit
- „zu einem Empfang/Stehempfang" – mit Häppchen oder einem Büfett
- „zu einem Bankett" – gibt es meist ein Menü mit oder ohne Auswahlmöglichkeiten

Die wichtigsten Abkürzungen

- u. A. w. g. – um Antwort wird gebeten (die französische Form R. s. v. p. – Repondez s' il vous plaît wird heute nur noch selten verwendet, vorwiegend in Diplomatenkreisen)
- p. m. – pour mémoire, das heißt, die schriftliche Einladung kommt „zur Erinnerung", der Gastgeber hat vorab mündlich eingeladen und der Gast bereits zugesagt
- s. t. – sine tempore (ohne Zeit), das heißt, erscheinen Sie pünktlich
- c. t. – cum tempore (mit Zeit), das heißt bis 15 Minuten später ist okay
- Wir bitten um pünktliches Erscheinen – ist keine Höflichkeitsfloskel, der Gastgeber erwartet Sie pünktlich
- um 19 Uhr – der Gastgeber erwartet Pünktlichkeit
- ab 19 Uhr – Sie können auch später eintreffen, ohne unhöflich zu sein
- 19 Uhr – in der Regel ist das „akademische Viertelstündchen" akzeptiert
- von … bis … Uhr – feste Zeitspanne, bis wann Gäste kommen und gehen können; speziell für Empfänge, Cocktailpartys oder verschiedene Tagesveranstaltungen geeignet

Auch zu folgenden Anlässen sollten Sie immer rechtzeitig erscheinen: Festlichkeiten mit Ehrengästen, Vorträge, Reservierungen in einem Restaurant oder Feiern mit künstlerischer Darbietung als Auftakt.
Tipp: Je kleiner der Gästekreis, desto pünktlicher sollten Sie kommen. Hier fällt es besonders auf, wenn jemand fehlt oder erst später dazustößt.

Die üblichen Uhrzeiten:

- 11 Uhr: Vormittagsempfänge
- 11 Uhr: Brunch (bis max. 16 Uhr)
- 12 Uhr: Diner/Mittagessen
- 16 Uhr: Einladung zu Kaffee oder Tee
- 18 Uhr: Abendempfang, After-Work-Party
- 18 Uhr: Cocktailparty (Dauer etwa 2 Stunden)

- 19 Uhr: Cocktail prolongé (Dauer etwa 4 Stunden)
- 19 Uhr: Abendessen
- Ganztägig möglich: Drink/Umtrunk (Dauer etwa 2 Stunden)

Erinnerungskarten

Laden Sie zu einer großen Veranstaltung bereits zwei bis drei Monate vor dem Ereignis ein, können Sie etwa zwei bis drei Wochen vor dem Termin eine Erinnerungskarte versenden. Wenn Sie bereits alle Ab- und Zusagen erhalten haben, sollten nur nochmals die wichtigsten Informationen und Hinweise zum Termin darauf stehen. Andernfalls ist das die Gelegenheit, um erneut eine verbindliche Rückmeldung bis zu einem bestimmten Zeitpunkt zu erbitten, damit Sie besser planen können.

Auswahl der Gäste und Gästeliste

Erstellen Sie eine Gästeliste, in die Sie zunächst eintragen, wen Sie einladen möchten. Auf jeden Fall sollte bei jeder Person der Name, Anzahl und Namen der Begleitpersonen sowie die Telefonnummer für Rückfragen stehen.

Die Anzahl der Gäste ist vor allem abhängig vom Ereignis, von der Art des Festes, der Größe der Familie, den Räumlichkeiten und Ihrem Budget. Die minimale Gästezahl für eine Party liegt bei zwölf, nach oben hin offen – je nachdem, wie viel Platz Ihnen zur Verfügung steht. Feiern Sie nicht in zu kleinen Räumen, das beengt die Gäste, fördert Spannungen und kann eine gereizte Stimmung hervorrufen.

Je nach Anlass können Sie gedanklich folgende Lebensbereiche durchgehen und überlegen, wen Sie einladen wollen oder sollten:

- Familie und Verwandtschaft
- nahe Freunde
- Bekanntenkreis (Sport, Verein, Nachbarschaft, Kinder, Hobbys etc.)
- Arbeitskollegen
- Schul- und Studienfreunde, sofern Sie hier noch Kontakte pflegen
- Kollegen, Mitarbeiter oder andere Betriebszugehörige
- Kunden und Geschäftspartner

- Presse
- Vertreter von Behörden, Vereinen, Parteien etc.

Vor allem kleinere Feste stehen und fallen mit den Gästen. Je kleiner der Kreis, desto wichtiger ist es, dass die passenden Menschen zusammenkommen, die auf gleicher Wellenlänge liegen und sich auch etwas zu erzählen haben. Daher lohnt es sich, die Gästeliste immer individuell nach Anlass und sehr sorgfältig zusammenzustellen.

Was ist Ihr oberstes Ziel der Einladung? Möchten Sie gute Freunde wieder treffen, Bekannten von einer Reise berichten, einen neuen Erdenbürger vorstellen …?

1. Wer *muss* dabei sein?
2. Wer *könnte* gut dazu passen?
3. Gibt es in dieser Konstellation möglicherweise Probleme (etwa wenn sich zwei Ihrer Freunde nicht „riechen" können oder eine kinderlose Freundin, von der Sie wissen, dass sie sehr darunter leidet, auf eine Familie mit drei Kindern trifft)?
4. Ist die Gruppe insgesamt ausgewogen oder eher einseitig (im Hinblick auf Alter, Geschlecht, Kontaktfähigkeit, Lebendigkeit, Intellekt oder Beruf)?

Nachdem Sie die Einladungen verschickt haben, können Sie die Liste regelmäßig aktualisieren, das heißt alle Zu- und Absagen notieren. Wenn Sie nach dem Rückantworttermin wissen, wer alles kommen wird, hilft die überarbeitete Liste bei den weiteren Vorbereitungen: Tischkarten schreiben, Speisen und Getränke planen etc.

Einladungen erhalten – annehmen und absagen

Erhalten Sie selbst eine Einladung, bedanken Sie sich dafür und geben rechtzeitig, spätestens zum angegebenen Termin Bescheid, ob Sie kommen oder nicht. Der Gastgeber möchte gut planen können, daher ist es wichtig, dass Sie sich an den Termin halten. Eine Absage sollten Sie so früh wie möglich mitteilen, damit der Gastgeber ausreichend Zeit hat, gegebenenfalls noch etwas umzuorganisieren. Nennen Sie einen triftigen Grund für

Ihre Absage und betonen Sie, dass es Ihnen leid tut, nicht dabei sein zu können. Bei wichtigen Ereignissen ist es eine schöne Geste, einen Blumenstrauß oder ein kleines, passendes Geschenk mitzuschicken. Legen Sie eine Karte bei, in der Sie Ihr aufrichtiges Bedauern mitteilen. Je nach Anlass können Sie auch im Gegenzug eine Einladung aussprechen, um zu zeigen, dass Ihnen die andere Person wirklich am Herzen liegt und Sie sich auf jeden Fall gern treffen möchten. Wenn Sie im letzten Moment absagen müssen, teilen Sie das dem Gastgeber unbedingt persönlich mit und entschuldigen Sie sich für die Kurzfristigkeit Ihrer Absage.

Gastfreundschaft

Sie bezeichnet die innere, freundliche Haltung eines Menschen, eine andere Person im eigenen Heim offen und herzlich willkommen zu heißen, sie gern zu verköstigen und gegebenenfalls auch bei sich übernachten zu lassen.

Was dabei vor allem zu beachten ist: Jeder sollte seine Gäste so behandeln, wie er selbst als Gast behandelt werden möchte. Seien Sie herzlich, offen und ehrlich interessiert, aber achten Sie die Intimsphäre des anderen. Geben Sie immer aus ganzem Herzen und ohne Erwartungen. Sorgen Sie dafür, dass Ihr Gast alles bekommt, was er benötigt. Verstellen Sie sich nicht für den Besuch. Nehmen Sie sich auch Zeit für eigene Dinge, gerade wenn der Aufenthalt länger dauert. Tauschen Sie sich über Ihre Gewohnheiten aus – das kann eine sehr bereichernde Erfahrung für beide sein. Als Gast sollten Sie es wertschätzen, dass der Gastgeber Ihnen sein Heim und seine Zeit zur Verfügung stellt – und die Gastfreundschaft nicht überstrapazieren.

Den Gästen Unsicherheiten nehmen

Wer zu sich nach Hause einlädt, hat immer einen „Heimvorteil“, denn Sie fühlen sich in der vertrauten Umgebung sicherer. Allerdings geben Sie auch mehr von sich preis – und darüber sollten Sie im Vorfeld gut nachdenken. Was zeige ich meinen Gästen? Welche Räume, Details der Wohnung, Hobbys etc. möchte ich „öffentlich“ machen – welche bleiben verschlossen? Damit sich Ihre Gäste entspannt und bei Ihnen willkommen fühlen, sollten Sie sie zunächst mit den wichtigsten Bereichen Ihres Hauses oder der Wohnung vertraut machen: Sitzgelegenheiten, Küche, Toiletten und im Sommer dem Garten. Sorgen Sie für eine einladende, angenehme und anregende Atmosphäre:

- Begrüßen Sie alle Gäste mit Händedruck und wechseln Sie ein paar persönliche Worte
- Helfen Sie an der Garderobe
- Machen Sie die Gäste miteinander bekannt. Bei größeren Festen sollten Sie die Neuankömmlinge zumindest zu einer Gruppe führen und sie dort vorstellen
- Bieten Sie etwas zu trinken und zu essen an
- Führen Sie die Gäste gegebenenfalls zu ihrem Sitzplatz
- Behalten Sie das Geschehen aufmerksam im Blick, damit Sie gleich zur Stelle sein können, wenn etwas fehlt oder ein Malheur passiert
- Kommen Gäste neu zu einer Gruppe hinzu, erwähnen Sie ein verbindendes Thema, das ihnen den Einstieg in ein Gespräch erleichtert
- Wenn Sie merken, dass jemand keinen Anschluss findet, reden Sie selbst eine Weile mit ihm, bis er mehr Fuß gefasst hat und sich sicherer fühlt. Dann können Sie sich gemeinsam zu einer anderen Gruppe begeben
- Bei einer größeren Veranstaltung können Sie auch eine vertraute Person bitten, Ihnen bei der Gästebetreuung behilflich zu sein
- Stellen Sie Ihre Gäste und deren Wohlbefinden in den Mittelpunkt, nicht Ihre Person – ohne sich allerdings selbst zu vergessen. Denn Ihre eigene Energie überträgt sich auf die Gäste. Bleiben Sie daher freudig, locker und entspannt

Geschäftsessen mit Familie & Familienfeste mit Kollegen

Einladungen, bei denen sich Geschäftliches mit Privatem mischt, können unter Umständen zu heiklen Situationen führen. Je besser Sie sich im Vorfeld damit befassen, desto leichter können Sie Fettnäpfchen geschickt umgehen. Stellen Sie sich darauf ein, dass man Sie und Ihre Familie sehr genau beobachten wird. Besprechen Sie das untereinander. Teilen Sie Ihren

Lieben die Namen der Kollegen und Ihr Verhältnis zueinander mit. Machen Sie außerdem Ihre Familie mit den wichtigsten Umgangsformen in der Firma vertraut. Wenn möglich, sollten Sie sich an einem neutralen Ort, zum Beispiel in einem Restaurant oder Café, treffen. Die Einladung nach Hause ist dann besser geeignet, wenn Sie sich bereits eine Weile kennen und schon mehr Vertrauen vorhanden ist. Führen Sie im Beisein der Arbeitskollegen keine familieninternen Gespräche.

FAMILIÄRE ANLÄSSE

Gelegenheiten zu feiern gibt es zahlreiche. Hier eine Übersicht über die wichtigsten familiären Anlässe und was vor allem bei der Einladung zu beachten ist:

Geburtstage

Der erste Geburtstag

Das erste Jahr ist für die gesamte Familie aufregend, meist auch sehr anstrengend, aber doch schön. So können Sie den ersten Geburtstag des kleinen Erdenbürgers mit Dankbarkeit feiern. Laden Sie am besten nur wenige enge Freunde und Familienangehörige ein, damit der Trubel das Kind nicht verschreckt. Den Anlass kann es ohnehin noch nicht verstehen, aber die liebevolle Atmosphäre spüren: ein paar bunte Luftballons und Girlanden, ein kleines Geschenk in raschelndes Geschenkpapier verpackt, eine brennende Kerze und ein Geburtstagslied – das genügt schon.

Der 18. Geburtstag ...

... ist die Schwelle zur Selbstständigkeit. Dieser Geburtstag ist für junge Menschen etwas ganz Besonderes, den sie auch ganz in ihrem Sinne feiern sollten. Da in diesem Alter allerdings die Lust, mit der Familie zusammenzusein, meist nicht sehr groß ist, bietet es sich an, zweimal zu feiern: beispielsweise bei einem festlichen Essen im Kreise der Familie am Ehrentag selbst und einer Party mit Freunden am darauffolgenden Wochenende.

„Normale" Geburtstage

Viele übergehen sie mit zunehmendem Alter oft immer mehr. Dennoch: Ist nicht jeder Geburtstag, jedes Lebensjahr wertvoll und sollte auch entsprechend gewürdigt werden? Wenn Sie sich entscheiden, einen ganz normalen Geburtstag im Kreise der Familie und/oder mit guten Freunden zu feiern, gibt ein ungewöhnliches Motto dem Fest eine originelle Note. Laden Sie mal zu einem gemütlichen Sonntagsbrunch ein, feiern Sie an einem See oder verbunden mit dem Besuch einer Veranstaltung – die Sie sich selbst zum Geschenk machen. Die Einladungen sollten entsprechend auf das Motto abgestimmt sein.

Besondere Geburtstage

Alle halbrunden und runden Geburtstage sind Ehrentage, im hohen Alter ist jeder ein beachtenswertes Ereignis. Hier können Kinder oder jüngere Freunde sich um die Einladung kümmern. Nehmen Sie vor allem Rücksicht auf die Gesundheit des Geburtstagskindes. Gegebenenfalls bitten Sie die Gratulanten, auf mehrere Tage verteilt vorbeizukommen.

Erstkommunion, Konfirmation und Firmung

Diese Anlässe sind für Kinder meist die ersten größeren Feierlichkeiten, bei denen sie selbst im Mittelpunkt stehen und das bewusst miterleben können. Daher sollten Eltern diese Feste mit viel Aufmerksamkeit organisieren, damit sie zu einem echten Erlebnis für ihr Kind werden. Eingeladen werden vor allem die Patin oder der Pate und die Verwandtschaft, manchmal auch sehr gute Freunde. Da in der Regel den ganzen Tag über gefeiert wird, sollten Sie auf die kindlichen Bedürfnisse Rücksicht nehmen. Bieten Sie für die anwesenden Kleinen Ausweichmöglichkeiten an, damit es ihnen nicht zu langweilig wird, nur mit den Erwachsenen „herumzusitzen". Ideal sind Gaststätten mit Freizeitangeboten für Kinder wie einem Streichelgehege, Spielzimmer oder Abenteuerspielplatz.

Verlobung und Hochzeit

Die **Verlobung** ist wieder in, wenn auch die ursprünglichen Hintergründe heute keine Grundlage mehr haben. Das (rechtlich nicht bindende) Versprechen eines Paares, heiraten zu wollen, findet meist in kleinem Rahmen statt. Traditionell richten die Brauteltern die Feier aus. Nach alter Sitte müssen Geschenke zurückgegeben und Aufwendungen erstattet werden, wenn sich das Paar vor der Hochzeit trennt.

Der **Polterabend** ist ein alter Hochzeitsbrauch, bei dem die Anwesenden durch das Zerbrechen von Porzellan, Steingut oder Keramik dem Brautpaar ein gutes Gelingen der Ehe wünschen.
Tabu: Gläser oder Spiegel werfen. Glas ist ein Symbol für Glück, ein zerbrochener Spiegel steht für sieben Jahre Unglück.

Das Paar muss dann den Scherbenhaufen entsorgen. Die beiden sollen damit gleich unter Beweis stellen, dass sie auch schwierige Situationen gemeinsam meistern können. Ursprünglich wurde zu einem Polterabend nicht persönlich eingeladen, sondern nur allgemein der Termin bekannt gegeben, der dann durch Mundpropaganda verbreitet wurde. Heute ist das nicht mehr zwingend so. Sie können auch gezielt Einladungen verschicken, zumal es eine gute Gelegenheit ist, hierzu auch Menschen einzuladen, die nicht zur Hochzeit kommen können. In der Regel wird vor dem Haus der Brauteltern gepoltert, sofern der Platz vorhanden ist. Die Gäste sollten auch bewirtet werden.

Die **Hochzeit**, der Höhepunkt im Leben vieler Menschen, gewinnt heute auch wieder immer mehr an Bedeutung. Die Gestaltung ist inzwischen um einiges flexibler geworden und lässt auch Raum für die originellsten Wünsche: ob im Ausland, in einem Heißluftballon, im Freien … (fast) alles ist möglich. Wichtig ist, dass Sie als Brautpaar zufrieden sind und sich gern an den Tag zurückerinnern. Für die Einladung sollten Sie sich schöne Karten drucken lassen oder – bei Talent – auch am eigenen PC gestalten. Je größer der Gästekreis, desto eher lohnt es sich, die Karten in einer Druckerei professionell erstellen zu lassen. Suchen Sie zusätzlich ein Motto oder ein Gedicht aus, das ein Symbol für Ihre Liebe und den gemeinsamen Lebensweg darstellt. Im gleichen Design wie die Karten sollten dann auch Menü- und Tischkarten, Hochzeitsanzeigen und Dankeskarten gehalten sein.

Hochzeitstage und Ehejubiläen ...

... werden auch wieder mehr gefeiert. Vor allem alle runden und halbrunden Hochzeitstage ab dem zehnten Ehejubiläum können Sie in großem Rahmen begehen.

Für die höheren Ehejubiläen sind Geschenke geeignet, die mit Beständigkeit und Kostbarkeit zu tun haben: exklusive Kerzenleuchter mit handgearbeiteten Kerzen, kunstvolle Schnitzfiguren, hochwertige Buchbände, eine Goldhochzeitszeitung oder ein selbst gestaltetes Familienalbum. Außerdem bietet sich das Motto der Hochzeit als Anregung für Geschenkideen an: Für die goldene Hochzeit passen zum Beispiel Präsente, die mit Gold zu tun haben. Für eine Perlenhochzeit eignet sich ein schöner Geschenkkorb – mit einem Schmuckgutschein oder einer Einladung zum Austernessen.

Geburt und Taufe

Wenn Sie selbst ein Kind bekommen haben, verschicken Sie zur **Geburt** liebevoll gestaltete Karten, am besten mit einem Foto des neuen Erdenbürgers. Es sollte darauf vermerkt sein, wann das Kind zur Welt kam und welchen Namen Sie ihm geben werden. Zusätzlich ein paar nette Worte, ein Spruch oder ein Gedicht machen die Karte persönlich.

Erhalten Sie selbst eine solche Geburtsanzeige, sollten Sie den Eltern zeitnah Ihre besten Glückwünsche übermitteln – zunächst am besten ebenfalls per Post. Später können Sie dann auch einen persönlichen Besuch vereinbaren.

Die **Taufe** findet üblicherweise in den ersten Lebensmonaten statt. Eingeladen wird meist an einem Sonntag zur kirchlichen Feier mit anschließendem Empfang, Mittagessen und Kaffeetrinken. Für den engsten Familienkreis oder von weither Angereiste gibt es auch ein Abendessen. Früher wurden alle Kinder in der Osternacht getauft, das ist heute nicht mehr üblich.

Trauerfeier

Eine Beerdigung mit anschließendem Trauermahl wird zum Gedenken an den Verstorbenen in Dankbarkeit und Wertschätzung durchgeführt. Außerdem soll sie eine Hilfe für die Hinterbliebenen sein, sich gemeinsam mit vertrauten Menschen vom Verstorbenen zu verabschieden und den Tod zu verarbeiten. Man unterscheidet weltliche Gedenkzeremonien und religiöse Rituale. Die Trauerrede dient der Erinnerung an den Verstorbenen, seine Persönlichkeit, die wichtigsten Lebensabschnitte, den allgemeinen Lebensweg und seinen Tod. Der Hauptredner spricht im Namen der Hinterbliebenen.

Weitere Elemente sind Todesanzeigen in der Zeitung und in wichtigen Blättern, Musik im Hintergrund, Blumengestecke und Kränze, Trauerbilder, Kerzen.

Schulstart und -abschluss

Die **Einschulung** ist ein ganz wesentlicher Schritt im Leben eines Kindes. Um diesen Tag entsprechend zu würdigen und zu versüßen, bekommen die Abc-Schützen üblicherweise eine Schultüte, gefüllt mit nützlichen Utensilien und Leckereien für die erste Zeit. Schicken Sie Nachbarskindern oder Freunden Ihrer eigenen Sprösslinge schöne Glückwunschkarten mit kindgerechten Wünschen.

Auch zwischen Schulstart und den Abschlussprüfungen gibt es Gelegenheiten zum Feiern: hervorragende Zeugnisse, ein Schulball, ein Auslandsjahr etc.

Der **Schulabschluss** mit den bestandenen Prüfungen wird meist an den Schulen mit einem Festakt und einem abendlichen Ball gefeiert. Sie können hier mit einer edlen Glückwunschkarte und – je nachdem, wie nahe Ihnen der Prüfling steht – einem Geschenk gratulieren.

Die Pensionierung

Mit der **Pensionierung** beginnt wieder ein völlig neuer Lebensabschnitt. Für manche ist es die reinste Freude, dass ihnen endlich unbegrenzt Zeit zur Verfügung steht. Andere haben mit dem Abschied von der Arbeitswelt – zumindest in der ersten Zeit – ganz schön zu kämpfen. Wenn Sie eine Glückwunschkarte zur Pensionierung verschicken, sollten Sie daher auf diese Gefühle Rücksicht nehmen. Eine flapsige Karte kommt sicher nicht gut an, wenn der Ruheständler gerade erst mal in ein depressives Loch gefallen ist. Seien Sie behutsam und im Zweifelsfalle lieber neutral in der Wahl der Karte und Ihrer Formulierung. Veranstaltet die Familie ein Fest für den frisch gebackenen Pensionisten, eignet sich vor allem eine Rede als Programmpunkt gut, die sein Arbeitsleben entsprechend würdigt. Laden Sie ehemalige Arbeitskollegen ein, die auch amüsante Anekdoten aus der gemeinsamen Arbeitszeit erzählen können.

Weitere Anlässe für familiäre Feiern:

- Namenstage
- Valentinstag, Muttertag und Vatertag
- der bestandene Führerschein
- der Meisterbrief
- abgelegte Prüfung in einem Hobby, zum Beispiel Angelschein, Bootsführerschein, Pilotenschein, etc.
- der erste Kindergartentag
- ein neuer Job oder eine Beförderung
- eine Preisverleihung
- eine gewonnene Ausschreibung
- Dienstjubiläen
- Beginn einer neuen Ausbildung/Umschulung
- Wiedereinstieg in den Beruf
- Genesung/Rehabilitation nach längerer Krankheit
- Sabbatical, längere Reise oder Auswanderung
- Pokalsieg der eigenen Mannschaft
- ein Rekordergebnis
- Jahreskreisfeste wie Neujahr, Ostern, Pfingsten, Weihnachten

Jeder kennt es zumindest vom Hörensagen, welche Kleinkriege über Gartenzäune hinweg ausbrechen können. Sie weiten sich zu jahrelangen Grabenkämpfen aus, verhärten sich und irgendwann kann sich keiner mehr an die Lappalie erinnern, mit der alles begann ... Lassen Sie es nicht so weit kommen. Mit ein paar einfachen Grundregeln, beherzt beachtet, bleibt die Atmosphäre um Ihr Zuhause herum rein.

Nachbarschaftliche Umgangsformen allgemein

Generell gilt: Verhalten Sie sich so, wie Sie es auch von Ihren Nachbarn erwarten. Dann kann schon fast nichts mehr schief gehen.

Grüßen: In der Nachbarschaft gilt: Wer den anderen zuerst sieht, grüßt auch zuerst. Egal, wie sympathisch Ihnen jemand ist – Aufmerksamkeit sollten Sie jedem entgegenbringen und Zeit für einen Small Talk haben.

Toleranz: Leben und leben lassen ist das Grundmotto für eine gute Nachbarschaft. Vermeiden Sie es, über andere zu urteilen – jeder Mensch wählt die für ihn passende Lebensform ... und niemand hat das Recht, darüber zu richten.

Hilfsbereitschaft: Eine Nachbarin schleppt mühsam eine schwere Einkaufstasche nach Hause? – Nehmen Sie sie ihr ab. Solche und ähnliche Situationen schaffen gute Verbindungen, Vertrauen und echtes Miteinander.

Ehrlichkeit: Seien Sie ehrlich, vor allem zu sich selbst, und nützen Sie nachbarschaftliche Konflikte nicht, um sich abzureagieren. Niemand ist gern Sündenbock.

Rücksicht: Wer aufmerksam ist, sich auch mal Gedanken über die Lebensumstände seiner Nachbarn macht, bekommt schnell auch ein Gespür dafür, was der Gemeinschaft guttut und was nicht. Lebt in der Wohnung nebenan beispielsweise eine ältere Frau, von der Sie wissen, dass sie abends um 21.30 Uhr schlafen geht, sollten Sie darauf verzichten, dann noch in voller Lautstärke Musik zu hören. Das ist ein aktiver Beitrag zum friedlichen Miteinander.

Miteinander: Nicht immer ist es sinnvoll, auf sein Recht zu pochen. Wägen Sie bei Unstimmigkeiten ab, ob die Sache es wert ist, dafür gegebenenfalls auch längere Streitigkeiten in Kauf zu nehmen. Das kostet alle nur Zeit, Nerven und möglicherweise auch Geld. Verzichten Sie auch mal aufs Rechthaben zugunsten der Gemeinschaft.

Klug überlegen: Bevor Sie sich für eine Wohnung oder ein Haus entscheiden, denken Sie darüber nach, ob Sie hier auch wirklich auf Dauer leben möchten. Die Nachbarn können Sie nicht verändern, aber sich den für Sie passenden Ort auswählen.

Sich raushalten: Bleiben Sie bei Streitigkeiten anderer neutral und halten Sie sich am besten ganz raus.

Einhalten: Alle Verpflichtungen, die Sie mit dem Einzug übernommen haben, sollten Sie unbedingt auch erfüllen. Das betrifft zum Beispiel die Hausordnung, Putzvereinbarungen oder die Nutzung gemeinschaftlicher Bereiche.

Abstand halten: Überlegen Sie sich, mit welchen Nachbarn Sie gern näheren Kontakt hätten – und wem Sie lieber keine Einblicke in Ihr Privatleben geben möchten. Lassen Sie sich vor allem Zeit, das herauszufinden und Ihr neues Umfeld gut kennenzulernen.

Nein sagen: Aufdringlichen oder sehr geselligen Menschen, die nicht von sich aus merken, dass Sie keinen intensiveren Kontakt möchten oder die Sie „zutexten", können Sie ehrlich sagen, dass Sie nun anderes tun oder über bestimmte Dinge nicht reden möchten.

Gutes denken: Nicht immer gleich Böswilligkeit unterstellen. Meistens ist es weder den anderen noch uns selbst bewusst, wenn wir etwas übersehen oder zu laut sind. Teilen Sie freundlich und sachlich mit, wie laut beispielsweise das Fernsehgerät der schwerhörigen Nachbarin in Ihrer Wohnung dröhnt, und suchen Sie gemeinsam nach einem Kompromiss.

Wenn alles nichts hilft: Kommen Sie allein nicht weiter, dann geht der nächste Schritt zur Hausverwaltung und erst der letzte zum Rechtsanwalt. Bleiben Sie stets gesprächsbereit und vermeiden Sie Drohungen und Eskalationen.

Ruhezeiten

Der Deutsche Mieterbund e. V. (DMB) gibt neun Empfehlungen zur Lärmvermeidung bzw. -verminderung und für ein gutes Miteinander:

Rücksicht & Nachsicht sind oberstes Gebot. Jeder möchte und hat das Recht, in seiner Wohnung ohne Störungen zu leben – andererseits ist ein völlig geräuschloses Leben nicht möglich. Nehmen Sie selbst Rücksicht auf Ihre Nachbarn und üben Sie Toleranz, vor allem den kaum vermeidbaren „Lebensgeräuschen" wie Treppensteigen, Lachen oder Kindertoben gegenüber.

Allgemeine Ruhezeiten schützen die Nacht- und Mittagsruhe vor dem schlimmsten Lärm. Je nach den speziellen Bestimmungen der Länder und Kommunen dürfen Gartenbesitzer sehr lautstarke Geräte wie motorbetriebene Rasenmäher, Rasentrimmer, Kantenschneider oder Heckenscheren werktags nur zwischen 9 Uhr und 20 Uhr, teilweise nur bis 17 Uhr einsetzen. Besondere Regelungen können auch ab 6 Uhr, in der Mittagszeit oder von 20 bis 22 Uhr gelten. Die Benutzung von Müllcontainern und anderen Entsorgungssystemen ist nur von 7 bis 20 Uhr erlaubt.

Nachtruhe ist durch die Immissionsschutzgesetze der Länder besonders geschützt. Zwischen 22 und 6 Uhr sind alle Tätigkeiten verboten, die störend sein könnten. Es dürfen keine Geräusche aus der Wohnung nach außen dringen.

Mittagsruhe freiwillig einhalten, denn für die Mittagszeit zwischen 13 und 15 Uhr gibt es meist keine besonderen, festgelegten Lärmschutzbestimmungen. In der Regel ist die Mittagsruhe nur über den Mietvertrag bzw. eine Hausordnung vereinbart. Sie sollten sich im Sinne der allgemeinen Rücksichtnahme freiwillig daran halten.

Sonn- und Feiertage sind durch verstärkte Lärmschutzregelungen geschützt. In Wohngebieten sind Rasenmäher, Motorkettensägen, Heckenscheren, Vertikutierer und Bauarbeiten im oder am Haus verboten.

Zimmerlautstärke ist dann überschritten, wenn Musik, Radio- oder Fernsehgeräusche noch deutlich in der Nachbarwohnung zu hören sind. Nach einem Urteil des Landgerichts Hamburg bedeutet Zimmerlautstärke aber nicht, dass die Töne nur im Raum des Wiedergabegerätes hörbar sein und gar nicht zum Nachbarn dringen dürfen. Solange sie den normalen Wohngeräuschen entsprechen, sind sie noch erlaubt.

Schallschutzstufen beachten, es gibt eine VDI-Richtlinie (Verein Deutscher Ingenieure e.V.), die unter anderem drei verschiedene Schallschutzstufen unterscheidet: Schallschutzstufe 1 – lautes Sprechen, Gehgeräusche und Geräusche aus haustechnischen Anlagen sind im Allgemeinen in der Nachbarwohnung hörbar. Schallschutzstufe 2 – das Sprechen ist nicht mehr verstehbar, Gehgeräusche und Geräusche der Haustechnik kaum oder nur gelegentlich störend. Schallschutzstufe 3 – all diese Geräusche sind nicht mehr wahrnehmbar. Wer sehr geräuschempfindlich ist, sollte daher vor dem Anmieten oder Kauf einer Wohnung die Schallschutzstufe erfragen.

Toleranz bei Kinderlärm, denn vor allem Säuglinge und Kleinkinder können sich nicht an allgemeine Ruhezeiten und die Zimmerlautstärke halten. Gerichte haben entschieden, dass Mitbewohner hier mehr Toleranz und Verständnis aufbringen müssen – auch zu ihrem eigenen Vorteil, denn die Lärmempfindung hängt nicht nur von der Art des Lärms, dem Geräuschpegel oder der Uhrzeit ab, sondern auch von der inneren Einstellung und dem Verhältnis zu den Nachbarn.

Starker Lärm ist immer verboten, denn ab einer gewissen Lautstärke empfinden wir alle Geräusche als störend. Radio, TV, Musikinstrumente, Partymusik und anderes Lärmen darf daher generell nur bis zu einer Lautstärke stattfinden, die für unsere Ohren noch zumutbar ist und andere nicht erheblich belästigt, unabhängig von den allgemeinen Ruhezeiten.

Dresscode at home – lassen Sie sich zu Hause gut blicken

Mal eben schnell die Zeitung holen gehen … im Pyjama? Kann gut gehen, wenn Sie um 6 Uhr morgens noch niemand sieht. Andernfalls könnte es etwas peinlich werden. Gewöhnen Sie sich lieber an, sich auch zu Hause korrekt anzuziehen. In diesem Beispiel würde das heißen, zumindest einen gepflegten Hausanzug zu tragen. Ein Pyjama oder Bademantel ist in Deutschland tabu. Auch nicht jedermanns Sache: im Unterhemd auf dem

Balkon oder im Garten. Mit der richtigen Kleidung kommen Sie gut bei den Nachbarn an und halten die nötige Distanz.

Worauf Sie sonst noch achten sollten

Blickdicht: Wenn Sie einen offenen Balkon haben, der von außen gut einzusehen ist, verzichten Sie besser auf „oben ohne" oder andere Freizügigkeiten bzw. sorgen Sie für entsprechenden Sichtschutz.

Wasserfest: Haben Sie Blumen auf Ihrem Balkon, achten Sie darauf, dass Sie beim Gießen nicht in die Kaffeetasse des Nachbarn unter Ihnen treffen. Ebenfalls ungünstig: Betten ausschütteln, wenn unten gefrühstückt wird.

Partytime: Möchten Sie eine Party feiern, kündigen Sie sie ein paar Tage vorher an und bitten Sie um Verständnis, wenn es etwas lauter werden sollte. Bitten Sie Ihre Gäste, im Flur oder vor der Haustür leise zu sein. Sie sollten allerdings die Toleranz Ihrer Nachbarn nicht überstrapazieren und nicht jedes Wochenende bis in den Morgen hinein feiern.

Kinder: Sie merken oft nicht, dass sie laut sind, vor allem wenn sie sehr in ihr Spiel vertieft sind. Sprechen Sie die Eltern freundlich darauf an.

Ausleihen: Haben Sie etwas von Ihren Nachbarn ausgeliehen, geben Sie es so bald wie möglich mit einem freundlichen Dank zurück. Ist etwas beschädigt, besorgen Sie den Gegenstand neu oder finden Sie mit Ihrem Nachbarn eine andere Lösung. Haben Sie selbst etwas verliehen und bekommen es nicht zurück, dann sprechen Sie Ihre Nachbarn offen darauf an: „Haben Sie das Buch, das ich Ihnen geliehen habe, schon ausgelesen? Ich müsste selbst etwas darin nachsehen und bräuchte es daher wieder zurück." Ist Ihr Gegenstand beschädigt, teilen Sie das ebenfalls umgehend mit. Kommt es mit einem Nachbarn häufiger zu solchen Situationen, sollten Sie ihm nichts mehr borgen.

WICHTIG: Schlucken Sie den Ärger nicht aus falscher Rücksichtnahme hinunter. Er kocht sonst bei nächster Gelegenheit wieder hoch.

Rund um Haus und Garten

Ein Traum vieler Menschen ist das Eigenheim. Richtig schön lässt es sich dort vor allem dann wohnen, wenn auch die Beziehungen rundum stimmen. Neben den allgemeinen Regeln für Nachbarschaftlichkeit sollten Sie vor allem diese Punkte beachten:

Halten Sie sich an die Vorgaben der Siedlung oder Gemeinde, was die Pflege der gemeinsamen oder öffentlichen Bereiche betrifft. Das gilt vor allem für überstehende Hecken und das Kehren der Gehwege.

Achten Sie bei allen Arbeiten am Haus und im Garten darauf, dass Sie niemanden stören oder behindern.

Betreten Sie das Grundstück eines Nachbarn nie, ohne vorher zu fragen.

Stehen größere Umbauarbeiten an, sind Nachbarn sehr dankbar für eine Vorankündigung. So können sie sich vorbereiten und eventuell dem Lärm ausweichen.

Sperrmüll, der vor einem Grundstück zur Abholung durch die Gemeinde bereitgestellt wird, darf nicht einfach mitgenommen werden. Das Eigentum geht direkt vom Besitzer an die Gemeinde oder den Abholdienst über. Wenn Sie etwas mitnehmen möchten, fragen Sie daher unbedingt vorher nach!

Miet-Knigge

Noch ein paar Worte speziell für diejenigen, die in einem Mietverhältnis stehen. Die Beziehung zwischen Mieter und Vermieter kann unter Umständen viel Fingerspitzengefühl erfordern. Wer in einer Mietwohnung lebt, die von einer Genossenschaft oder Häuserverwaltung betreut wird, hat hier meist weniger Probleme. Da gibt es klare Regelungen, an die sich beide Parteien ganz sachlich halten – Punkt. Klar, das gilt im Grunde ebenso für privat vermietete Objekte, nur ist das Verhältnis hier oft etwas persönlicher und daher anfälliger für Konflikte. Auch Vermietungen zwischen Familienmitgliedern, in der Verwandtschaft oder im Freundeskreis sollten von Anfang an gut abgesprochen sein. Scheuen Sie sich nicht, in der Familie gegebenenfalls einen offiziellen Vertrag abzuschließen – er

sorgt für klare Verhältnisse, was sich letztlich auch positiv auf die Beziehungen auswirkt.
Für **Mieter** gilt: Gehen Sie mit den zur Verfügung gestellten Räumlichkeiten oder Einrichtungsgegenständen sorgsam um. Die Mietzahlungen sind kein Freibrief für unachtsames Verhalten. Das Argument „Ich zahle ja dafür" gilt nicht! Gewünschte Veränderungen wie zum Beispiel kräftig farbige Wände, Tapeten oder Spaliere am Balkon am besten immer vorher absprechen bzw. genau im Mietvertrag nachlesen. In manchen Fällen muss der Mieter beispielsweise fragen, ob er tapezieren darf, oder es sind nur Raufasertapeten erlaubt, die sich gut überstreichen lassen. Generell sollten Sie auf einen freundlichen Kontakt Wert legen – auf dieser Basis finden sich bei Wünschen oder Problemen gute Lösungen, die beide Seiten zufriedenstellen, viel leichter.
Vermieter sollten darauf achten, dem Lebensstil des Mieters gegenüber tolerant zu sein, solange er nichts beschädigt oder zu stark verändert. Das kann vor allem dann ein Thema sein, wenn junge Leute bei älteren Menschen in Miete sind, die plötzlich eine Elternrolle übernehmen und Vorschriften machen wollen. Halten Sie sich genau an Vereinbarungen und kündigen Sie Besuche immer ausreichend vorher an. Auch wenn es Ihr Eigentum ist, sollten Sie nicht einfach so vor der Tür stehen, sondern die Intimsphäre des Mieters achten.

Haustiere

Ob Hund oder Katz, Kaninchen oder Meerschweinchen, Beo oder Wellensittich ... Tiere sind die besten Freunde des Menschen, heißt es. Bevor Sie sich ein Haustier zulegen, sollten Sie allerdings unbedingt bedenken, ob Ihre Wohnsituation dafür geeignet ist.
Umfeld: Können Sie dem Tier eine artgerechte Haltung bieten? Passt Ihre Wohnsituation dafür? Gibt es Risiken für das Tier oder könnte es bei anderen Schaden anrichten? Schließen Sie gegebenenfalls eine entsprechende Versicherung ab.
Wohnen: Aus Ihrem Mietvertrag können Sie ersehen, ob Haustiere erlaubt sind. Wer eine Eigentumswohnung besitzt, kann relativ frei ent-

scheiden. Sie müssen sich nur nach den Vorgaben der Wohnanlage richten. Hausbesitzer können gänzlich eigenständig bestimmen, sofern sie niemanden gefährden.

Tiergeräusche: Wenn Nachbarn sich beschweren, etwa weil Ihr Hund häufiger bellt oder Ihr Beo schreit, versuchen Sie in Ruhe mit ihnen zu sprechen. Klären Sie ab, ob sich das Tier wirklich zu häufig meldet oder die Laute völlig im normalen Rahmen sind. Dann muss Ihr Nachbar sich wohl oder übel daran gewöhnen. Sie können ihm aber beispielsweise anbieten, darauf zu achten, dass alle nahe zur Nachbarwohnung gelegenen Türen geschlossen sind, damit die Lautstärke gedämpft wird.

Besuch mit Bello: Nehmen Sie Ihr Tier nie zu Besuchen mit, wenn Sie nicht vorher beim Gastgeber um Erlaubnis gebeten haben. Wenn Sie als Tierbesitzer Gäste einladen, sollten Sie vorher mitteilen, dass Sie einen tierischen Mitbewohner haben. Dann kann Ihr Gast sich, etwa bei einer Tierallergie, entsprechend darauf einstellen bzw. rechtzeitig absagen. Wenn möglich, bitten Sie Familienangehörige darum, sich während des Besuchs um das Tier zu kümmern und beispielsweise inzwischen Gassi zu gehen.

Rund ums Auto

Für viele ist das Auto nach wie vor beinahe ein zweites Heim, Symbol für Freiheit und Individualität. Das können Sie auch in vollen Zügen genießen, solange Sie keine Mitbürger damit stören oder gar gefährden. Generell gilt im Straßenverkehr ebenfalls, dass man mit Rücksicht, Toleranz, Gesprächen und Nachsicht weiter kommt als mit Aggressivität, Beschuldigungen, Streit und Rechthaberei. Ein friedliches Miteinander, auch auf der Straße, beginnt immer bei einem selbst.

Allein auf großer Fahrt

Allein unterwegs zu sein, das Gefühl von Freiheit, Kraft und Bewegung, das genießen viele. Man kann in voller Lautstärke Musik hören, singen und die Gedanken schweifen lassen … Doch Vorsicht, wenn Sie damit die Sicherheit und Freiheit anderer gefährden bzw. einschränken! Ist die Musik vielleicht so laut, dass Sie das Martinshorn eines Feuerwehrwagens überhören? Sind Sie in Gedanken irgendwo am Meeresstrand – nur nicht mit Ihrer Aufmerksamkeit im Hier und Jetzt, im aktuellen Straßenverkehr, kann das sogar Menschenleben kosten. Wer stolz mit quietschenden Reifen an der grünen Ampel losstartet, sollte sich auch darüber im Klaren sein, dass er damit nicht nur Bewunderung einheimst, sondern vielen ganz schön auf die Nerven geht.

Gemeinsame Fahrten

Wenn Sie jemanden im Auto mitnehmen, sollten Sie ihn ebenfalls wie einen Gast behandeln. Fragen Sie auf jeden Fall nach, ob sich der Beifahrer mit Ihrem Fahrtempo wohlfühlt, die Art der Musik und die Lautstärke angenehm ist, gegebenenfalls das Rauchen stört und Gespräche erwünscht sind oder Ihr Gast lieber eine Weile Ruhe haben möchte, um sich zu entspannen.

Autos im Wohngebiet

Waschen Sie Ihr Auto nur in entsprechenden Waschanlagen. Bei der kleinen Pflege zwischendurch auf jeden Fall darauf achten, dass keine Reinigungsmittel in die Umwelt gelangen und niemand behindert wird.

Selbst wenn es manchmal eng zugeht – parken Sie andere nicht so zu, dass sie nur noch mit Mühe herausfahren können. Und seien Sie äußerst sparsam mit dem Einsatz der Hupe. Sie sollten sie wirklich nur in absoluten Notfällen betätigen, um Unfälle zu verhindern. Achten Sie vor allem auf spielende Kinder und frei herumlaufende Tiere.

Umzug: Auszug, Einzug, Einweihungsparty

Sich von der vertrauten Umgebung und lieb gewonnenen Menschen verabschieden, eine neue Heimat finden und neue Kontakte knüpfen ... Je besser Sie die alten Türen hinter sich schließen, desto freier können Sie neue öffnen.

Auszug: Tschüss dann ...

„Der erste Eindruck prägt, der letzte bleibt." Das gilt auch, wenn wir uns von einer Wohngegend verabschieden. Sie sollten den Auszug daher genauso ernst und wichtig nehmen wie den Einzug in die neue Bleibe.

Achten Sie vor allem auf die Ruhezeiten und geben Sie Ihren Nachbarn ein paar Tage vor dem Auszug Bescheid, wann es lauter werden könnte. So können diese sich darauf einstellen und gegebenenfalls wegfahren.

Verabschieden Sie sich von allen Leuten, mit denen Sie näheren Kontakt hatten, und geben Sie ihnen, wenn Sie das möchten, Ihre neue Adresse.

Hinterlassen Sie das Haus oder die Wohnung ordentlich, sodass alle Parteien zufrieden sind. Diese gute Energie nehmen Sie auch mit in Ihr neues Zuhause. Gemeint ist natürlich nicht, dass Sie sich von Ihrem Vermieter oder Nachmieter schikanieren lassen sollen. Manchen Menschen kann man es nur schwer recht machen. Dennoch: Wenn Sie allen respektvoll und wohlwollend begegnen, gibt es bestimmt eine einvernehmliche Lösung.

Einzug: Hallo Nachbar

Ja, der Mensch ist neugierig. Und auch die neuen Nachbarn wollen natürlich so schnell wie möglich erfahren, wer denn da jetzt wohnt und wie „die Neuen" so sind. Lüften Sie das Geheimnis möglichst frühzeitig und klingeln Sie zumindest bei den unmittelbaren Nachbarn, sobald Sie ganz angekommen sind. Einige werden Ihnen vielleicht schon beim Möbelschleppen über den Weg laufen. Stellen Sie sich dann kurz vor, zum Beispiel so: „Guten Tag, ich bin Anna Luftig. Ich ziehe gerade mit meiner Familie in die Wohnung über Ihnen. Ich hoffe, dass wir Sie mit dem Einzugslärm nicht zu sehr stören." Lassen Sie sich mit dem näheren Kennenlernen allerdings lieber mehr Zeit, als zu schnell Ihre Türen zu öffnen. Machen Sie sich erst mal mit den Gewohnheiten in der neuen Gegend vertraut, bevor Sie zu sich nach Hause einladen. Dann können Sie mit einem lockeren Stehempfang im Haus oder im Garten beginnen, die nachbarschaftlichen Beziehungen zu vertiefen.

Einweihungsparty: Da sind wir jetzt
Eine schöne Geste ist es, wenn Sie Ihre Freunde und alle Umzugshelfer zu einer Party bitten. Sobald alle Kisten ausgepackt sind und Sie sich gemütlich eingerichtet haben, können Sie den Termin festlegen und einladen. Sorgen Sie für eine lockere Atmosphäre, in der sich die Gäste frei bewegen und umsehen können. Damit auch einander bisher fremde Ihrer Freunde leichter Kontakt finden, sollten Sie verschiedene Sitzgelegenheiten anbieten und ein Büffet. Das lässt mehr Bewegungsfreiheit und erlaubt, sich nach Lust und Laune mit verschiedenen Menschen zu unterhalten. Eventuell können Sie auch die neuen Nachbarn mit einladen, hier ist allerdings – siehe letzter Abschnitt – eher Vorsicht geboten.

VEREINE, EHRENAMT & CO. – SO SIND SIE GUT DABEI

Die Gemeinschaft in einem Verein tut gut. Überlegen Sie sich jedoch vorab genau, ob und mit welchen Erwartungen Sie einem Verein beitreten. Wenn Sie noch unsicher sind, ob es das Richtige für Sie ist, können Sie eventuell auch eine „Schnuppermitgliedschaft“ vereinbaren. Haben Sie sich fest entschlossen, gilt zuallererst: Akzeptieren Sie die allgemeinen Vereinsregeln und Gepflogenheiten. Nehmen Sie sich anfangs ausreichend Zeit, um die Mitglieder und den Umgang untereinander kennenzulernen.
Darüber hinaus sollten Sie folgende allgemeine Grundsätze beherzigen:
Vorgaben: Beachten Sie die Vorgaben des Vorstands, die speziellen Vereinsregeln sowie alle anderen Vereinbarungen. Informieren Sie sich regelmäßig über die aktuellen Bekanntmachungen über die Vereinszeitung, das Internet oder das Schwarze Brett. Bezahlen Sie Ihre Beiträge regelmäßig. Teilen Sie eine Adressänderung oder andere Veränderungen Ihrer Daten baldmöglichst mit. Wenn Sie kündigen möchten, halten Sie die vereinbarten Fristen ein und geben Sie gegebenenfalls den Mitgliedsausweis, Vereinskleidung oder Ähnliches pünktlich zurück.
Miteinander: Höflichkeit, Kameradschaft und Fairness sollten immer an erster Stelle stehen. Seien Sie anderen Mitgliedern gegenüber gesprächs-

bereit und nachsichtig, auch wenn es – je nach Art des Vereins – bei manchen Themen auch mal zu Meinungsverschiedenheiten kommen kann. Lernen Sie zum Beispiel auch, fair zu gewinnen und zu verlieren. Beachten Sie bei Foto- und Videoaufnahmen die Persönlichkeitsrechte der aufgenommenen Personen.

Treffpunkt: Achten Sie auf Pünktlichkeit, wenn Sie zu Treffen, dem Training oder anderen Veranstaltungen gehen. Sollten Sie sich verspäten, geben Sie einem Verantwortlichen rechtzeitig Bescheid. Sind vorherige Anmeldungen erwünscht, halten Sie sich daran und erleichtern Sie dem Veranstalter damit die Planung. Können Sie den Termin doch nicht einhalten, sagen Sie so früh wie möglich ab. Passen Sie bei allen Veranstaltungen auf Ihre persönlichen Utensilien auf. Gehen Sie achtsam mit der Einrichtung und allen anderen Gegenständen um. Hinterlassen Sie alles so sauber, wie Sie es auch selbst gern vorfinden.

Wahlweise: Erkundigen Sie sich nach den üblichen Vorgehensweisen zur Wahl des Vorstandsteams und zur Organisation der Jahresversammlung. Wenn Sie sich zur Wahl stellen möchten, informieren Sie sich sehr gründlich über alle Rechte und Pflichten, die damit verbunden sind. Lassen Sie sich erst aufstellen, wenn Sie hundertprozentig hinter Ihrer Entscheidung stehen.

Kommunikationskultur

Leben ohne Kommunikation ist undenkbar. Jeder zwischenmenschliche Austausch ist Kommunikation – ob im gesprochenen Wort, in geschriebenen Zeilen oder durch nonverbale Ausdrucksformen. Die Möglichkeiten der Verständigung sind heute vielfältiger und schneller denn je: Neben den klassischen Formen bestimmen vor allem die modernen Techniken wie Handy, SMS und E-Mails unser Kommunikationsverhalten. Doch trotz der praktischen Schnelligkeit: Auch hier ist Stil gefragt!

MENSCHLICHES MITEINANDER – KOMMUNIKATION ALS WEG

„Eines Morgens werden wir aufwachen und feststellen, dass wir nicht mehr mit der Hand schreiben können, von unserem Schreibtisch sind Briefumschläge und -papier verschwunden, die Tinte im Füller ist vertrocknet. Wir öffnen den Mund, und kein Laut kommt heraus. Wir haben es verlernt, uns die Hände zu schütteln oder laut zu lachen. Sicher, wir können weiter kommunizieren, alle in demselben uniformierten Stil. Der einzige Unterschied zwischen unseren Botschaften aber wird der Inhalt sein." (Clifford Stoll, amerikanischer Astrophysiker und Computerpionier/Zitate.de)

Dieses Horrorszenario ist glücklicherweise (noch) nicht Realität – im Gegenteil. Wir können heute dafür sorgen, dass ein menschliches Miteinander möglich ist und bleibt. In unserer Kultur spielen in zwischenmenschlichen Beziehungen Inhalte viel weniger eine Rolle, als die meisten annehmen. Wenn wir eine andere Person treffen, tauschen wir uns nur zu etwa zehn Prozent über Inhalte aus – die restlichen 90 Prozent setzen sich aus Stimmklang und nichtsprachlichen Botschaften zusammen. Und alles, was wir im Zusammensein mit anderen sind oder tun, ist Kommunikation. „Wir können nicht nicht kommunizieren", lautet ein bekannter Satz des Kommunikationswissenschaftlers Paul Watzlawick.

NONVERBALE KOMMUNIKATION/KÖRPERSPRACHE

Außer durch das gesprochene oder geschriebene Wort kommunizieren wir immer auch durch Mimik und Gestik, Körperhaltung und -bewegung sowie durch die Stimme. In der Regel geht die verbale Kommunikation mit der nonverbalen einher. Wir begleiten das Sprechen mit Gesten, unser Blick verändert sich, wir nehmen eine andere Haltung ein. Darüber hinaus können wir etwas auch ganz ohne Worte ausdrücken.

Wenn ein Mensch authentisch ist, stimmen seine Worte und die Körpersprache überein und wir fühlen uns in seiner Gegenwart wohl. Macht jemand dagegen beispielsweise „gute Miene zu bösem Spiel", spüren wir, dass etwas nicht stimmt.

Mimik und Gestik

Meist sind wir uns dessen nicht bewusst, dass wir auch über unsere Mimik und Gestik „sprechen". Beides sind Teilbereiche der Körpersprache. Über die **Mimik**, den Gesichtsausdruck, zeigen wir vor allem Gefühle und Wertungen: Angst, Furcht, Ekel, Erstaunen, Glück und Trauer. Der Mimik kommt ein besonderer Stellenwert zu, da die Blicke normalerweise vor allem auf das Gesicht eines Sprechers gerichtet sind.

Uns nahe stehende Menschen erkennen oft an unserem Gesichtsausdruck, dass wir uns nicht wohl fühlen, Kopfschmerzen oder Sorgen haben. Wenn Sie mit Kollegen oder Ihnen bisher ganz fremden Personen zusammen sind, können Sie durch einen Hinweis auf Ihre Befindlichkeit Missverständnissen vorbeugen. Denn wer Sie noch nicht besser kennt, schließt aus einer schmerzbedingten Augenbewegung vielleicht, dass Sie seiner Aussage nicht zustimmen oder er nimmt Sie als distanziert wahr. Mit einem kurzen Hinweis können Sie das vermeiden: „Es tut mir leid, dass ich heute so schweigsam bin. Das hat nichts mit Ihnen oder dem Thema zu tun. Ich habe gerade starke Kopfschmerzen."

Gesten sind Ausdrucksbewegungen der Hände und Arme. In der Regel können wir sie wesentlich besser kontrollieren als die Mimik.

Mimik und Gesten, die tabu sind

„Stinkefinger" zeigen: Achten Sie darauf, das auch nicht unabsichtlich zu tun. Manche Menschen haben die Angewohnheit, mit dem Mittelfinger auf etwas zu deuten, beispielsweise wenn sie jemandem den Weg auf einer Landkarte erklären. Auch Drohgebärden, etwa eine Faust machen oder wild mit dem erhobenen Zeigefinger gestikulieren, sind unbedingt zu vermeiden.

Auf Menschen deuten: Die alte Erziehungsweisheit „Man zeigt nicht mit nacktem Finger auf angezogene Leute" hat nach wie vor Gültigkeit. Möchten Sie beispielsweise Ihrem Begleiter auf einem Fest erklären, wer die anderen Gäste sind, dann machen Sie dies mit Worten deutlich. „Die Dame in der grünen Jacke ist Frau Sanders, der Herr rechts daneben ihr Bruder Jakob Korn.“ Am besten ist es, wenn Sie Ihrer Begleitung kurz erläutern, um wen es sich handelt, und ihn dann zu diesen Personen hinführen, um sie persönlich bekannt zu machen.

Handspiele: Die Hände in die Hosentaschen stecken oder auf dem Rücken halten weckt den Eindruck, dass man etwas verbergen möchte. Händereiben – wirkt schadenfroh und hinterhältig. Verspielt hat derjenige in manchen Situationen schnell, der mit Gegenständen spielt, beispielsweise einen Stift durch die Finger gleiten lässt oder Büroklammern verbiegt. Das sind Zeichen von Unsicherheit oder Aggression. Letztere kann hier aber auch im ursprünglichen Sinn von „auf etwas zugehen“ auftreten, etwa wenn ein Teilnehmer sich gern mehr beteiligen möchte, aber aufgrund der Struktur zum Zuhören „verdammt“ ist.

Arroganz und Eitelkeit: Eine Hand ständig unter dem Kinn halten, Hände im Nacken verschränken, Augenbrauen und/oder Oberlippe hochziehen, die beiden Hände zu einem Dreieck zusammenführen und mit dieser Geste etwas erklären – so äußern sich Überheblichkeit und Selbstgefälligkeit. Wegschauen ist grob unhöflich und eine der stärksten Gesten der Geringschätzung und Missachtung.

Unsicherheit: Sie zeigt sich durch ständiges Händekneten und -reiben, an den Fingern zupfen oder an den Fingernägeln nagen, am Mund reiben, den Bart zwirbeln oder sich am Kopf kratzen. Das erweckt den Eindruck, dass man etwas sagen möchte, sich aber nicht traut.

(K)ein Blick sagt mehr als tausend Worte

Wer seinem Gesprächspartner nicht in die Augen schaut und mit seinem Blick ständig abschweift, gilt als unsicher, unhöflich, uninteressiert oder gar herablassend. Daher sollten Sie, vor allem bei wichtigen Gesprächen, dauerhaft im Blickkontakt mit Ihrem Gegenüber bleiben, es allerdings auch nicht anstarren. Wenn es Ihnen schwerfällt, Menschen länger in die Augen zu schauen, üben Sie es vorher mit vertrauten Personen. Zur Not können Sie ansonsten auch den Blick etwas neben die Augen richten.

Körpersprache

Neben Mimik und Gestik wirkt auch unsere gesamte Körperhaltung auf die Mitmenschen und wir offenbaren damit ein Stück weit unser Innenleben. Wie wir stehen, uns bewegen, mit unserem Körper umgehen, spiegelt unsere innere Haltung. Während eines Gesprächs laufen ständig unbewusste Prozesse ab, in denen jeder der Partner überprüft, ob das emotionale Klima zwischen ihnen stimmt. Achten Sie auf die Signale Ihres Körpers – was Sie selbst wahrnehmen und was Sie aussenden:

Offene Körperhaltung: Sie stehen aufrecht mit „Rückgrat", der Körper hat eine gesunde Spannung, Sie halten die Arme locker vor dem Rumpf oder seitlich. Beim Sitzen sind die Beine nicht übereinandergeschlagen.

Geschlossene Haltung: Sie stehen wie ein steifes Brett, die Arme liegen eng am Körper an, die Beine stehen eng beieinander. Diese Haltung wirkt auf andere verschlossen und unnahbar. Man wird im Kontakt eher auf Distanz gehen.

Darauf sollten Sie achten

Beim Stehen: Aufrecht und entspannt zu stehen wirkt souverän und selbstbewusst. Seien Sie ganz in Ihrem Körper „zu Hause" und stehen Sie mit beiden Beinen auf der Erde – so wirken Sie präsent. Beim Stehen die Beine nicht über Kreuz stellen, tippeln, wippen oder auf den Zehenspitzen stehen.

Beim Gehen: Ideal ist ein gleichmäßiger Gang – sowohl hinsichtlich des Tempos als auch der Bewegungen.

Beim Sitzen: Die Beine in Sitzhaltung nicht übereinanderschlagen oder „verknoten", wie es manche sehr gelenkige Menschen machen. Frauen sollten darauf achten, dass der Rocksaum bei kurzen Röcken nicht zu sehr nach oben rutscht.

Arme: Vermeiden Sie es besser, die Arme vor dem Körper zu verschränken. Das bedeutet in der Regel Ablehnung und Verschlossenheit.

Harmonie: Mit feinen, abgerundeten Bewegungen vermitteln Sie Sympathie. Eckige, abgehackte Bewegungen wirken unruhig, hektisch und gefühllos.

Ohne Kommunikation ist unsere Gesellschaft nicht denkbar. Für die meisten ist die gesprochene Sprache oder die Schrift das Verständigungsmittel schlechthin. Miteinander in Kontakt kommen, Wissen und Informationen austauschen, eigene Wünsche und Bedürfnisse ausdrücken, von sich selbst berichten … Auch alle Informations- und Unterhaltungsmedien wie TV, Radio, Bücher, Magazine, Zeitungen oder die Werbung sind ohne Worte nicht möglich. Und: Sprache ist immer auch ein Spiegel der Gesellschaft und mit ihr in stetiger Veränderung.

Kontakte knüpfen – Schüchternheit gekonnt überwinden

Wenn die Worte fehlen, liegt das oft an zu hohen oder falschen Erwartungen an uns selbst und einem verzerrten Bild, das wir uns von anderen machen. In Situationen, in denen wir uns unsicher fühlen oder schüchtern sind, nehmen wir andere Menschen oft überhöht wahr. Wir lassen uns durch eine besondere Garderobe oder extravagantes Auftreten anderer leicht blenden. Betrachten Sie die Situation in diesem Fall möglichst nüchtern und realistisch. Wenn Sie beispielsweise auf eine Party eingeladen sind, wollen sich die Gäste dort in erster Linie locker unterhalten und gemeinsam Spaß haben. Da wird niemand von Ihnen erwarten, dass Sie mit Ihrem Wissen glänzen oder schwierigste Aufgaben lösen – im Gegenteil. Je menschlicher und authentischer Sie sind, desto leichter gewinnen Sie die anderen für sich.

Small Talk – die Kunst der leichten Konversation

Das erfolgreiche Schwätzchen

Der Begriff Small Talk kommt aus dem Englischen und bedeutet ursprünglich „Geplauder" oder „oberflächliche Konversation". So banal und unverbindlich er auch scheint – Small Talk ist eine Kunst für sich und entscheidet in vielen Situationen über Erfolg oder Nichterfolg – privat und im Beruf. Fast jeder Kontakt im Leben beginnt im Grunde mit einem Small Talk. Er dient als Einstieg in Gespräche und um unangenehmes Schweigen zu überbrücken. „Nebenbei“ tauschen die Gesprächspartner dabei aber auch oft viele Informationen aus, an die man sonst nicht so leicht herankäme – ob in der Kantine, im Hausflur oder beim Bäcker. Wesentlich ist, dass man sich über Themen unterhält, die eine Atmosphäre von Wohlbefinden und Wertschätzung erzeugen. Manche Menschen scheinen ein Naturtalent in der Kunst der leichten Konversation zu sein, doch selbst wer sich etwas schwerer tut, kann das flotte Plaudern lernen.

Das Ansprechen: in Kontakt kommen

In manchen Situationen ergeben sich Gespräche wie von selbst, dann wieder möchten wir gern jemanden ansprechen, wissen aber einfach nicht wie. In erster Linie sollten Sie darauf achten, dass Sie für ein Gespräch innerlich offen sind, eine freundliche Haltung haben und ein offenes Lächeln zeigen. Oft genügt sogar schon diese innere Bereitschaft, und andere Menschen kommen von selbst auf Sie zu.

Ansonsten lässt sich etwa mit folgenden Fragen ein guter Einstieg schaffen: Woher kennen Sie denn den Gastgeber? Sind Sie das erste Mal hier? Was hat Sie hierher geführt? Welche Vorträge haben Sie schon besucht?

Im weiteren Verlauf können Sie sich nun vorstellen und, auf Ihre Frage bezogen, von sich selbst erzählen. Wenn Ihr Gesprächspartner bereits Anhaltspunkte für weitere Themen gebracht hat, knüpfen Sie gleich daran an. Zum Beispiel so: „Oh, Sie kennen sich vom Sport. Welche Sportart betreiben Sie denn?“ Mit Offenheit, Interesse und Intuition kommt das Gespräch so immer besser in Fluss.

Beim Namen nennen: Fast jeder Mensch hört gern seinen Namen. Es ist wie eine Bestätigung, dass wir wirklich hier sind und wahrgenommen werden. Sollten Sie den Namen vergessen haben, fragen Sie ehrlich nach. Es geht vielen so, gerade bei größeren Veranstaltungen, dass sie sich nicht alle Namen beim ersten Mal merken können.

Die Themen: Gemeinsamkeiten finden

Der Einstieg gelingt meist sehr leicht über das Ereignis, bei dem Sie sich treffen. Eine erste Gemeinsamkeit, die verbindet – und das schafft Nähe und ein Zugehörigkeitsgefühl. Weitere geeignete Gesprächsthemen sind zum Beispiel:

- das Wetter: banal und doch ein guter Klassiker
- der Ort, an dem Sie sich befinden: Region, Haus, Raum, Einrichtung und Dekoration
- das Thema: bei Vorträgen, Seminaren, Workshops und ähnlichen Angeboten
- die Angebote, Speisen und die Tischdekoration
- Kulturelles: Kunst, Kino, Theater, Konzerte
- der Wohnort
- Familie, Kinder und Tiere (allgemein, nicht zu persönlich und keine Probleme)
- Beruf und berufliche Veranstaltungen
- Sport, Hobbys und Reisen
- allgemeine Tagesthemen (Zeitung lesen)

Dagegen sollten Sie schwierige, komplexe und negative Themen meiden sowie solche, die schnell zu Meinungsverschiedenheiten führen können. Dazu gehören vor allem Politik und Religion, Krankheiten, persönliche oder familiäre Probleme, Geld, Kritik und Tratsch über Abwesende, sehr ausgefallene sowie zeitlich oder dem Anlass nicht entsprechende Themen.

Ausnahme: spezielle Veranstaltungen zu bestimmten Themen wie beispielsweise religiöse Feste oder Gesundheitstage. Wie viel Sie dabei von sich selbst preisgeben möchten, können Sie im Einzelfall entscheiden. Am besten auf Ihre Intuition hören!

Im Gespräch bleiben

Um eine gute Atmosphäre zu schaffen und zu erhalten, sollten Sie immer authentisch und ehrlich interessiert bleiben. Dann macht die Konversation beiden Spaß und Sie fühlen sich erfüllt und inspiriert. Gespräche geraten oft ins Stocken, wenn:

- das Interesse der Beteiligten aneinander verloren geht,
- Ihre Aufmerksamkeit zu anderen Themen wandert,
- Sie vermehrt Fragen stellen, die nur mit ja oder nein zu beantworten sind,
- der Dialog zu einem langweiligen Abfragen oder gar zu einer Art „Verhör“ wird.

Wichtig ist, dass Sie offene Fragen stellen, auf die Ihr Gegenüber ausführlich antworten kann. Mit Verständnisfragen signalisieren Sie ihm zusätzlich, dass Sie mit Ihrer Aufmerksamkeit ganz bei der Sache sind. Kommt es dennoch mal zu einem kurzen Schweigen, warten Sie einen Moment – meist findet sich schnell wieder ein Thema. Und wenn nicht, sprechen Sie ganz einfach aus, dass Ihnen gerade nichts mehr einfällt. Vielleicht lösen Sie damit schon das Stocken und Ihre Unterhaltung kommt wieder in Gang. Es kann aber auch sein, dass der natürliche Zeitpunkt da ist, das Gespräch zu beenden. Sie müssen es dann ja nicht krampfhaft aufrechtzuerhalten versuchen.

Ein guter Zuhörer sein: Wenn Sie Ihrem Partner mit echtem Interesse zuhören, schaffen Sie eine vertrauensvolle Basis. Jeder Mensch fühlt sich angenommen und wohl, wenn er sich zeigen und von sich erzählen darf. Mit einem aufmerksamen Blickkontakt und einer zugewandten Körperhaltung geben Sie Raum für ein gutes Gespräch. Was dagegen eher abschreckt: Dauerrednerei, Besserwisserei, Manipulation, „Verkaufsgespräche“ oder dem anderen seine Meinung aufdrücken wollen.

So nicht: Gesprächskiller

Killerphrasen – oje, kennen Sie das? Sie sind in einem Gespräch, schneiden möglicherweise ein Thema an, das Ihrem Gegenüber unangenehm ist, und der andere würgt den Dialog mit einer dummen Bemerkung blitzschnell ab. Sie sind so perplex, dass Ihnen auf die Schnelle auch keine passende Antwort einfällt. Das Ziel solcher Aktionen ist in der Regel, ein bestimmtes Verhalten auszulösen oder zu verhindern. Der „Angreifer" verwirrt seinen Gesprächspartner, bringt ihn völlig aus dem Konzept, macht ihn mundtot, lenkt vom Thema ab, drängt ihn in die Ecke, provoziert, wehrt ab, wertet ab und verurteilt. Auf diese unsachliche Weise stört er das Gespräch, kippt es auf eine emotionale Ebene und versucht den Gesprächspartner an einem wunden Punkt zu treffen. Letztlich ist es ein „Kampf", ein Manipulieren, bei dem es nur einen Sieger geben darf. Doch erkennt man das System, kann man sich auch erfolgreich wehren.

Beispiele für Killerphrasen:

- „Typisch Mann! (Frau, Macho, Blondine ...)"
- „Das verstehst du eh nicht. Du musst noch viel lernen."
- „Naja, das solltest du aber schon selbst wissen."
- „Wir haben schon alles versucht, es geht nicht."
- „Nette Idee, aber das ist in der Praxis nicht möglich."
- „Seien Sie doch nicht so empfindlich."
- „Bist du immer so launisch (langsam, trübsinnig ...)?"
- „Da musst du doch jetzt nicht beleidigt sein (rot werden etc.)."
- „Das hätte ich aber nicht von dir erwartet."
- „Du benimmst dich ja kindisch. Du bist ja dümmer, als ich gedacht habe."
- „Dir fehlt wohl ein Mann/eine Frau."
- „Sammle erst mal Lebenserfahrung, bevor du einen Kommentar dazu abgibst."
- „Wenn du aufgepasst hättest, wüsstest du das jetzt aber."

So reagieren Sie souverän auf Killerphrasen

Souverän bleiben; das allein kann einen Angreifer schon verunsichern und zum Rückzug bewegen.

Danken hat eine ähnliche Wirkung, nimmt dem anderen den Wind aus den Segeln.

Ignorieren gilt vor allem für Bemerkungen, die mit der eigentlichen Angelegenheit nichts zu tun haben. Bleiben Sie beim Thema, ohne auf die Bemerkung einzugehen. Variante: „Das gehört jetzt nicht hierher. Lassen Sie uns sachlich mit dem Thema fortfahren."

Gegenfragen stellen, zum Beispiel „Wie meinst du das genau?", verschafft Ihnen mehr Zeit, bringt den anderen vielleicht ins Stolpern oder dazu, dass er sich selbst bloßstellt. Gefahr: Er reagiert dann erst recht aggressiv.

Bestätigen, denn eine Zustimmung wie „stimmt genau" wirkt irritierend, da der andere damit nicht rechnet. Die Steigerung: „Du weißt immer alles besser." – „Stimmt, und selbst das weiß ich schon."

Verdrehen, auch wenn Sie genau wissen, dass die Aussage negativ gemeint war, drehen Sie sie ins Positive um. Beispiel: „Du weißt wohl immer alles besser." – „Ja, danke für das Kompliment."

Sich dumm stellen oder absichtlich falsch verstehen – kann eine geeignete Strategie sein, wenn man Sie mit spitzen, bissigen oder ironischen Bemerkungen verletzen will.

Tipp: Geben Sie deutlich zu verstehen, dass Sie nicht wirklich zu dumm waren, sondern absichtlich missverstanden haben.

Mit einer Retourkutsche „Sie haben aber eine lange Leitung!" – „Und Sie sitzen auf Ihrer."

Wichtig: Mit dieser Methode steigen Sie nicht aus dem System aus. Sie können sich zwar kurzfristig damit wehren, das Spiel geht aber weiter.

Humorvoll, denn das ist einer der besten Wege. Im Idealfall lachen alle Parteien über die Situation und die Lage entspannt sich.

Ehrlich sagen, dass die Bemerkung verletzend war. Manche Menschen sind sich ihrer verbalen Schärfe oft gar nicht bewusst. Bestenfalls erkennt Ihr Gegenüber den Fehler und entschuldigt sich.

Ansprechen, eine Frage stellen, auf die der andere reagieren muss: „Warum sagen Sie das? Glauben Sie, dass uns dieser unsachliche Gesprächskiller weiterbringt?"

Das Kind beim Namen nennen – „Ihre Anmerkung ist unsachlich und stört nur den Verlauf des Gesprächs." Sie wechseln damit die Perspektive und sprechen an, was derzeit geschieht. Oft fühlt sich der „Störer" dadurch schon ertappt.

Mit falschen Wissenssätzen, wenn jemand falsch liegt und es nicht merkt: „Das ist falsch, richtig muss es heißen …“ – „ Ganz genau. Und die Erde ist eine Scheibe.“

Mit paradoxer Intervention, zum Beispiel bei Leuten, die permanent stören: „Mit Ihren wertvollen Beiträgen kommen wir sicher noch heute an die Spitze.“

Mit Charme – machen Sie im Gegenzug ein (ehrlich gemeintes) Kompliment.

Grenzen setzen, indem Sie klipp und klar sagen, was Sie stört: „Deine Bemerkungen verletzen mich. Bitte lass das künftig sein.“

Schwierige Situationen

Immer wieder sind wir auch mit Situationen und/oder Menschen konfrontiert, die uns herausfordern, etwas Neues im Leben zu lernen. Nehmen Sie diese Gelegenheiten – auch wenn es anfangs vielleicht etwas schwer fällt – dankbar wahr. Sie dienen unserem persönlichen Wachstum.

Feedback- und Kritikgespräche sollten vor allem stets wertschätzend und konstruktiv bleiben. Eine ehrlich gemeinte Rückmeldung ist hilfreich, damit wir unsere Schwachstellen erkennen, daran arbeiten und uns weiterentwickeln können. Doch sie sollte niemals dazu dienen, einen anderen Menschen abzuwerten oder niederzumachen. Wenn möglich, sollten Feedbackgespräche immer unter vier Augen bzw. nur mit den Betroffenen geführt werden. Jemanden vor versammelter Mannschaft auf einen Fehler hinzuweisen ist unnötig erniedrigend.

Beschwerden sollten Sie nach Möglichkeit direkt an die zuständige Stelle richten. Bleiben Sie auch hier höflich und respektvoll und sehen Sie den Menschen auf der anderen Seite. Wenn Ihnen Ihr Gegenüber nicht selbst schon einen Lösungsvorschlag unterbreitet, was bei guten Firmen zum Beispiel üblich sein sollte, werden Sie aktiv und machen Sie ein Angebot. Erstmal kräftig den Ärger abzulassen wäre zwar befreiend – ist aber selten dienlich. Vermeiden Sie auch, belehrend oder besserwisserisch darauf hinzuweisen, wie die anderen das künftig handhaben sollten.

Konflikte, Streit und Mobbing gibt es immer wieder und in allen Lebensbereichen. Die Kunst der Konfliktfähigkeit besteht darin, nicht in Machtkämpfe und Gerangel ums Rechthaben einzusteigen, sondern konstruktiv nach einer Lösung zu suchen, bei der alle Beteiligten gewinnen. Das setzt voraus, dass jeder den anderen und seine Bedürfnisse ernst nimmt.

Absagen, etwa bei Bewerbungen, sind vor allem deswegen unangenehm, weil sie meist emotional sehr berühren. Formulieren Sie sie immer taktvoll und mit Rücksichtnahme auf Situation und Gefühle des Bewerbers. Erhalten Sie selbst die Absage, bleiben Sie möglichst ruhig und drücken Sie Ihr ehrliches Bedauern aus.

Für manche Menschen sind auch alltäglichere Absagen wie den bestellten Tisch im Restaurant, ein Treffen oder die Teilnahme an einem Seminar recht unangenehm. Überwinden Sie diese Hürde und geben Sie baldmöglichst Bescheid. Ganz unabhängig von möglichen finanziellen Nachteilen ist es sehr unhöflich, den anderen nicht zu benachrichtigen.

Gesprächsblockaden

Wir kennen alle so unangenehme Situationen, in denen wir in einem Gespräch in einer Sackgasse gelandet sind. Alle Seiten schweigen, keiner findet mehr einen neuen Einstieg. Am hilfreichsten: Sprechen Sie aus, was gerade ist, wie es Ihnen geht, zum Beispiel so: „Ich weiß jetzt gerade nicht weiter" oder „Mir fällt gerade nichts mehr dazu ein". Meist genügt das schon und einer der Beteiligten findet wieder den Faden oder ein anderes Thema.

WIE SAGE ICH WAS?

Generell gilt: Wer auf sein eigenes Empfinden achtet und entsprechend auch mit anderen umgeht, hat schon mal eine gute Basis. Und die ist vor allem für heiklere Themen, die uns persönlich betreffen, uns gut tun oder auch verletzen können, ganz wesentlich. Ob Sie nun selbst ein Lob aussprechen oder eine Entschuldigung annehmen, sich beschweren möchten oder eine Gratulation erhalten – die zwischenmenschliche Komponente ist neben allen Umgangsregeln die entscheidende Brücke zum anderen.

Komplimente und Kritik

Lob und Komplimente zu erhalten ist Nahrung für die Seele. Mark Twain sagte: „Von einem guten Kompliment kann ich zwei Monate leben." Wer seinen Blick mehr auf die gelungenen Dinge in seinem Umfeld richtet, hat mehr Freude am Leben. Doch Anerkennung zu geben und zu bekommen will auch gelernt sein. Viele Menschen haben Bedenken, sie könnten zu anbiedernd oder unterwürfig wirken. Ist ein Kompliment jedoch wirklich ehrlich gemeint, kommt es bestimmt auch beim anderen an.

Beispiele: „Die Farbe gefällt mir richtig gut. Sie passt ausgezeichnet zu deinem Typ."

„Deinen Entwurf finde ich sehr gut gelungen. Da bist du wirklich talentiert."

Wenn Sie selbst ein Kompliment erhalten, bedanken Sie sich mit einem freundlichen Lächeln: „Vielen Dank, das freut mich" oder „Danke, das ist sehr nett von Ihnen".

Wichtig: Ein Kompliment sollte sich auf einen konkreten Anlass beziehen, ehrlich gemeint, realistisch und nicht übertrieben sein. Sprechen Sie es möglichst zeitnah aus.

Manchmal ist es auch nötig, kritische Anmerkungen zu machen. Achten Sie darauf, immer höflich und wertschätzend zu bleiben. Jedem von uns können Fehler passieren, niemand ist perfekt. Formulieren Sie Ihr Anliegen nicht als Du-Botschaft, die leicht als Angriff verstanden werden kann, sondern aus Ihrer persönlichen Sicht und Empfindung heraus. Auch Verallgemeinerungen sind nicht dienlich, vermitteln Sie lieber anhand eines konkreten Beispiels, was Sie meinen. Sagen Sie also nicht etwa „Du bist immer so nachtragend", sondern besser „Ich finde, dass du in diesem Punkt zu nachtragend bist". Damit zeigen Sie, dass es Ihre persönliche Meinung ist und nicht „alle Welt" so denkt. Anhand eines konkreten Beispiels lässt sich leichter eine Lösung finden als mit pauschalen Aussagen.

Missgeschicke und Entschuldigungen

Der Tritt ins Fettnäpfchen passiert jedem immer wieder einmal … aus Unachtsamkeit, weil wir gerade zu sehr in Gedanken waren oder unser

Gegenüber einfach noch nicht gut genug kennen. Gründe gibt es zahlreiche, niemand ist davor sicher. Doch wer angemessen darauf reagiert, kann die Wogen meist schnell wieder glätten.

Mit Humor: Lachen Sie über sich selbst. Das wirkt selbstsicher, souverän und sympathisch.

Mit Herz: Haben Sie eine andere Person unbedacht verletzt, entschuldigen Sie sich umgehend und ganz ehrlich: „Entschuldigung, das war unachtsam von mir. Ich wollte Sie nicht verletzen."

Mit Bedacht: Passen Sie Ihre Reaktion der Situation an. So zeigen Sie, dass Sie Ihren Fehltritt erkannt haben und den Vorfall wirklich bereuen. Bei einem kleinen Malheur, wo niemand anderer zu Schaden kam, kann es am besten sein, einfach über Ihre eigene Ungeschicklichkeit zu lachen. Haben Sie dagegen jemanden wirklich verletzt – sei es durch Worte oder körperlich –, dann müssen Sie sich umgehend entschuldigen.

Mit Demut: Kein Mensch bricht sich eine „Zacke aus der Krone", wenn er auch mal Schwäche zeigt und einen Fehler offen zugibt. Im Gegenteil – Sie beweisen damit Selbstverantwortung, (Selbst-)Kritikfähigkeit und Wertschätzung dem anderen gegenüber. Unter Umständen können Sie eine Beziehung sogar vertiefen und stärken, wenn Sie auf einen solchen Zwischenfall ehrlich und angemessen reagieren.

Beschwerdekultur

Kaltes Essen, ein ungenügender Service, fehlerhafte Ware … Wenn Sie keine angemessene Leistung für Ihr Geld erhalten, sollten Sie sich auch beschweren. Die meisten Firmen und Unternehmer sind heute sehr offen und nehmen diese Form von Kritik auch gern an, da sie ihren Kundenservice stetig verbessern möchten.

Wenn Sie sich beschweren, bleiben Sie sachlich und konkret. Teilen Sie in Ruhe mit, was nicht in Ordnung ist und welche Lösung für Sie infrage käme. Vermeiden Sie es, jemanden persönlich anzugreifen, wütend oder aufbrausend zu sein.

In einem Restaurant wendet sich der Herr an den Kellner oder Ober. Als Dame geben Sie demnach zunächst Ihrem Begleiter Bescheid. Üblicherweise erhalten Sie dann sofort das richtige Gericht oder man bietet Ihnen einen Ersatz an.

Bei Firmen, Geschäften oder Behörden sollten Sie auch zuerst das Gespräch mit der zuständigen Person suchen. Erst wenn der mündliche Weg zu keinem Erfolg führt, können Sie die nächste Stufe – die schriftliche Beschwerde – wählen.

Grußschreiben

Ein Grußschreiben – egal ob es sich um eine Gratulation, Genesungswünsche oder Ihre Anteilnahme bei einem Trauerfall handelt – zeigt, dass Sie sich die Zeit nehmen, eine schöne Karte und die passenden Worte für einen Menschen auszuwählen, der Ihnen wichtig ist. Lieblos wirkt es, wenn eine vorgedruckte Karte nur noch unterschrieben wird. Je persönlicher Sie Ihre Zeilen formulieren, desto besser – sie sollten jedoch immer der Art Ihrer Beziehung und dem Anlass angemessen sein. Unter diesen Gesichtspunkten gilt es auch zu entscheiden, ob Sie eine Karte schicken, lieber anrufen oder Ihren Gruß per E-Mail, SMS oder Fax senden. Die modernen Medien sind heute in vielen Fällen durchaus erlaubt, allerdings kommen handschriftliche Karten oder Briefe in unserer heutigen Flut von elektronischen Nachrichten wesentlich besser zur Geltung und erhalten wieder einen ganz neuen Stellenwert. Entscheiden Sie im Einzelfall. Einheitliche Regelungen gibt es kaum, mit einem handschriftlichen Brief sind Sie jedoch immer auf der sicheren Seite.

Sonderfälle: Kondolenzbriefe oder -karten müssen per Post geschickt werden. Auch für offizielle Einladungen zu besonderen Geburtstagen, zu Hochzeiten, Jubiläen und anderen Festlichkeiten oder für folgende Danksagungen ist der Postweg die beste Wahl. Für geschäftliche Anlässe sind Karten oder Briefe ebenfalls empfehlenswerter. Per E-Mail, SMS oder Fax können Sie Glückwünsche verschicken, wenn Sie wissen, dass der Empfänger gern über diese Kommunikationswege erreicht werden möchte.

Zu folgenden privaten Anlässen sind Grußschreiben angebracht: Geburtstag, Jubiläum, Weihnachten/Neujahr, Hochzeit, besondere Hochzeitstage, Geburt und Taufe eines Kindes, Genesung, Kommunion, Konfirmation, Firmung, Schul- oder Berufsabschluss, Beförderung oder Preisverleihung (siehe auch Kapitel 2, „Gutes Benehmen" Seite 62 ff.).

Im Job gratuliert man sich zum Geburtstag, zu Jubiläen, zur Beförderung, zur Hochzeit oder zur Geburt eines Kindes. Überreichen Sie dazu am besten ein gemeinsames Geschenk. Der Beschenkte sollte die Kollegen zu einem kleinen Umtrunk oder zu Kaffee und Kuchen einladen. Gesten, die sich auch auf das Firmenklima positiv auswirken.

WICHTIG: Senden Sie Ihre Wünsche immer erst, wenn das Ereignis bereits eingetreten ist. Im Vorfeld zu gratulieren ist unschicklich und bringt, nach Ansicht abergläubischer Menschen, Unglück.

MODERNE KORRESPONDENZ

Der heutige Schriftverkehr zeichnet sich vor allem durch Schnelligkeit aus. Das hat Vor- und Nachteile. Vor allem sollte es uns jedoch nicht dazu verleiten, nachlässig mit der Form umzugehen. Denn die spricht mit.

Der Brief: der Klassiker ganz modern

Trotz E-Mail, SMS und Telefon gibt es ihn noch immer – den klassischen Brief. Da persönliche Briefe in unseren Briefkästen immer seltener werden, erhalten die wenigen auf der anderen Seite nun immer mehr Aufmerksamkeit. Eine Gelegenheit, die wir für uns nützen können – ob für erfolgreiche Geschäftsschreiben oder romantische Liebesbriefe.

Offizielle und geschäftliche Briefe

Auch bei einem Brief gilt: „Für den ersten Eindruck gibt es keine zweite Chance." Achten Sie daher auf ein ansprechendes Erscheinungsbild, eine einheitliche Gestaltung und gute Konzeption. Erstellen Sie das Schreiben mit dem PC oder einer guten Schreibmaschine. Wie ein Brief richtig aufgebaut ist, sagt die DIN-Norm 5008. Für Geschäftszwecke sollten Sie sich ein seriöses Businesspapier erstellen lassen.

Formulieren Sie Ihre Nachrichten kurz, konkret, kundenorientiert und konstruktiv. Gerade für eine schriftliche Mitteilung, die der Empfänger auch länger aufbewahren kann, sollten Sie sich Zeit nehmen, um sie sorgfältig zu verfassen.

Entsorgen Sie alte Floskeln wie „bezugnehmend“, „hiermit möchte ich“ oder „ich würde mich freuen“. Formulieren Sie frischer, persönlicher und aktiv, zum Beispiel so: „Gern sende ich Ihnen weitere Informationen über ... “ oder „Ich freue mich auf unsere Zusammenarbeit“.

Die korrekte Anschrift

Die Anschrift auf einem **Privatbrief** enthält folgende Angaben:

1. Anrede: Frau oder Herr
2. ggf. Titel oder akademische Grade
3. Vorname und Name
4. Straße und Hausnummer bzw. das Postfach
5. Postleitzahl und Ort
6. ggf. das Land

Beispiel:

Frau
Dr. Sabine Müller
Mittlere Straße 16
11111 Irgendwo

Für **Geschäftsbriefe** gilt:
Steht der Name des Empfängers in der ersten Zeile, folglich vor der Firma, ist der Brief persönlich an die betreffende Person gerichtet und muss vom Büropersonal ungeöffnet weitergeleitet werden.

Beispiel:

Frau
Dr. Sabine Müller
ABC Gesundheitsprodukte GmbH
Obere Straße 1
22222 Posemuckel

Steht dagegen die Firma an erster Stelle und folgt dann der Name des Ansprechpartners, handelt es sich um ein allgemeines Schreiben, das geöffnet weitergegeben werden darf.

Beispiel:
ABC Gesundheitsprodukte GmbH
Frau Dr. Sabine Müller
Obere Straße 1
22222 Posemuckel

Out sind und dürfen daher weggelassen werden:

- der Vermerk „zu Händen“ bzw. „z. Hd.“, die Abkürzung dafür
- „c/o“ („care of“)
- der Zusatz „persönlich“. In wirklich wichtigen Angelegenheiten ist er aber nach wie vor sinnvoll
- das „D“ für Deutschland vor der Postleitzahl bei innerdeutschen Briefen
- das Länderkürzel bei Post ins Ausland. Stattdessen sollten Sie das Land in Großbuchstaben in der letzten Zeile ausschreiben
- Anreden wie „Eheleute Müller“, „Herr und Frau Stefan Müller“ oder „Familie Stefan Müller“ wirken frauenfeindlich und sind daher unschicklich. Verwenden Sie besser eine dieser Formen: „Frau und Herr Sabine und Stefan Müller“, „Frau Sabine und Herr Stefan Müller“,
- „Frau Sabine Müller und Herr Stefan Müller“ oder „Familie Müller“

Akademische Grade, Adels- und Amtstitel

In der Anschrift sind alle akademischen Titel aufzuführen, auch Diplome oder der M.A. sind es allerdings sehr viele, können Sie sich auf die höchsten beschränken. In der Anrede – schriftlich wie mündlich – bleibt es immer beim höchsten Titel.

Bei der Adresse können Sie alle Titel abkürzen, in der Anrede werden sie ausgeschrieben, nur der Doktor nach wie vor mit Dr. abgekürzt. Alle akademischen Titel außer „Professor“ und „Doktor“ lässt man in

Deutschland in der schriftlichen und mündlichen Anrede weg, ebenso Zusätze wie das h. c.

Beispiel:
Anschrift: Frau Prof. Dr. Sabine Müller
Schriftliche Anrede: Sehr geehrte Frau Professorin Müller

Die gebräuchlichsten akademischen Titel und ihre Abkürzungen:
B. – Bachelor (1. Grad), z. B. B. A. (Bachelor of Arts) oder LL. B. (Bachelor of Laws – Rechtswissenschaften)
M. – Magister, z. B. M. A. – Magister Artium (Magister der Künste)
M. – Master (2. Grad), geht über den Bachelor hinaus, z. B. M. A. (Master of Arts)
Dipl. (FH) – **Diplom** Fachhochschule / Dipl. (Univ.) – Diplom Universität
MBA – Master of Business Administration (betriebswirtschaftliches Aufbaustudium)
Lic. – Lizenziat, z. B. Lizenziat der Theologie
Dr. – Doktor, 3. und höchster akademischer Grad, z. B. Dr. phil. (Geisteswissenschaften), Dr. jur. (Rechtswissenschaft), Dr. med. (Medizin), Dr. med. vet. (Tiermedizin)
Dr. h. c. / Dr. E. h. – der Doktor „honoris causa“ bzw. „ehrenhalber“ verliehene Doktortitel ist kein echter akademischer Grad, sollte in der Anschrift aber dabeistehen.
Prof. – Professor, ist genau genommen auch kein akademischer Grad, sondern ein Amtstitel. In den meisten Bundesländern darf er als akademische Würde auch im Ruhestand weitergeführt werden. In der Anschrift sollten Sie ihn ebenfalls aufführen.

Adelstitel
Adelstitel gelten nach modernem Recht als Bestandteil des Namens und werden in Deutschland so verwendet:

Beispiele:
Anschrift: (Herr) Sascha Prinz (von) Hohenberg
Alte Form: Prinz Sascha (von) Hohenberg
Schriftliche Anrede: Sehr geehrter (Herr) Prinz von Hohenberg
Anschrift: (Frau) Sabine Gräfin (von und zu) Hohenberg
Alte Form: Gräfin Sabine (von und zu) Hohenberg
Schriftliche Anrede: Sehr geehrte (Frau) Gräfin (von und zu) Hohenberg

In Deutschland gebräuchliche Adelstitel:
Prinz/Prinzessin, Großherzog/Großherzogin, Herzog/Herzogin, Fürst/Fürstin, Graf/Gräfin, Baron/Baronin und Freiherr/Freifrau

Bei einer Kombination von akademischem Grad und Adelstitel wird der akademische Grad höher eingestuft als der Adelstitel:

Beispiele:
Anschrift: (Frau) Dr. Sabine Gräfin (von und zu) Hohenberg
Alte Form: Dr. Gräfin Sabine (von und zu) Hohenberg
Schriftliche Anrede: Sehr geehrte (Frau) Dr. Gräfin (von und zu) Hohenberg

Amtstitel
Auch Amtstitel werden in der Anschrift mit aufgeführt.

Beispiel:
Anschrift: Herr Dr. Maximilian Klug
Vorsitzender des Dachverbandes XYZ e. V.

Exkurs: Anschrift und Briefanrede in Österreich und in der Schweiz

Österreich

Die Anschrift auf einem **Privatbrief** enthält folgende Angaben:

1. Anrede: Frau, Herr oder Familie
2. ggf. Titel und/oder akademische Grade

3. Vorname, Nachname
4. Straße und Hausnummer bzw. das Postfach
5. Postleitzahl und Ort
6. ggf. das Land

Beispiel:

Herr
Mag. Moritz Wogner
Langegasse 4–6
1080 Wien

Bei einem **Geschäftsbrief** ist die Anschrift so aufgebaut:

Kunsthandlung ARTIS
Herr Mag. Moritz Wogner
Langegasse 4-6
1080 Wien

Sind zwei Personen angesprochen, wird die wichtigere sowohl in der Anschrift als auch in der Anrede zuerst erwähnt. Beispiel: Herr Dr. und Frau (1. Zeile), Moritz Wogner und Sybille Tumeier (2. Zeile).

Ist der Nachname leicht mit dem Vornamen zu verwechseln, wird er in Großbuchstaben geschrieben. Beispiel: Clemens LUDWIG oder Ayla KULA. Die Nachnamen können auch generell in Großbuchstaben geschrieben werden.

Akademische Grade:

- vor dem Vornamen stehen Magistergrade (Mag.), Diplomgrade (DI oder Dipl.), Doktorgrade (Dr.) und die Funktionsbezeichnung Professor (Prof.)
- nach dem Nachnamen schreibt man Bakkalaureatsgrade (Bakk.) oder Mastergrade (zum Beispiel MA oder MSc), wahlweise mit einem Komma abgetrennt
- mehrere verschiedene Grade kommen in aufsteigender Reihenfolge nach ihrer Wertigkeit. Beispiel: Univ. Prof. Mag. Dr. (vor dem Vor-

namen) oder Bakk. MSc. (nachgestellt). Die Bezeichnung „Professor“ steht als Titel an erster Stelle, danach folgen die akademischen Grade.

- mehrere gleiche Grade werden so angeführt: Mag. Mag. oder MMag. bzw. Dr. Dr. oder DDr.
- auch die weiblichen Formen „Doktorin“ und „Professorin“ sind erlaubt
- Abkürzungen wie Mag. oder Dr. sind immer geschlechtsneutral
- Ausländische Grade schreibt man wie im Herkunftsland üblich

Wichtige akademische Grade in Österreich: Dr. (Doktor) – zum Beispiel Dr. med. (Doktor/-in der Medizin) oder Dr. phil. (Doktor/-in der Philosophie). BA (Bachelor of Arts), BBA (Bachelor of Business Administrations), Bakk. (Bakkalaurea, Bakkalaureus), BEd (Bachelor of Education), Dipl.-Päd. (Diplom-Pädagogin/-e), Dipl-Ing. (Diplom-Ingenieur), Mag. (Magister), MA (Master of Arts), MAIS (Master of Advanced International Studies), MBA (Master of Business Administration), MSc (Master of Science), MIB (Master of International Business). Der Professor (Prof.) ist auch in Österreich – wie in Deutschland – kein akademischer Grad, sondern eine Funktionsbezeichnung oder ein akademischer Amtstitel.

In der schriftlichen Anrede

- werden nur die Grade angegeben, die dem Vornamen vorangestellt sind
- wird bei mehreren akademischen Graden nur der höchste erwähnt
- stehen verliehene Titel nach der Anrede
- kann man den Titel in der Anrede weglassen, wenn bei bereits bestehendem Schriftverkehr die Person in ihrer Unterschrift auch keinen Titel verwendet

Schweiz

Die Anschrift auf einem **Privatbrief** enthält folgende Angaben:

1. Anrede: Frau oder Herr (wird manchmal auch weggelassen)
2. ggf. akademische Grade und/oder Titel
3. Vorname, ggf. Adelstitel, Nachname

4. ggf. Position, Funktion oder Amtstitel (keine Pflicht)
5. Straße und Hausnummer bzw. das Postfach
6. Postleitzahl und Ort
7. ggf. das Land

Beispiel:
(Frau)
Heike Zummer
Neue Strasse 47
3000 Bern

Auf Geschlechtsangaben wie „Frau“ oder „Herr“ kann verzichtet werden, „Fräulein“ ist nicht mehr üblich. Bei Privatbriefen an ein Paar steht der Name der Frau an erster Stelle, beide Namen werden ganz ausgeschrieben. Bei Geschäftsbriefen an mehrere Personen gilt streng die Hierarchie: Der in der Rangfolge höchste Adressat wird zuerst genannt. Titel gehören zum Namen und werden wie in Deutschland verwendet. Bei sehr hoch stehenden Persönlichkeiten wird die Funktion oder der Amtstitel vorgezogen und steht dann direkt hinter der Anrede. Beispiel: Herr Regierungsrat Prof. Hubert Graf zu Weinberg.

Schreiben an die **Geschäftsadresse** einer Person:
Bergwelt AG
Heike Zummer
Zwischenstrasse 11
3000 Bern

oder:

Frau
Dr. Heike Gräfin Zummer
Bergwelt AG
Zwischenstrasse 11
3000 Bern

Wird in Geschäftsbriefen der Name vor der Firma genannt, geht die Post an den Adressaten persönlich, ist es umgekehrt, darf der Brief auch von anderen Personen geöffnet werden. Wie in Deutschland wird in der Praxis jedoch nicht immer darauf geachtet. Bei wichtigen Briefen ist daher der Zusatz „persönlich“ empfehlenswert, der allerdings einen Zuschlag kostet.
VARIANTE: hinter den Adressaten einen * setzen.

In der schriftlichen Anrede

- wird heute der veraltete Zusatz „An den …“ oder „An das Ehepaar“ weggelassen
- spricht man Paare oder mehrere Adressaten immer einzeln und persönlich an. Beispiel: „Familie Heike, Markus und Stefan Scherer“ oder bei verschiedenen Familiennamen: „Familie Heike Zummer, Lukas und Jonas Wagner“. Alle Formen wie „An das Ehepaar Zummer“ oder „Eheleute Scherer“ sind wie in Deutschland veraltet.
- kann man bei unbekannten Personen die förmliche Variante „Sehr geehrte/-r …“ verwenden, moderner ist „Guten Tag …“. Im Zweifelsfalle jedoch lieber die förmlichere Variante wählen! Bei bereits persönlich bekannten Adressaten wirkt „Liebe Frau …“ oder „Lieber Herr …“ vertrauter. Out ist: „Sehr verehrte Frau …“
- führt man akademische Grade und Adelstitel mit auf
- kommt an das Zeilenende kein Komma, der Brief beginnt mit einem Großbuchstaben

Die wichtigsten **akademischen Grade** in der Schweiz sind: Professor (Prof.), Doktor (Dr.), Bachelor (B. A.) und der Master (M. A.).
Adelstitel werden in der Anschrift komplett aufgeführt, in der Anrede lässt man Teile weg. Sowohl die traditionelle als auch die moderne Form ist heute gängig.

- traditionelle Anschrift: Baron v. und zu Hohenberg
- moderne Anschrift: Frau Sabine Gräfin v. und zu Hohenberg
- schriftliche Anrede: Sehr geehrter Baron Hohenberg bzw. Sehr geehrte Gräfin Hohenberg

Bei einer Gräfin oder einem Grafen bzw. einer Baronin oder einem Baron fällt sowohl die Geschlechtsbezeichnung „Frau" oder „Herr" als auch der Zusatz „v." oder „v. und zu" weg. Bei einer Freifrau oder einem Freiherren lässt man dagegen den Adelstitel weg, aber das „von" stehen. Beispiel: Sehr geehrte Frau v. Rosenburg

Die E-Mail: schnell informiert mit Stil

Aus vielen Lebensbereichen heute nicht mehr wegzudenken ist die E-Mail. Gerade weil es schnell gehen soll, passieren jedoch allzu leicht Missgeschicke. Da erwischt man den falschen Verteiler, vertippt sich in der Eile, wirkt auf den Empfänger unhöflich, weil die Anrede fehlt ... Das lässt sich vermeiden, wenn Sie einige Grundregeln beherzigen:

Netiquette: Beachten Sie die Netz-Regeln (siehe Kapitel „Netiquette")

Ansprechend: Wählen Sie einen prägnanten Betreff. Er macht Lust, Ihre E-Mail zu lesen, und erleichtert die Ablage.

Ordnung muss sein: Schreiben Sie wie in Briefen ordentlich, mit klar gegliederten Absätzen und nach den Rechtschreibregeln. Auch eine E-Mail enthält Anrede und Schlussformel. Ausnahme: Sie tauschen sich mit einer anderen Person mehrmals am Tag zu einem Thema aus – dann ist es auch in Ordnung, diese Zeilen mal wegzulassen.

Kontrolle ist gut: Überprüfen Sie jede Mail vor dem Abschicken genau.

In der Kürze liegt nicht immer die Würze. Abkürzungen sind nur dann sinnvoll, wenn Sie sichergehen können, dass der Empfänger sie auch versteht. Ansonsten am besten alles ausschreiben.

klein oder GROSS: e-mails nur in kleinbuchstaben zu verfassen, ist erlaubt, wird aber oft nicht gern gesehen. Zudem ist diese Schreibung für manche schwerer zu lesen. Überlegen Sie daher vor jeder Mail, welche Form besser passt. Mit der üblichen Schreibung machen Sie sicher nichts verkehrt. Schreiben Sie allerdings nie nur in GROSSBUCHSTABEN – das wirkt, als würden Sie den Empfänger anschreien.

Innerhalb von 24 Stunden: Antworten Sie auf E-Mails innerhalb eines Tages. Wenn Sie bis dahin noch keine weitere Auskunft geben können, teilen Sie zumindest diesen Zwischenstand mit und bis wann der andere mit einer Nachricht rechnen kann.

Ohne Anhang: Schicken Sie keine Anhänge ohne vorherige Ankündigung mit.

Abkürzungen in E-Mails, die Sie kennen, in der Regel aber nur verwenden sollten, wenn Sie sichergehen können, dass Ihr E-Mail-Partner sie auch versteht:

AFAIK (As Far As I Know) – So weit ich weiß

ASAP (As Soon As Possible) – So schnell wie möglich

BTW (By The Way) – übrigens

CU (See You) – Wir sehen uns

FYI (For Your Information) – Zur Information/Zur Kenntnis

HTH (Hope That Helps) – Ich hoffe, das hilft weiter

IMHO (In My Humble/Honest Opinion) – Meiner bescheidenen/ehrlichen Meinung nach

LOL (Laughing Out Loud) – Laut lachend

OT (Off Topic) – gehört nicht zum Thema des Threads oder der Newsgroup

ROTFL (Rolling On The Floor Laughing) – Sich am Boden kugeln vor lachen

Telefon und Handy

Sich am Telefon melden und verabschieden

Der erste Eindruck zählt auch am Telefon. Da optische Aspekte hier wegfallen, kommt es umso mehr auf Wortwahl, Stimme, Tonfall und Umgangsformen an. Achten Sie vor allem beim Begrüßen und Sichverabschieden auf diese Punkte, dann bleiben Sie in guter Erinnerung:

Wortwahl: am besten kurz, präzise, klar und vollständig

Stimme und Tonfall: freundlich, deutlich und harmonisch

Umgangsformen: Lassen Sie Ihren Gesprächspartner nicht unnötig warten. Verbinden Sie ihn gegebenenfalls freundlich und schnell zum richtigen Ansprechpartner weiter. Hören Sie einem Anrufer aufmerksam zu, welches Anliegen er hat. So können Sie schnell und kompetent weiterhelfen.

Erwachsene melden sich **privat** nur mit dem Nachnamen, Kinder mit Vor- und Nachnamen. So kann der Anrufer gleich erkennen, mit wem er spricht, und peinliche Verwechslungen sind fast ausgeschlossen.

In einer **Firma** sieht die richtige Reihenfolge so aus: Einen Tagesgruß wie „Guten Morgen" oder „Guten Tag", Firma, Vor- und Nachname. Eine andere Reihenfolge ist zwar ebenfalls möglich, bei dieser Variante hat der Anrufer jedoch mehr Zeit, sich auf den Gesprächspartner und seinen Namen einzustellen. Beisätze wie „Was kann ich für Sie tun?" oder „Wie kann ich Ihnen helfen?" sind unnötig und wirken eher nach Callcenter.

Wenn Sie selbst anrufen, begrüßen Sie die Person am anderen Ende und nennen Sie Ihren Vor- und Nachnamen. Sind Sie sich schon bekannt, sammeln Sie Pluspunkte, wenn Sie zuvor den Namen Ihres Gesprächspartners nennen, zum Beispiel so: „Guten Morgen Frau Wachsam, hier ist Susanne Sonnig von der Firma XYZ."

Ist der gewünschte Ansprechpartner nicht erreichbar, hinterlassen Sie eine Nachricht auf dem Anrufbeantworter.

Stilvoll telefonieren

Auch wenn man einander beim Telefonieren nicht sieht – seien Sie dennoch stets freundlich und höflich. Der Gesprächspartner wird Ihre Einstellung aus dem Klang Ihrer Stimme heraushören können. Daher ist es wichtig, auch zu Hause auf eine gute Haltung, auf Freundlichkeit zu achten und Optimismus auszustrahlen. Der klassische Tipp: Schauen Sie beim Telefonieren in den Spiegel und lächeln Sie sich selbst freundlich zu.

Die goldene Mitte: Sprechen Sie deutlich und klar, nicht zu leise und nicht zu laut. Seien Sie nicht zu kurz angebunden, aber stehlen Sie dem anderen auch nicht durch ausufernde Gespräche Zeit.

Der Fokus: Konzentrieren Sie sich ganz auf das Telefonat. Sie verstehen so den anderen besser und können gezielter reagieren. Lenken Sie sich nicht durch essen, trinken, rauchen, E-Mails lesen oder Unterlagen sortieren ab. Zudem stören diese Geräusche auch Ihren Gesprächspartner.

In Bereitschaft: Wenn Sie jemanden anrufen, halten Sie die nötigen Unterlagen bereit, damit Sie nicht im Verlauf des Gesprächs danach zu su-

chen beginnen müssen. Bekommen Sie selbst einen Anruf und müssen dafür nötige Informationen erst heraussuchen, dann bieten Sie dem Anrufer an, schnellstmöglich zurückzurufen.
Verwählt? ... dann entschuldigen Sie sich freundlich für die Störung.
Ansonsten gelten auch am Telefon die allgemeinen Kommunikationsregeln wie: den anderen ausreden lassen, auch in schwierigen Situationen ruhig bleiben oder sich nicht provozieren lassen.

Eindruck durch guten Ausdruck

Schon so manche Freundschaft oder Geschäftsbeziehung ist an so genannten Killerphrasen oder schlechter Ausdrucksweise am Telefon – ob bewusst oder unbewusst eingesetzt – zerbrochen. Sie sollten sich daher einerseits selbst kritisch hinterfragen, ob Sie nicht manchmal selbst so sprechen, und bei anderen darauf achten:

- „Wie war noch mal Ihr Name?" – der Name ist es immer noch. Besser: „Verzeihung, können Sie mir Ihren Namen bitte buchstabieren?"
- „Nein, Frau Sonntag ist nicht da." – diese Aussage bringt den Anrufer nicht weiter und lässt ihn „kalt im Regen stehen". Hilfreicher: „Frau Sonntag ist bis 15 Uhr außer Haus. Kann sie Sie zurückrufen?/Kann ich ihr etwas ausrichten?"
- „Da kann ich Ihnen nicht weiterhelfen." – Und was soll der Anrufer nun tun? Besser: „Frau Maier ist für diesen Bereich zuständig. Soll ich Sie mit ihr verbinden?"
- „Da muss ich erst nachfragen ..." – das „muss" wirkt wie lästige Pflicht. Erwachsene Menschen „müssen" nichts, sondern entscheiden sich verantwortungsbewusst für ihr Tun. Besser: „Kann ich Sie gleich zurückrufen? Diese Information liegt mir leider nicht vor, aber ich frage gerne nach." Ähnliches Beispiel: „Sie müssen entschuldigen, dass ..." – Besser: „Bitte entschuldigen Sie, dass ..."
- „Sie haben mich falsch verstanden" – besser: „Verzeihung, ich habe mich wohl unklar ausgedrückt." Damit übernehmen Sie die Verantwortung.

Telefonzeiten

Störe ich oder kann ich noch anrufen? Das fragen wir uns sowohl privat als auch beruflich immer wieder. Eine einheitliche Regelung gibt es dafür nicht, aber sichere Kernzeiten. Darüber hinaus müssen Sie je nach Situation und Gesprächspartner immer individuell entscheiden.

Privatgespräche sollten Sie werktags vormittags zwischen 9.30 und 12.30 Uhr, nachmittags zwischen 15 und 18 Uhr führen. Manche finden Anrufe auch bis 20 Uhr in Ordnung. An Wochenenden und Feiertagen ist es besser, erst ab 10 oder 11 Uhr anzurufen. Nach 22 Uhr sollten Sie jedoch nicht mehr telefonieren. In Notfällen oder wenn man dem Angerufenen damit nützt, ist es natürlich auch erlaubt, sich außerhalb dieser Zeiten zu melden. Bei Freunden und guten Bekannten zeigen Sie Aufmerksamkeit, wenn Sie sich deren Gewohnheiten merken und sich darauf abstimmen. Das ist zum Beispiel dann sehr wichtig, wenn Kinder im Haus sind. Die frühere Sitte, nicht zur „Tagesschau-Zeit" anzurufen, ist heute nicht mehr aktuell, da wir rund um die Uhr die Möglichkeit haben, uns über die aktuellen Nachrichten zu informieren.

Für **geschäftliche Telefonate** gilt die klassische Kernzeit von 9 bis 17 Uhr, allerdings haben sich hier die Zeiten auch sehr gelockert und viele Firmen sind von 7 bis 20 Uhr erreichbar. Probieren Sie es einfach. Anders als im Privatbereich können Sie hier niemanden stören, da in der Regel der Anrufbeantworter geschaltet ist, sobald der Ansprechpartner seinen Arbeitsplatz verlässt. Allerdings zeugt es von Interesse, sich über die Arbeitszeiten persönlicher Ansprechpartner zu informieren und darauf Rücksicht zu nehmen.

Spezifische Telefonzeiten haben beispielsweise Handwerker (am besten von 7 bis 8 Uhr zu erreichen) oder Therapeuten (oft kurz vor jeder vollen Stunde). Bei Auslandsgesprächen sollten Sie gegebenenfalls die Zeitverschiebung berücksichtigen.

Der richtige Umgang mit dem Handy

Jeder hat es schon einmal erlebt, wie störend ein unerwartetes Handy-Klingeln in manchen Situationen sein kann. Da wird ein angeregtes Gespräch unterbrochen, eine schöne Stimmung gestört oder gar ein Geschäft vermasselt. Damit es gar nicht erst so weit kommt, sollten Sie im Umgang mit dem Handy auf folgende Punkte achten:

Handy als Visitenkarte: Achten Sie darauf, dass sowohl die Art Ihres Handys als auch Ihr Umgang damit taktvoll und Ihrem Stil angemessen sind. Erhalten Sie beispielsweise in der Öffentlichkeit einen geschäftlichen Anruf und murmeln danach genervt vor sich hin, werden die Menschen in Ihrem Umfeld froh sein, mit Ihnen keine Geschäfte abwickeln zu müssen.

Klingeltöne: So witzig die eine oder andere Melodie auch sein mag – auf Dauer und für Menschen, die den ganzen Tag über die verschiedensten Geräusche um sich haben, verlieren diese Klingeltöne schnell ihren Reiz und können irgendwann auch ganz schön nerven. Am besten sind daher neutrale Töne, relativ leise eingestellt, oder die Vibrationsfunktion.

In der Öffentlichkeit zu telefonieren kann umstehende oder -sitzende Mitmenschen zuweilen zu peinlich berührten, unfreiwilligen Mithörern machen. Vertrauliche oder gar intime Gespräche sollten Nutzer daher nur in einem geschützten Rahmen führen. Versuchen Sie, wenn Sie eine sehr kräftige Stimme haben, die Lautstärke abzuschwächen. Gehen Sie in der Öffentlichkeit generell so diskret wie möglich mit dem Handy um und halten Sie die Gespräche so kurz wie möglich. Bekommen Sie unterwegs einen Anruf, bleiben Sie nicht einfach auf dem Bürgersteig stehen, sondern treten Sie zur Seite, damit Sie andere Passanten nicht unnötig blockieren. Wenn Sie selbst jemanden auf dem Handy anrufen, fragen Sie zunächst nach, ob der Anruf gerade gelegen kommt: „Störe ich?" Wenn ja, beenden Sie das Gespräch rasch und vereinbaren Sie nach Möglichkeit gleich einen Zeitpunkt, zu dem es besser passt.

Handy-Verbote sollten Sie beachten und das Gerät auch wirklich ausschalten. Unter Umständen können Sie sonst sogar Menschenleben damit gefährden. Üblicherweise gelten Handy-Verbote zum Beispiel im Straßenverkehr, in manchen Klinikabteilungen oder in Flugzeugen. Nicht gefährlich, aber störend sind sie beispielsweise bei geschlossenen Veranstaltungen, auf Seminaren, bei Vorträgen, beim Arztbesuch, in öffentlichen

Verkehrsmitteln, auf Trauerfeiern, in Kirchen, in manchen Cafés und Restaurants, im Kino oder Theater und im Konzert. Achten Sie auf die Hinweisschilder.

Erwarten Sie auf einer Veranstaltung ein wichtiges Telefonat, schalten Sie das Handy auf „stumm" und gehen Sie, wenn der Anruf kommt, ohne weiter zu stören aus dem Raum. Auch eine Entschuldigung ist in dieser Situation nicht nötig. Eventuell können Sie die Anwesenden vorher informieren.

Abrufbereit: Sehr unhöflich ist es, wenn Sie bei einem Date, beispielsweise in einem Restaurant, das Handy neben sich liegen haben und ständig nachsehen, ob eine neue Nachricht gekommen ist. Schalten Sie das Gerät in diesem Fall am besten ganz aus. Nur wenn Sie wirklich einen sehr dringenden Anruf erwarten, sollten Sie es im Auge behalten. Wägen Sie gut ab, wie wichtig das Gespräch tatsächlich ist, und informieren Sie Ihren Gesprächspartner ebenfalls vorher – so wird er auch Verständnis dafür haben.

Kleiner SMS-Knigge

Ja, praktisch ist sie, die SMS – kurz für „Short Message Service": Einfach, schnell und direkt können Sie damit Kurzbotschaften an andere Personen versenden. Ideale Gelegenheiten sind etwa, wenn Sie jemandem ein kurzes Okay geben, im Freundeskreis rasch eine wichtige Nachricht verschicken oder gute Freunde zu einem spontanen Zusammentreffen einladen möchten. Doch eine SMS passt nicht zu jedem Anlass und gute Umgangsformen sind auch hier nicht zu vernachlässigen, nur weil es flott gehen soll. Auch und gerade „auf die Schnelle" kann man leicht in unangenehme Fettnäpfchen treten. Es gelten daher die allgemeinen Regeln für das Handy sowie folgende Zusätze: Wichtige Informationen, die zeitnah weitergegeben werden müssen, besser mit einem Anruf übermitteln. Können Sie beispielsweise zu einem Treffen nicht rechtzeitig kommen, ist es riskant, eine SMS zu schicken. Die Nachricht kann unter Umständen etwas länger im Netz unterwegs sein und Ihr Gegenüber sie zu spät erhalten. Wenn Sie in der Öffentlichkeit eine SMS verschicken, schalten Sie den Bestätigungston Ihres Gerätes aus, der anzeigt, dass sie versendet wurde. So stören Sie

Ihre Umgebung nicht mit unnötigen Geräuschen. Lesen oder verschicken Sie keine SMS, wenn Sie im Gespräch mit anderen sind. Das gilt als sehr unhöflich und unachtsam. Ausnahmen sind nur in sehr wichtigen Fällen erlaubt. Für geschäftliche Zwecke ist eine SMS ausschließlich in Notfällen empfehlenswert. Greifen Sie möglichst auf andere Kommunikationsformen zurück.

Telefax

Seit wir mehr und mehr alle über das Internet verbunden sind, kommt das Faxgerät zunehmend aus der Mode. Dennoch: Es gibt immer wieder Situationen, da ist es nötig oder einfach praktischer. Wenn Sie zum Beispiel ein Schreiben mit der Bitte erhalten, kurz und formlos Ihr Statement dazu abzugeben, können Sie Ihre Anmerkung einfach auf das Original schreiben und die Antwort so zurückfaxen.

Faxregeln

Schicken Sie ein Fax an eine Privatnummer nur zu den üblichen Telefonzeiten, damit das Klingeln niemanden stört – es sei denn, der andere erwartet Ihre Nachricht. Faxen Sie vertrauliche Inhalte an keine Empfangsgeräte, zu denen mehrere Personen Zugang haben. Ausnahme: Sie telefonieren kurz vorher mit dem Empfänger und er nimmt das Fax unmittelbar danach persönlich entgegen.

Das gehört auf den Faxkopf: Name des Empfängers, gegebenenfalls die Abteilung, Faxnummer, Anzahl der Seiten und gegebenenfalls ein Vermerk über die Dringlichkeit. Außerdem sollte das Faxgerät richtig programmiert sein, damit der Empfänger auf jeden Fall Ihren Namen, die Faxnummer und das Sendedatum auf dem Ausdruck erhält. Witzige Faxvorlagen sind nur für den privaten Gebrauch oder bei sehr vertrauten Geschäftsbeziehungen empfehlenswert. Aus Kosten- und Umweltgründen ist es nicht nötig, ein separates Deckblatt zu schicken. Ausnahme: Bei Mitteilungen, die der Empfänger beispielsweise ohne Faxkopf weiterleiten oder abheften muss.

Rückantwort: Wenn Sie ein Schreiben mit der Bitte um Antwort erhalten, ist oft bereits ein Rückfax-Formular dabei, das Sie nur noch auszufüllen und zurückzusenden brauchen. Nützen Sie dieses Angebot, um Ihrem Gegenüber das Auswerten der Daten zu erleichtern. Kurzantworten können Sie auch auf dem Originalschreiben vermerken und so zurückfaxen. Bei geschäftlichen Erstkontakten sollten Sie das allerdings noch vorsichtig handhaben und sicherheitshalber zunächst ein eigenes Rückfax erstellen, bis eine gewisse Vertrauensbasis geschaffen ist.

Nachsendevermerk: Wenn Sie ein Schreiben faxen, das Sie später noch im Original nachschicken werden, sollten Sie auf das Fax einen kurzen Vermerk dazu machen, damit der Empfänger Bescheid weiß: „Das Original folgt per Post".

Fax-Grüße: Gratulationen, Weihnachtsgrüße oder Beileidswünsche per Fax zu schicken ist tabu. Für diese Zwecke sollten Sie passende Karten per Post versenden. In Ausnahmefällen ist es zwar besser, sich per Fax zu melden als gar nicht, doch nach Möglichkeit sollten Sie diesen Weg vermeiden.

Anrufbeantworter und Mailbox

Ob Festnetz oder Handy, geschäftlich oder privat – den Umgang mit dem Anrufbeantworter oder der Mailbox sollte heutzutage jeder beherrschen. Auch wenn manche die „Blechbox" nicht mögen, in vielen Situationen ist sie doch ganz nützlich und im Business sowieso ein Muss.

Möchten Sie eine Nachricht auf dem „AB" hinterlassen, sollten Sie deutlich und mit wenigen Worten Ihr Anliegen formulieren sowie Ihren Namen, die Telefonnummer und eventuell auch die Uhrzeit hinterlassen. Das ist schon alles. Wenn Sie Schwierigkeiten damit haben, üben Sie es ein paar Mal vorher „im Trockenen". Sind Sie viel unterwegs, können Sie zusätzlich einen Zeitraum angeben, zu dem man Sie gut erreichen kann.

Hallo, ich bin nicht da: Anrufbeantworter besprechen

Den Text auf Ihrem Anrufbeantworter sollten Sie ebenfalls möglichst neutral und knapp halten. Viele scherzhafte Formulierungen sind für die

Anrufer nur beim ersten Hören witzig, danach werden sie schnell langweilig. Ruft ein Kollege oder gar Ihr Vorgesetzter mal an, kann es sogar richtig peinlich werden. Daher: Mit einer schlichten Ansage sind Sie auf der sicheren Seite. Sie sollte beinhalten: einen Gruß wie „Guten Tag", Ihren Namen oder die Telefonnummer, einen kurzen Dank an den Anrufer sowie einen Hinweis, dass er nach dem Signalton eine Nachricht hinterlassen kann. Außerdem können Sie ankündigen, so schnell wie möglich zurückzurufen.

Was noch zu beachten ist: Siezen Sie den Anrufer, vor allem, wenn Sie auf diesem Anschluss auch berufliche Telefonate erwarten. Je länger Ihr Ansagetext, desto höher sind die Telefonkosten, die der Anrufer zu tragen hat. Geben Sie eventuell eine Handy-Nummer an, unter der Sie zu erreichen sind. Ein Hinweis darauf, dass Sie momentan nicht da oder gerade verhindert sind, ist unnötig. Indem der Anrufbeantworter anspringt, erklärt sich das für den Anrufer von selbst, denn andernfalls würden Sie das Telefonat ja entgegennehmen. Schreiben Sie den gewünschten Text erst in Ruhe auf und lesen sie ihn sich selbst laut vor, um zu hören, ob er auch zu Ihnen passt.

ACHTUNG: Wenn Sie auf dem Anrufbeantworter bekannt geben, dass Sie länger abwesend sind, könnten Sie Einbrecher damit verführen.

Fit im Netz: Netiquette

Die Netiquette oder Netikette ist ein Kunstwort, zusammengesetzt aus den Begriffen „Net" (Englisch für Netz) und „Etiquette" (Etikette). Es handelt sich dabei um Verhaltensempfehlungen für ein gutes Miteinander in allen Bereichen der Netzkultur. Sie ist weder rechtlich relevant noch gibt es allgemein verbindlich festgelegte Regeln – es ist jedoch üblich, sich beispielsweise vor der Teilnahme an Foren oder Mailinglisten über die dort empfohlenen Umgangsregeln zu informieren.

Die Netiquette bezieht sich vor allem auf fünf Themenbereiche:

Zwischenmenschliches wie Umgangston oder Wertschätzung

Technisches wie Formatierung, Einhalten von Standards

Formales, etwa Lesbarkeit, Rechtschreibung, Zitieren/Quoting

Sicheres wie die Vertraulichkeit
Rechtliches wie Urheberrechte, Umgang mit rechtlichen Informationen etc.

Die wichtigsten Regeln

Duzen/Siezen: In Deutschland ist in Foren das Duzen üblich. Achten Sie daher darauf, dass Sie sich durch das Siezen anderer nicht als zu distanziert präsentieren und zum Außenseiter werden.
Formvollendet: Achten Sie auf Rechtschreibung und Grammatik, auch wenn es schnell gehen soll. Schlampig verfasste E-Mails sind unhöflich den anderen Lesern gegenüber. Alle Nachrichten, die wir verschicken, sind auch eine Form von Visitenkarte.
Kurz & notwendig: Halten Sie Ihre Fragen und Beiträge so kurz wie möglich, aber erwähnen Sie alle nötigen Details.
Mitmenschlichkeit: Denken Sie daran, dass auf der anderen Seite auch Menschen sitzen.
Namen: Ob Sie Ihren Realnamen oder ein Pseudonym verwenden, hängt ganz vom jeweiligen Forum ab. In manchen Bereichen ist es sinnvoll, anonym zu bleiben, in anderen wiederum sollten Sie „echt" sein. Je nach Situation ist heute beides erlaubt.
PM: Möchten Sie einem User eine persönliche E-Mail (PM) schicken, achten Sie darauf, dass Sie seine persönliche E-Mail-Adresse eingeben und nicht aus Versehen über die Funktion „Antworten" eine Mail an die gesamte Gruppe senden.
Rücksichtnahme: Seien Sie Neulingen und Menschen mit wenig Technikgeschick gegenüber tolerant. Helfen Sie ihnen gegebenenfalls, sich im Netz leichter zurechtzufinden.
Signaturen sollten „schlank" gehalten sein. Kurz und prägnant ist auch hier das Motto.
Sinnvoll senden: Erst lesen (die genaue Fragestellung und gegebenenfalls auch vorherige Diskussionen), dann nachdenken, dann schreiben – und nochmals lesen, dann erst absenden! Geben Sie nur Informationen oder Ihre Meinung zu einem Thema ab, wenn sie auch wirklich relevant sind.

Stellen Sie keine allgemeinen Fragen, sondern lesen Sie sie in den FAQ (Frequently Asked Questions = häufig gestellte Fragen) nach.

Smileys sind witzig und wichtig, um Mails eine persönlichere, emotionalere Note zu verleihen. Gemeint sind grafische Symbole für Lachen, im weiteren Sinn generell für Emotionen. Man sollte sie aber nur gezielt und achtsam einsetzen. Tabu sind sie in geschäftlichen E-Mails, es sei denn, Sie kennen die andere Person schon sehr gut. Die wichtigsten: :-) Ich freue mich, :-)) breites Grinsen, :-D lautes Lachen, ;-) Augenzwinkern, :-P Bäh, ich zeige dir die Zunge, :-X Ich schweige, :-(Ich bin traurig oder sauer, :'-(Ich weine, :-O Ich bin erstaunt, :-* Kuss:-> Ich bin sarkastisch, :-/ Ich bin skeptisch, :- | Ich bin grimmig, (-: Bin Linkshänder; Smileys werden weltweit verstanden, nur in Japan lacht man anders: (^_^).

Stil: Lesen Sie in Newsgroups erst eine Weile mit, bevor Sie sich beteiligen, damit Sie den dort üblichen Stil erfassen und dann entsprechende Beiträge einstellen können, ohne sich zu blamieren.

Tabu: Streitigkeiten, unerlaubte Werbung, politische Propaganda, Kettenbriefe, unerwünschte Rundmails, Gesetzeswidrigkeiten, Provokationen (und sich provozieren lassen), zu Antworten drängen, Ironie, Sarkasmus oder Mails aus dem Affekt. Vermeiden Sie es, sich als Richter, Lehrer oder Allwissender aufzuspielen. Sehen Sie über die Fehler anderer großzügig hinweg und konzentrieren Sie sich auf die angenehmen Dinge, die Sie verbinden.

Thema: Formulieren Sie eine kurze und aussagekräftige Betreff-Zeile. Sie entscheidet meist darüber, wie ein Thema ankommt, und entsprechend konkret sind auch die Antworten darauf. Wenn Sie selbst ein neues Thema beginnen, sollten Sie eine neue Mail öffnen und nicht in der Antwort auf ein vorheriges Thema nur den Betreff ändern, sonst wird Ihre Mail vom System dem ursprünglichen Thema zugeordnet und somit leicht übersehen.

Trolls & Netcops: Troll nennt man eine Person, die nur Beiträge (Troll-Postings) schreibt, um zu provozieren, ohne jedoch wesentlich zu einer Diskussion beizutragen. Netcops heißen Personen, die übertrieben die Einhaltung der Netiquette kontrollieren.

Vertraulichkeit: Achten Sie sehr darauf, welche Informationen Sie im Netz verschicken. Gehen Sie sorgsam mit Kreditkartennummern und persönlichen Daten um.
Zitieren: Vermeiden Sie in Mailinglisten und Foren „Fullquotes", das heißt, dass Sie beim Zitieren in Ihrer E-Mail den gesamten Inhalt einer vorherigen E-Mail stehen lassen. Hier gilt es gut abzuwägen, wie viele Informationen nötig sind, damit andere Ihren Gedankengang vollständig mitverfolgen können – und was überflüssig ist. Alle entbehrlichen Informationen erzeugen unnötigen „Traffic" und für viele Benutzer auch Kosten.

VISITENKARTEN

Viele sammeln sie, gehen mit anderen in einen „Schönheitswettbewerb", betrachten sie als kleine Kunstwerke oder als Erinnerungen an gute Kontakte. Im Geschäftsleben sind sie ein Muss, im Privaten können sie bei vielen Gelegenheiten sehr nützlich sein: die Visitenkarten. Häufig sind private und geschäftliche Karten heute auch kombiniert.
Visitenkarten dienten in früheren Zeiten der Anmeldung von Gästen bei höheren Herrschaften. Der Gast übergab seine Karte dem Butler, der sie auf einem Silbertablett der Dame oder dem Herrn des Hauses überreichte. Bei festlichen Veranstaltungen half sie dem Zeremonienmeister, die Gäste öffentlich anzukündigen. Aus dieser Zeit stammt auch noch der Usus, die Karten zu Beginn einer Zusammenkunft auszutauschen.

Die richtige Wahl

Eine Visitenkarte ist nicht nur dazu da, Ihre Adressdaten weiterzugeben, sondern zeigt auch etwas von Ihrer Persönlichkeit. Daher sollte sie gut ausgewählt bzw. gestaltet sein.
Angaben: Auf einer privaten Visitenkarte sollten folgende Angaben stehen: Name, Adresse, Telefon- und Faxnummer, gegebenenfalls E-Mail- und Internet-Adresse.

Auf der geschäftlichen: Firma, Geschäftsadresse, Titel und Funktion, Abteilung, Telefon- und Faxnummer, E-Mail- und Internet-Adresse. Zusätzlich sollte das Firmenlogo, eventuell auch der Firmenslogan zu sehen sein und die Gestaltung der „Corporate Identity" entsprechen. Praktisch: auf die Rückseite alle Angaben in Englisch setzen.

Maßvoll: Für die Größe gibt es keine festen Vorgaben, bewährt hat sich jedoch das Scheckkarten-Standardmaß. Vorteil: Die Karten passen in alle gängigen Etuis und Aufbewahrungsmappen.

Untergrund: Das Papier sollte stabil und angenehm anzufassen sein. Originelle Varianten: Visitenkarten aus Metall, Holz oder Kunststoff.

Wichtig: Alle wesentlichen Informationen müssen auf der Vorderseite stehen! Viele stecken die Visitenkarten in Hüllen und möchten alle Daten auf den ersten Blick sehen können, ohne die Karte aus dem Etui nehmen und erst umdrehen zu müssen. Wer viel Text unterbringen möchte, kann Klappkarten oder Leporellos verwenden – die dann allerdings auch das Wichtigste auf der Vorderseite haben sollten.

Generell gilt: Je schlichter und dezenter, desto seriöser wirkt eine Visitenkarte. Ausnahme: Sie sind in einem sehr kreativen Bereich wie Kunst, Medien oder Werbung tätig, dann darf die Karte auch etwas auffälliger gestaltet sein.

Transport: Verwenden Sie zum Mitnehmen Ihrer eigenen Visitenkarten ein schönes Etui.

Professionell: Für Erwachsene sind professionell gestaltete und gedruckte Karten empfehlenswert. Inzwischen gibt es zahlreiche günstige Druckereien, auch über das Internet. Diese Investition sollten Sie sich auf jeden Fall wert sein!

Mit dem PC selbst gestaltete und privat ausgedruckte Karten sollten Sie nicht verwenden, auf keinen Fall im Geschäftsleben. Diese Variante ist höchstens dann geeignet, wenn Sie viel grafisches Talent mitbringen und eine gute PC-Ausstattung besitzen. Ansonsten sollte dieser Weg Schülern vorbehalten bleiben, die sich darin üben möchten.

E-Variante: Bei E-Mail-Kontakten können Sie Ihren Mails eine elektronische Visitenkarte anhängen.

Das Überreichen: mit der Visitenkarte punkten

Griffbereit: Achten Sie darauf, dass Sie immer genügend Visitenkarten dabei haben. Stecken Sie sie so ein, dass Sie sie jederzeit finden und schnell eine greifen können.

Überreichen Sie nie verschmutze, beschriebene oder geknickte Karten. Handschriftliche Korrekturen sollten Sie höchstens im Notfall vornehmen, etwa wenn Sie gerade umgezogen sind oder eine zusätzliche Telefonnummer erhalten haben. Lassen Sie dann so bald wie möglich neue Karten drucken.

Im Augenblick: Blicken Sie der anderen Person beim Überreichen in die Augen.

Der Gast zuerst: Ob bei geschäftlichen oder bei privaten Besuchen – der Gast gibt immer seine Karte zuerst, danach der Gastgeber. In offiziellen Situationen überreicht man zuerst dem Ranghöchsten seine Karte, dann allen anderen Personen. Unter Gleichrangigen werden die Visitenkarten einfach der Reihe nach gereicht.

Beizeiten: Geben Sie Ihrem Gegenüber die Visitenkarte frühzeitig im Gespräch, zumindest sobald Sie das Gefühl haben, dass ein intensiverer Kontakt für beide Seiten interessant sein könnte. Bei Geschäftskontakten die Karten immer zu Beginn des Treffens austauschen.

Auserwählt: Überreichen Sie Ihre Karte nur, wenn Sie auch wirklich einen näheren Kontakt zu dieser Person wünschen. Vermeiden Sie es, Ihre Karten blind zu verstreuen – das wirkt auf andere wahllos und sie verlieren das Interesse an Ihnen. Ausnahme: In Gruppen wie beispielsweise in einem Seminar kann es zu einem allgemeinen Visitenkartenaustausch kommen, bei dem alle Teilnehmer untereinander ihre Karten verteilen – dann sollten Sie natürlich jedem Teilnehmer Ihre Karte geben, selbst wenn Sie die eine oder andere Person vermutlich nie wieder sehen werden.

Interessiert: Bekommen Sie selbst eine Karte überreicht, werfen Sie gleich einen interessierten und intensiven Blick darauf. Das hat viele Vorteile: Erstens können Sie sich den Namen einer Person besser einprägen, wenn Sie ihn auch geschrieben vor sich sehen. Hat Ihr Gegenüber einen akademischen oder adligen Titel, können Sie ihn ab sofort mit dem Namen nennen.

Bei geschäftlichen Treffen erfahren Sie damit auch gleich die Position Ihres Gegenübers. Weiterhin zeigen Sie ihm Ihr Interesse und Ihre Wertschätzung. Und schließlich können Sie so vielleicht gleich einen Anknüpfungspunkt für ein Gespräch finden, indem Sie zum Beispiel auf die Gestaltung der Karte, die Farben, den Wohnort oder den Beruf der Person eingehen.
Tabu: die Visitenkarte einfach achtlos und ohne einen Blick darauf zu werfen in die Tasche zu stecken. Das gilt als grob unhöflich!
Merkzettel: In einer Versammlung oder auf einem Seminar ist es auch gestattet, die erhaltenen Visitenkarten in der Sitzreihenfolge der Teilnehmer vor sich aufzulegen, um sich die Namen besser einprägen zu können. Notizen zu den einzelnen Personen sollten Sie sich allerdings erst nach der Veranstaltung machen. Ebenfalls nicht schicklich: Visitenkarten über Tische hin- und herschieben.
Anmeldung: Wenn Sie bei einer Firma oder einer höhergestellten Person vorsprechen möchten, sind Visitenkarten ebenfalls hilfreich, um sich anzukündigen. Stellen Sie sich am Empfang oder im Sekretariat vor, teilen Sie mit, aus welchem Anlass Sie kommen, und reichen Sie dazu Ihre Karte – so kann das Personal Sie vorbildlich anmelden und gegebenenfalls Ihren Besucherausweis leichter ausfüllen.

Im Ausland

Sind Sie viel im nicht deutschsprachigen Ausland unterwegs, lohnt sich die Anschaffung zweisprachiger Visitenkarten. Achten Sie beim Überreichen darauf, dass die fremdsprachige Seite oben ist.

Bekommen Sie von einer Person aus asiatischen Ländern wie Japan, Korea oder Indien eine Visitenkarte überreicht, gehen Sie sehr sorgsam damit um. Visitenkarten haben in diesen Ländern einen viel höheren Stellenwert als bei uns. Auch hier übergibt der Rangniedrigere zuerst seine Karte. Überreichen Sie die Ihre mit beiden Händen und einer kleinen Verbeugung. Die Ihnen gereichte Karte nehmen Sie ebenfalls mit beiden Händen entgegen, betrachten sie interessiert und ausgiebig, dann legen Sie sie achtsam neben sich oder zur Aufbewahrung in ein schönes Etui. So zeigen Sie Ihren Respekt.

Was man sonst noch damit machen kann

Schreibhilfe: Wenn Sie irgendwo Ihren Namen und die Adresse angeben müssen, sind Visitenkarten ebenfalls äußerst nützlich. Sie ersparen sich umständliches Buchstabieren und der anderen Person mühsames Nachfragen. In diesem Fall sollten Sie die Karte danach wieder zurückerhalten.

Grußkärtchen: Stecken Sie Ihre Visitenkarte in einen kleinen Umschlag und in den Blumenstrauß oder zum Gastgeschenk, das Sie zu einer Einladung mitbringen. Damit erleichtern Sie dem Gastgeber das spätere Zuordnen der Mitbringsel, wenn er im Augenblick der Begrüßung nicht die Zeit findet, auf jedes Geschenk einzeln einzugehen.

Kurznachricht: Außerdem lassen sich mit Visitenkarten anderen Kurznachrichten hinterlassen, zum Beispiel beim Versenden von Unterlagen oder wenn Sie eine Person nicht persönlich angetroffen haben, etwa bei einem Krankenbesuch. Halten Sie den Text darauf dann kurz, aber persönlich.

Auf Reisen: Vergessen Sie nicht, ausreichend Visitenkarten in den Urlaub mitzunehmen. So können Sie auch auf Reisen schnell und unkompliziert Adressen austauschen. Für solche zunächst unverbindlicheren Kontakte, denen Sie nicht von Anfang an all Ihre Informationen zukommen lassen möchten, können Sie sich auch separate Karten anfertigen lassen, die nur Ihren Namen, die Anschrift und eventuell eine neutrale E-Mail-Adresse tragen.

Dresscodes, Farb- und Stilberatung: Kleider machen noch immer Leute

Die Kleidung ist wie eine zweite Haut – sie schützt uns und sie zeigt uns. Andauernd, denn wir tragen sie fast ständig. Mit der Bekleidung präsentieren wir unseren persönlichen Stil und setzen ein Zeichen der Achtung – uns selbst gegenüber, aber ebenso gegenüber den Menschen um uns herum. Wer auf seine Garderobe achtet, sich wohlfühlt in seiner Haut – der „ersten" wie auch der „zweiten" –, strahlt diese Zufriedenheit auch aus. Das zieht andere Menschen an und fördert zum Beispiel gute Beziehungen und Erfolg.

VOM SINN DER KORREKTEN KLEIDUNG

„Kleider machen Leute" – diese bekannte Redewendung ist auch Titel einer Novelle von Gottfried Keller, 1866 verfasst. Darin geht es um einen armen Schneider, den man aufgrund seines gepflegten Auftretens für einen Grafen hält. Er verliebt sich in eine angesehene Frau, die – nachdem die Wahrheit ans Licht gekommen ist – trotz des Standesunterschiedes bei ihm bleibt. Vermutlich geht die Redensart ursprünglich auf den römischen Rhetoriklehrer Quintilian zurück, der überzeugt war: „vestis virum reddit", was übersetzt heißt: „Die Kleidung macht den Mann".

Mit der entsprechenden Kleidung und einem gepflegten Äußeren können wir einerseits durchaus erfolgreicher, bedeutender und vornehmer wirken, als wir es sonst im Alltag sind – und folglich auch entsprechend behandelt werden. Andererseits braucht es schon auch eine gewisse innere Grundhaltung, damit dies funktioniert. Wer im tollsten Outfit daherkommt, sich aber flegelhaft benimmt, wird schnell durchschaut und verliert erst recht an Würde und Achtung. Inhalt und „Verpackung" müssen also immer übereinstimmen, wenn Sie bei anderen gut ankommen wollen. Nicht die Kleidung allein wirkt, sondern auch der Umgang damit, mit sich selbst und den anderen.

Wenn auch so manches Argument gegen allzu strenge Kleidungsvorschriften berechtigt sein mag – wer heute zu bestimmten gesellschaftlichen und beruflichen Gruppen dazugehören will, Erfolg haben und auf der Karriereleiter aufsteigen möchte, kommt nicht daran vorbei, sich deren jeweiligen Gepflogenheiten anzupassen. Wer sich Mühe mit der Auswahl der passenden Kleidung gibt, signalisiert seinen Mitmenschen auch Interesse und Wertschätzung. Wenn die vorgegebenen Dresscodes Sie auf Dauer zu sehr einschränken, sollten Sie besonders für Ausgleich sorgen – zum Beispiel durch einen Sport oder ein anderes Hobby, bei dem Sie sich ganz nach Lust und Laune kleiden können. Für Dresscodes im Business braucht es mitunter sehr viel Fingerspitzengefühl. Daher ist diesem Thema ein Extra-Abschnitt (siehe Kapitel 7, „Dresscode und Image", S. 216 ff.) gewidmet. Hier seien nur die wichtigsten Begriffe kurz angeführt.

Das ist gemeint:
Kleiderordnung/-kodex: Vorgabe oder Empfehlung, wie man zu einem bestimmten Anlass erscheinen soll
Dresscode: englische Bezeichnung für Kleiderordnung; ursprünglich nur für den Businessbereich, heute aber oft auch im Privaten verwendet
Kleidungshinweis/-vermerk: Angabe auf einer Einladung, in welchem Outfit die Gäste erwartet werden; Sie sollten sich möglichst genau daran halten, um nicht over- oder underdressed zu erscheinen

Gekonnt entschlüsselt: die wichtigsten Dresscodes

Business Professional / Businessanzug: klassisch, seriös, edel
Business Casual: leger und seriös; die übliche Businesskleidung
Smart Casual: gehobene, elegante Freizeitkleidung, ohne Krawatte
Casual Wear: sportliche, bequeme Freizeitkleidung

Offizielle Garderobe
White Tie (engl.)/Großer Gesellschaftsanzug / Cravatte blanche (frz.)
Für sie: langes Abendkleid oder Ballkleid
Für ihn: Frack mit weißer Weste und weißer Fliege
Black Tie (engl.)/Kleiner Gesellschaftsanzug/Cravatte noire (frz.)/Tuxedo (am.)
Für sie: langes Abendkleid oder Cocktailkleid
Für ihn: Smoking mit schwarzer Weste und schwarzer Fliege
Habit noir: Wahl zwischen Frack und Smoking
WICHTIG: Frack und Smoking sind reine Abendanzüge und dürfen kein Tageslicht sehen. Zu allen Veranstaltungen, die vor 17 Uhr beginnen, sind sie daher absolut tabu! Zu diesen Anlässen tragen Sie einen schwarzen Anzug.
Abendanzug:
Für sie: Abendkleid; wenn er Cut trägt, elegante Tageskleidung wählen
Für ihn: Smoking, Frack, Stresemann oder Cut sind möglich

Dunkler Anzug:
Für sie: festliches Kostüm, Hosenanzug oder Cocktailkleid
Für ihn: dunkler Anzug (nicht schwarz oder braun), einfarbiges, helles Hemd und Krawatte
Straßenanzug:
Für sie: Kleid, Kostüm oder Hosenanzug
Für ihn: Anzug oder Kombination, Krawatte

Pflicht bei offiziellen Auftritten:

- geschlossene, saubere Schuhe
- gepflegte Hände und Frisur
- schlichter Schmuck
- leichtes Deo und Parfum
- für sie: Kostüm oder Hosenanzug, Feinstrumpfhose, dezentes Make-up
- für ihn: Anzug, Krawatte

TABU:

- schmutzige, ungepflegte, abgelaufene Schuhe
- Sandalen, Jogging- oder Tennisschuhe
- Socken mit Comics und bunten Mustern, Tennissocken
- Krawatten mit Comicfiguren, Bärchen, schrillen Mustern
- groß gemusterte Jacketts, Anzüge oder Strumpfhosen
- Leggins oder Hosenröcke, Miniröcke
- durchscheinende Blusen, Tops, schulterfreie Oberteile
- erotisch wirkende Kleidungsstücke
- zu üppiger Schmuck, glitzernder Modeschmuck und schrille Accessoires
- Designer-Imitate
- aufdringliche Düfte, starkes Make-up, verschmierte Farben
- auffällige Tattoos und Piercings
- nicht altersgemäße Garderobe
- Kleidung, die nicht zur Tageszeit passt
- nackte, behaarte Beine

- billige Toupets
- für Damen: ohne Strümpfe, in schlecht sitzenden Strumpfhosen oder mit Laufmasche erscheinen (am besten immer Ersatzstrümpfe einpacken!)

Generell gilt: Achten Sie auf eine gute Qualität Ihrer Garderobe. Kaufen Sie lieber wenige, hochwertige Kleidungsstücke, die in Stoff, Farbe, Schnitt und Dessin gut zusammenpassen. Sie sollten angenehm sitzen, möglichst knitterarm und formstabil sein.

Die Basics Ihrer Garderobe sollten möglichst neutral und in dezenten Farben gehalten sein. Dann lassen sie sich zu den verschiedensten Gelegenheiten entsprechend kombinieren und mit Accessoires aufpeppen.

Tragen Sie nur gepflegte, saubere und gebügelte Kleidung.

Tabu: mit Löchern und Schmutzflecken in die Öffentlichkeit. Passiert Ihnen das Malheur unterwegs, nehmen Sie die nächste Gelegenheit, um sich umzuziehen, das Loch zu flicken oder den Fleck zu entfernen.

Lösen Sie immer die Etiketten von den Ärmeln und prahlen Sie nicht mit noblen Marken. Das kommt bei den wenigsten gut an.

Denken Sie auch daran, alle Preisschilder zu entfernen, bevor Sie die Stücke das erste Mal tragen bzw. Kleidung, die direkt auf der Haut getragen wird, reinigen.

Sowohl zu elegante als auch zu legere Kleidung kann einen Fauxpas darstellen. Dennoch: im Zweifelsfalle lieber over- als underdressed.

Die Kleidung eines Paares sollte immer aufeinander abgestimmt sein. Besprechen Sie rechtzeitig vor Einladungen, was Sie anziehen möchten, damit gegebenenfalls noch Zeit ist, etwas Neues zu kaufen.

DER PERSÖNLICHE STIL

Den persönlichen Stil findet ein Mensch diesem Zitat von Anselm Feuerbach gemäß dann, wenn er all das weglässt, was für die eigene Persönlichkeit nicht bedeutsam ist. Entsorgen Sie beispielsweise (nach und nach) alle Kleidungsstücke, die Sie nicht hundertprozentig mögen, die nicht richtig sitzen und Ihnen nicht gut stehen. Kaufen Sie nur solche nach, zu denen Sie ganz ja sagen können. Nach einer Weile werden Sie merken, dass sich ein bestimmter Stil herauskristallisiert – eben Ihr persönlicher Stil. Es geht also nicht darum, sich einen bestimmten Stil „anzueignen", der uns vielleicht besonders gut gefällt, oder einen anderen Menschen nachzuahmen, weil wir ihn bewundern, sondern darum, den ureigenen Stil von innen heraus zu entwickeln. Nur so wirken Sie authentisch, echt, ansprechend und fühlen sich auch so.

Was macht Stil aus? Er zeigt sich vor allem durch das Gesamtbild, das wir vermitteln und das alles umfasst, was einen Menschen ausmacht, wie:

- Kleidung, Schmuck und Accessoires
- Auftreten, Haltung, Mimik und Gestik
- Kommunikation und Beziehungen
- Wohnung, Auto und Reisen
- Interessen, Vorlieben und Hobbys
- Einstellung, Menschenbild, Lebensphilosophie
- Selbstbewusstsein, Selbsterkenntnis, Selbstliebe

Entscheidend ist, dass wir unsere Persönlichkeit durch all das ausdrücken und nicht unsere Individualität, unseren Wert darüber definieren. Wir entscheiden, was uns persönlich gefällt, was sich für uns stimmig anfühlt, was uns in einer besonderen Weise erfüllt, inspiriert, leitet. Ein authentischer Stil entwickelt sich aus dem, was uns tief im Inneren berührt, wohin uns unser Herz führt. Dann stimmt die Person, die wir darstellen, auch mit dem Menschen überein, der wir tief im Inneren sind. In der Regel erleben wir dies als starke Präsenz und Lebendigkeit, verbunden mit einem tiefen Glücksgefühl. Und Stil ist lebendig und beständig zugleich: Er verändert sich stets mit unserer persönlichen Weiterentwicklung – doch die Unverkennbarkeit bleibt immer erhalten.

Was Stil noch heißt:

- die eigene Schönheit diskret ins rechte Licht rücken
- eigene Reize gekonnt einsetzen

- mit sich selbst im Reinen und in Harmonie sein
- Selbstliebe – gut für sich selbst sorgen und das Positive sehen
- ein realistisches Selbstbild haben
- sich mit seinen Schwachstellen ausgesöhnt haben
- auch in praktischen Dingen mitzudenken u. v. m.

Die Sprache der Farben

Farben wirken – auf unsere eigene Psyche und auf die unserer Mitmenschen. Daher sollten wir der Auswahl der Farben, mit denen wir uns täglich umgeben, viel mehr Aufmerksamkeit schenken – ob unserer Kleidung, der Wohnungseinrichtung oder der Arbeitsumgebung. Die Kleidungsfarben sind dabei besonders wichtig, da wir sie ganz nah an unserem Körper tragen und sie daher noch unmittelbarer auf uns wirken.

Farbwirkungen

Rot

- steht für: Energie, Stärke, Selbstbewusstsein, Vitalität, Dynamik
- Wirkung: kraftvoll, optimistisch, sinnlich, stimulierend, wärmend

  Tipp: Sie sollten diese Farbe nur gezielt einsetzen, da sie auch aggressiv, provozierend und aufdringlich wirken kann.

Gelb

- steht für: Fröhlichkeit, Optimismus, Zuversicht, Kommunikation, Glück
- Wirkung: freundlich, heiter, leicht, licht, anregend

  Tipp: nur als Farbtupfer verwenden, niemals das ganze Outfit in dieser Farbe wählen

Blau

- steht für: Ordnung, Zuverlässigkeit, Treue, Friedlichkeit, Zufriedenheit
- Wirkung: entspannt, harmonisiert, fördert Sachlichkeit und Kommunikation

  Tipp: passt sehr gut im Business

Orange

- steht für: Kreativität, Vitalität, Lebensfreude, Ausgelassenheit, Ausdauer
- Wirkung: ermunternd, leistungssteigernd, macht fröhlich und gesellig

  Tipp: wie Gelb nur gezielt einsetzen, kann sonst aufdringlich wirken

Grün

- steht für: Wachstum, Ruhe, Ausgeglichenheit, Natürlichkeit, Zufriedenheit
- Wirkung: beruhigend, ausgleichend, erfrischend, zuverlässig, menschlich

  Tipp: gut geeignet, wenn Sie Harmonie und Friedlichkeit ausstrahlen möchten

Violett

- steht für: Mystik, Magie, Extravaganz, Inspiration, Würde
- Wirkung: ausgleichend, kräftigend, meditativ

  Tipp: steht nur manchen Menschen und sollte behutsam eingesetzt werden; am besten für Lebensbereiche geeignet, in denen es um Innenschau geht

Braun

- steht für: Erdverbundenheit, Geselligkeit, Solidität, Zuverlässigkeit
- Wirkung: bodenständig, sinnlich, tiefgründig, bescheiden

  Tipp: braune Kleidung wirkt freundlich und solide, lässt sich gut kombinieren

Rosé

- steht für: Liebe, Romantik, Zartheit
- Wirkung: beruhigend, weiblich, sanft, lieblich, zart

  Tipp: im Business weniger geeignet, gut für Privates, therapeutische und soziale Arbeit

Grau

- steht für: Neutralität, Zurückhaltung, Sachlichkeit, Schlichtheit
- Wirkung: vorsichtig, nüchtern, emotional distanziert, seriös

  Tipp: klassische Businessfarbe, die gut mit bunten Accessoires aufgelockert werden kann

Weiß

- steht für: Reinheit, Klarheit, Frische, Unschuld, Vollkommenheit, Ehrgeiz
- Wirkung: klärend, ordnend, beruhigend, berechnend, fördert Realitätsflucht

  Tipp: Reinweiß steht nur wenigen Menschen wirklich gut

Schwarz

- steht für: Individualität, Täuschung, Dominanz, Tod und Trauer
- Wirkung: feierlich, geheimnisvoll, mystisch, ablehnend, pessimistisch

  Tipp: steht in Reinform, ebenso wie Weiß, nur wenigen Menschen. Die meisten wirken blass und energielos, wenn sie nur in dieser Farbe gekleidet sind

Die vier Farbtypen

Es lohnt sich, den eigenen Farbtyp herauszufinden und die Garderobe darauf abzustimmen. Sie haben so viel mehr Freude an Ihrer Kleidung und fühlen sich wohler. Die einzelnen Teile lassen sich besser kombinieren, Sie sparen Zeit und setzen zudem Ihr Geld sinnvoller ein. Wer die passenden Farben trägt, fühlt sich frisch, voller Energie, lebendig und aktiv – den ganzen Tag über. Der Teint hat mehr Strahlung und kleine Hautunebenheiten fallen weniger auf. Wer sich schwer damit tut, sich selbst einzuschätzen, kann in eine professionelle Farbberatung investieren. So haben Sie eine Richtlinie für die optimale Farbauswahl und -kombination – und die verändert sich in der Regel kaum, sondern bleibt das ganze Leben über gleich.

Frühlingstyp: zart und warm

Augen: blau, blaugrün, petrol, grün, goldbraun

Haare: blond, strohblond, flachsblond, goldblond, honigfarben, leicht rotblond

Haut: hell, transparent, elfenbeinfarbig, mit gelblichem bis goldenem Unterton

Farben: Apricot, Kamel, Graublau, Lachsrosa, Melone, Beige, Hellbraun, Zartblau, Türkis

Sommertyp: zart und kühl

Augen: graublau, hellblau, blau, blaugrün

Haare: blond, aschblond, mittelbraun, brünett

Haut: rosig mit bläulichem Unterton, heller Teint, gut durchblutet

Farben: weiche, gedämpfte Töne mit blauem Untergrund, Flieder, Purpur, Altrosa, Taubenblau, Silbergrau, Dunkelblau, Dunkelbraun

Herbsttyp: kräftig und warm

Augen: hellblau, stahlblau, oliv, bernsteinfarben, goldbraun, dunkelbraun

Haare: rot, kastanienbraun, goldschimmernd

Haut: gelb-goldener Unterton, manchmal mit Sommersprossen, teilweise blass

Farben: Rot-/Rostbraun, Rot, Kupfer, Bronze, Braun, Khaki, Tannengrün, Jadegrün

Wintertyp: kräftig und kühl

Augen: kontrastreich zum Augapfelweiß, eisblau, blau, dunkelbraun, schwarzbraun

Haare: dunkel, aschiger Unterton, tiefschwarz, dunkelbraun, schwarzbraun

Haut: kühl, hell, durchsichtig, porzellanartig, meist bläulicher, olivfarbener oder grauer Unterton

Farben: Weiß, Schwarz, Grau, Nachtblau, Königsblau, blaustichige Rottöne, Kirschrot, Rubinrot, Pink

VERANSTALTUNGEN MIT BESONDEREN KLEIDUNGS-VORSCHRIFTEN

In der Regel gelten für öffentliche Veranstaltungen und Familienfeste die oben genannten Kleiderregeln. Es gibt jedoch auch Besonderheiten, die Sie kennen sollten:

Zur **Hochzeit** erscheint niemand eleganter als das Brautpaar! Die Farben Weiß, Creme und Elfenbein sind der Braut vorbehalten. Niemand sonst trägt Kleidung in Weiß, selbst dann nicht, wenn die Braut eine andere Farbe aussucht. Schwarz ist auf Hochzeiten tabu – das ist bei uns die traditionelle Farbe der Trauer und daher zu diesem Anlass nicht angebracht. Trägt die Braut ein kurzes Kleid, darf kein weiblicher Gast im langen Kleid erscheinen. Hat sie ein langes Kleid an, ist dies auch den anderen Frauen gestattet, aber kein Muss. Zum Polterabend können Sie in Freizeitkleidung erscheinen.

Zu **Trauerfeiern** trägt man in unserem Kulturkreis traditionell Schwarz, während in östlichen Kulturen die klassische Trauerfarbe meist Weiß ist. Je näher Sie dem Verstorbenen gestanden haben, desto dunkler sollte die Kleidung zur Beerdigung sein. Sehr dunkles Grau oder Blau sind ebenfalls denkbar. Ist es Ihnen nicht möglich, zu einer Trauerfeier entsprechend gekleidet zu kommen, können Sie am linken Arm einen schwarzen Trauerflor tragen.

Im **Theater** oder zu einem festlichen **Konzert** sind die Kleiderregeln heute zwar nicht mehr so streng, aber Sie sollten es dennoch vermeiden, dort in Jeans und Strickpulli aufzutauchen. Mit einer feineren Kleidung wecken Sie erstens in sich selbst das Gefühl, einen besonderen Abend zu erleben, und haben mehr Genuss dabei – und zweitens zeigen Sie damit auch den Darstellern, Musikern und dem Publikum Ihre Wertschätzung.

In **ländlichen Gegenden** trägt man zu Feierlichkeiten auch elegante Tracht – traditionelle Kleidung einer bestimmten Region oder eines Landes in edler Variante.

Bei Tisch und im Restaurant

Gemeinsam mit der Familie, im näheren Freundeskreis oder auch im Geschäftsleben ein feines Mahl einzunehmen, gehört zu den schönsten Augenblicken. Während es in allen anderen Lebensbereichen zu vielen Neuerungen in den Umgangsformen kam und noch kommt, besinnt man sich bei den Tischsitten eher mehr auf die Traditionen. Ob zu Hause oder im Restaurant – wer sich bei Tisch richtig zu benehmen weiß, kann diese Momente noch entspannter genießen.

DIE KUNST DES TISCHDECKENS

Eine liebevoll und professionell gedeckte Tafel macht das Essen zu einem viel größeren, ganzheitlichen Genuss. Das Auge erfreut sich an einem stilvoll dekorierten Tisch, der Gaumen an feinen Speisen, die Seele an einem harmonischen Ablauf mit anregenden Gesprächen. Doch wie sorgt man für das richtige Ambiente? Wie platziert man was wo? Und was ist alles zu beachten?

Die Basics

Ein geschmackvoll gedeckter Tisch gehört in unserem Kulturkreis zu einem feinen Essen einfach dazu. War es früher zu vielen Gelegenheiten üblich, auch mit den Fingern zu essen, gibt es heute für fast alle Fälle passendes Besteck und Zubehör. Wer damit geschickt umzugehen weiß, hat es in so manchen Lebenssituationen leichter.

Der Tisch ist bei einer Essenseinladung das Zentrum, um das sich alle versammeln und das Zusammenkommen feiern. Es ist nicht einfach nur nett, wenn die Tafel dann auch noch schön aussieht, das Arrangement spiegelt vielmehr auch den Anlass und die Wertschätzung des Gastgebers wider. Wie alle Beteiligten damit umgehen, zeigt im Gegenzug deren innere Einstellung. Die Ausstrahlung des Tisches wirkt sich auf die gesamte Atmosphäre der Veranstaltung mit aus.

Außerdem: Wie Sie Gäste bei sich empfangen, den Tisch decken, die Speisen zubereiten und servieren, sagt immer auch etwas über Sie selbst aus – Ihre Wertschätzung, Ihren persönlichen Stil, Ihre aktuelle Befindlichkeit, Ihr Familienleben … Machen Sie sich daher die Mühe, eine Einladung sorgfältig zu planen, den Tisch ästhetisch zu decken, die Speisen liebevoll zuzubereiten und für eine angenehme Atmosphäre zu sorgen. Es kann auch eine gute Gelegenheit sein, um sich selbst zu reflektieren, Altes im Innen wie im Außen zu entsorgen und Platz zu machen für Neues – neues Geschirr, neue Tischwäsche, neue Ideen, einen neuen Stil.

Bevor Sie einladen, sollten Sie nachprüfen, für wie viele Personen Sie Tische und Sitzgelegenheiten sowie Geschirr und Gläser haben, und die

Anzahl der Gäste danach richten beziehungsweise Teile nachkaufen. Kontrollieren Sie auch, ob Geschirr und Gläser noch heil sind, und ersetzen Sie angeschlagene Teile. Es sollten alle Gäste ausreichend Platz haben, um ungestört essen zu können, ohne mit den Tischnachbarn zusammenzustoßen. Achten Sie darauf, dass alle auch über ein paar Stunden bequem und entspannt sitzen können und sich nicht völlig verkrampfen, da zu wenig Bewegungsfreiheit gegeben ist.

Sitzgelegenheiten: Stellen Sie die nötigen Stühle an den Tisch und probieren Sie aus, ob so alle Gäste gut sitzen können. Unnötige Sitzgelegenheiten dann wegräumen. Man rechnet pro Person mindestens 60 cm^2 Fläche ein. Ideal ist ein Abstand von 70 bis 80 Zentimetern zwischen zwei Tellermitten. Vor allem bei sehr feierlichen Gelegenheiten sollten alle Stühle einheitlich sein.

Tischdecke: Für festliche Anlässe nimmt man eine weiße Stofftischdecke. Ansonsten sind auch farbige Tischdecken erlaubt, sogar kräftige Töne oder edle, orientalische Muster. Der Überhang an den Seiten sollte jeweils etwa 25 bis 30 Zentimeter betragen, darf aber nicht bis auf die Sitzflächen der Stühle reichen. Die Tischdecke liegt so glatt wie möglich auf, die Mittelbrüche verlaufen der Länge nach. Müssen Sie bei einer langen Tafel mehrere Tischdecken aneinanderlegen, sollten sie sich so überlappen, dass vom Eingang aus gesehen die vorderste Decke die nächste überlappt und diese die darauf folgende usw. Übrigens: „Tischwäsche" nennt man Tischdecken von normaler Stoffqualität, „Tafelwäsche" bezeichnet edlere Stoffe.

TABU: Lack- und Papiertischdecken oder eine klare Plastiktischdecke über die Stofftischdecke legen, um diese zu schonen.

Platzteller: Auf jeden Platz kommt zunächst der Platz-, Deck- oder Silberteller. Er kann aus Porzellan, Metall, Glas, aber auch in moderneren Variationen aus Schilfgras oder Holz bestehen. Er steht genau in der Mitte des Platzes, etwa fünf Zentimeter vom Tischrand entfernt. Platzteller dienen lediglich als Platzhalter, gegessen wird davon nicht. Bei jedem Gang stellen Sie dann die entsprechenden Teller darauf. Nach dem letzten Gang können Sie den Platzteller mit abservieren.

Out: Früher sollten sogenannte Klapperdeckchen das Scheppern der Teller beim Aufstellen verhindern. Sie sind heute nicht mehr üblich.

Tischkarten: Vor allem bei größeren Feiern ist es sehr sinnvoll, Tischkarten aufzustellen. Als Gastgeber haben Sie so am schnellsten im Blick, welcher Gast wo am besten platziert ist. Damit Ihre Gäste die Plätze leichter finden, sollten die Tischkarten deutlich geschrieben sein. Wenn Sie sie mit dem PC selbst erstellen, wählen Sie eine gut lesbare Schrift in angemessener Größe – nicht zu klein, aber auch nicht die ganze Karte ausfüllend. Stellen Sie die Karten mittig hinter das Nachtischbesteck.

Gestalten und beschriften Sie die Tischkarten immer einheitlich. Selbst wenn Sie mit manchen Gästen per Du sind, sollten bei offiziellen Anlässen alle Vor- und Zunamen auf den Tischkarten stehen. Ausnahme: Kennen und duzen sich alle Gäste untereinander, dann reichen die Vornamen. Auch akademische Titel und Adelstitel gehören auf die Tischkarten!

Menükarten: Bei größeren Veranstaltungen sind Menükarten empfehlenswert. Sie kommen hinter die Tischkarten. Auf doppelseitigen Menükarten sind rechts die Speisen angegeben, links die Getränke. Auf einseitigen Karten führt man erst die Speisen, dann die zugehörigen Getränke auf.

Gänge: Decken Sie in der Regel höchstens für vier Gänge ein, sonst wirkt der Tisch allzu überladen. Rechts sollten maximal vier Besteckteile liegen, links drei Gabeln. Wenn Sie weitere Gänge servieren, geben Sie zusätzlich benötigte Bestecke oder Teller zum jeweiligen Gang dazu. Für jeden Gang verwendet man neues Geschirr und Besteck.

Servietten: Es gibt Stoff- und Papierservietten, einfarbig oder mit Motiven. Für festliche Anlässe nehmen Sie am besten große Stoffservietten. Ansonsten sind auch sehr hochwertige Papierservietten möglich. Sie sollten gut auf die Tischdecke abgestimmt und schön gefaltet sein.

Tabu: Motivservietten. Diese sind allenfalls, wenn nicht zu kitschig, für Gelegenheiten geeignet, zu denen man Häppchen reicht.

Servietten falten oder brechen: Besonders edel sieht es aus, wenn Sie die Servietten schön falten oder „brechen“, wie die Fachleute sagen. Standardtechniken sind zum Beispiel: einfacher und doppelter Tafelspitz und Fächer, Lilie, Knospe, Schiffchen, Seerose, Bischofsmütze, Schwan oder Pfau.

Beispiel Tafelspitz: Nehmen Sie die Serviette und öffnen Sie sie einmal, so dass der Knick oben liegt. Legen Sie die rechte und die linke obere Ecke zur Mitte der Unterkante, so dass ein Dreieck entsteht. Klappen Sie die beiden Hälften aufeinander und stellen Sie die Serviette auf. Wenn Sie die hintere Seite separat ebenso falten, entsteht der doppelte Tafelspitz.
Variante: Serviettenring.
Geschirr: Das Service – Form, Größe, Material, Farbe und Muster – trägt entscheidend zur Atmosphäre eines Tisches bei. Besteck und Gläser ergänzen und vervollkommnen das Gesamtbild, sind aber nicht tonangebend. Achten Sie auf jeden Fall darauf, dass die einzelnen Teile gut zusammenpassen. Das Geschirr sollte makellos sein, keine Sprünge haben und nicht abgesplittert sein. Am besten kaufen Sie ein komplettes Service, das sich jederzeit ergänzen und nachkaufen lässt. So vermeiden Sie, zig verschiedene Teile im Schrank stehen zu haben, die für größere Feiern dann aber unbrauchbar sind.
Tipp: Legen Sie sich ein stilvolles Kaffee- und Tafelservice für alle offizielleren Anlässe zu – und ein solides Alltagsgeschirr. Je neutraler das Geschirr, desto besser können Sie es den verschiedenen Anlässen mit Tischdecke und Dekoration anpassen.
Klassisch oder kombiniert: Die bewährte Geschirrfarbe ist Weiß in verschiedenen Nuancen, alle Teile einheitlich aus einer Serie. Heute darf man jedoch auch verschiedene Muster, Farben und Materialien sowie Teile aus unterschiedlichen Serien mixen solange sie ein geschmackvolles Gesamtbild ergeben.
Wichtig: Kombinieren Sie nur dann mutig, wenn Sie ein gutes ästhetisches Gespür haben. Ansonsten sind Sie mit einheitlichem Geschirr auf der sicheren Seite.

Platz-, Deck- oder Silberteller: das Zentrum des Gedecks. Es ist ein großer, dekorativer Teller, auf den alle anderen Teller des Menüs gestellt werden. Platzteller gibt es in vielen verschiedenen Formen, Farben und Materialien.

Grundausstattung: Kaffeetassen mit Untertassen, Kaffeekanne, Teekanne, Zuckerdose, Sahne- und Milchkännchen, Dessertteller, flache Teller mit 19 cm sowie mit 25 cm Durchmesser, flache Teller, Suppenteller oder -tassen, Ragout- oder Gemüseschüssel, Salatschale mittel, zwei Fleischplatten in verschiedenen Größen, Sauciere, Suppenterrine

Gehobene Erweiterung: Kompottschalen, Müslischalen, Butterdose, Konfitüredose, Teetassen mit Untertasse, Espresso-/Mokkatassen mit Untertassen, Gemüseschüssel, weitere Servierplatten, Tortenplatte, kleinere Salatschale

Sinnvolle Ergänzungen: Salz- und Pfefferstreuer, Kuchenplatte, Beilagenschale, große Salatschale, Senfdose, Fischplatte, Fischteller, Grätenschale, Fingerschalen, Spargelplatte, Butterpfännchen, Antipasti-Teller, Sandwichplatte usw.

Besteck: Überlegen Sie vorab, welche Teile Sie brauchen. Das Besteck sollte gut zum Stil des Geschirrs passen. Denken Sie daran, angelaufenes Silberbesteck rechtzeitig zu putzen.

Auflegen: Das Besteck wird zwei Fingerbreit von der Tischkante weg angeordnet, bei runden Tischen der Rundung entlang. Legen Sie die Besteckteile von innen nach außen auf, vom Hauptgang bis zur Vorspeise. Aufgenommen werden sie dann in der anderen Reihenfolge: von außen nach innen. Verwenden Sie zum Eindecken am besten ein Tuch, damit es keine Fingerabdrücke gibt.

Gabeln liegen links, Messer und Löffel rechts. Die Gabelspitzen zeigen nach oben, die Messerschneiden zum Teller, die Löffel liegen auf dem Rücken. Silberbesteck mit Gravuren auf dem Rücken kann auch andersherum aufgelegt werden. Das Dessert- und Käsebesteck liegt oberhalb des Tellers. Gabeln zeigen mit der Spitze nach rechts, Messer und Löffel nach links. Das Buttermesser liegt links auf dem Brotteller. Servieren Sie den Löffel mit der Suppe, liegt er auf der Untertasse.

Haben Sie nicht ausreichend Besteck für ein mehrgängiges Menü, können Sie Besteckbänkchen bereitstellen, auf denen die Gäste ihr Besteck ablegen können – oder besser noch: zwischendurch das Besteck abservieren und abspülen. Um möglichst wenig Stress zu erzeugen, ist es hilfreich, wenn Sie vorher jemanden bitten, Ihnen dabei zur Hand zu gehen.

Man unterscheidet:

Essbesteck: dreiteilig, bestehend aus Löffel, Gabel und Messer

Tafelbesteck: mit großen Besteckteilen wie zu Großmutters Zeiten

Menübesteck: mit kleineren, heute modernen Besteckteilen

Fischbesteck: ein breites Messer mit stumpfer Schneide, das vorn spitz zuläuft, sowie eine ebenfalls breitere Gabel. Da der Fisch zerteilt, aber nicht geschnitten wird, ist eine scharfe Schneide nicht nötig

Dessertbesteck: besteht ebenfalls aus Löffel, Gabel und Messer

Gourmetlöffel: kann als Fischmesser, Saucenlöffel oder Dessertlöffel dienen

Spezialbestecke: wie Austerngabel, Hummerzange und -gabel, Schneckenzange und -gabel, Kaviarmesser und -schaufel, Krebsgabel und -messer

Tranchier- und Vorlegebesteck: Suppenkellen, Tranchierbesteck für Geflügel und Fleisch, Bratengabel und -löffel, Fleischvorlegegabeln, Fischvorlegebesteck, Lachsmesser, Saucenschöpfer, Spargelheber, Gemüse-, Ragout-, Reis- und Kartoffellöffel, Spaghettizange, Salatvorleger, Käsemesser, Kompottvorlegelöffel, Tortenmesser und -heber, Eisheber, Gebäckzange oder -heber

Gläser: Sie sind nicht nur notwendig, damit man daraus trinken kann, sondern sie unterstreichen den Charakter des jeweiligen Getränks. Außerdem entfalten manche edlen Tropfen ihr Aroma erst in der speziellen Glasform so richtig. Daher gibt es eine solche Vielzahl verschiedener Varianten. Wenn Sie Gläser neu kaufen, denken Sie vorher darüber nach, für welche Anlässe Sie sie vorwiegend benötigen. Nehmen Sie grundsätzlich eher größere Gläser – sie wirken einladender und edler.

Gläser sollten immer perfekt gespült und poliert sein. Nur so funkeln und klingen sie wirklich gut und bringen den Inhalt optimal zur Geltung.

Grundausstattung: Sektflöte, Weißweingläser, Rotweingläser, Longdrinkgläser, Sherrygläser, Likörgläser, Biergläser, Cognacschwenker

Erweiterungen: Sektschale, Champagnerflöte, Sektkübel, Whiskybecher, Cocktailgläser, Bowleset, Wasserkrug, Goblet, Stamper Bordeauxglas, Chiantiglas, Rieslingglas, Burgunderglas, Grappagläser und -karaffe, Obstlergläser und -karaffe, Cognacschwenker groß, Martinigläser, Weinkaraffe

Besonderheiten der Gläser: Rotweingläser sind größer als Weißweingläser und haben einen weiteren Kelch, in dem sich das Aroma besonders gut entfaltet. Weißweingläser sind kleiner, damit sie weniger Inhalt aufnehmen und schneller geleert werden können und folglich der gekühlt servierte Weißwein nicht warm wird. Alle Weingläser haben daher auch einen Stiel, an dem sie gefasst werden sollten, damit sich die Temperatur des Getränks durch die Wärme der Hände nicht so schnell erhöht. Sektflöten sind im Unterschied zu Sektschalen für prickelnde Gaumenfreuden besser geeignet, da hier die Kohlensäure langsamer entweicht und die Spritzigkeit länger erhalten bleiben.

Tipps: Bunte Gläser sehen zwar meist sehr dekorativ aus, doch die Glasfärbung beeinflusst die Wahrnehmung der Getränke.

Achten Sie darauf, dass alle Gläser sehr gut mit heißem Wasser gespült und frei von Spülmittelresten sind. Ansonsten kommt es leicht zu Geschmacksveränderungen, Getränke perlen nicht so schön oder Bierschaum fällt schnell wieder in sich zusammen.

Anordnung: Das Richtglas, in der Regel das Rotweinglas, steht im Kreuzungspunkt der gedachten Verlängerungslinien von Fleischmesser und Dessertgabel. Nach ihm richten sich die Standpunkte der anderen Gläser aus. Das Weißweinglas steht in einem 45-Grad-Winkel rechts darunter. Das Sektglas hat seinen Platz genau auf der anderen Seite, im 45-Grad-Winkel links oben. Die Gläser werden dann wie das Besteck von außen nach innen benutzt. Beispiel einer Reihenfolge für ein Menü: Rechts außen steht das Wasserglas, danach folgen Aperitifglas, Weißweinglas, Rotweinglas und Sektflöte. So können Sie von der rechten Seite aus auch gut einschenken. Wird der Aperitif vorher im Stehen gereicht, sollten Sie diese Gläser separat stellen.

Brot & Butter: Der Brotteller steht links vom Gedeck. Sein Mittelpunkt liegt auf Höhe der Mitte des Platztellers oder seine Unterkante bildet eine Linie mit den Enden der Besteckgriffe auf der linken Seite. Das kleine Messer für die Butter liegt auf dem Teller.

Stellen Sie, je nach Größe der Tafel, mehrere kleine Körbchen mit einer Brotauswahl sowie Butterschalen auf. Es sollten so viele verteilt sein, dass sich jeder Gast bequem bedienen kann, ohne ständig andere Gäste bitten zu müssen, ihm die gewünschten Dinge zu reichen.

Gedecke

Kleines Gedeck: besteht aus Platzteller, Serviette, Brotteller mit Buttermesser, Suppenlöffel oder Salatbesteck, Besteck für das Hauptgericht, Dessertbesteck (je nach Art des Desserts), Wasserglas, Rotwein- oder Weißweinglas. Das Besteck wird einen Finger breit von der Tischkante entfernt aufgelegt. Der Suppenlöffel kann rechts oder über dem Platzteller liegen, die moderne Variante ist die Platzierung rechts (siehe Abb.). Speiseteller sollte man nicht zu Beginn eindecken, sondern vor den einzelnen Gängen bringen, sofern die Gerichte nicht bereits auf dem Teller serviert werden.

Tipp: die Teller vorher anwärmen.

Kleines Gedeck

Mittleres Gedeck: ist für ein viergängiges Menü gedacht und umfasst Platzteller, Serviette, Brotteller mit Buttermesser, Suppenlöffel oder Salatbesteck, Besteck für zwei Hauptgerichte (z. B. für ein Fisch- und ein Fleischgericht), Dessertbesteck (abhängig von der Art der Nachspeise), Wasserglas sowie – je nach Menüzusammenstellung – Aperitifglas, Weißweinglas, Rotweinglas und Sektglas (insgesamt maximal vier Gläser). Die Gläser können in Reihe stehen oder in einem leichten Bogen (siehe Abb. unten).

Großes Gedeck: Für ein Menü, das mehr als vier Gänge hat, werden Platzteller, Serviette, Brotteller mit Buttermesser, Suppenlöffel oder Salatbesteck, Besteck für zwei Hauptgerichte (z.B. für ein Fisch- und ein Fleischgericht), Dessertbesteck, Wasserglas, Aperitifglas, Weißwein- und Rot-

Mittleres Gedeck

weinglas, Sektglas (insgesamt maximal vier Gläser) eingedeckt (siehe Abb. unten).

ACHTUNG: keine weiteren Gläser und Bestecke vorab eindecken. Rechts dürfen maximal vier Besteckteile liegen, links höchstens drei. Sind weitere Gänge geplant, deckt man weitere Gläser zwischendurch nach oder serviert zusätzlich benötigtes Besteck zum jeweiligen Gang dazu. Das Dessertbesteck wird heute oft auch erst nach dem Hauptgang aufgelegt. Zu einem kompletten Dessertbesteck gehören Dessertmesser und -gabel, ein kleiner sowie ein großer Löffel.

Großes Gedeck

Frühstücksgedeck: Es besteht zum Beispiel aus Teller, Serviette, Kaffee- oder Teetasse mit Unterteller und Kaffeelöffel, Wasserglas und/oder Saftglas, Messer und Gabel, gegebenenfalls Löffel (z. B. für Müsli), Müslischale und Eierbecher mit Eierlöffel. Der Teller steht in der Mitte des Platzes, die Tasse mit Unterteller rechts etwas oberhalb des Tellers. Die Müslischale kommt auf oder links neben den Teller, der Eierbecher steht oberhalb des Tellers. Gläser werden links neben der Tasse eingedeckt. Das Besteck liegt wie allgemein üblich: Messer und Löffel rechts, die Gabel gehört auf die linke Seite. Der Kaffeelöffel ist mit dem Griff nach rechts oberhalb der Tasse auf dem Unterteller platziert (siehe Abb. unten)

Kaffeegedeck: Dazu gehören Kuchenteller, Serviette, Kaffee- oder Teetasse mit Unterteller und Kaffeelöffel, Kuchengabel und eventuell ein Wasserglas. Es ist mit dem Frühstücksgedeck identisch. Die Kuchengabel liegt entweder rechts neben oder mit dem Griff nach rechts auf dem Teller.

Frühstücksgedeck

Büfett

Der Büfetttisch kann entweder frei im Raum stehen, so dass er von allen Seiten zugänglich ist, oder vor einer Wand, was weniger Platz im Raum beansprucht. Alle Gerichte müssen für jeden Gast leicht erreichbar sein. In der Mitte sind die Höhepunkte des Büfetts platziert – besondere Gerichte, die auffällig arrangiert und damit ein „Hingucker" sind. Besonders hübsch sehen Etageren und hohe Gefäße aus. Die Dekoration sollte edel, aber dezent sein, damit das Büfett insgesamt nicht zu unruhig wirkt und die Speisen optimal zur Geltung kommen. Blumengestecke und Kerzen dürfen ruhig hoch sein, sollten aber maximal Augenhöhe erreichen, sehr stabil sein und nicht bei der Entnahme der Speisen behindern.

Teller, Besteck und Servietten finden sich in der Regel rechts. Manchmal sind Spezialteller oder -schalen auch direkt bei den Gerichten angeordnet. Dann folgen die Gerichte: kalte Vorspeisen, Suppe, Hauptgerichte mit Fisch und Fleisch, manchmal etwas Vegetarisches, Käse und Desserts. Warme Gerichte stellt man auf Stövchen oder Warmhalteplatten. Achten Sie darauf, dass Sie die Platten immer wieder ergänzen oder leere wegnehmen. Getränke mit den passenden Tassen und Gläsern sollten auf einem separaten Tisch stehen.

Das gehört auf ein Büfett: Teller, Besteck, Servietten, kalte und warme Vorspeisen, Fisch- und Fleischgerichte, Gemüsebeilagen, vegetarische Gerichte, Soßen, Käseplatte, Brotkorb, Dessertteller oder -schalen, Dessertbesteck, Nachspeisen, eventuell Obstschale.

Variante Frühstücksbüfett: Teller, Tassen, Besteck, Servietten, warme Getränke, Milch, Säfte, Obstkorb oder Obstsalat, Müsliauswahl, Joghurt und/oder Quark, Brotkorb, Käse- und Wurstplatte, gekochte Eier, gegebenenfalls warme Speisen, Konfitüren und Honig, Butter.

Dekoration: Genuss für das Auge

Eine gekonnte Dekoration rundet die festliche Tafel ab. Sie sorgt für eine harmonische Atmosphäre, ergänzt und vervollständigt das Gesamtbild.

Blumengesteck oder -strauß: Wählen Sie Blumen aus, die höchstens dezent duften, denn betörende Düfte können den Geschmackssinn beein-

trächtigen. Außerdem sollten sie nicht zu hoch sein, so dass die Gäste einander jederzeit ansehen können, ohne hinter der Dekoration hin und her rutschen zu müssen. Am besten eignen sich daher flache Gestecke.
Tabu: Topfpflanzen oder Plastikblumen.
Kerzen: Verwenden Sie Kerzen, die farblich auf die Tafel abgestimmt sind. Duftkerzen eignen sich nicht.
Dekorationsmottos: Der Fantasie sind hier keine Grenzen gesetzt. Wichtig ist nur, dass die Dekorationsartikel mit Tischdecke und Geschirr harmonieren.

Beispiele: klassisch – zwei Kerzen und ein Blumengesteck; romantisch – zusätzlich frische Rosen und Rosenblüten auf dem Tisch verteilen; orientalisch – mit farbenprächtigen Kerzen und Bordüren; herbstlich – mit Blättern und getrockneten Blüten; weihnachtlich – mit Nüssen und Sternen.

TISCHSITTEN UND -MANIEREN – IN DER FAMILIE UND MIT GÄSTEN

Nur wer sich bei Tisch zu benehmen weiß, kann das Mahl entspannt und souverän genießen. Kinder lernen heute schon früh die elementaren Tischsitten – je eher sie in Fleisch und Blut übergehen, desto leichter fällt es später, sie anzuwenden. Grundsätzlich gilt: Wir sollten einander auch und gerade in der Familie Respekt bezeigen – auch bei Tisch. Positiver Nebeneffekt: Wenn wir in der Öffentlichkeit speisen, sind uns die meisten Regeln bestens vertraut und wir müssen nicht mühsam aufpassen, dass wir nichts falsch machen. Betrachten Sie die Tischregeln daher am besten als Lebenseinstellung, nicht nur als „Methode“, die man in wichtigen Situationen aus dem Verhaltensfundus hervorkramt.

Allgemeine Regeln

Situativ entscheiden: Es ist wichtig, die üblichen offiziellen Regeln zum Verhalten bei Tisch zu kennen – Sie müssen sich jedoch nicht in jeder Situation sklavisch dran halten. Guten Stil beweist auch derjenige, der Vorgaben auch mal gekonnt brechen kann. Sind Sie beispielsweise mit Gästen zusammen, denen die eine oder andere Regel nicht vertraut ist, können Sie sich anpassen – schon um Ihre Gäste nicht zu blamieren, indem Sie ihnen ihre „Fehler" durch korrektes Verhalten vorführen würden. Nehmen Sie es in solchen Situationen nicht so genau. Auch beim Italiener oder Griechen „um die Ecke" geht es oft nicht so distinguiert zu – schmeckt aber dennoch vorzüglich und die herzlich-menschliche Atmosphäre tut einfach gut.

Basics: Bei offiziellen Veranstaltungen, Geschäftsterminen und wenn Sie mit Fremden zusammen essen, gelten die formellen Tischregeln. Grundsätzlich fängt man erst an, wenn alle am Tisch sitzen und ihr Gericht bekommen haben. Entsprechend gilt für das Aufstehen: Man darf sich erst vom Platz erheben, wenn alle mit dem Essen fertig sind.

Tischgebete: sind in manchen Familien üblich. Nehmen Sie Rücksicht auf die Wünsche der einzelnen Personen. Für Kinder ist es manchmal „lästig", zu beten. Bieten Sie ihnen an, stattdessen still zu danken oder zumindest respektvoll zu warten.

Make-up: darf nicht bei Tisch aufgefrischt werden. Ausnahme: Zwischen den Gängen oder nach dem Essen kurz und diskret den Lippenstift nachziehen ist erlaubt.

Zahnstocher: niemals bei Tisch verwenden, auch nicht hinter vorgehaltener Hand. Wenn Zahnstocher auf dem Tisch stehen, ist das keine Erlaubnis, sie an Ort und Stelle zu verwenden. Ziehen Sie sich dafür in den Waschraum zurück.

Handys: sollten bei Tisch ausgeschaltet sein. Wenn Sie einen dringenden Anruf erwarten, geben Sie Ihrer Begleitung vorher Bescheid und schalten Sie die Vibrationsfunktion des Geräts ein.

Schuhe: müssen Sie bei Tisch anlassen; auch wenn sie noch so sehr drücken.

Rauchen: ist am Tisch erst dann gestattet, wenn alle mit dem Essen fertig sind. Auf jeden Fall erst die anderen Gäste fragen, ob jemand etwas dagegen hat. Sind weitere Raucher dabei, geben Sie zuerst den anderen Feuer.

Achtung: In Lokalen mit Rauchverbot halten Sie sich unbedingt an die dortigen Vorgaben!

Hinterlassen Sie den Platz so sauber wie möglich.

Freude bereiten Sie, wenn Sie sich hinterher beim Gastgeber, dem Koch und/oder dem Servicepersonal für das gute Essen bedanken. Bleiben Sie ehrlich, Sie können es durchaus auch sagen, wenn Ihnen etwas nicht geschmeckt hat. Möglicherweise geben Sie sogar einen wichtigen Hinweis. Betonen Sie jedoch auch immer die positiven Dinge.

Tischkultur zu Hause

Auch wenn Sie zu Hause „nur" die Familie sieht, sollten Sie auf einen respektvollen Umgang miteinander achten. Jeder fühlt sich damit wohler und zeigt auch der Familie seine Wertschätzung. Weiterer Pluspunkt: Es fällt Ihnen viel leichter, sich in der Öffentlichkeit angemessen zu benehmen, wenn es Ihrer inneren Grundhaltung entspricht. Bei besonderen Anlässen müssen Sie sich dann nicht extra anstrengen und mühsam erinnern – wie war das noch mal …?

Sitzen: Sitzhaltung, Sitzordnung, Platzwahl und Platznehmen

Sitzhaltung: Sitzen Sie gerade, aufrecht und entspannt, etwa eine Handbreit vom Tisch entfernt. Die Sitzfläche des Stuhls darf ganz ausgefüllt sein, auch Anlehnen ist erlaubt – dazu ist die Lehne ja da. Sie müssen sich nicht in alter damenhafter Manier angestrengt kerzengerade auf der Stuhlkante halten. Beide Füße stehen locker nebeneinander auf dem Boden. Die Hände sollten nur bis zum Handgelenk auf dem Tisch aufliegen. Wenn Sie das Besteck gerade halten, können Sie sich gegebenenfalls leicht mit den Unterarmen abstützen, aber niemals mit den Ellbogen! Die Arme sind locker und körpernah, auch wenn man gerade die Gabel zum Mund führt.
Tabus: Nach vorn über den Teller gebeugt sitzen und in sich „hineinschaufeln". Außerdem ist es keine gute Haltung, einen Arm schützend um den Teller zu legen, als ob man Angst hätte, dass einem jemand etwas wegnimmt. Greifen Sie nicht über den Teller des Nachbarn. Bitten Sie ihn immer darum, Ihnen beispielsweise die Butter oder das Salz zu reichen. Ellbogen dürfen nicht auf den Tisch aufgestützt werden.
Tischordnung (Placement): Bei privaten Essen können Sie die Plätze so zuteilen, wie sich die Gäste vermutlich am wohlsten fühlen. Tante Anna,

die leicht friert, also nicht gerade in der Nähe des Fensters platzieren. Robert und Sabine, die sich so gut verstehen, aber selten sehen, am besten nebeneinandersetzen. Bei gesellschaftlichen Runden platzieren Sie die Gäste dagegen ganz nach Hierarchie und Geschlecht . „Déplacer" heißt, dass jemandem nicht der seinem Rang gemäße Platz zugewiesen wird.

Gastgeber: Früher war es üblich, dass das Gastgeberpaar nicht nebeneinander, sondern an den Längsseiten des Tisches sich gegenüber saß. Das ist heute nicht mehr zwingend nötig, kann aber nach wie vor so praktiziert werden.

Ehrenplätze sind rechts von Gastgeberin und Gastgeber. Üblicherweise sitzt der weibliche Ehrengast rechts vom Hausherrn, an der Wandseite mit Blick in den Raum, der männliche rechts neben der Hausherrin. Jeder Gastgeber ist dann ganz besonders für das Wohlergehen „seines" Ehrengastes verantwortlich. Die linken Plätze neben dem Gastgeberpaar sind für die Gäste reserviert, die in der Hierarchie als Nächste kommen. Lädt eine Person allein ein, sind die Plätze rechts und links von ihr die Ehrenplätze.

TABUS: Gäste, die am weitesten von den Gastgebern entfernt sitzen, fühlen sich möglicherweise am wenigsten wertgeschätzt. Sollten Sie merken, dass ein Gast empfindlich darauf reagiert, suchen Sie immer wieder den Kontakt und beziehen Sie ihn als wichtiges Mitglied der Tischgesellschaft mit ein.

Rangordnungen spielen vor allem bei gesellschaftlichen Anlässen eine große Rolle. Je näher man dem Gastgeber sitzt, als desto höhergestellt gilt man. Ehepartner kommen immer in dieselbe Hierarchiestufe. Neben den allgemeinen Hierarchieregeln gilt zum Beispiel auch: Gäste kommen vor den Verwandten, ausländische Gäste vor inländischen. Kinder sind noch ohne Rang und bekommen die übrigen Plätze.

Geschlechterwechsel: Damen und Herren werden abwechselnd gesetzt. Im privaten Rahmen ist es heute allerdings wichtiger, dass sich die Gäste verstehen und gut miteinander unterhalten. Daher können Sie diese Ordnung durchaus auch mal aufheben, wenn die Personen anders besser zueinander passen.

Paarweise: Jubelpaare sitzen immer nebeneinander! Ansonsten ist es besser, Paare getrennt zu setzen, damit sich keine Kleinstgrüppchen bilden und das allgemeine Gespräch besser im Fluss bleibt. Allerdings sollten die Paare immer Blickkontakt haben können. Die Tischpartnerin eines Herrn ist immer die Frau zu seiner Rechten. Besser nicht: zwei Damen nebeneinandersetzen, sonst hat die rechts sitzende keinen Tischpartner.

Runde Tische: sind für kleinere Feiern im privaten Bereich am besten geeignet. Alle Gäste sitzen dabei gleich weit voneinander entfernt und haben die anderen gleichermaßen im Blick. Der Nachteil: Die Tische reichen meist nur für höchstens zehn Personen. Allerdings sind Gespräche in einer größeren Runde immer schwierig zu gestalten.

Ordnungskriterien für die Sitzfolge ohne Beachtung von Rangfolgen: Bei welchen Gästen gibt es viele Gemeinsamkeiten, die für ausreichend Gesprächsstoff sorgen? Welche Personen sind am kommunikativsten? Verteilen Sie diese gut an der Tafel, damit sich nicht zwei Lager bilden – eine lebhafte und eine schweigsame Ecke. Bitten Sie eine kommunikativ und sozial starke Person im Vorfeld, Ihnen behilflich zu sein, die Gespräche im Blick zu behalten und leichte Moderationsaufgaben mit zu übernehmen.

Menschlichkeit vor Rangordnung: Oft ist es schwierig, die offizielle Rangordnung einzuhalten und dennoch allen Bedürfnissen der Gäste gerecht zu werden. Haben Sie daher auch den Mut, auf allzu strenge Regeln zu verzichten und die Tischordnung dem Herzen nach zu gestalten. Oberstes Gebot ist, dass sich alle wohlfühlen.

Tischanordnung: Bei großen Veranstaltungen mit mehreren Tischen gilt ebenfalls die Nähe zum Gastgeber als Rangkriterium. Je näher ein Gast dem Ehrentisch sitzt, desto höher steht er in der Hierarchie. An jedem der einzelnen Tische sollte immer ein Stellvertreter des Gastgebers sitzen, der sich hier um das Wohlergehen der Gäste kümmert.

Platzwahl und Platznehmen

Tischplan: Bei großen Veranstaltungen ist es sinnvoll, am Eingang einen Tischplan, den sogenannten Placementspiegel, auszulegen, sodass sich die

Gäste gleich einen Überblick verschaffen können und nicht lange an den Tischen nach ihrem Tischkärtchen suchen müssen.

Freie Wahl: bei kleinen, privaten Anlässen meist die beste Lösung.

Vorgegebene Sitzordnungen: dürfen nicht einfach verändert werden, nur weil man mit dem Tischnachbarn nicht glücklich ist. In wirklich begründeten Fällen, zum Beispiel wenn Sie mit einem Kleinkind kommen und für den Kinderstuhl kein Platz ist, sollten Sie erst dem Gastgeber oder dem Servicepersonal Bescheid geben. Diese kümmern sich dann in der Regel auch um den Platztausch. Noch besser: vorher ankündigen, dass Sie einen Kinderstuhl brauchen.

Im Restaurant: Hier weist Ihnen bei einer Einladung ebenfalls der Gastgeber den Platz zu. Falls nicht, haben Sie freie Wahl. Achten Sie auf die anderen Gäste und lassen Sie älteren Menschen oder Frauen den Vortritt.

„Vor Ort": Wenn Sie am Ihnen zugedachten Platz angekommen sind, begrüßen Sie gegebenenfalls zunächst Ihre Tischnachbarn und stellen Sie sich vor. Kommen Sie gemeinsam in der Gruppe an, nehmen immer die Gäste zuerst Platz.

Zurechtgerückt: Traditionell rückt der Herr seiner Tischdame den Stuhl zurecht. Vielen Frauen ist das heute allerdings eher unangenehm.

Servieren

Bei privaten Einladungen im kleinen Kreis ist es meist nicht nötig, dass der Gastgeber seinen Gästen die Speisen serviert. Es wirkt hier eher deplatziert. Am besten ist es, die Gerichte auf Vorlegeplatten oder in Schüsseln auf den Tisch zu stellen oder herumzureichen, so dass sich jeder Gast selbst bedienen kann. Bei der letzteren Variante hält jeder seinem rechten Tischnachbarn die Platte oder Schüssel, damit dieser beide Hände frei hat, um sich die gewünschten Speisen zu entnehmen und auf seinen Teller zu legen.

Tipp: Damit es möglichst nicht tropft, ist darauf zu achten, dass die rechte Seite der Platte oder Schüssel an den linken Tellerrand Ihres Sitznachbarn heranreicht.

Dennoch ist es gut, für alle Fälle die Grundregeln des Servierens zu kennen: Seien Sie konzentriert und bewegen Sie sich nur vorwärts. Wer das

Geschehen in seiner Fortbewegungsrichtung nicht im Blick hat, stößt sonst leicht mit dem Rücken irgendwo an oder gerät ins Stolpern.

Von rechts:

- Getränke einschenken
- benützte Gläser abservieren und gegebenenfalls neue nachdecken
- sauberes Geschirr eindecken
- alle Speisen, die fertig auf dem Teller angerichtet sind, servieren
- Besteck auf der rechten Seite nachdecken
- benütztes Geschirr abräumen
- das Dessertbesteck für die rechte Seite von oben herunterziehen
- Kaffee oder Tee servieren

Von links:

- Brotteller, Salatschale und gegebenenfalls Fingerschale eindecken bzw. abräumen
- Besteck auf der linken Seite nachdecken
- Servierplatten und Schüsseln reichen
- Speisen vorlegen
- das Dessertbesteck für die linke Seite von oben herunterziehen
- den Tisch von Krümeln befreien

Die Reihenfolge:

Zunächst bekommen die Ehrengäste serviert, dann alle anderen Gäste, sofern Gleichberechtigung gilt. Bei den Tätigkeiten auf der rechten Seite geht es im Uhrzeigersinn weiter, bei Arbeiten auf der linken Seite gegen den Uhrzeigersinn. Nach den Rangfolgen werden nach den Ehrengästen die Damen vor den Herren und ältere vor jüngeren Gästen versorgt. Die Gastgeber sind zuletzt an der Reihe.

Das Gedeck – Besteck und Gläser richtig benutzen

Nehmen Sie das Essbesteck für die einzelnen Gänge von außen nach innen auf.

Die alte Regel „Einmal vom Tisch aufgenommene Besteckteile sollen nicht wieder mit dem Tischtuch in Berührung kommen" ist noch immer aktuell. Legen Sie das Besteck daher stets auf den Tellerrand.

Ausnahme: Ihr Teller kommt so gefüllt, dass am Rand kein Platz ist. Der Umgang mit dem Besteck sollte diskret und geräuscharm erfolgen.

Die „Fassung": Nehmen Sie Besteck „normal" in die Hand – weder geziert wie eine Feder noch plump wie eine Mistgabel oder zu kräftig, als wollten Sie damit ein Stück Holz zersägen. Halten Sie die Besteckteile mit Daumen, Zeige- und Mittelfinger etwa in der Mitte des Griffs.

Das Messer hält man in der rechten Hand, auch Linkshänder sollten diese Regel befolgen. Ansonsten würden Rechts- und Linkshänder, sitzen sie nebeneinander, sich mit den Ellbogen gegenseitig stören.

Tipp: Linkshänder sollten den Gastgeber vorher bitten, sie so zu platzieren, dass sie ungestört auch „andersherum" essen können.

Die Gabel nimmt man mit der linken Hand waagerecht, leicht nach unten geneigt. Sie wird mit der Wölbung nach unten in den Mund geführt. Bei Speisen, die ohne Messer gegessen werden, kann man die Gabel auch mit der rechten Hand halten.

Der Löffel wird ebenfalls waagerecht zum Mund geführt, mit der Löffelspitze voraus. Füllen Sie ihn nicht randvoll, sonst steigt die „Kleckergefahr". Am besten ist eine Füllmenge von etwa zwei Drittel. Ist eine Suppe noch zu heiß, nicht pusten – das verursacht unnötige Geräusche und „aromatische Winde", durch die sich Ihre Tischnachbarn möglicherweise gestört fühlen. Warten Sie einfach kurz.

Wichtig: Gabel und Löffel immer zum Mund führen, niemals umgekehrt! Kaffee-, Suppen- und Dessertlöffel leckt man nicht ab!

Das Dessertbesteck nimmt man zunächst so, wie es liegt: normalerweise die Gabel in die linke Hand, den Löffel in die rechte. Es ist entweder über dem Platzteller eingedeckt oder das Personal zieht es vor dem Servieren des Desserts nach rechts und links herunter. Doch die Regeln dafür sind sehr locker. Sie können das Besteck jederzeit wechseln oder nur einen Teil davon benutzen – je nach Art des Desserts und wie die Handhabung für

Sie angenehmer ist. Eine warme Palatschinke oder einen Strudel mit Vanillesoße isst man am besten mit Löffel und Gabel. Für Cremes oder Eis genügt dagegen meist der Löffel; ein Stück trockenen Kuchen oder Obststückchen kann man mit der Gabel leichter essen.

Der Gourmetlöffel ist eine Mischung aus besonders flachem Löffel und extra breitem Fischmesser, zusätzlich hat er an der rechten Seite eine kleine Kerbe. Sie können damit Fisch zerlegen, Saucen löffeln oder Desserts essen. Er eignet sich besonders gut zum Aufnehmen von Speisen und Saucen von flachen Tellern, da man so den Teller dafür nicht anheben muss. Wie Löffel und Messer gehört er in die rechte Hand, Linkshänder dürfen die Seite auch wechseln. In der Regel wird er zusätzlich zum Messer eingedeckt, manchmal ersetzt er es auch. Stehen beide Besteckteile zur Verfügung, können Sie ganz nach Bedarf das jeweils passende nehmen, während Sie das nicht benutzte auf dem rechten Tellerrand ablegen.

Zurückgelegt: Besteck, das auf dem Unterteller serviert wird, legt man auch dort wieder ab. Beispiele: Eine Suppe, Krabbensalat oder Eis kommen auf einem Unterteller, die passenden Löffel und Gabeln liegen am Rand daneben. Wenn Sie fertig sind, sollten Sie das Besteck wieder auf den Rand des Untertellers legen – und nicht in das Glas oder die Schale stellen.

Finger als Essgerät sind zum Beispiel erlaubt bei: Artischocken, Austern, Grillwürsten, Hummer, Kräckern, Krebsen, Maiskolben, Muscheln, Spargel, Sprotten, Wachteln, Weißwürsten. Es sollte eine Fingerschale mit Tuch dazu bereitstehen, in der Sie Ihre Finger reinigen und mit dem Sie sie wieder trocknen können.

ACHTUNG: Niemals bereits angebissene Stücke in Dips tunken, die für alle bereitstehen.

TABU: Beim Reden mit dem Besteck gestikulieren! Legen Sie es beim Sprechen am besten ab.

Essstäbchen werden auch bei uns immer beliebter, erfordern aber etwas Fingerfertigkeit. Wenn Sie damit in der Öffentlichkeit essen möchten, sollten Sie den Umgang daher besser vorab üben. Man hält sie in der rechten Hand und greift oder „schaufelt“ damit die Speisen.

Tabu: die Stäbchen in der Schale oder auf dem Teller liegen lassen – man legt sie zurück auf das Tablett. Keinesfalls werden Stückchen auf die Spitzen gespießt. Außerdem niemals bei einem normalen Essen die Stäbchen senkrecht in die Reisschale stecken – das ist nur bei Trauerzeremonien üblich, um des Verstorbenen zu gedenken.

Besteckspache

Essenspause: „zwanzig nach sieben“

Das Besteck wird rechts und links auf den Tellerrand gelegt, die Spitzen kreuzen sich in der Mitte des Tellers. Die Griffe entsprechen etwa der Uhrzeigerstellung „zwanzig nach sieben“ (siehe Abb. unten links). Am besten legen Sie die Messerspitze in die Gabelmulde, die Schneide des Messers zeigt zur Gabel. Achten Sie darauf, dass Sie nicht kleckern oder ein Teil abrutscht. Die Spitzen sollten nicht in das Essen ragen. Dieses Zeichen gilt ebenfalls als Bitte um Nachschlag, auch Supplement genannt. In diesem Fall sollten Sie das Besteck allerdings nahe an den Tellerrand legen, damit die Tellermitte für die Speisen frei bleibt (siehe Abb. unten Mitte).
Tabu: Messer und Gabel rechts und links an den Teller lehnen, sodass die Griffe auf dem Tisch aufliegen.

Schlusszeichen: „zwanzig nach vier“

Ist der Gang oder das Essen beendet, legt man die Besteckteile parallel auf dem Teller ab, die Messerschneide zeigt wieder zur Gabel. Die Griffe liegen auf „zwanzig nach vier“ (siehe Abb. rechts).

„zwanzig nach sieben“

Bitte um Nachschlag

„zwanzig nach vier“

Lob und Kritik

Liegt das Besteck rechts unten „fünf vor halb sechs“, bedeutet das, dass es Ihnen nicht geschmeckt hat. Der Bereich links unten – „fünf nach halb sieben“ – bedeutet, dass es geschmeckt hat. Doch Vorsicht vor falschen Interpretationen: Nicht alle kennen diese Sprache und legen das Besteck ohne weitere Hintergedanken einfach ab.

Gläser

Alle Gläser, die einen Stiel haben, sollte man an dessen Mitte anfassen – nicht am Glaskörper. Zum einen, weil sich dadurch sonst die Temperatur des Getränks viel schneller erhöht, und zum anderen, weil die Gläser beim Anstoßen so nicht klingen. **Ausnahme:** Cognacschwenker. Gläser oder Becher ohne Stiel fasst man höchstens in der Mitte an, niemals am Rand. Ideal ist der Bereich im unteren Drittel.

Die alte Regel, ein Weinglas „Pi-mal-Daumen“ etwa zu zwei Drittel zu füllen, gilt nur noch bei den älteren, eher kleinen Glasformen. Alle modernen, bauchigeren Modelle füllt man nur noch etwa zu einem Drittel bis maximal zur Hälfte.

Die Handhabung der Serviette

In der Regel finden Sie die Serviette – ob aus Stoff oder Papier – auf dem Teller, mit einem Serviettenring zusammengefasst oder kunstvoll gefaltet. Legen Sie sie zu Beginn des Essens einmal eingeschlagen auf Ihren Schoß, die Faltkante zeigt zu den Knien. So können Sie die Serviette während des Essens aufnehmen, sich Ihre Lippen abtupfen und sie wieder zurücklegen.

Von links nach rechts: Sektflöte, Rotweinglas, Weißweinglas, Roséglas, Wasserglas, Longdrinkglas, Cocktailglas, Biertulpe

Die Kleidung bleibt damit immer sauber. Tupfen Sie die Lippen vor jedem Schluck ab, damit Sie keine Fettränder auf dem Glas hinterlassen.
Ablage: Wenn Sie den Tisch während des Essens verlassen müssen, legen Sie die Serviette zusammengefaltet links neben das Gedeck, wo sie auch zum Schluss liegen sollte. Die benutzte Seite sollte nach innen zeigen.
Endzeichen: Die Serviette sollten Sie so lange auf dem Schoß behalten, bis der Gastgeber seine links neben das Gedeck legt. Es ist das Zeichen, dass das Essen beendet ist. Dann können Sie Ihre Serviette ebenfalls beiseite legen.
Tabu: Die Serviette in Hemd, Pulli oder Bluse stecken oder gar umbinden. Auch Krawattennadeln oder Kettchen sind nicht als „Serviettenhalter“ gedacht. Ausnahme: Wenn es sehr „spritzige“ Gerichte wie Spaghetti mit Soße oder Krebse gibt, dann können Sie die Serviette als Kleidungsschutz benutzen – sofern Sie nicht ohnedies ein passendes Lätzchen dazu bekommen.
Papierservietten: werden heute wie Stoffservietten behandelt. Nach dem Essen kommen sie locker zusammengelegt links neben den Teller. Papierservietten zerknüllt in die Essens- oder Soßenreste auf dem Teller zu legen ist tabu!
Tauchstation: Fällt die Serviette während des Essens auf den Boden, angeln Sie nicht unter dem Tisch danach. In feinen Restaurants wird Ihnen aufmerksames Servicepersonal sofort eine neue Serviette reichen. Ansonsten bitten Sie freundlich darum.
Eingesteckt: In manchen Hotels und Pensionen mit vielen Dauergästen gibt es auch Serviettentaschen. In diesem Fall legen Sie nach dem Essen die Serviette wieder gefaltet in die Tasche.

Genuss häppchenweise: der Brötchenteller

Brötchen, die zum Lunch oder Dinner serviert werden, schneidet man nicht wie eine Frühstückssemmel auf, um sie dann zu bestreichen, sondern man bricht sie auf traditionelle Weise. Die „Bröckchen-Flöckchen-Regel“ besagt: Nehmen Sie ein Brötchen, brechen Sie ein kleines Stück ab und setzen Sie ein Butterflöckchen darauf.

Stilvoll speisen

„Guten Appetit" wünscht höchstens der Koch. Es ist nicht mehr üblich, bei Tisch „Mahlzeit" zu sagen. Einzige Ausnahme: In der Kantine sollten Sie den Tischkollegen einen guten Appetit wünschen. Hier werden Sie sonst schnell als arrogant eingestuft, wenn Sie das nicht tun. Beginnen Sie generell mit dem Essen erst, wenn alle Anwesenden am Tisch sitzen und ihr Gericht bekommen haben. Üblicherweise gibt der Gastgeber das „Startsignal", indem er zum Besteck greift.

Teller sollten generell nicht berührt werden. Lassen Sie Ihren daher so stehen, wie Sie ihn serviert bekommen und drehen Sie ihn nicht, selbst wenn es Ihnen beim Essen so angenehmer wäre. Auch wenn Sie fertig sind, bleibt der Teller, wo er ist – stellen Sie ihn nicht auf die Seite oder auf den Nachbartisch.

Schneiden Sie kleine Stücke ab und schieben Sie sie in Ruhe in den Mund. Erstens sieht es appetitlicher aus und zweitens sinkt so die Gefahr, dass Sie „unterwegs" ein Stück verlieren. Vor allem der erste Happen sollte klein sein – so verhindern Sie, sollte das Gericht sehr heiß oder scharf sein, dass Sie sich Ihren Mund verbrennen. Ganz davon abgesehen: Kleine Bissen, gut gekaut, sind viel gesünder. Frühere Schneidverbote für Gemüse, Kartoffeln, Eier und Salat gelten heute nicht mehr. Messerklingen waren früher nicht anlaufgeschützt und in Verbindung mit bestimmten Speisesäuren liefen chemische Prozesse ab, die die Klingen blauschwarz anlaufen ließen und zu Geschmacksbeeinträchtigungen führen konnten. Bei heutigen Materialien kommt das nicht mehr vor – daher dürfen Sie diese Gerichte auch schneiden. Ausnahme: Salat, der gefaltet werden kann, sollten Sie zu kleinen „Päckchen" zusammenlegen und so auf die Gabel spießen.

Nachwürzen sollten Sie immer erst, wenn Sie das Essen probiert haben.

Fingerschalen gibt es meist aus Porzellan, Glas oder Silber. Sie enthalten lauwarmes Wasser mit einer Zitronenscheibe oder Minzeblättchen und werden zu Gerichten serviert, die man mit den Fingern isst, beispielsweise Austern oder Artischocken. Man benutzt sie folgendermaßen: Reinigen Sie Ihre Finger, aber nicht die ganzen Hände, in dem Wasser und trocknen Sie sie mit der meist extra beigefügten Serviette ab.

Tischgeräusche wie Schmatzen, Schlürfen, Gurgeln, Prusten, laut mit dem Besteck hantieren, Gläser an andere Geschirrteile stoßen etc. sind störend und sollten unbedingt unterlassen werden. Auch Aufstoßen, Schluckauf, Niesen und Husten sollten Sie, so gut es nur geht, vermeiden. Auch die alten Sprüche „Mit vollem Munde spricht man nicht!" und „Gekaut wird nur mit geschlossenem Mund!" haben noch immer Gültigkeit. Ausnahme: Austern darf man schlürfen.

Tischanblicke: Vermeiden Sie beim Essen alle Gesten, die kindisch, lächerlich oder obszön wirken. Schlecken ist – zumindest in der Öffentlichkeit – tabu. Lecken Sie Besteck nicht ab, weder einen Kaffeelöffel noch das Messer. Hier gilt: „Die Zunge bleibt im Mund." Legen Sie die Besteckteile mit den Speiseresten auf dem Teller ab. Ebenfalls zu vermeiden: das Messer an einem auf der Gabel aufgespießten Häppchen „abstreifen".

Tischgespräche: Bei Tisch sollte man nur angenehme Dinge erzählen. Sprechen Sie leise, aber deutlich. Weisen Sie niemanden zurecht, der sich mit den üblichen Tischsitten nicht so auskennt. Es ist unhöflich, andere bloßzustellen. Bieten Sie stattdessen Ihre Hilfe an, wenn Sie merken, dass jemand Schwierigkeiten hat.

Mehr oder weniger: Nachschlag sollte man nicht fordern. Warten Sie, bis man Sie fragt, oder legen Sie das Besteck wie beim Pausieren der Mahlzeit über Kreuz. Anstandshappen müssen Sie nicht mehr auf dem Teller übrig lassen. Wenn Ihnen das Gericht geschmeckt hat, können Sie auch alles aufessen.

Der Weg zurück: Haben Sie eine Olive mit Kern gegessen oder aus Versehen eine Gräte erwischt, befördern Sie die ungenießbaren Teile zu den Lippen und legen Sie sie mit der Gabel auf den Tellerrand.

Trinkstil

Der erste Schluck: Der Gastgeber fordert immer zum ersten Schluck auf, indem er sein Glas erhebt und den Gästen zuprostet. Trinken Sie erst dann, wenn Ihnen Ihr rechter Tischnachbar ebenfalls zugeprostet hat. Getrunken wird nur mit leerem Mund. Vorher also gut hinunterschlucken und die Lippen abtupfen. Setzen Sie das Glas langsam an und trinken Sie es nicht in einem Zug leer.

Anstoßen ist anstößig: Korrekterweise stößt man heute nur noch bei besonderen Anlässen mit Wein, Sekt oder Champagner an. Vielerorts ist es allerdings noch üblich, jede gesellige Runde damit zu beginnen. In diesem Fall gilt die Gewohnheitsregel und Sie sollten sich hier nicht unnötig ausschließen. Wer keinen Alkohol trinkt, darf auch mit Wasser oder Saft anstoßen. Schauen Sie Ihrem Gegenüber beim Anstoßen immer in die Augen. Die Gläser berühren sich dabei an der Oberkante. Nachdem Sie den ersten Schluck genommen haben, blicken Sie Ihr Gegenüber erneut an, heben das Glas dabei nochmals kurz an und setzen es dann sorgsam ab. Als Trinkspruch passt „Zum Wohl“, „Auf Ihr/dein/unser Wohl“ oder „Prosit“.

Glaswahl: Hier können Sie als Gast in der Regel nichts falsch machen, da Ihnen eingeschenkt wird. Als Gastgeber müssen Sie vorher überlegen, welche Getränke Sie in welcher Reihenfolge servieren möchten.

Aperitifs: Sie werden vor dem Essen gereicht, um den Appetit anzuregen. Zum Essen trinkt man sie nicht mehr.

Weinwechsel: Wenn die Weinsorte gewechselt wird, sollten Sie den vorher servierten Wein nicht mehr trinken. Lassen Sie das Glas einfach stehen. Möchten Sie bei einer Sorte bleiben, können Sie darum bitten.

Kaffee: Auch wenn viele es lieben, eine warme Kaffeetasse mit den Händen zu umfassen – in der Öffentlichkeit nimmt man eine Tasse am dafür vorgesehenen Henkel. Ausnahme sind Kaffeebecher ohne Henkel. Der Löffel wird nur zum Umrühren in die Tasse gestellt, sonst liegt er auf der Untertasse. **Tabu:** den Löffel ablecken! Im Gegensatz zum Essteller dürfen Sie die Kaffeetasse zum Einschenken etwas anheben.

Tee: Kommt er mit Beutel frisch aufgebrüht, bringt er uns oft in Verlegenheit: Wohin nur mit dem Beutel? Auf der Untertasse stört er, wenn man dort den Löffel ablegen möchte. Außerdem läuft meist noch etwas Tee aus dem Beutel und somit auf dem Teller zusammen – und die Tropfgefahr beim Anheben der Tasse steigt. Im Aschenbecher sieht er äußerst unappetitlich aus. Die Tasse vom Unterteller nehmen? – auch nicht gerade stilvoll. Die beste Lösung ist daher, gleich um einen Extrateller oder ein spezielles Schälchen zu bitten. Ansonsten müssen Sie auf eine der anderen Möglichkeit zurückgreifen.

Kulinarische Gespräche: Kommunikation bei Tisch

Jedes Essen in Gesellschaft erfüllt auch eine soziale Funktion. Daher sollte man auf eine gute Kommunikation bei Tisch Wert legen.

Tischnachbarn: Üblicherweise kümmert sich der Herr um das Wohlergehen seiner Tischdame. Er sollte sie unterhalten und darauf achten, dass sie alles bekommt, was für ihr Wohlbefinden nötig ist. Sprechen Sie gedämpft und führen Sie keine Gespräche quer über den Tisch.

Tischthemen: Es eignen sich alle Gesprächsthemen wie für den Small Talk. Auch kann ein Mahl eine gute Gelegenheit sein, etwas über die Gerichte, die dafür nötigen Lebensmittel und ihre Herkunft zu erfahren.

Tabu: mit den Tischnachbarn tuscheln, anderen etwas geheimnisvoll zuflüstern oder über anwesende Gäste lästern.

Das Büfett – sich gekonnt bedienen

Geradezu legendär ist der Song „Die heiße Schlacht am kalten Büfett“ von Reinhard Mey. Doch wie geht es richtig?

Grundsätzlich: Das Büfett wird vom Gastgeber eröffnet. Vorher darf sich niemand bedienen, auch Naschen ist nicht erlaubt!

Geduldig abwarten, bis der erste Ansturm vorbei ist, ist vielleicht die beste Devise. So können Sie in Ruhe auswählen, was Sie essen möchten, und umgehen Kleckerrisiken im Gedränge.

Servicepersonal hinter dem Büfett bedeutet meist, dass Sie hier bedient werden.

Gangweise: Verwenden Sie für jeden Gang stets einen frischen Teller. Vermischen Sie die einzelnen Gänge nicht, sondern beginnen Sie mit der Vorspeise und nehmen Sie dann jeden Gang extra.

Menge: Nehmen Sie nur, was Sie sicher essen möchten. Den Teller vollzuladen wirkt gierig und die Gefahr steigt, dass Sie andere bekleckern.

Brot hält man zum Abschneiden mit dem bereitgelegten Tuch fest. Für Brötchen gibt es eine Zange.

Tabu: Drängeln oder sich vormogeln, auf dem Teller einen Berg an Speisen aufladen sowie die verschiedenen Gänge durcheinandernehmen oder vermischen.

Missgeschicke

Oh Schreck, ein Fleck: Es ist passiert: Sie haben Ihre weiße Bluse bekleckert, auf die Tischdecke gespritzt, einen Becher umgeworfen oder einen Fettfleck auf dem Glas hinterlassen. Wenn Sie damit anderen nicht schaden, übersehen Sie das Missgeschick diskret. Der Fleck auf der Bluse – peinlich, aber nicht weiter tragisch. Bei Flecken auf der Tischdecke bitten Sie am besten das Servicepersonal, ein „Kleckerdeckchen" darüberzulegen.

Die Flucht ergreifen: In den Waschraum „fliehen" sollten Sie nach Möglichkeit, wenn Ihnen eines dieser Malheurs passiert: sich beim Essen oder aus Versehen an einer Gräte zu verschlucken, sich den Mund zu verbrennen oder andere Verletzungen, tränende Augen aufgrund eines zu scharfen Essens, ein Husten-, Nies- oder Lachanfall. Schaffen Sie es nicht rechtzeitig, nehmen Sie ein Taschentuch zur Hilfe und versuchen Sie, so gut es nur geht, mögliche sichtbare Folgen einzudämmen.

Wenn es andere erwischt, Sie also Ihren Tischnachbarn zum Beispiel mit Soße bekleckern oder ein Glas zu Bruch geht, dann entschuldigen Sie sich zuallererst. Bitten Sie eine Servicekraft, den Schaden, so weit das im Augenblick möglich ist, zu beheben. Bieten Sie an, die Kosten zu übernehmen – etwa für die Reinigung. Reichen Sie dazu Ihre Visitenkarte, so hat der Betroffene Ihre persönlichen Adressdaten.

Tabu: selbst an der Kleidung anderer Menschen Hand anzulegen.

Sonstige Pannenhilfe

Tieftauchen: Wenn Ihnen die Serviette oder ein Besteckteil auf den Boden fällt, bitten Sie eine Servicekraft, Ihnen ein neues zu bringen. Nicht auf den Boden kriechen und es aufheben!

Verwechselt: Verwenden Sie aus Versehen ein falsches Besteckteil, wenden Sie sich ebenfalls an den Service oder den Gastgeber.
Menjü drei bitte: Was tun bei sprachlichen Ausrutschern? Niemals andere in der Öffentlichkeit korrigieren! Gute Freunde können sich hinterher darauf aufmerksam machen. Haben Sie sich selbst als „Aussprache-Dummi" geoutet, wird Ihnen ein geschulter Kellner diskret und freundlich die richtige Wortwahl erklären, ohne dass Sie sich belehrt, sondern vielmehr um Wissen bereichert fühlen. Übergehen Sie ansonsten das Missgeschick diskret.

Spezielles

Amuse-Geule oder Amuse-Bouche

Der „kleine Gruß aus der Küche" ist ein Appetithäppchen, das in feineren Restaurants unabhängig von Ihrer Bestellung vor dem eigentlichen Gericht gereicht wird. Wird es ohne Besteck serviert, können Sie es mit den Fingern essen, ansonsten ist das Besteck dafür dabei. Wer hier einen Kommentar wie „Was ist das denn?" oder „Das habe ich doch gar nicht bestellt" von sich gibt, outet sich als Nichtwisser.

Vegetarische Ernährung oder Diäten

Vegetarier sollten ihrem Gastgeber rechtzeitig ankündigen, dass sie kein Fleisch oder keinen Fisch essen. Teilen Sie genau mit, was Sie essen möchten und was nicht, um zu verhindern, dass zum Beispiel den Bratkartoffeln Speckwürfel beigegeben sind oder eine Suppe mit Fleischbrühe gekocht ist. Je detaillierter Ihre Angaben sind, desto besser. Viele „Normalesser" wissen nicht Bescheid, welche verschiedenen Formen es gibt, sich vegetarisch zu ernähren, und worauf man speziell achten muss. Als Gastgeber sollten Sie den Wunsch Ihres Gastes achten und entsprechende Alternativen vorbereiten.

Wenn Sie eine Diät halten, geben Sie dem Gastgeber ebenfalls rechtzeitig Bescheid und informieren Sie ihn, was Sie essen können oder ob Sie gegebenenfalls selbst Speisen mitbringen, die noch erwärmt werden müssen.

Tabu: Menschen mit anderen Ernährungsgewohnheiten auslachen, „bekehren“ wollen oder die Einstellung abwerten. Niemand soll sich für seine Ernährung rechtfertigen müssen.
Tipp: Besprechen Sie mit der Küche vorab genau, welches Gericht Sie möchten. Ansonsten lassen Sie sich aus den Beilagen eine kleine Zusammenstellung servieren.

Linkshänder

Auch für Linkshänder wird normal eingedeckt. Sie nehmen dann einfach das Besteck so, wie es für sie passt. Halten Sie möglichst wie alle anderen die Gabel links und das Messer rechts, damit Sie sich mit Ihrem Tischnachbarn nicht ins Gehege kommen. Bitten Sie den Gastgeber eventuell vorher darum, Ihnen einen Platz zu geben, auf dem Sie andere nicht stören, wenn Sie das Besteck andersherum benutzen möchten.

Wichtige Begriffe:

Bankett: Festmahl mit bestimmtem Ablauf
Brunch: Kombination aus Frühstück und Mittagessen, meist als Büfett
Diner/Dinner: festliches Abendessen
Lunch: leichtes, schnelles Mittagessen
Running dinner: die einzelnen Gänge werden an verschiedenen Plätzen serviert
Souper: Veranstaltung mit Essen und Tanz

Rauchen

Fragen Sie die Anwesenden grundsätzlich immer erst, ob es gestattet ist, zu rauchen. Und: Nehmen Sie die Antworten auch ernst. Manche Raucher fragen nur der Höflichkeit halber, nehmen aber dennoch keine Rücksicht, wenn andere der Rauch stört. Rauchen Sie erst, wenn alle mit dem Essen fertig sind.

Gastgeber, die nicht möchten, dass in ihren Räumen geraucht wird, sollten ihren Gästen möglichst früh einen Hinweis geben, wo das Rauchen gestattet ist. Wenn Sie hier geschickte Worte wählen, wird sich kein Rau-

cher „abgeschoben“ fühlen. Beispiel: „Und wenn Ihr rauchen wollt, gibt es auf dem Balkon eine gemütliche Ecke dafür“. Damit haben Sie gleich zu verstehen gegeben, dass in der Wohnung nicht geraucht werden sollte – und einen Ort genannt, wo es möglich ist.
Tabu: Zwischen dem ersten Gang und dem Hauptgang rauchen. Am besten erst dann zum Tabak greifen, wenn das Mahl ganz beendet ist. Wenn es nicht anders geht, sollten Sie besser kurz den Platz verlassen und in großen Räumen einen anderen Bereich aufsuchen oder ganz nach draußen gehen.

Vermeiden Sie zermürbende *Diskussionen* über das Rauchen. Als Raucher sollten Sie akzeptieren, dass es nun mal Nichtraucher gibt, die unter dem Qualm manchmal richtig leiden können – umgekehrt sollten Nichtraucher nicht versuchen, Raucher zu bekehren. Toleranz ist auf beiden Seiten angesagt. Rauchen Sie lieber gemeinsam die Friedenspfeife!

Alkohol

Achten Sie darauf, dass Sie nicht mehr trinken, als Sie wirklich gut vertragen. Ansonsten kann es zu peinlichen Situationen kommen. Alkoholiker können heute ganz offen sagen, dass sie keinen Alkohol trinken. Inzwischen gibt es viele Menschen, die generell keinen Alkohol trinken möchten – Sie müssen es also keineswegs begründen oder sich als Außenseiter fühlen, wenn Sie an einer geselligen Runde mit einem nichtalkoholischen Getränk teilhaben.

Religiöse Besonderheiten

Oberstes Gebot ist religiöse Gewohnheiten und Ernährungswünsche anderer Menschen zu tolerieren und zu respektieren.
Ankündigen: Sind Sie selbst eingeladen und möchten sich dennoch an bestimmte Essensvorschriften halten, geben Sie dem Gastgeber vorher Bescheid, was Sie essen können/wollen und was nicht. Wird Ihnen dennoch etwas gereicht, was Sie nicht möchten, suchen Sie den Blickkontakt und lehnen Sie diskret ab. Die Hand über Teller oder Glas zu halten, ist nur im Notfall eine Lösung. Gastgeber sollten die Wünsche ihrer Gäste in

jedem Fall respektieren. Das heißt nicht, dass Sie die gesamte Planung auf eine Person ausrichten müssen, aber suchen Sie nach einem guten Kompromiss und sprechen Sie die Speisen am besten mit Ihrem Gast ab.

Tipp: Sich auf die Religion zu berufen, ist generell eine gute Möglichkeit, ein Gericht abzulehnen, dass Sie nicht essen möchten. Vor allem im Ausland oder zu Gast bei Menschen mit anderer Esskultur kann das unangenehme Situationen verhindern. Der religiösen Einstellung wird weltweit ein hohes Maß an Toleranz entgegengebracht.

Tabu: diese Tatsache ausnutzen und sich hinterher darüber lustig machen.

WIE ISST MAN WAS? SPEISEN VON A – Z

Ananas wird in Scheiben geschnitten serviert und mit dem Obstbesteck gegessen.

Äpfel schneidet man mit oder ohne Schale in mundgerechte Stücke, dann entfernt man das Kerngehäuse. Sie können sie mit dem Besteck oder mit den Fingern essen.

Apfelsinen: mit dem Obstmesser mehrmals die Schale von oben nach unten einritzen und die Schalenstücke entfernen. Dann die weiße Haut abziehen, die Frucht in ihre Spalten teilen und diese mit den Fingern zum Mund führen.

Artischocken isst man mit den Fingern. Daher sollte immer auch ein Fingerschälchen zum Reinigen dabei stehen. Man zupft von unten beginnend Blatt für Blatt heraus, tunkt es jeweils in die Dips oberhalb des Gedecks und zieht das fleischige Innere heraus. Der Rest des Blattes ist nicht genießbar, man legt ihn auf den Tellerrand oder in dafür bereitgestellte Abfallschalen. Sind alle Blätter herausgezogen, bleibt der Boden mit dem „Heu“ oder „Stroh“ übrig. Das entfernt man mit einem kleinen Löffel und gibt es zu den Abfällen. Den Boden isst man mit Messer und Gabel. Man zerteilt ihn und taucht die Stücke ebenfalls in die Dips.

Austern werden in der Regel mit geöffneter Schale serviert. Die klassischen Zeiten dafür sind die Monate von September bis April – alle Monate mit einem „r". Nehmen Sie die Austern vorsichtig von der Platte, damit das Meerwasser nicht herausfließt. Geben Sie die Auster in eine mehrfach gefaltete Serviette in die linke Hand und nehmen Sie mit der rechten die Austerngabel. Prüfen Sie damit, ob das Austernfleisch bereits lose ist oder noch festhängt. In diesem Fall müssen Sie es mit der Austerngabel vorsichtig lösen. Sic können jetzt noch Zitronensaft darüberträufeln oder mit frischem Pfeffer würzen, dann schlürfen Sie das Austernfleisch zusammen mit dem Meerwasser aus der Schale.

Geschlossene Austern nimmt man ebenfalls mit einer mehrfach gefalteten Serviette in die Hand, die tiefe Seite liegt unten, die spitze zeigt nach rechts. Seien Sie vorsichtig, damit Sie sich nicht an der rauen Schale verletzen. Dann stechen Sie mit dem Austernmesser an der rückwärtigen Nahtstelle ein und drehen es so lange, bis sich die Schale öffnen lässt. Achten Sie auch hier darauf, die Austern immer waagrecht zu halten, damit das Meerwasser nicht auslaufen kann. Durchtrennen Sie mit dem Messer den Schließmuskel, dann können Sie die obere Schalenhälfte abnehmen. Das Austernfleisch sitzt fest an der Schale, daher muss es nun mit der Gabel gelöst werden. Nachdem Sie noch Bart und Darm entfernt haben, können Sie die Auster genießen.

Frischetest: Träufeln Sie etwas Zitronensaft auf den dunklen Rand. Ist die Auster frisch, zieht er sich etwas zusammen.

Avocado gibt es meist als Vorspeise. Wird sie aufgeschnitten und gefüllt serviert, hält man sie mit der linken Hand fest und schabt das Fruchtfleisch einschließlich der Füllung mit einem kleinen Löffel heraus. Übrig bleibt die dünne, dunkelgrüne oder braune Schale.

Bananen können Sie wie bisher ganz schälen und mit Messer und Gabel essen. Die Schale kommt üblicherweise in einen bereitgestellten Tischabfallbehälter. Die neue Variante: Knicken Sie den Stiel um, schälen Sie die Frucht bis zur Hälfte und essen Sie den ersten Teil, indem Sie Stück für Stück davon abbeißen. Dann schälen Sie den Rest, so dass Sie die Banane noch am Ansatz halten können, und essen sie fertig.

Beeren, die mit Stiel serviert werden, nimmt man daran mit Daumen und Zeigefinger und taucht sie leicht in den Zucker ein, den man zuvor auf den

Teller gegeben hat. Dann können Sie abbeißen und den Stiel auf den Tellerrand legen. Sind die Beeren bereits geputzt, isst man sie mit dem Dessertlöffel.

Birnen isst man am besten mit Obstmesser und -gabel, vor allem, wenn sie sehr saftig sind. Zerteilen Sie die Frucht in Viertel, entfernen Sie das Kerngehäuse und schneiden Sie sie in mundgerechte Stücke. Festere Früchte können Sie auch mit den Fingern essen.

Brot: In Deutschland ist es nicht gern gesehen, wenn Brot als Hilfsmittel genommen wird, um Speisen auf die Gabel bzw. den Löffel zu schieben, wenn von einem größeren Stück abgebissen oder Soße damit aufgetunkt wird. Sie sollten vor allem bei offiziellen Veranstaltungen besser darauf verzichten. Ausnahme: Bei Schneckengerichten ist es erlaubt, die Kräuterbutter mit einem Stückchen Brot aus dem Schneckenteller aufzunehmen.

Canapés sind kleine, belegte Weißbrotscheiben, die in der Regel bei Anlässen serviert werden, bei denen man steht. Nehmen Sie das Canapé in eine Serviette.

Eier köpft man heute am besten. Der Anblick ist angenehmer und die Handhabung leichter als das Abpulen.

Eis: Erwachsene sollten lieber einen Becher als eine Waffel wählen. Wer mit der Zunge um das Eis fährt, bietet den Umstehenden nicht immer einen schönen Anblick.

Feigen halbiert man und löffelt sie aus.

Fisch wird korrekt mit speziellem Fischbesteck gegessen. Es besteht aus einem breiten Messer mit wenig scharfer Schneide und einer ebenfalls etwas breiteren Gabel. Bei ganzen Fischen wie beispielsweise Forellen entfernt man zuerst die Rücken- und Bauchflossen. Danach wird die Haut von den Kiemen den Rücken entlang aufgeschnitten, abgehoben und auf den Grätenteller gelegt. Nun können Sie die Filets von den Gräten trennen. Dazu mit dem Messer vorsichtig zwischen Fisch und Gräte entlang fahren. Anschließend hebt man die Gräte mit der Gabel und dem Messer vom Schwanz her ab. Nun liegen die unteren Filets frei und man kann sie von der Haut ablösen. Wer mag, kann die Haut eines Fisches mitessen.

Haben Sie aus Versehen eine Fischgräte mit erwischt, legen Sie sie unauffällig mit der Gabel am Tellerrand ab.

Fleisch ist einfach zu schneiden. Achten Sie darauf, dass Sie die Stücke nicht heftig „absägen“ oder beim Schneiden stark auf dem Teller kratzen, so dass es quietscht. Tabu: das Messer an einem abgeschnittenen Stück „abputzen“.

Fondue – egal ob Fleisch-, Geflügel-, Fisch- oder Käsefondue – wird in kleinen, mundgerechten Stückchen serviert. Jeder Gast spießt sie selbst auf seine Fonduegabel und taucht sie zum Garen in den Fonduetopf. Die Fonduegabel ist nur zum Garen gedacht, gegessen wird dann mit dem normalen Besteck. Streifen Sie das fertige Teilchen mit der Essgabel auf den Teller, tunken Sie es in eine der Saucen und genießen Sie. Die Saucen gibt man vorher auf den Fondueteller.

Geflügel, ob gebraten oder gegrillt, isst man mit Messer und Gabel, da es einfach appetitlicher ist als das Abnagen. Auch für Hähnchenschenkel sollten Sie das Besteck verwenden. Wenn eine Fingerschale bereitsteht oder weiße Banderolen um die Beine des Tieres gelegt sind, dürfen Sie auch mit den Fingern essen.

Hummer isst man klassisch mithilfe der Finger. Daher sollte immer eine Fingerschale bereitstehen. Die Gelenke und Scheren knackt man mit der Hummerzange, das Fleisch holt man dann mit der Hummergabel heraus. Die Beinchen dürfen und sollten dann sogar ausgesaugt werden – auch wenn das mit Geräuschen verbunden ist. Im Rahmen eines Menüs wird das Hummerfleisch teilweise auch schon ausgelöst serviert.

Kartoffeln durfte man früher nicht mit dem Messer schneiden, da auf dem Silber Verfärbungen zurückbleiben konnten. Heute können Sie Kartoffeln jederzeit schneiden, allerdings lässt sich die Soße besser aufnehmen, wenn man sie mit der Gabel zerteilt. Pellkartoffeln schneidet man ein und zieht dann die Schale ab. Hier sind die Finger erlaubt. Folienkartoffeln isst man aus der Folie. Tabu: Kartoffeln mit der Gabel zerdrücken oder gar zu einem Kartoffelbrei zu verrühren.

Käse gibt es meist zwischen Hauptgericht und Dessert oder zum Abschluss eines Menüs. Meist steht eine Platte mit verschiedenen Käsesorten bereit, von denen Sie ein paar Stückchen mit dem Käsemesser abschneiden. Spießen Sie die Stücke auf die Zacken des Käsemessers und legen Sie sie auf Ihren Teller. Beginnen Sie mit den milderen Sorten und essen Sie danach die herzhafteren. Dazu gibt es verschiedene Brotsorten, außerdem meist Weintrauben, Gewürzgurken oder Nüsse, die man mit den Fingern essen kann.

Kaviar sollte mit einem Perlmuttlöffelchen gegessen werden, da er nicht mit Metall in Berührung kommen darf – der Geschmack kann sich sonst verändern. Holz oder Kunststoff sind ebenfalls möglich. Stilecht wird Kaviar in einem Glasschälchen auf Eis serviert. In der Regel bekommt man Toast dazu gereicht, den man mit Butter bestreichen kann. Nach Geschmack beträufeln Sie nun den Kaviar mit Zitrone, essen ihn mit dem Löffel oder legen ihn mit dem Löffel auf eine Toastecke, die Sie dann abbeißen.

Kirschen dürfen Sie mit den Fingern essen. Die Kerne kommen diskret in die vor den Mund gehaltene Hand, dann auf den Teller.

Kiwis schneidet man einmal horizontal durch und löffelt sie dann mit einem Kaffeelöffel aus.

Knoblauch ist zwar leicht zu essen, aber die Folge – Mundgeruch – sollte beim Essen bedacht werden. Essen Sie vor wichtigen Terminen am besten zwei Tage vorher keine Gerichte mit Knoblauch.

Knödel zerteilt man wie Kartoffeln mit der Gabel.

Krabben gibt es meist fertig gepult. Sehr große Tiere isst man wie Hummer. Zusätzlich kann man die Köpfe der Krabben aussaugen.

Kuchen isst man immer mit der Gabel, auch trockene Rührkuchen. Kekse können Sie dagegen mit den Fingern nehmen.

Langusten haben im Vergleich zum Hummer keine Scheren und ihre Beine enthalten kein Fleisch. Gegessen werden sie wie Hummer.

Maiskolben werden mit kleinen Maispickern serviert, die man an die Enden steckt. So können Sie den Kolben abnagen.

Mandarinen schält man mit der Hand und teilt dann Spalte für Spalte zum Essen ab.

Melonen werden oft in Schnitzen serviert; hier schneiden Sie mit dem Obstmesser die Schale ab und teilen dann das Fruchtfleisch in mundgerechte Stücke. Melonenhälften können Sie einfach auslöffeln.

Muscheln werden in der Regel in einer Terrine serviert. Nehmen Sie zunächst eine ganze, aber offene Muschel und verwenden Sie sie als Zange, um damit das Fleisch aus den anderen herauszuholen und damit zum Mund zu führen. Ansonsten können Sie das Muschelfleisch auch mit der Gabel herausholen. Den Sud können Sie dann auslöffeln.

Nüsse werden – je nach Sorte – mit der Hand oder einer Nusszange von der Schale befreit und dann mit den Fingern gegessen.

Obst teilt man mit dem Obstmesser und der Obstgabel. Je nach Sorte können Sie die Teile dann mit der Gabel oder mit den Fingern essen. In diesem Fall sollte eine Fingerschale bereitstehen.

Oliven können Sie mit der Gabel zum Mund führen. Den Kern legen Sie auf dem Tellerrand oder einem separaten Tellerchen ab. Achten Sie am besten schon vor dem Essen auf die Entsorgungsmöglichkeit. Steht nichts bereit, bitten Sie die Servicemitarbeiter um einen kleinen Teller. Wenn es gar nicht anders geht, verwenden Sie eine Papierserviette. Vermeiden sollten Sie es, die Kerne in einen Aschenbecher zu legen.

Pastete sollten Sie niemals mit dem Messer schneiden. Sie wird mit der Gabel, manchmal auch mit einem Löffel gegessen. Pasteten werden in der Regel in Scheiben oder Stücke geschnitten kalt serviert. Variationen mit einem Teigmantel umhüllt dürfen Sie auch aus der Hand essen.

Pizza teilen Sie einmal in der Mitte durch. Anschließend halbieren Sie eine der beiden Hälften und essen diese beiden Viertel zuerst. Nun verfahren Sie mit der zweiten Hälfte ebenso. Diese Vorgehensweise ist kein Muss, wirkt aber wesentlich stilvoller als die Pizza an einer Stelle anzuschneiden und dann im „Freestyle“ weiterzumachen.

Steinobst – zum Beispiel Aprikosen, Datteln, Pfirsiche, Nektarinen oder Pflaumen – schneidet man einmal um den Stein herum ein und dreht die Hälften dann gegeneinander, bis sie sich vom Stein lösen. Anschließend können Sie die Früchte mit den Fingern oder dem Besteck essen.

Salat sollte nur mit der Gabel gegessen werden. Notfalls darf ein Stück Brot zu Hilfe genommen werden. Nur wenn es gar nicht anders geht, weil sehr große Blätter serviert wurden, sollten Sie ihn mit dem Messer zerteilen. Normalerweise steht der Salatteller links vom Gedeck.

Schnecken serviert man in Spezialpfannen mit dem speziellen Schneckenbesteck. Mit der Schneckenzange nimmt man das Gehäuse aus der Pfanne und zieht mit der Schneckengabel das Fleisch aus dem Haus. Sie können es direkt mit der Gabel essen oder auf den Löffel legen, um die flüssige Butter aus dem Gehäuse darüberzugießen. Es wird Weißbrot oder Toast dazu gereicht.

Shrimps und Garnelen werden mit den Händen ausgelöst. Man hält Schwanz und Kopf fest und dreht an beiden Enden nach außen, bis die Schale bricht. Anschließend ruckartig ziehen. Das Fleisch ganz von der Schale befreien und den Darm entfernen. Manchmal wird es dann mit Messer und Gabel gegessen oder aber mit den Fingern.

Spaghetti isst man traditionell nur mit der Gabel. Italiener verdrehen die Augen, wenn sie sehen, dass jemand Spaghetti auf den Löffel aufwickelt oder gar schneidet. Nehmen Sie ein paar Spaghetti mit der Gabel auf und wickeln Sie sie dann am Tellerrand auf. So lassen sie sich gut zum Mund führen. Nur wenn Sie keinerlei Übung darin haben, können Sie die Nudeln auch mithilfe eines Löffels aufwickeln.

Völlig **Tabu:** sie mit dem Messer zu schneiden oder „einzusaugen".

Spargel kann mit den Fingern oder dem Besteck gegessen werden. Ästhetischer ist es mit Besteck. Das Gemüse wird mit der Spitze nach links serviert und von der Spitze her gegessen. Früher galt es als unschicklich, ihn mit dem Messer zu schneiden, da die Messer oxidierten. Das ist heute nicht mehr der Fall und Sie sollten das Besteck nützen. Möchten Sie den Spargel dennoch mit den Fingern essen, sollten Sie folgendermaßen vorgehen: Nehmen Sie den Spargel mit zwei Fingern am hinteren Ende und beißen Sie von der Spitze ab. Ist der Spargel sehr lang, können Sie die Gabel zum Abstützen zu Hilfe nehmen. Es sollte eine Fingerschale bereitstehen.

Soufflés: Herzhafte Soufflés isst man mit der Gabel, süße mit Dessertgabel und -löffel.

Suppe: Ein Suppenteller darf zum Auslöffeln der Suppe nicht gekippt werden. **Ausnahme:** unpraktische Teller, bei denen der Rest schwer auszulöffeln ist. Dann sollten Sie den Teller allerdings leicht nach vorn anheben und nicht zum Körper hin kippen. Bekommt man Suppe in einer Tasse mit Henkel serviert, ist es erlaubt, den Rest auszutrinken. Achtung: Sind feste Bestandteile in der Suppe, sie vorher herauslöffeln!
Tabu: Pusten und heftiges Umrühren, damit die Suppe schneller auskühlt. Auch Brot in die Suppe zu tunken ist nicht erlaubt!
Sushi: Die feinen, japanischen Reishäppchen isst man am besten mit Stäbchen. Nehmen Sie etwas Sojasoße in Ihr Schälchen, verrühren Sie es mit der grünen Meerrettichpaste Wasabi und dippen Sie das Sushi in diese Soße. Es sollte möglichst im Ganzen gegessen werden.
Weintrauben zupft man mit den Fingern ab und führt sie zum Mund. Traditionell: die Trauben mit einer Weintraubenschere abschneiden.
Würfelzucker nimmt man mit einer Zuckerzange, einem sauberen Löffel oder – wenn beides nicht vorhanden ist – mit den Fingern. In diesem Fall sollten Sie sehr darauf achten, nur die gewählten Stücke zu berühren, und nichts in die Schale zurücklegen, das Sie bereits angefasst haben.

KLEINE MENÜKUNDE

Das Erstellen eines Menüs ist eine komplexe und individuelle Sache. Es gibt zahlreiche verschiedene Varianten und die Kochkultur verändert sich bei uns derzeit laufend. Dennoch existieren auch ein paar Grundregeln, an denen Sie sich orientieren können.

Die Gänge

Von einem Menü spricht man bei einem Essen, das aus drei oder mehreren Gängen besteht. Üblich sind drei bis sechs Gänge, in gehobenen Restaurants bis zu zehn. Manche Spezialrestaurants bieten darüber hinaus noch weitere Gänge an.

3-Gänge-Menü: Vorspeise oder Suppe, Hauptgang und Dessert
6-Gänge-Menü: kalte Vorspeise, Suppe, warme Vorspeise, Fisch, Hauptgang mit Gemüse und Salat, Dessert (siehe Abb. unten)
8-Gänge-Menü: kalte Vorspeise, Suppe, warme Vorspeise, Sorbet, Hauptgang, Käse, Dessert, Kaffee/Espresso
Klassische Speisenfolge: kalte Vorspeise, Suppe, warme Vorspeise, Fischgang, Hauptgang/großes Fleischgericht, warmes Zwischengericht, kaltes Zwischengericht, geeistes Getränk (Sorbet), Braten, Gemüsegang, warme Süßspeise, kalte Süßspeise (Eis), Käsegang, Dessert, Mokka. Wird zur Süßspeise Sekt serviert, kommt der Käsegang vor der Süßspeise, um die Folge Wein-Sekt-Wein zu vermeiden.
Mittagsmenüs: bestehen meist aus drei bis vier Gängen. In der Regel ist die Auswahl etwas kleiner, da die Gerichte bereits weitgehend vorbereitet sind, damit ein schneller Ablauf gewährleistet ist.
Abendmenüs: sind, je nach Restaurant, reichhaltiger und exquisiter. Sie werden erst nach der Bestellung zubereitet. Als Gast sollten Sie dafür ausreichend Zeit einplanen.

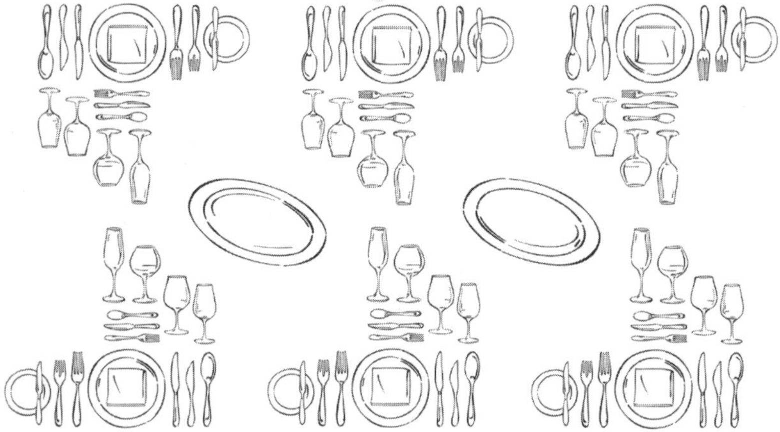

6-Gänge-Menü

Getränke: Die Auswahl der richtigen Getränke rundet ein Menü ab. Sparen Sie hier nicht an der falschen Stelle. Zum Einstieg reichen Sie einen Aperitif, zum Beispiel Campari, Cinzano, Portwein, Pernod, Prosecco oder Sherry. Zu den Gängen gibt es in der Regel Wein und Wasser, außer zu deftigen Gerichten – hier passt Bier manchmal besser. Als Abschluss eignen sich Heißgetränke wie Kaffee in seinen Variationen, vor allem Espresso oder Mokka. Manche bevorzugen einen Kräutertee oder einen Digestif, beispielsweise einen Wein- oder Obstbrand, Cognac oder Magenbitter.

Menüregeln

Achten Sie vor allem auf Ausgewogenheit:

Vielfältig: Kombinieren Sie keine Gerichte mit gleichen oder ähnlichen Zutaten, Farben, Aromen und Zubereitungsarten. Servieren Sie beispielsweise Fisch als Vorspeise, sollte das Hauptgericht keinen Fisch enthalten. Ausnahme: Das Menü steht unter einem Motto und es wird absichtlich auf ein bestimmtes Ingrediens oder eine Farbe abgestimmt.

Ansteigend: sollte die Geschmacksintensität sein. Wählen Sie zuerst die leichten, milden Gerichte, später die kräftigeren und würzigeren.

WICHTIG: Je höher die Anzahl der Gänge, desto kleiner sind die einzelnen Portionen.

Vorbereitung: Da das Menü insgesamt sehr viel Arbeit macht, sollten Sie möglichst viele Gerichte oder Bestandteile am Vortag vorbereiten. Gut geeignet sind dafür zum Beispiel Terrinen, Suppen, Pasteten, Sorbets oder Eis. Achten Sie auch darauf, dass Sie genügend Geschirr, Gläser, Besteck und Vorlegebesteck bereitstellen.

Welcher Wein zu welchem Gericht?

Faustregel für Einsteiger: Weißwein passt besser zu hellen und leichten Gerichten, Rotwein zu dunklen, herzhaften Speisen. Generell sollte man leichte Weine vor schwereren trinken, weiße vor roten und trockene vor lieblichen – da so die Geschmacksnerven die feinen Geschmacksnuancen noch besser wahrnehmen können. Weiterhin gilt: Ähnliche Noten passen zusammen, etwa süßer Wein zu süßlichen, säurebetonter zu säuerlichen, herber zu eher bitteren Speisen. Haben Sie ein Gericht mit Wein zubereitet, sollten Sie auch diesen Wein zum Essen servieren.

Aperitif: leichter Weißwein, Schaumwein

Vorspeisen: Hier passt am besten ein leichter, trockener Weißwein oder ein leichter Rotwein.

Fisch: Wählen Sie einen Weißwein, der dem Geschmack des Fisches angepasst ist. Je herzhafter der Fisch, desto kräftiger darf der Wein sein.

Helles Fleisch und Geflügel: Kräftige Weißweine, Rosé- oder leichte Rotweine sind hier die beste Wahl.

Dunkles Fleisch: Dazu passen am besten kräftige Rot- und Weißweine.

Käse: Je nach Käsesorte eignen sich fast alle Weinsorten – vom leichten Weißwein bis zum vollen Rotwein.

Süßspeisen: Sie harmonieren mit süßem Dessert-, Likör- oder Schaumwein.

Tipp: In einem Restaurant gibt Ihnen auch der Sommelier, ein extra ausgebildeter Weinspezialist des Hauses, zu allen Fragen punkto Wein Auskunft und kann Ihnen auch einen passenden Tropfen empfehlen.

Die Etiketten sind die Visitenkarten der Weine. Das muss in Deutschland darauf stehen: die Bezeichnung des Weins, der Jahrgang, der Alkoholgehalt und der Erzeuger.

Die wichtigsten Rebsorten

Rotwein: Barbera, Blauburger, Blaufränkisch, Cabernet Sauvignon, Dornfelder, Frühburgunder, Lambrusco, Lemberger, Merlot, Montepulciano, Pinotage, Portugieser, Regent, Schwarzriesling, Shiraz, Spätburgunder, Trollinger, Vernatsch, Zinfandel, Zweigelt

Weißwein: Bacchus, Chardonnay, Elbling, Faberrebe, Gewürztraminer, Grauburgunder, Grüner Veltliner, Gutedel, Huxelrebe, Kerner, Morio-Muskat, Müller-Thurgau/Rivaner, Ortega, Riesling, Rivaner, Sauvignon blanc, Scheurebe, Silvaner, Traminer, Vernaccia, Weißburgunder

Temperieren und Dekantieren

Generell ist auch die Temperatur eines Weins Geschmackssache. In der Regel sollten Weine etwa so temperiert sein:

- **süßer Weißwein:** 4–6 °C
- **trockener Weißwein, Roséwein, Champagner:** 6–10 °C
- **leichte Weine:** 10–14 °C
- **volle Rotweine:** 14–18 °C

OUT: Die frühere Regel, Rotweine in Zimmertemperatur zu servieren, gilt nicht mehr. Früher waren die Räume wesentlich kühler als heute. m

Dekantieren: Edle Rotweine, mit einen Bodensatz, einem sogenannte Depot – zum Beispiel Burgunder- oder Bordeaux-Weine –, sollte man auf jeden Fall dekantieren, das heißt, sie vor dem Servieren von diesem Bodensatz trennen. Damit verhindern Sie, dass die Ablagerungen später in die Gläser kommen. Außerdem entfaltet der Wein sein Aroma besser, wenn er mit Sauerstoff in Berührung kommt. Daher ist das Umfüllen auch für den Geschmack normaler Weine – ob Weiß- oder Rotwein – gut, aber nicht zwingend notwendig. Hier spricht man dann vom Karaffieren.

Füllen Sie den Wein etwa zwei Stunden vor dem Servieren sorgsam in die Karaffe um. Beim Dekantieren sollten Sie aufpassen, dass Sie eine Karaffe mit möglichst schmalem Hals nehmen, damit der Wein nicht zu viel Sauerstoffkontakt bekommt – das ermüdet ihn und er verliert an Geschmack. Mit einer Lichtquelle im Hintergrund können Sie genau beobachten, wo sich der Bodensatz befindet.

Degustieren (Wein verkosten): Was auf viele wie eine nur Eingeweihten vorbehaltene Geheimsprache wirkt, ist es eigentlich nicht: Das Degustieren oder Verkosten von Wein meint im Grunde einfach, einen Wein probieren. Im Restaurant geht es vorwiegend darum, dass Sie die objektiven Kriterien testen: Hat er die richtige Temperatur und ist der Geschmack in Ordnung oder korkig?

IM RESTAURANT

Ins Restaurant, in den Biergarten oder nach Hause einladen? Bei jedem Anlass müssen Sie auch entscheiden, wo Sie Ihre Gäste am besten treffen.

Für die Einladung nach Hause spricht:

- Sie möchten Ihr (neues) Zuhause zeigen oder Teile davon, wie beispielsweise eine gerade erworbene Einrichtung, besondere Antiquitäten, das neu eröffnete Büro, den frisch angelegten Garten oder das Kinderzimmer.
- Sie wollen vertrauliche Themen besprechen – privat oder geschäftlich.
- Ihre Freunde sind ganz heiß darauf, Ihre Kochkünste kennenzulernen.
- Ein romantisches Date.
- Ihre Geschäftspartner sollen Ihr Zuhause kennenlernen.
- Sie haben nicht das Budget, um groß in ein Restaurant einzuladen.
- Sie haben keinen Babysitter, der sich in der Zeit um die Kinder kümmert.

Für einen Besuch im Restaurant stehen diese Argumente:

Sie möchten geschäftliche Dinge besprechen und Distanz wahren.

Nach einer anstrengen Woche haben Sie sich einfach einen schönen Abend verdient, an dem nicht nur Ihre Gäste, sondern auch Sie selbst verwöhnt werden.

- Es ist nicht die Zeit, das Haus oder die Wohnung auf Vordermann zu bringen.
- Sie haben niemanden, der sich um Kinder kümmert, und daher nicht die Möglichkeit, in Ruhe Vorbereitungen zu treffen.

- Sie möchten Ihren Gästen ein besonderes gastronomisches Erlebnis nahebringen.
- Ein erstes Date.

Wahl des richtigen Restaurants

Um herauszufinden, welches Lokal am besten für einen Anlass geeignet ist, helfen Ihnen folgende Fragen:

- Welche Küche bevorzugen Ihre Gäste?
- Welchen Stil mögen sie?
- Was können Sie ausgeben?
- Welche Lage passt am besten?
- Zu welcher Tageszeit möchten Sie sich treffen?
- Sind Kinder dabei?
- Suchen Sie eher einen abgeschiedenen Tisch, an dem man sich relativ ungestört unterhalten kann, oder ist auch ein wenig Trubel rundherum in Ordnung?
- Möchten Sie danach noch etwas unternehmen? (Party, Disco, Tanzveranstaltung etc.)
- Suchen Sie bewährte Qualität oder möchten Sie ein neues Restaurant ausprobieren?
- Wie sieht es mit Parkplätzen aus? Manchen Leuten vergeht der Appetit schon, wenn sie erst mal eine halbe Stunde einen Parkplatz suchen müssen.

Daran erkennen Sie ein gutes Lokal

Allgemein: Die Räumlichkeiten sind einladend, geschmackvoll eingerichtet und dekoriert. Man ist Ihnen beim Ablegen der Garderobe behilflich. Das Personal ist gepflegt und sauber gekleidet. Die Mitarbeiter sitzen nicht essend oder schwatzend in einer Ecke des Lokals. Auf Ihre Anfragen, Wünsche und Reklamationen reagieren sie zuvorkommend.

Ankommen: Die Tischreservierung hat wunschgemäß geklappt. Man geleitet Sie zu Ihrem Tisch und hilft beim Platznehmen. Der Tisch ist sauber und ansprechend dekoriert. Das Personal zündet von sich aus die Kerze an, die in einem sauberen Kerzenständer steht. Abgebrannte Kerzen tauscht man rechtzeitig aus.

Während des Essens: Der Brotkorb wird ohne Anfrage nachgefüllt. Sie können bestellen, was Sie möchten, ohne dass Ihnen ein teures Menü aufgedrängt wird oder Sie deutlich am nachlassenden Service erkennen, dass Sie mit Ihrer Bestellung nun eine Servicestufe nach unten gerutscht sind. Die Gerichte kommen gleichzeitig und heiß. Es wird Ihnen aufmerksam Wein und Wasser nachgeschenkt, aber nicht aufdringlich oft der teure Wein. Das Personal hat ein gutes Taktgefühl. Die Mitarbeiter erkennen, wann sie gefragt sind und wann sie aufdringlich oft an den Tisch kämen. Fällt eine Serviette auf den Boden, kümmert sich aufmerksames Personal gleich darum und bringt eine neue. Aschenbecher werden weggestellt, wenn Sie nicht rauchen, benutzte regelmäßig ausgewechselt.

Abschluss: Sie können in Ruhe das Mahl ausklingen lassen, auch wenn viel los ist und der Tisch anderweitig vergeben werden könnte. Selbst bei großem Andrang ist der Service gut. Die Mitarbeiter können mit dem Stress umgehen und sind stets höflich und zuvorkommend. Auch wenn Sie wenig Trinkgeld geben, bleibt der Kellner freundlich und dankt Ihnen.

Betreten und Verlassen

Wenn Sie privat als Paar ein Restaurant betreten, geht in der Regel der Herr vor. Hat die Dame eingeladen, betritt sie das Restaurant zuerst. Je nach Art des Lokals wird Sie dann ein Servicemitarbeiter an den gewünschten Tisch führen oder Ihnen zu verstehen geben, dass Sie selbst einen auswählen können. Der Kellner hilft Ihnen meist beim Ablegen und Platznehmen, anschließend bringt er die Speise- und Weinkarte. Kommen Sie mit einer Gruppe, geht der Gastgeber vor – für das Personal ein erster Hinweis darauf, wer wahrscheinlich die Rechnung übernimmt. Beim Verlassen des Lokals lässt der Gastgeber seinen Gästen den Vortritt. Der Kellner oder anderes Personal hilft Ihnen an der Garderobe.

Die Menü- und Speisekarte

Die Speisekarte, wie wir sie heute kennen, gibt es seit dem 19. Jahrhundert. Vorläufer kannte man wahrscheinlich schon in früheren Zeiten: Tontafeln, auf die die Gastwirte ihre Speisen ritzten. Und die Urform: ein Bärenfell. Die Urzeitjäger hängten das Fell des erlegten Bären vor die Höhle – für die Sippe ein Zeichen, dass es hier zu essen gibt. Im 18. und 19. Jahrhundert entstanden in Europa die ersten öffentlichen Restaurants mit reichhaltigem Angebot und eine neue Art des Servierens. Die bislang verwendeten Tafeln reichten bald nicht mehr aus und es wurden Speisekarten eingeführt. Deren Deckblätter waren von Künstlern entworfen. Es waren richtige Prachtstücke, mit edlen Materialien verziert. Heute greift man meist eher auf eine schlichte, aber dennoch edle Gestaltung zurück.

Eine Speisekarte kann als Visitenkarte eines Lokals betrachtet werden und gibt Auskunft über seinen Stil und seine Philosophie, das Angebot, die Produkte, zum Beispiel über Qualität und Herkunft, sowie über die Preise. Zusätzlich kann sie der Unterhaltung dienen, den Gast sinnlich ansprechen, über ein weiteres Sortiment informieren, etwa in einem angeschlossenen Laden, und Räumlichkeiten vorstellen, die zur Vermietung angeboten werden.

Es gibt verschiedene Arten von Speisekarten, je nach Verwendungszweck:

einfache **Standardkarte**

Tageskarte: mit wechselnden Angeboten

Menükarte: ausgewählte Gerichte in bereits zusammengestellter Reihenfolge, manchmal inklusive Getränke oder einer Weinempfehlung

Getränkekarten: allgemeine Getränkekarte, Kaffee- und Teekarte, Weinkarte oder Cocktailkarte

Dessertkarte oder **Eiskarte**

Spezialkarten: zum Beispiel für Vegetarier, Diäthaltende, Touristen, Kinder

Saisonkarten: Spargelkarte, Erdbeerkarte, Pilze, Biersorten etc.

Karten zu Ereignissen: Silvester, Hochzeit, Geburtstag, Feiertage

Speisepläne: in Kantinen oder Kurhäusern zu finden, meist Wochen- oder Monatskarten, die einen Überblick über diesen Zeitraum geben

Bestellen will gelernt sein

Wenn Sie aus der Speisekarte ausgewählt haben, klappen Sie sie zu – das ist das Zeichen für den Kellner, dass er die Bestellung aufnehmen kann.

Das Dessert sollten Sie erst nach dem Hauptgang bestellen. Bitten Sie gegebenenfalls den Kellner, Ihnen die Karte nochmals auszuhändigen.

Bei Paaren: Traditionell ist es üblich, dass sich der Herr bei seiner Begleiterin nach ihren Wünschen erkundigt, um anschließend das gemeinsame Menü zu bestellen. Wer diese Tradition pflegen möchte, kann das heute nach wie vor so handhaben. Es ist aber ebenso möglich, dass jeder für sich bestellt. Manchmal gab es früher für die Frau eine separate „Damenkarte" ohne Preise. Das ist heute absolut nicht mehr gefragt und wirkt auf moderne, eigenständige Frauen herabwürdigend.

Wenn Sie einladen möchten, sprechen Sie das am besten möglichst frühzeitig und deutlich aus: „Ich möchte Sie/dich/euch gern einladen." Um Ihren Gästen beim Bestellen behilflich zu sein, können Sie ein paar Gerichte empfehlen und damit den Preisrahmen vorgeben. Wählt einer Ihrer Begleiter eine Vorspeise, sollten Sie dies ebenfalls tun – sonst muss er sie allein essen, während Sie dabei zusehen. Ebenso ist es mit den Getränken: Möchten die Gäste Wein zum Essen, trinken Sie mit ihnen Wein. Merken Sie, dass sich Gäste mit der Speisekarte nicht zurechtfinden, helfen Sie dezent mit Empfehlungen.

Wer einlädt, führt. Daher können Sie auch das gemeinsame Menü auswählen. Fragen Sie Ihre Gäste jedoch nach besonderen Vorlieben oder Abneigungen – nicht dass ein Vegetarier beispielsweise plötzlich vor einem Fleischgericht sitzt. Und: die gemeinsamen Getränke nicht vergessen. In der Regel bekommt nur der Gastgeber die Getränkekarte und fragt seine Gäste nach ihren Wünschen. Wenn Sie ob der verschiedenen Vorlieben Schwierigkeiten bei der Weinwahl haben, lassen Sie den Sommelier oder Oberkellner eine Empfehlung aussprechen. Besser nicht: den Gästen die Weinwahl überlassen.

Das Speisen

Als Gastgeber signalisieren Sie, dass nun mit dem Essen begonnen werden kann, indem Sie Ihr Glas erheben und einen Dankesspruch oder Wunsch für das gemeinsame Beisammensein aussprechen. Achten Sie auf Ihr Tempo beim Essen. Die Gäste richten sich in der Regel danach. Sind Sie zu schnell, können sie das Essen nicht richtig genießen. Passen Sie sich immer wieder an, indem Sie Pausen einlegen.

Haben Sie auch stets im Blick, dass Getränke nicht ausgehen und der Brotkorb gefüllt ist. Sollte der Kellner nicht nachschenken, übernehmen Sie diese Aufgabe. Sorgen Sie für eine angenehme Kommunikation bei Tisch.

TABU: gegenseitig vom Teller des anderen probieren.

Umgang mit dem Servicepersonal

Geschultes Personal in der gehobenen Gastronomie ist aufmerksam und erkennt die Bedürfnisse der Gäste. Der oberste Ansprechpartner ist der Restaurantleiter. Die Rangfolge: Restaurantleiter, Oberkellner, Chefs de rang, Commis und Auszubildende.

Wie Sie mit den Servicekräften umgehen, zeigt Ihre Werthaltung anderen Menschen gegenüber. Behandeln Sie sie wie untergebenes Dienstpersonal oder wie gleichwertige Dienstleister? Je wertschätzender Sie sich dem Personal gegenüber verhalten, desto besseren Service werden Sie auch bekommen: menschlich – nicht nur rein förmlich.

Wenn Sie einen Wunsch haben, suchen Sie zunächst den Blickkontakt mit dem Kellner. Wenn er gerade beschäftigt ist, bitten Sie einen Kollegen, den für Sie zuständigen Kellner vorbeizuschicken. Erst wenn Sie über den Blickkontakt keinen Erfolg haben, versuchen Sie es mit Handzeichen. Hilft auch das nichts, rufen Sie freundlich „Bitte" oder „Herr Ober". „Entschuldigung" passt hier nicht, da Sie sich für nichts entschuldigen müssen. Eine weibliche Form für „Herr Ober" gibt es nicht, daher wählen Sie für eine weibliche Servicekraft das neutrale „Bitte". Manchmal tragen die Angestellten auch Namensschilder – dann sollten Sie sich den Namen des für Ihren Tisch zuständigen Mitarbeiters merken.

TABU: dem Servicepersonal Hilfe anbieten.

Wenn es sein muss: richtig reklamieren

Bei begründeten Reklamationen – ob es sich um fehlendes Besteck, bereits kalt servierte Speisen oder das berühmte Haar in der Suppe handelt – bitten Sie höflich, freundlich und bestimmt darum, dass man Ihnen das Gewünschte bringt oder arrangiert. Konzentrieren Sie sich auf die Fakten und halten Sie Ihre Gefühle unter Kontrolle. Fehler können jedem passieren – und jeder ist froh, wenn andere menschlich damit umgehen. Einfach nur seinen Ärger loszuwerden bringt Sie nicht weiter.

Berechtigte Gründe für Reklamationen

Ihnen wurde nicht der besprochene Tisch zugeteilt oder Ihre Reservierung wurde vergessen – ist nun kein Platz mehr frei oder ein für Ihre Bedürfnisse nur sehr ungünstiger Tisch, können Sie die Kosten für die Fahrt in ein anderes Restaurant verlangen.

- Bei einem Gericht fehlen Zutaten, die auf der Speisekarte angegeben sind – verlangen Sie, so weit das möglich ist, eine Ergänzung oder die richtige Speise.
- Das Fleisch oder der Fisch ist nicht durch oder riecht seltsam, das Essen ist versalzen, kommt kalt oder mit „Fliegen-Einlage" – verlangen Sie ein frisches Gericht.
- Der Wein korkt oder hat die falsche Temperatur, ein neuer muss her.
- Die Rechnung stimmt nicht – bitten Sie um Korrektur.
- Ihre Rechnung kommt nicht – verlangen Sie zweimal danach und geben Sie an, wann Sie das Lokal verlassen werden. Sollte sich bis dahin immer noch niemand darum gekümmert haben, geben Sie dem Kellner Ihre Visitenkarte mit der Bitte, die Rechnung zuzusenden.
- Eine Beschwerde ist dagegen nicht angebracht, wenn Ihnen das Essen nicht schmeckt – hierfür kann die Küche nichts. Ist das Gericht ansonsten richtig gekocht und serviert, können Sie es nur als Erfahrung abhaken und sich merken, was genau Ihnen daran nicht schmeckt, damit Sie es künftig vermeiden können.

  Tabu: Benutzte Teller selbst wegräumen, sich selbst Besteck holen, eigenmächtig nach der Speisekarte suchen. Vermeiden Sie es, das Personal öffentlich zu tadeln. Wenn Sie berechtigten Grund zur Reklamation haben, suchen Sie ein diskretes Gespräch mit dem Restaurantbesitzer.

Tipp: Geben Sie bei der Reservierung deutlich alle wichtigen Aspekte an wie Datum, Wochentag, Uhrzeit, Personenzahl und gegebenenfalls Ihre Sonderwünsche. Wiederholen Sie zur Sicherheit am Ende des Gesprächs alle vereinbarten Punkte. Notieren Sie sich auch Datum und Uhrzeit der Reservierung, falls es Probleme geben sollte.

Bezahlen und Trinkgeld

Grundsätzlich **bezahlt** derjenige, der eingeladen hat. Machen Sie Ihre Gäste rechtzeitig darauf aufmerksam, dass sie eingeladen sind. In der Regel betritt der Gastgeber auch als Erster das Restaurant – so erkennt ein geschulter Serviceblick sofort, an wen vermutlich die Rechnung geht. Haben Sie Bedenken, dass ein anderer Gast die Rechnung übernehmen möchte, geben Sie dem Kellner diskret, zum Beispiel beim Gang auf die Toilette, Bescheid, dass das Essen auf Ihre Rechnung geht.

Wer einlädt, ist heute nicht mehr vorgegeben. Sie können jederzeit Ihre Begleitung einladen – ob Frau oder Herr. Getrennte Rechnungen sind ebenfalls ohne Weiteres möglich. Weisen Sie nur am besten gleich bei der Bestellung den Kellner darauf hin – so kann er die Rechnungen gleich gesondert erstellen.

Machen Sie mit einem Handzeichen darauf aufmerksam, dass Sie zahlen möchten. Überprüfen Sie, ob die Rechnung stimmt. Wenn Ihnen der eine oder andere Posten unklar ist, fragen Sie freundlich nach. Kommt die Rechnung auf einem Teller oder in einer Mappe, legen Sie das Geld oder die Kreditkarte dort hinein. Sie bekommen dann auf gleichem Wege Ihr Wechselgeld zurück.

Wer eingeladen ist, sollte das Bezahlen nur diskret mitverfolgen.

Tabu: Auf die Rechnung starren. Idealerweise sollte sich der Gastgeber einen Moment entschuldigen und die Rechnung im Servicebereich bezahlen. Der Vorteil: So können Sie gleich Ihr Feedback geben, ohne dass es andere Gäste mitbekommen.

Trinkgeld: Für einen guten Service sind mindestens fünf Prozent des Gesamtbetrags angemessen. Dafür sollte das Personal Sie zum Tisch begleiten und die Kerze anzünden, die Service-Regeln richtig anwenden, das Brotkörbchen gegebenenfalls nachfüllen, Aschenbecher wechseln oder bei Nichtrauchern vom Tisch nehmen, stets freundlich und aufmerksam sein.

Bei allen Leistungen, die darüber hinausgehen, darf das Trinkgeld auch höher ausfallen. Richtlinie: zehn Prozent. Sollte der Service sehr zu wünschen übrig lassen, geben Sie gar kein Trinkgeld. Versuchen Sie nach Möglichkeit zu differenzieren, wer für die Unzufriedenheit verantwortlich war. Lag der Fehler beispielsweise an der Küche, aber der Kellner hat das Missgeschick sehr gekonnt gelöst, dann sollten Sie ihm diesen Einsatz auch entsprechend lohnen.

Tipp: Inzwischen ist es auch in Deutschland mehr und mehr im Kommen, sich wie im Ausland bei der Bezahlung genau herausgeben zu lassen und dann das Trinkgeld in der Rechnungsmappe, dem Rechnungsteller oder auf dem Tisch liegen zu lassen.

Zahlen Sie mit einer Kreditkarte, geben Sie das Trinkgeld am besten bar.

Was tun bei Pannen?

Fällt Ihnen ein Glas um oder gar ein Teller hinunter, bitten Sie die Servicekräfte diskret um Hilfe.

Fügen Sie anderen Gästen einen Schaden zu – beispielsweise durch Flecken auf der Kleidung –, entschuldigen Sie sich ehrlich und bieten Sie an, die Reinigungskosten zu übernehmen. Geben Sie eventuell Ihre Visitenkarte weiter.

Passiert einem Servicemitarbeiter ein Missgeschick, klären Sie mit ihm bzw. dem Restaurantleiter, wie Sie weiter vorgehen. In einem guten Hause wird man Ihnen sofort anbieten, den Schaden zu übernehmen.

Veranstaltungen und Übernachtungen

Ob im Theater, in der Oper, im Kino – Veranstaltungen, bei denen viele Menschen zusammenkommen, verlangen ebenfalls Höflichkeit und Achtsamkeit im Miteinander, und das von jedem. In vielen Bereichen sind hier die früher üblichen, allzu starren Förmlichkeiten zwar gelockert, gutes Benehmen trägt aber nach wie vor zu einer gelungenen Vorstellung mit bei.

Wer Gast in einem Hotel ist oder privat bei Bekannten übernachtet, fühlt sich wegen der ungewohnten Situation oft unsicher. Mit dem nötigen „Knigge-Wissen“ im Gepäck ist man bei solchen Gelegenheiten gleich viel lockerer und souveräner.

Allgemeines zum Eintreffen

Durch Drehtüren

In Veranstaltungshäusern, Stadthallen oder Hotels findet man manchmal automatisch oder mechanisch betriebene Drehtüren im Eingangsbereich. Öffnet sich eine Tür automatisch, geht der Ranghöhere zuerst durch, der Herr lässt beispielsweise seiner weiblichen Begleitung den Vortritt. Bei mechanischen Drehtüren, die oft sehr schwergängig sind, sollte jedoch der Herr vorgehen, die Tür betätigen und der Dame so den Durchgang erleichtern. Lässt der Platz es zu, können Sie auch gemeinsam durchgehen, während der Mann die Drehmechanik in Gang setzt. Er sollte auf jeden Fall das Drehtempo dem Schritttempo seiner Begleitung anpassen.

An der Garderobe

In eleganten Konzertsälen und Theatern sowie in der Oper oder in großen Veranstaltungshäusern wie etwa Stadthallen gibt es meist im Eingangsbereich eine Garderobe – kostenlos oder kostenpflichtig. Geben Sie hier Ihren Mantel und alle im Saal störenden, unpraktischen Gegenstände wie dicke Schals, Hüte, Regenschirme oder Zusatztaschen ab. Sie erhalten eine Garderobenmarke, die Sie gut und griffbereit aufbewahren sollten, sodass Sie sie nach der Veranstaltung schnell wieder zur Hand haben. Stellen Sie sich an der Schlange an, auch wenn sie noch so lang ist.

Tabu: sich nach der Veranstaltung vordrängeln, um „nur schnell" seinen Mantel zu holen.

Es zeugt von gutem Stil, wenn Sie Ihrer Begleitung – ob männlich oder weiblich – an der Garderobe behilflich sind. Beim Aus- und Ankleiden gelten die heute üblichen allgemeinen Regeln: Gleichgestellte können sich gegenseitig helfen, wobei es nach wie vor eher unüblich ist, dass eine Frau einem Mann in den Mantel hilft. Fragen Sie: „Darf ich Ihnen/dir den Mantel abnehmen?" Meist erkennen Sie an der Körpersprache, ob es Ihrer Begleitung angenehm ist: Wenn ja, wird sie Ihnen den Rücken zukehren. Möchte sie den Dienst nicht annehmen, bleibt sie

Ihnen zugewandt stehen. Als Herr kümmern Sie sich zuerst um die Dame, dann legen Sie Ihren eigenen Mantel ab.

Beim Anziehen verfahren Sie in derselben Reihenfolge. Halten Sie den Mantel so, dass Ihre Begleitung leicht und ohne sich verkrampft verdrehen zu müssen mit den Armen hineinschlüpfen kann. Manchmal steht auch das Garderobenpersonal zur Seite, sollte jedoch die Kleidungsstücke nur reichen – in den Mantel hilft dann der Partner. Kommen Sie in einer Gruppe ohne feste Paare, helfen allgemein die Herren den Damen.

Tabu: die persönlichen Gegenstände wie die Handtasche Ihrer Begleitung anfassen – es sei denn, sie bittet Sie darum, beispielsweise kurz die Tasche zu halten.

Helfen Sie als Mann an der Garderobe nie der Partnerin eines anderen Herrn. Ist ein Paar gemeinsam unterwegs, liegt die Zuständigkeit immer beim Partner! Ausnahme: Die Dame bittet eine andere Person ausdrücklich darum. Garderobenpersonal oder Kellner gelten dagegen als neutral und dürfen in Ausnahmefällen ebenfalls helfen, etwa wenn der Partner zu langsam oder anderweitig verhindert ist.

Sonderfall: Zwei Damen und ein Herr – dann kommt die ranghöhere Frau zuerst. Handelt es sich um die Ehefrau und einen weiblichen Gast, gilt der Gast als höherrangig, es sei denn, die Gattin ist erheblich älter.

Haben Sie Ersatzschuhe dabei, weil es draußen regnet oder schneit, sollten Sie die Schuhe nicht direkt an der Garderobe wechseln, sondern im Waschraum oder auf der Toilette.

Ist das Garderobenpersonal sehr freundlich und hilfsbereit, können Sie Trinkgeld geben, es ist aber nicht unbedingt nötig. Richten Sie, wie sonst auch beim Trinkgeld üblich, die Höhe nach dem Service. Gibt es Garderobenpreise, runden Sie auf glatte Eurobeträge auf. Ansonsten sollten 50 Cent das Minimum sein, bei besonderen Anlässen und in gehobenen Häusern sind ein bis zwei Euro angebracht. Zudem können Sie das Trinkgeld noch mit einem netten, ehrlich gemeinten Kompliment „anreichern".

Kleidungsvermerke: Ist auf einer Einladung oder Eintrittskarte ein Kleidungsvermerk angegeben, dann müssen Sie sich auch strikt daran halten.

Dies nicht zu tun ist grob unhöflich! Würden Sie sich in der angegebenen Garderobe sehr unwohl fühlen, sollten Sie besser auf die Veranstaltung verzichten. Haben Sie keine passende Kleidung, bleibt nur die Möglichkeit, sich etwas zu kaufen oder auszuleihen.

Theater, Konzert und Oper

Kleidung: In puncto Kleiderordnung gilt heute das Motto „je nachdem". War es früher generell ein Tabu, in Jeans in ein Theater oder Konzert zu gehen, ist derzeit fast alles erlaubt, was gefällt. **AUSNAHME:** festliche Premieren und Galaveranstaltungen, hier ist angemessene Festkleidung ein Muss. Außerdem sollte natürlich niemand in Sport- oder Arbeitskleidung, mit Bermudas und Flip-Flops erscheinen.

Passen Sie Ihre Garderobe an: erstens dem Ort, an dem die Veranstaltung stattfindet – ein Schloss verlangt ein festlicheres Outfit als eine Improvisationsbühne oder ein Künstlerlokal. Und zweitens der Tageszeit – zu einer Nachmittagsveranstaltung kleidet man sich anders als zu einer Abendaufführung.

Beginn: Aus Wertschätzung und Fairness den Künstlern wie auch den anderen Zuschauern gegenüber sollten Sie unbedingt auf Pünktlichkeit achten. Darüber hinaus natürlich auch im eigenen Interesse – kommen Sie zu spät, kann es Ihnen passieren, dass die Türen bereits geschlossen sind und Sie bis zur ersten Pause warten müssen. Wer rechtzeitig und in Ruhe eintrifft, hat von der Vorstellung mehr – von der ersten Minute an.

Besitzen Sie Karten mit zugewiesenen Sitzplätzen, empfiehlt es sich vor allem bei Plätzen in der Mitte einer Reihe, etwas früher da zu sein. So ersparen Sie sich und anderen das lästige Durchschlängeln durch die Sitzreihe bis zu Ihrem Platz.

Sind Sie doch einmal zu spät dran, stören Sie die Zuschauer nicht, indem Sie zu Ihrem Platz gehen – warten Sie bis zur Pause im Hintergrund.

„Zeichensprache": Achten Sie auf die Gong- oder Klingelzeichen: Einmal bedeutet, dass Sie nun zu Ihrem Platz gehen sollten. Zweimal zeigt an, dass es nur noch wenige Minuten bis zum Beginn der Vorstellung sind, der dann mit drei Signalen angekündigt wird. Haben Sie einen Sitzplatz in der

Mitte einer Reihe, gehen Sie gleich beim ersten Gong zu Ihrem Platz. Wer am Rand sitzt, kann sich etwas mehr Zeit lassen, bis die Zuschauer auf den mittleren Plätzen sitzen.

Müssen Sie sich auf dem Weg zu Ihrem Platz doch an anderen Zuschauern vorbeischlängeln, passen Sie auf, dass Sie den bereits Sitzenden nicht Ihr Gesäß zuwenden. Sprechen Sie eine kurze Entschuldigung aus wie „Verzeihung, dass ich Sie störe", vor allem wenn die anderen extra aufstehen müssen, und bedanken Sie sich. Wer schon sitzt, sollte möglichst immer aufstehen, auch wenn es nervig sein kann. Erstens sind Sie mit dem „Schlängler" dann auf Augenhöhe und zweitens können Sie so vermeiden, dass er sich mühsam an den Knien vorbeiwinden muss.

Applaus: In Opern und klassischen Konzerten begrüßen Sie den Dirigenten beim Hereinkommen mit Klatschen, ansonsten können Sie auch die anderen Ausführenden mit einem Beifall willkommen heißen. Beim Schauspiel ist ein Applaus je nach Einstieg in das Stück und Bekanntheitsgrad der Darsteller ebenfalls zu Beginn bzw. beim ersten Auftreten des Künstlers möglich („Auftrittsapplaus"). Nach den Akten und vor der Konzertpause wird ebenfalls Beifall gespendet. Während der Aufführung ist er nur bei besonders gelungenen Szenen angebracht, als „Szenenapplaus". Sind Sie unsicher, passen Sie sich an und klatschen Sie einfach erst dann, wenn die anderen Zuschauer oder Zuhörer damit beginnen.

Bei einem Konzert wendet sich der Dirigent nach dem Ende eines Stücks dem Publikum zu – ein Zeichen für Sie, dass Sie applaudieren können. Hat die Darbietung sehr gefallen, kann man am Ende im Stehen Beifall klatschen – man nennt dies „Stehapplaus" oder englisch „Standing Ovations". Bravorufe, gemäßigtes Pfeifen und rhythmisches Trampeln mit den Füßen sind ebenfalls gestattet. War die Aufführung wenig überzeugend, halten Sie sich einfach mit Ihrem Applaus zurück. Buhrufe und andere lautstarke Unmutsäußerungen sind jedoch nicht angebracht.
Tabu: zwischen den einzelnen Sätzen eines Konzerts oder eines Sinfonie zu applaudieren.

Am Ende sollten Sie so lange an Ihrem Platz stehen oder sitzen bleiben, bis der Beifall verebbt ist. Vorher aufzubrechen ist sehr unhöflich und beleidigt die Künstler. **Ausnahme:** wenn Sie sonst die letzte Bahn oder den letzten Bus nicht mehr erreichen.

In der Pause: kommt es in der Regel erst einmal zu einem Ansturm auf die Toiletten, die Raucherecken und die Erfrischungsstände.

In der Toilette reihen Sie sich in die Warteschlange ein. Drängeln ist nicht erlaubt. Wenn Sie es sehr eilig haben, bitten Sie höflich und freundlich darum, dass man Sie vorlässt.

Tabu: Damen sollten nicht die Herrentoilette aufsuchen, auch wenn dort gerade wenig los ist. Geben Sie dem Toilettenpersonal ein angemessenes Trinkgeld, mindestens 50 Cent.

In der Pause ist auch Gelegenheit, etwas zu essen oder zu trinken. Allerdings ist die Zeit meist sehr knapp bemessen und reicht lediglich für einen kleinen Happen. Achten Sie darauf, dass Sie vor der Vorstellung genug essen, um den Abend ohne größere Hungergefühle und Magenknurren durchzuhalten.

Raucher sollten ausschließlich die entsprechend ausgeschilderten Bereiche nutzen. Verwenden Sie nur bereitstehende Aschenbecher bzw. bitten Sie das Servicepersonal um einen.

Tabu: auf den Boden äschern und Zigarettenstummel dort ausdrücken – wenn es gar nicht anders geht, können Sie notfalls kurz aus dem Gebäude gehen.

Allgemeines Verhalten:

Handy unbedingt ausschalten!

Hals- oder Hustenbonbons packen Sie dann aus, wenn es auf der Bühne gerade etwas lauter zugeht, nicht wenn das Publikum mucksmäuschenstill in Hochspannung des weiteren Verlaufs harrt. Variante: Nehmen Sie ein kleines Döschen mit, das Sie lautlos öffnen können und das die Drops schon ausgepackt bereithält.

Operngläser, Broschüren oder Handtäschchen verwahren Sie so sicher bei sich, dass sie nirgendwo hinunterfallen können und dadurch Lärm verursachen.

Niesen, Schnäuzen, Husten und **Gähnen** sollten Sie auf ein Mindestmaß reduzieren, möglichst hinter vorgehaltener Hand bzw. in ein Taschentuch, da dieses die Geräusche noch etwas dämpft. Einen Niesanfall kann manchmal eine kurze Nasenmassage noch verhindern. Wenn die Beschwerden zu stark werden, etwa bei einem heftigen, länger anhaltenden Hustenanfall aufgrund der trockenen Luft, gehen Sie hinaus, um nicht weiter zu stören.

Kinder, die das Geschehen noch nicht richtig verstehen, sich nicht so lange konzentrieren und ruhig sitzen können, sollten Sie auch noch nicht mitnehmen. Sie reden sonst dazwischen, möchten immer wieder aufstehen, etwas spielen oder Blödsinn machen. Gehen Sie am besten zunächst erst in spezielle Kinderveranstaltungen.

Tabu

- zum Beginn oder nach den Pausen zu spät kommen
- an der Garderobe oder in den Saal drängen oder sich durch die Sitzreihen drängeln
- sich auf fremde Plätze setzen, wenn eine Platznummerierung vorgegeben ist
- während der Vorstellung essen und trinken oder in den Pausen selbst Mitgebrachtes verzehren
- fotografieren, es sei denn, es ist ausdrücklich erlaubt
- Duftangriff mit Knoblauch, Körpergeruch, Mottenkugelaroma oder aufdringlicher Parfümierung
- Sichtbehinderung durch große Hüte. Wer sehr hoch gewachsen ist, sollte sich einen Platz wählen, auf dem er möglichst wenigen „normal" großen Menschen den freien Blick nach vorn nimmt
- Raschelgeräusche durch knisternde Bonbonpapiere, Gummibären- oder Chipstüten, Flüstern und Reden, Mitsingen oder auch laute Kommentare
- Niesen, Schnäuzen, Husten, Gähnen, wenn es laut und vermeidbar ist
- aufstehen und gehen, noch bevor der Applaus verebbt ist
- Müll auf dem Platz liegen lassen

Kirchenkonzerte: Bei Kirchenkonzerten, die nicht im Rahmen eines Gottesdienstes stattfinden, dürfen Sie applaudieren. Ansonsten gelten die bisher genannten Regeln auch für Veranstaltungen in der Kirche. Achten Sie auf eher dezente Kleidung.
Kino: Hier wird alles lockerer gehandhabt – Chips und Popcorn gehören dort einfach dazu. Allerdings ist es unhöflich, leere Becher, Chipstüten und Getränkeflaschen einfach liegen zu lassen. Schalten Sie auch im Kino das Handy aus und verhalten Sie sich ruhig: nicht reden, kein unnötiges Geraschel und nicht ständig nach draußen gehen. Außerdem gehören die Füße nicht auf den Stuhl des Vordermannes. Je nachdem, wie stabil die Sessel sind, bringen Sie ihn sonst immer wieder zum Wippen.

Exkurs: im Museum

Geben Sie auch im Museum an der Garderobe Mäntel, Taschen, Rucksäcke, Schirme und sperrige Utensilien ab, mit denen Sie gegen die Ausstellungsstücke stoßen könnten. Schalten Sie Ihr Handy aus und nehmen Sie keine Speisen und Getränke mit. Essen Sie vorher nicht zu schwer, aber ausreichend, damit der Magen nicht knurrt. Wer in geschlossenen Räumen zu Kreislaufproblemen neigt, sollte entsprechend vorsorgen. Zur Not können Sie ein Päckchen Trockenfrüchte oder andere „geräuscharme" Knabbereien mitnehmen. Tragen Sie bequeme, lautlose Schuhe – in klappernden Pumps hört man Sie sonst „auf Schritt und Tritt".

Die Vorgaben des Museumspersonals sind auf jeden Fall zu beachten. Berühren Sie keine Gegenstände, es sei denn, dies ist ausdrücklich erlaubt. Ach ja, wenn Sie kein ausgesprochener Kunstkenner sind, sollten Sie sich mit zu lautstarken Bemerkungen über die Exponate besser etwas zurückhalten. Ein Museumsführer – in Person oder in gedruckter Form – kann Ihnen Fragen beantworten. Oft gibt es auch Info-Bänder, Diashows oder Videovorführungen, die Hintergrundwissen liefern.

Wenn Sie eine Führung mitmachen wollen oder mit mehreren Personen kommen, melden Sie sich am besten vorher an. Sind Sie in einer Gruppe unterwegs, sollte diese möglichst eng zusammenbleiben, damit andere Besucher nicht blockiert werden.

Tabu: mit einer heftigen Erkältung ins Museum. Man wird Sie zwar deswegen nicht vor der Tür stehen lassen, aber Sie sollten in diesem Fall sich und den anderen Besuchern zuliebe den Kunstgenuss auf später verlegen. Erstens stören ständige Husten- oder Schnäuzgeräusche die anderen und zweitens steigt die Ansteckungsgefahr, wenn viele Personen in den oft engen und schlecht gelüfteten Räumen zusammen sind. Drittens: Ihrer Gesundheit dient ein Spaziergang an der frischen Luft wesentlich mehr als stickige, sauerstoffarme Museumsluft.

Vernissagen

Sie sind zum ersten Mal auf eine Vernissage eingeladen? Und nun wissen Sie gar nicht, was das überhaupt ist, und was man von Ihnen erwartet?

Was es ist

Eine Vernissage ist heute die feierliche Eröffnung einer Kunstausstellung. Früher stand der Begriff für den letzten Schritt in der Erstellung eines Bildes, das Überziehen mit dem Firnis (Schutzschicht). Dieser besondere letzte Arbeitsgang wurde mit einem kleinen Fest gefeiert, der Vernissage. Das Ende der Ausstellung nennt man Finissage.

Je nachdem

Ihre Kleidung sollte sich ganz nach der Art der Vernissage und des Kunststils richten. Die Bandbreite reicht von festlichen Eröffnungen in Abendgarderobe bis hin zu lockeren Zusammenkünften, zu denen auch Jeans kein Problem sind. Ein guter erster Anhaltspunkt ist die Uhrzeit: je später, desto eleganter die Kleidung. Weiterhin können Sie den Stil der Einladung als Anhaltspunkt nehmen. Erkundigen Sie sich gegebenenfalls vorher beim Künstler oder einem gemeinsamen Bekannten. Auch hier ist es so, dass Sie mit Ihrer Kleidung die Wertschätzung für den Künstler und seine Arbeit ausdrücken. Üblicherweise trug man früher Schwarz, um nicht von den Kunstwerken abzulenken. Andere Farben sind heute ebenfalls möglich, sollten aber eher dezent sein.
Tabu: Sandalen, Flip-Flops, Shorts oder ein Eis in der Hand.

Kommen, bleiben, gehen

Meist ist eine Zeitspanne angegeben, in der Sie kommen können. In der Regel beginnt die Veranstaltung mit einem Grußwort und einer Eröffnungsrede sowie einer kurzen Einführung in die Ausstellung seitens der Künstler und beteiligter Personen wie Sponsoren oder Mitglieder einer unterstützenden Kunstakademie oder eines Kunstvereins. Ansonsten gibt es jedoch kein festes Programm und Sie müssen sich hier an keine weiteren Vorgaben halten. Viele Besucher kommen beispielsweise gern nach der Arbeit auf eine Stunde vorbei oder statten vor dem Theater einen Besuch ab. Sie sollten mindestens eine halbe Stunde, besser etwa eine Stunde bleiben. Normalerweise gibt es auch Getränke und Häppchen. Schauen Sie sich natürlich die Kunstwerke an und reden Sie mit anderen Besuchern darüber. Mitbringsel wie Blumen und Gastgeschenke sind nicht angebracht. Zum Ende Ihres Besuchs können Sie sich vom Gastgeber persönlich verabschieden und sich bedanken, falls er nicht zu sehr mit anderen ins Gespräch vertieft ist. Verabschieden Sie sich jedoch auf jeden Fall von den umstehenden Besuchern, mit denen Sie sich zuletzt unterhalten haben.

Tanzveranstaltungen

Wenn auch in die meisten Lebensbereiche die Gleichberechtigung von Frau und Mann Einzug gehalten hat – beim Gesellschaftstanz geht es nach wie vor um das feine Spiel der Geschlechter. Der Herr hofiert und führt die Dame, sie lässt sich gekonnt leiten und achtet seine Wertschätzung. Gab es hier früher sehr strenge Regeln, wer wann mit wem tanzen durfte, sind die Vorgaben heute sehr viel lockerer, jedoch nicht völlig abgeschafft. In keiner anderen Tanzrichtung wird auf den zwischenmenschlichen Umgang so viel Wert gelegt wie beim Gesellschaftstanz.

Basics

Seien Sie höflich und freundlich. Beim Tanzen führt immer der Herr. Sein Jackett ist beim Auffordern wie auch beim Tanzen geschlossen. Die Hände sind nicht in den Hosen- oder Jackentaschen. Fordern Sie niemanden mit einer Zigarette oder dem Bierglas in der Hand auf. Begleiten Sie Ihre Tanzpartnerin zur Tanzfläche. Die Dame geht an Ihrer rechten Seite. Nehmen Sie eine lockere Tanzhaltung ein, lächeln Sie Ihrer Partnerin zu und beginnen Sie mit dem Tanz. Stehen Sie als Tanzpaar zum ersten Mal gemeinsam auf dem Tanzparkett, sollten Sie beide gerade bei den ersten Schritten sehr achtsam sein und sich auf die Haltung, den Tanzrhythmus, das Tempo und die Schrittgröße Ihres Tanzpartners einstellen.

Darf ich bitten? Das ist die klassische Frage. Heute wird sie vorwiegend noch von älteren Tänzern verwendet. Altmodisch ist ebenfalls: Gestatten Sie? Moderne Variationen: Wollen wir tanzen? Möchten Sie mit mir tanzen? Hast du Lust, mit mir zu tanzen? Da beim Tanzen die sonst üblichen Distanzzonen nicht eingehalten werden können, ist diese Frage unbedingt notwendig. Nicken Sie beim Auffordern auch der Begleitperson Ihres gewünschten Tanzpartners freundlich zu. Es ist äußerst unschicklich, sie keines Blickes zu würdigen.

Absolutes Tabu: einen anderen Menschen einfach auf die Tanzfläche zu „zerren" oder durch bloßes Kopfnicken oder Pfeifen „aufzufordern".

Gekonnt geführt, das heißt, in der Regel achtet der Herr auf der Tanzfläche auf die Tanzkunst seiner Partnerin, die mögliche Geschwindigkeit und Schrittgröße, das Platzangebot und die Mittänzer. Er sollte sich ihrem Können anpassen. Trägt die Frau ein enges Kleid, müssen Sie auf kleinere Schritte achten. Raumgreifende Figuren sind außerdem nur bei relativ leerer Tanzfläche erlaubt. Andernfalls ist die Gefahr zu groß, dass Sie mit den anderen Paaren zusammenstoßen und als rücksichtslos abgestempelt werden. Halten Sie Ihre Partnerin locker, aber sicher. Verkrampftes Klammern zerstört die Freude am Tanzgenuss.

Tabu: auf den Tanzpartner nicht eingehen. Akzeptieren Sie seine Tanzwünsche. Achten Sie auf seinen Kenntnisstand und – das gilt vor allem für schwungvoll führende Herren – wirbeln Sie die Dame nicht rücksichtslos durch die Gegend.

Höchstes Verbot: Die Frau „begrapschen"!

Zum Platz zurückführen ist noch immer Pflicht!

Ganz nach alter Schule begleitet der Herr seine Tanzpartnerin nach den gemeinsamen Tänzen zurück zu ihrem Platz. Die Verbeugungen sind heute nicht mehr üblich, aber ein paar nette Dankesworte sollten schon drin sein. Rücken Sie der Dame den Stuhl zurecht, helfen Sie ihr beim Platznehmen und gegebenenfalls, ihre Jacke umzulegen. Lächeln Sie ihr zu und verabschieden Sie sich.

Partnerwechsel

Sie sollten im Verlauf des Abends mit verschiedenen Tanzpartnern tanzen und sich nicht eine Frau oder einen Herrn „exklusiv reservieren". Heute gibt es keine festen Vorgaben mehr, wer im Laufe eines Abends mit wem tanzen muss. Sie haben freie Wahl. Allerdings: Sind Sie eingeladen, reservieren Sie sich einen Tanz mit der Gastgeberin oder dem Gastgeber. Manche erwarten dies als Geste der Dankbarkeit.

Out: der Pflichttanz. Früher war es üblich, dass die Herren jede am Tisch sitzende Dame mindestens einmal aufforderten. Immer verbunden mit sechs Verbeugungen: bei der Aufforderung vor dem Begleiter und vor der Dame, auf der Tanzfläche vor und nach dem Tanz, zurück am Tisch nochmals jeweils vor dem Begleiter und vor der Dame. Und nicht immer wollte der Mann wirklich aus purer Freude mit den Damen an seinem Tisch das Tanzbein schwingen. Diese quälende Pflicht ist heute passé. Allerdings ist es hilfreich, diese frühere Regel zu kennen, denn viele ältere Menschen legen noch Wert darauf und in manchen Kreisen wird diese Tradition gern noch gepflegt.

Der gefürchtete „Korb"

Es kann jeden treffen – ob Mann oder Frau. Wer einen anderen Menschen zum Tanz auffordert, muss damit rechnen, eventuell einen Korb zu bekommen. Angenehm ist das zwar nicht, aber es gehört eben auch dazu. Andererseits sollte derjenige, der den Tanz abschlägt, dies so formulieren, dass er den anderen nicht unnötig verletzt: „Vielen Dank, im Moment möchte ich nicht tanzen" oder „Herzlichen Dank, ich möchte aber erst etwas essen/trinken". Haben Sie eben schon eine Weile getanzt, passt auch: „Vielen Dank, aber ich möchte erst mal etwas Pause machen".

Tabu: gleich anschließend mit einem anderen Tanzpartner auf die Tanzfläche verschwinden. Warten Sie etwa noch drei Stücke ab.

Ausnahme: Sie haben den nächsten Tanz bereits versprochen, was Sie dann auch so mitteilen können. Kommt danach ausgerechnet Ihr Traumpartner auf Sie zu, sagen Sie ihm offen, dass Sie eben einen Tanz abgeschlagen haben, und machen Sie gleich einen späteren Zeitpunkt für einen gemeinsamen Tanz aus.

Damenwahl

Früher durften Frauen nur eingeschränkt ihre Tanzpartner wählen. Erlaubt waren nur Herren aus dem Verwandten-, Freundes- oder Bekanntenkreis. Forderte eine Frau auch andere Männer auf, geriet sie schnell in schlechten Ruf. Heute ist diese Einschränkung gänzlich aufgehoben. Jeder darf nach Lust und Laune seine gewünschten Tanzpartner auffordern, der Art der Veranstaltung angepasst. Natürlich müssen Sie bei der Damenwahl als Frau ebenfalls einen Korb „wegstecken" können, aber das sollte heute kaum mehr ein Problem sein.

Tipp: Wenn Sie einen Mann auffordern, sagen Sie auch ein paar nette Worte zu seiner Begleiterin.

Kompliment

Sprechen Sie nach dem Tanzen nur dann ein Kompliment aus, wenn Sie es auch wirklich ehrlich meinen. Komplimente aus reiner Höflichkeit oder um sich bei jemandem beliebt zu machen, sollten Sie sich sparen. Die meisten erkennen diese Hintergedanken und der ursprünglich positiv gedachte Brauch bekommt einen schalen Beigeschmack. Ehrliche Begeisterung für den Tanzstil Ihres Tanzpartners dürfen Sie durchaus zeigen. Beachten Sie allerdings, dass manche Menschen Schwierigkeiten haben, ein Kompliment anzunehmen, und sich vielleicht vor Publikum peinlich berührt fühlen.

Tanzmuffel

So wie es Tanzbegeisterte gibt, die kaum vom Tanzparkett zu bekommen sind, gibt es auch Menschen, die entweder gar nicht tanzen wollen oder es nicht können. Akzeptieren Sie dies und drängen Sie niemanden, „es doch mal zu versuchen" oder ihm gar gleich einen „Instant-Tanzkurs" zu geben. Legen Sie ihm vor allem nie öffentlich nahe, doch endlich mal einen Kurs zu besuchen. Diese Entscheidung liegt ganz bei jedem selbst.

Wenn Sie selbst nicht tanzen möchten, sollten Sie zunächst bedenken, ob die Veranstaltung wirklich für Sie geeignet ist. Bei Festen mit Freunden fällt diese Überlegung natürlich flach, da kommen Sie um der Geselligkeit willen.

Andere Tanzformen

Die Auswahl an verschiedenen Tanzstilen ist heute riesengroß. Ob Volkstänze, Gardetanz, historischer Tanz, Bauchtanz, Ballett, Kunst- und Improvisationstanz, Jazz und Modern Dance, Hip-Hop oder Breakdance – jede Richtung hat ihre eigenen Besonderheiten. Zudem herrschen in einer Diskothek andere Regeln als auf einer Bühne, gilt in einem Ballsaal eine andere Etikette als bei einer Open-Air-Veranstaltung.

Auftreten in der Tanzschule

Hier geht es heute meist sehr locker zu. Sie können in gepflegter Alltagskleidung erscheinen. Anzug und Krawatte für den Herrn oder der obligatorische Rock für die Damen sind schon lange nicht mehr Pflicht. Primär geht es darum, tanzen zu lernen und gemeinsam Spaß zu haben. Dabei sollte sich jeder wohlfühlen und so kommen, wie er gern möchte, solange er nicht ungepflegt ist oder den anderen Teilnehmern unangenehm auffällt.

Beim Abschlussball sieht die Kleiderordnung dann allerdings anders aus. Der Veranstaltung wird ein feierlicher Rahmen gegeben und auch das Benehmen in eleganter Kleidung eingeübt. Für Jugendliche muss das deswegen noch nicht die hohe Abendgarderobe sein, aber festlich sollten sie sich schon kleiden. Die aktuelle Mode bietet hier für beide Geschlechter viele Möglichkeiten.

Sich in Schale werfen
Ballkleidung ist zu festlichen Veranstaltungen wie einem Sylvesterball oder einem großen Ball einer Tanzschule Pflicht. Dazu gehört für den Herrn ein Smoking, Frack oder Stresemann, für die Frau ein Ballkleid. Wenn Sie dafür nicht so viel Geld ausgeben können oder wollen, gibt es auch die Möglichkeit, sich in einem Kostümverleih etwas auszuleihen oder in Secondhandläden günstig zu kaufen. Wählt man eine neutrale, typgerechte Farbe, lohnt sich aber oft auch ein Neukauf, da man das Kleid jahrelang tragen kann – vorausgesetzt, die Figur bleibt relativ gleich.

Sportveranstaltungen

Ob Fußball oder Schwimmen, Ballett oder Kampfsport, Springreiten oder Eistanz, Marathonlaufen oder Bogenschießen, Sport führt Menschen zusammen und verbindet sie. Daher geht es auch im Sport – sowohl im Training als auch bei großen Wettbewerben und Showveranstaltungen – nicht ohne Regeln für das menschliche Miteinander.
Als Zuschauer halten Sie sich an die Hausordnung des Veranstalters, ob das der Golfclub, ein Fußballverein oder eine Ballettschule ist. Manchmal gibt es Kleidervorschriften und Regeln zum Verhalten auf den Sportplätzen oder in den Hallen. Je nach Art der Veranstaltung sollten Sie Ihr Handy ausschalten und nicht durch Reden stören.
Für Teilnehmer ist es vor allem wichtig, die speziellen Sport- und Vereinsregeln zu beachten, die richtige Sportkleidung in passender Größe zu tragen, auf Hygiene und saubere Kleidung zu achten und allzeit fair zu bleiben. Lernen Sie die Verhaltensweisen und die Fachbegriffe, die in der gewählten Sportart gelten. Achten Sie darauf, immer frische Sportsachen anzuziehen – ein mehrmals getragener Sportdress kann sehr unangenehm riechen. Das Problem: Der Träger selbst riecht es oft nicht, wohl aber seine Sportskameraden. Je nach Sportart gehört auch eine gründliche Dusche nach dem Training oder dem Wettbewerb dazu. Den Small Talk während des Trainings sollten Sie auf allgemeine oder sportliche Themen beschränken.
Tabu: Arbeitsgespräche oder „Kundenfang". Sollte sich in einer kurzen

Konversation eine interessante Möglichkeit zur Zusammenarbeit zeigen, verlegen Sie weitere Gespräche darüber auf später. Sie können Visitenkarten austauschen und sich privat kontaktieren oder bei einem anschließenden Besuch in einem Lokal darüber sprechen.

Fair Play

Dazu gehört vor allem:

- die Regeln der ausgeübten Sportart lernen und einhalten
- die Techniken richtig beherrschen, um weder sich selbst noch andere zu gefährden
- Pünktlichkeit
- bei Wettkämpfen dem Sieger gratulieren
- jeden Sportler akzeptieren, egal welche Sportart er sich ausgesucht hat und wie er sie ausübt, solange dabei niemand zu Schaden kommt

Tabu: laut Schimpfen und Fluchen, über andere herziehen.

Die Einkehr danach

In vielen Sportclubs ist es üblich, dass sich die Teilnehmer nach dem Training noch im Vereinsheim oder in der Stammgaststätte treffen und dort gemeinsam etwas essen oder trinken. Hier haben alle Gelegenheit, sich ungestört zu unterhalten, was während des Trainings meist nicht möglich ist. Wer neu hinzukommt, kann – sofern der Wunsch besteht, die Kontakte zu vertiefen – nun Visitenkarten austauschen. Es ist empfehlenswert, bei den Treffen zumindest hin und wieder dabei zu sein, um sich in die Gruppe zu integrieren.

ÜBER NACHT

Im Hotel

Ob Frühstückspension oder Luxushotel – Frau und Mann von Welt wissen sich überall und jederzeit souverän zu verhalten. Gast in einem Hotel zu sein heißt auch, sich dem Stil des Hauses entsprechend zu benehmen.

Vorab

Reservieren Sie Ihr Hotelzimmer rechtzeitig. Geben Sie Ihre Wünsche genau durch, damit es zu keinen unerfreulichen Überraschungen kommt. Erkundigen Sie sich nach den Angeboten und buchen Sie gegebenenfalls weitere Arrangements oder Termine, beispielsweise für eine Wellnessbehandlung, gleich mit. So können Sie sichergehen, dass Ihre Zusatzwünsche berücksichtigt werden.

Stornieren Sie Ihre Reservierung, wenn Sie sie nicht einhalten können, baldmöglichst.

Haben Sie nicht reserviert, beispielsweise wenn Sie gerade auf der Durchreise sind und spontan eine Bleibe suchen, gehen Sie an die Rezeption und fragen Sie, ob ein Zimmer frei ist und wie viel es kostet. Wenn Sie das Hotel noch nicht kennen, lassen Sie sich das Zimmer zeigen. Achten Sie auf die sanitären Einrichtungen, darauf, ob die Betten sauber und frisch bezogen sind, und auf die allgemeine Sauberkeit im Zimmer. Auch ein Blick aus dem Fenster sollte sein. Der ist vor allem dann wichtig, wenn Sie länger bleiben möchten.

Die Kunst der „Sterndeutung“

Jeder hat sie schon einmal gesehen, doch wissen Sie auch, was die Sterne der Hotels bedeuten? Hier die Einteilung der Deutschen Hotelklassifizierung:

* **Tourist:** Unterkünfte für einfache Ansprüche

** **Standard:** Hier kommen mittlere Ansprüche auf ihre Kosten

*** **Komfort:** Gehobene Ansprüche sind in dieser Kategorie gut untergebracht

**** **First Class:** wird hohen Ansprüchen gerecht

***** **Luxus:** für höchste Ansprüche das Beste

Weitere Informationen finden Sie zum Beispiel unter www.hotelsterne.de.

Ein- und Auschecken

Einchecken: Treffen Sie erst nach dem angegebenen Zeitpunkt bzw. erst nach 18 Uhr ein, geben Sie im Hotel Bescheid, wann Sie in etwa ankommen werden. So verhindern Sie, dass das Zimmer anderweitig vergeben wird. In der Regel stehen die Zimmer ab 14 Uhr zur Verfügung.

Logieren: Gehen Sie sorgsam mit dem Zimmer und allen Einrichtungsgegenständen um – am besten so, als wären es Ihre eigenen. Hinterlassen Sie das Zimmer und das Bad so, wie Sie es auch selbst als angenehm empfinden. Natürlich wird es nach Ihrer Abreise geputzt, aber Sie sollten das Personal nicht unnötig für Ihre Unaufmerksamkeiten beanspruchen.

Auschecken: Halten Sie sich an die Zeit, zu der das Zimmer wieder frei sein sollte – üblicherweise gegen 12 Uhr. Gegebenenfalls können Sie auch eine andere Zeit vereinbaren, am besten gleich bei der Buchung. Ein wenig Spielraum ist manchmal vorhanden, ansonsten bietet man Ihnen wahrscheinlich an, das Gepäck in der Zwischenzeit aufzubewahren, wenn Sie noch etwas am Ort zu erledigen haben.

Souverän auftreten

In einem Hotel gilt es die Kunst zu beherrschen, sich gleichermaßen als Gast und wie zu Hause zu benehmen.

Einchecken: Melden Sie sich zunächst an der Rezeption an. Wenn Sie mit dem eigenen Auto unterwegs sind, lassen Sie das Gepäck erst einmal im Wagen, bis die Formalitäten erledigt sind. Anschließend holen Sie die Koffer. Je nach Hotelkategorie hilft Ihnen das Personal mit dem Gepäck und fährt den Wagen weg – bzw. zeigt Ihnen den Weg zur Garage und zum Zimmer. Geben Sie dem Kofferträger oder Wagenmeister ein Trinkgeld in Höhe von etwa 2 Euro. Bei mehreren oder sehr schweren Gepäckstücken darf es auch etwas mehr sein. Kommen Sie mit der Bahn, vereinbaren Sie vorab den Transfer vom Bahnhof zur Unterkunft oder nehmen Sie ein Taxi.

Kleidung: Feste Kleiderordnungen gibt es in den Hotels nicht, Sie sollten sich dem Stil des Hauses anpassen. Im Zimmer können Sie es sich natürlich bequem machen, doch auf dem Weg durch das Haus ist auf angemessene Kleidung zu achten, ganz besonders beim abendlichen Restaurant-

besuch. Nutzen Sie den Kleiderschrank und lassen Sie Ihre Garderobe nicht im Koffer. Manche Hotels bieten einen Bügelservice.
Tabu: in Badekleidung oder barfuß durch das Haus oder ins Restaurant gehen. Im Morgenmantel beim Frühstück erscheinen.
Ruhezeiten: Sie gelten auch im Hotel. Verhalten Sie sich vor allem abends in den Fluren und auf dem Zimmer leise. Auf der anderen Seite können Sie Rücksichtnahme seitens des Personals erwarten. Wenn Sie nicht gestört werden möchten, nutzen Sie das entsprechende Türschild, das Sie außen an den Türgriff hängen.
Minibar: In der Regel sind alle Getränke und Snacks aus der Minibar zu bezahlen. Bevor Sie sich bedienen, achten Sie auf die Preise, damit es hinterher kein böses Erwachen gibt. Sie sollten den kleinen Kühlschrank niemals für andere Dinge „zweckentfremden" und auf dem Zimmer mitgebrachte Lebensmittel verzehren.

Steht ein essbarer Willkommensgruß für Sie bereit, ist er kostenlos. Das kann zum Beispiel eine Schale mit Obst oder eine Flasche Wasser sein. Ist eine Kaffeemaschine oder ein Wasserkocher im Zimmer aufgestellt, bedeutet das, dass Sie kostenlos Kaffee und Tee zubereiten können.
Tipp: Achten Sie generell auf die Preisliste, die im Zimmer ausliegt. Hier sollten alle Preise detailliert und vollständig aufgeführt sein.

Sonstige Tabus

Im Restaurant so laut reden oder lachen, dass sich die anderen Gäste nicht mehr in Ruhe unterhalten können. Beim Frühstück Lunchpakete packen. Eigene Kochutensilien wie Campingkocher und -geschirr mitbringen und auf dem Zimmer Mahlzeiten zubereiten und essen. Andere Gäste lautstark kritisieren oder einen Streit beginnen. Laute Musik, Tanzpartys auf dem Zimmer oder sehr geräuschvolle Liebestage und -nächte.

Souvenirs, Souvenirs

Hotelsouvenirs einstecken ist absolut TABU und Diebstahl! Manche Menschen nehmen sich gern das kuschelige Handtuch, den schicken Aschenbecher oder ein nettes Glas mit dem Hotellogo mit und denken, alle

Gegenstände mit Logo wären automatisch „Werbegeschenke". Dem ist jedoch nicht so. Was Sie sicher mitnehmen dürfen: portionierte Verbrauchsgegenstände wie Seife, Duschgel, Zahnbürste, Einmalhausschuhe, Streichholzschachtel – sie sind für Sie zum persönlichen Gebrauch gedacht. Angebrochene Packungen müssen nach Ihrem Besuch ohnehin entsorgt werden. Nicht mitnehmen dürfen Sie Handtücher und Bademäntel, Aschenbecher, Kleiderbügel, Gläser oder Dekoration. Die Schreibmappe bleibt ebenfalls im Hotel, das Briefpapier können Sie benutzen.

Tipp: Dem Trend und allgemeinen Kundenwünschen folgend gehen viele Hotels dazu über, ihre Utensilien auch zum Kauf anzubieten. Erkundigen Sie sich daher gegebenenfalls, ob Sie das Wunschstück kaufen können.

Umgang mit dem Personal

Behandeln Sie das Hotelpersonal vom Hoteldirektor bis zum Zimmermädchen stets höflich und respektvoll. Wenn Sie Fragen haben, fragen Sie freundlich. Wenn Sie eine Bitte haben, bitten Sie freundlich. Eine gute Anlaufstelle ist immer die Rezeption.

Wenn Sie sich **beschweren** wollen, gehen Sie diskret damit um. Wenden Sie sich an das Hotelmanagement – in einem guten Haus wird man sehr darum bemüht sein, Ihnen den Aufenthalt so angenehm wie möglich zu machen. Sorgen Sie dafür, dass andere Gäste möglichst nichts von Ihrer Beschwerde mitbekommen.

Hat Ihr Zimmernachbar die Lautstärke des TV-Geräts so hoch eingestellt, dass Sie jedes Wort mithören können, streitet ein Paar heftig und lautstark oder bellt der mitgebrachte Hund laufend, wenden Sie sich diskret an die Rezeption. Lassen Sie sich nicht selbst auf Diskussionen mit den Zimmernachbarn ein, sondern lassen Sie die Hotelangestellten die Angelegenheit regeln – dazu sind sie unter anderem auch da. Achten Sie Ihrerseits darauf, dass Sie andere Gäste nicht stören.

Tabu: das Personal „zur Schnecke machen" oder andere unhöfliche Verhaltensweisen, wie zu kleinlich, rücksichtslos und unnachgiebig sein.

Die Sache mit dem Trinkgeld

Ob und wie viel Trinkgeld Sie geben, hängt generell ganz von Ihrer Zufriedenheit ab. Es ist in Deutschland keine Pflicht, aber eine übliche Geste, guten Service mit einem Trinkgeld wertzuschätzen. In einem Hotel geben Sie das Trinkgeld je nach Anlass: Hilft man Ihnen beim Koffertragen, geben Sie in Europa etwa ein bis zwei Euro. Je nach Gepäck, Hotelkategorie und Aufenthaltsdauer kann es auch etwas mehr sein. Das Zimmermädchen bekommt beim Auschecken eine monetäre Aufmerksamkeit.

Richtlinien für das Trinkgeld:

- allgemein: pro Dienst ab 1 Euro, je nach Service dürfen es auch rund 10 Euro oder mehr sein
- Gepäckträger und Bote: 1 bis 2 Euro pro Gepäckstück oder Gang
- Kinder- oder Tiersitter: je nach Dauer etwa ab 2 Euro
- Restaurant/Café : 5 bis 10 Prozent
- Taxifahrer: etwa 10 Prozent, bei gutem Service auch etwas mehr
- Toilettenservice: 50 Cent bis einen Euro
- Wagenmeister: 2 Euro für eine Fahrt
- Wellnessbehandlungen: etwa 1 Euro pro Leistung
- Zimmerservice: etwa 1 bis 2 Euro pro Dienst
- Zimmermädchen: etwa 1 Euro pro Nacht

Mit Kindern im Hotel

Wenn Sie mit Kindern unterwegs sind, sollten Sie vorab nachfragen, ob das gewünschte Hotel für Kinder ebenfalls geeignet ist, damit sich auch die Kleinen wohlfühlen – ihrem Alter und ihren Bedürfnissen gemäß. Machen Sie die Kinder mit den wichtigsten Umgangsformen im Hotel vertraut und erklären Sie ihnen, wer wofür zuständig ist. Wenn Sie ältere Kinder auch mal kurz im Hotelzimmer allein lassen, sollten Sie am besten das Handy mitnehmen, um jederzeit erreichbar zu sein, und die Telefonnummer der Rezeption aufschreiben bzw. die eingespeicherte Nummer zeigen, damit sie in Notfällen schnell Hilfe rufen können. Manche Hotels bieten auch spezielle Kinderbetreuung für verschiedene Altersstufen und Kindergärten an, in denen die Kleinen einstweilen versorgt sind, solange Sie anderen Beschäftigungen nachgehen.

Mit Tieren im Hotel

Viele Hotels haben sich in den letzten Jahren auch auf vierbeinige Gäste eingestellt, allerdings oftmals mit sehr hohen Preisen für den zusätzlichen Aufwand wie Körbchen, Decke und Futternapf. Es gibt sogar spezielle Hundehotels und Ferienwohnungen, die extra dafür ausgestattet sind. Ein Hundesitter ist in der Regel zusätzlich zu bezahlen. Ins Restaurant dürfen die kleinen, haarigen Gäste meist nicht mitkommen. Erkundigen Sie sich auf jeden Fall vor der Reise, mit welchen Kosten Sie rechnen müssen und welche Leistungen Sie dafür im Einzelnen erwarten dürfen.

Übernachtungsgäste zu Hause

Sie feiern eine tolle Party und es wird so spät, dass manche Gäste nicht mehr nach Hause fahren wollen oder können? Verwandtschaftsbesuch kündigt sich an, der ein paar Tage bei Ihnen verbringen möchte? Was tun?

Jemanden bei sich zu Hause aufnehmen

Machen Sie Ihrem Gast den Aufenthalt so angenehm wie möglich! Dazu gehört: ein frisch überzogenes Bett, wenn möglich in einem eigenen Zimmer, das aufgeräumt und gut gelüftet ist. Stellen Sie einen Tisch und einen Stuhl bereit, damit Ihr Gast seine Sachen ablegen kann. Ein paar Kleiderbügel zum Aufhängen der Garderobe sind ebenfalls hilfreich. Eine Flasche Wasser sowie ein Trinkglas sollten bereitstehen und nach Wahl auch ein kleines „Betthupferl" auf dem Kissen liegen. Frische Blumen runden den Willkommensgruß ab.

Rundgang: Zeigen Sie Ihrem Gast, wo er in Ihrem Haus was findet – Küche, Toilette, Bad und Dusche, Sitzgelegenheiten und natürlich seinen Schlafplatz. Bieten Sie ihm die Teilnahme an allen Mahlzeiten an. Sie sollten ihm die wichtigsten Küchenutensilien zeigen und wie man die Kaffeemaschine bedient. Nehmen Sie auch seine Hilfeangebote an, sofern sie Ihnen angenehm sind.

Das Badezimmer: Im Bad sollte Platz für die Kosmetikutensilien Ihres Gastes sein. Richten Sie einen Zahnputzbecher her und für spontane Übernachtungsgäste auch Zahnpasta. Stellen Sie ein Hand- und ein Duschtuch, eventuell einen Bademantel und Hausschuhe zur Verfügung. Umsichtige Gastgeber richten ein kleines Körbchen mit verschiedenen Kosmetikutensilien her, aus dem sich der Gast bedienen kann, falls er selbst das Shampoo oder eine Creme vergessen hat. Heftpflaster und Kopfschmerztablette sollten ebenfalls nicht fehlen.
Gemeinsame Aktivitäten: Nehmen Sie sich Zeit für Gespräche und gemeinsame Unternehmungen, sprechen Sie aber auch ab, wann Sie selbst Dinge erledigen müssen. Für diese Zeiten ist es empfehlenswert, dem Gast ein paar Hinweise zu geben, was man vor Ort besichtigen oder erleben kann. Sein Zimmer sollten Sie während seines Aufenthalts nicht einfach betreten, sondern immer anklopfen oder fragen, ob Sie sich kurz etwas holen dürfen. Je nach Vertrauensverhältnis können Sie auch einen Hausschlüssel aushändigen.

Selbst Gast sein

Nehmen Sie die Einladung zum Übernachten mit Dankbarkeit an, aber nützen Sie das Angebot nicht unnötigerweise aus.
Mitbringsel 1: Bringen Sie auf jeden Fall ein Gastgeschenk mit – das Mindeste ist ein Blumenstrauß oder eine Flasche Wein, noch besser ein individuell für den Gastgeber ausgewähltes Präsent. Dazu sollten Sie allerdings seine Vorlieben etwas kennen. Fragen Sie eventuell gemeinsame Bekannte oder Verwandte. Bei der Auswahl sollten Sie vor allem bedenken: Das Geschenk ist Ausdruck Ihrer Dankbarkeit für die Mühen, die sich der Gastgeber Ihretwegen macht – und sollte im ideellen Sinne ein angemessener Ausgleich dafür sein.
Mitbringsel 2: Klären Sie vorher ab, was Sie für die Übernachtung selbst mitbringen sollen: Schlafsack, Decke, Luftmatratze oder Kissen? Ja nachdem, wie viele Gäste kommen, hat Ihr Gastgeber vielleicht nicht ausreichend Schlafmöglichkeiten. Empfehlenswert ist es auch, eigene Handtücher dabei zu haben, gerade wenn mehrere Gäste gleichzeitig zu Besuch

sind. Ausnahme: Der Gastgeber bittet Sie ausdrücklich darum, nichts mitzubringen. Ihre persönlichen Kosmetikutensilien sollten Sie allerdings immer dabei haben, wenn möglich aber in Reisegröße, um nicht zu viel Platz zu beanspruchen.

Tipp: Nehmen Sie ein dünnes Mikrofaserhandtuch als Reserve mit.

Tabu: die Kosmetikprodukte oder Parfums Ihres Gastgebers durchzuprobieren. Das ist ein unerlaubtes Eindringen in seine Intimsphäre. Ganz zu schweigen von der Peinlichkeit, durch den Duft „überführt" zu werden. Benötigen Sie eine Handcreme oder eine Kopfschmerztablette, fragen Sie danach! Interessiert Sie ein offen herumstehendes Produkt, gilt ebenso: fragen!

„Fühl dich wie zu Hause": Auch wenn Ihr Gastgeber das zu Ihnen sagt, ist das kein Freibrief dafür, sich überall bedienen zu können, sondern vor allem ein Zeichen dafür, dass Sie herzlich willkommen sind. Sie sollten dennoch immer fragen, wenn Sie etwas benutzen möchten, beispielsweise das Telefon oder die Kaffeemaschine. Bieten Sie Ihre Mithilfe im Haushalt an – ob Frau oder Mann. Drängen Sie sich allerdings auch nicht auf oder versuchen Sie nicht, Ihrem Gastgeber etwas beizubringen. Ausnahme: Er fragt Sie direkt nach Ihrer persönlicher Meinung oder nach einem Tipp. Lehnt der Gastgeber Ihr Hilfeangebot ab, nehmen Sie es nicht persönlich. Manche Menschen möchten sich um die Dinge in ihrem Heim am liebsten nur selbst kümmern. Betreten Sie nie Räume, solange der Gastgeber sie Ihnen nicht gezeigt und Sie nicht mit den wichtigsten Bereichen vertraut gemacht hat. Halten Sie generell Ihre Neugierde zurück und bewahren Sie eine gesunde Distanz, so dass Ihr Gastgeber Sie nicht als unangenehmen Eindringling empfindet.

Rund um die Zeit: Sprechen Sie am besten auch ab, wie Sie die Zeit verbringen möchten. Nichts ist schlimmer, als wenn Gastgeber wie Gast sich gezwungen fühlen, die ganze Zeit zusammen zu sein, obwohl der Besucher vielleicht lieber einen Spaziergang allein machen möchte oder der Gastgeber dringende Telefonate zu erledigen hat und dies nicht in Ruhe tun kann. Sorgen Sie dafür, dass Sie nicht zu lange „aufeinanderhocken", sonst können Sie sich bald nicht mehr riechen, gemäß dem alten Sprichwort: „Besuch ist wie Fisch: Nach drei Tagen fängt er an zu stinken".

Als Gast halten Sie sich an die gewohnten Zeiten Ihres Gastgebers. Sind Sie bei einer Familie mit Kindern, nehmen Sie Rücksicht auf deren Schlafenszeiten.

Im fremden Bett: Machen Sie morgens das Bett bzw. ziehen Sie es ab, wenn Sie keine weitere Nacht mehr dort verbringen. Früher war es tabu, das Bett und die Matratze abzuziehen, um keine hässlichen Flecken bloßzulegen. Heute gilt: Der Gast zieht die Bettwäsche ab und legt sie locker zusammen, damit der Gastgeber sie ohne weiteren Aufwand gleich in die Waschmaschine stecken kann. Da viele Gastgeber noch die alte Regel handhaben, achten Sie darauf, ob ein Kommentar fällt wie „das Bett brauchst du nicht abzuziehen" … dann sollten Sie das auch nicht tun. Wenn Sie unsicher sind, fragen Sie vorher lieber offen nach.

Das Zimmer: Vor allem bei einem längeren Aufenthalt sollten Sie sich um das Zimmer kümmern, als wäre es Ihr eigenes: aufräumen, lüften, putzen, staubsaugen. An die persönlichen Dinge des Gastgebers sollten Sie allerdings nicht gehen oder es vorher mit ihm absprechen, zum Beispiel wenn Sie Regale abstauben möchten und dafür die Dekoration wegräumen müssen.

Essen: Richten Sie sich nach den Essenszeiten und -gewohnheiten Ihrer Gastgeber. Helfen Sie beim Aufdecken, Abräumen und Abwaschen. Das Kochen sollten Sie besser den Gastgebern überlassen, Sie können jedoch jederzeit zur Hand gehen und zum Beispiel Zutaten schneiden.

Tipp: Laden Sie Ihre Gastgeber zu einem Restaurantbesuch ein.

Tabu: private Räume zu betreten, wenn sie nicht ausdrücklich erlaubt und gezeigt wurden. Das gilt vor allem für das Schlafzimmer, die Kinderzimmer und Arbeitsräume.

Ohne zu fragen sich etwas aus Schränken oder der Hausapotheke zu nehmen – ob Kosmetikartikel, Haarbürste, Putzmittel oder Schmerztabletten. Sich ohne Aufforderung selbst zu bedienen oder es sich bequem zu machen – sich Lebensmittel nehmen, ein Getränk einschenken und die Füße auf dem Sofa hochlegen.

Gäste auswärts einquartieren

Wenn Sie für große Feierlichkeiten wie beispielsweise eine Hochzeit Gäste auch auswärts einquartieren müssen, können Sie die Reservierung übernehmen oder Ihren Gästen Unterkünfte empfehlen.

WICHTIG: Sprechen Sie die Bezahlung vorher klar ab. Ob Sie die Übernachtungskosten übernehmen möchten oder nicht, entscheiden Sie. Hier gibt es keine vorgegebenen Regeln. Ein entsprechender Vermerk auf der Einladung ist jedoch wichtig, damit Ihre Gäste Bescheid wissen und es nicht zu peinlichen Missverständnissen kommt. Sie können auch gleich eine paar gute Hotels und Pensionen empfehlen und die jeweiligen Übernachtungspreise dazu angeben. Mit manchen Hotels lassen sich auch Spezialpreise aushandeln.

Möchten Sie für besonders wichtige Gäste wie Trauzeugen die Hotelkosten übernehmen, klären Sie dies vorher mit ihnen persönlich ab oder machen Sie auf der Einladungskarte einen handschriftlichen Vermerk.

Bei Hochzeiten ist es auch eine Möglichkeit, gleich in einem Hotel zu feiern. Vorteil: schönes Ambiente, kein zusätzlicher Fahrweg und gemeinsamer Ausklang am nächsten Tag. Variante: Wenn Sie dennoch in einer Gaststätte feiern möchten, können Sie alle Gäste in einem Hotel unterbringen und einen Transfer zwischen der Gaststätte und dem Hotel anbieten. So können alle etwas Alkohol trinken und Sie verhindern, dass sich jemand verfährt.

Ein Haus oder eine Wohnung hüten

Wer auf Reisen geht, benötigt in der Regel für die Zeit seiner Abwesenheit einen Wohnungshüter, der auf das Heim aufpasst und sich um die Pflanzen kümmert. Manchmal bittet auch ein Freund oder Bekannter Sie, diese Aufgabe für ihn zu übernehmen.

Der Reisende sollte auf folgende Punkte achten

Tauschen Sie gegenseitig Telefonnummern aus, unter denen Sie beide während der Urlaubszeit sich jederzeit erreichen können. Achten Sie gegebenenfalls auf Zeitverschiebungen. Auch Notfallnummern vor Ort oder von der Familie in Deutschland sollten Sie aufschreiben.

Da der Briefkasten regelmäßig geleert werden muss, legen Sie den Briefkastenschlüssel bereit und vergessen Sie nicht, eine Vollmacht für die Post auszustellen, sollte ein Paket oder eine andere Sendung kommen, die nur mit Unterschrift abgeholt werden kann. Sprechen Sie ab, welche Post wichtig ist und gegebenenfalls auch geöffnet werden sollte.

Achten Sie darauf, dass alle Pflanzen frei zugänglich sind. Räumen Sie alle persönlichen Gegenstände weg.

Für den Haushüter gilt

Achten Sie die Intimsphäre des Reisenden, auch wenn er gerade nicht da ist. Betreten Sie vor allem das Schlafzimmer und das Arbeitszimmer nur zum Blumengießen und um die Jalousien zu öffnen und zu schließen. Ansonsten sind diese Räume tabu!

Öffnen Sie keine Schränke und Schubladen. Benutzen Sie nur die Gegenstände, die Sie unmittelbar für Ihren Dienst benötigen, zum Beispiel die Gießkanne oder eine Blumenschere.

Öffnen Sie keine Post, wenn Sie nicht ausdrücklich gebeten wurden, Sendungen eines bestimmten Absenders oder zu einem speziellen Thema zu öffnen und den Verreisten über den Inhalt zu informieren.

Passiert Ihnen ein kleines Missgeschick, wägen Sie gut ab, ob Sie den Besitzer deswegen noch im Urlaub informieren oder nicht besser warten, bis er wieder zurück ist. Meist reicht es, hinterher darüber zu sprechen und den Schaden auszugleichen.

Wer auch auf eine Katze oder einen Hund aufpasst, sollte sich vorher die Telefonnummer und Adresse des behandelnden Tierarztes und eine Notfallnummer geben lassen. Erkundigen Sie sich, wie das Tier bei einem Tierarztbesuch in der Regel reagiert und worauf Sie aufpassen müssen.

Souverän im Business

Sicher, souverän und selbstbewusst aufzutreten öffnet im Geschäftsleben viele Türen wesentlich leichter. Wer durch gute Umgangsformen die Sympathien und das Vertrauen von Vorgesetzten, Kunden, Kollegen oder Dienstleistern gewinnen kann, schafft sich eine gute Basis für Erfolg. Denn das wertschätzende Miteinander wird auch im Berufsleben immer wichtiger, ohne gute Kontakte ist ein Vorwärtskommen für den Einzelnen dauerhaft kaum mehr möglich. Machen Sie sich fit in Benimm-Fragen wie zum Beispiel zu Dresscodes und Image, Arbeitsstil und Ordnung, Verhalten im Team, Tischsitten oder Bewerbungen.

BUSINESS-BASICS

Nach einer Zeit der zunehmenden Lässigkeit im Geschäftsleben scheint nun ein starker Richtungswechsel gekommen zu sein. Lockerheit im Umgang ist zwar nach wie vor für viele wichtig, doch nur in Verbindung mit gutem Benehmen. Gekonntes Auftreten gehört heute im Berufsleben neben einem fundierten Fachwissen unbedingt dazu. Dabei kommt es nicht so sehr darauf an, dass einzelne Verhaltensweisen perfekt sitzen, sondern auf die Gesamtausstrahlung eines Menschen, die vor allem geprägt ist durch:

- gute Umgangsformen
- ein gepflegtes Äußeres
- Selbstsicherheit und Selbstbewusstsein
- Charakter und Herzensbildung
- Allgemeinwissen und Geistesbildung

Gerade wer höhere Positionen anstrebt, muss auf ein korrektes, perfektes Auftreten höchsten Wert legen. Denn das Aussehen und der menschliche Umgang miteinander sind zu einem erheblichen Teil am Erfolg beteiligt. Harte Fakten zählen längst nicht so viel wie bisher angenommen. Innerhalb weniger Sekunden entscheiden wir aufgrund des Auftretens und des Erscheinungsbildes eines Menschen, ob er uns sympathisch ist, wir ihm vertrauen und mit ihm Geschäfte machen wollen – oder eben nicht.

Fettnäpfchen im Business sind nicht immer so dramatisch wie oft dargestellt, allerdings in erster Linie äußerst peinlich für den Betroffenen. Unter Umständen kann ein Fehltritt jedoch auch das Ansehen (in) der Firma, einen Auftrag oder den Job kosten. Die beruflichen Anforderungen sind vor allem für Manager in den letzten Jahren enorm gestiegen, ebenso die Anzahl der möglichen Fettnäpfchen, in die man hineintappen kann. Veränderte Rahmenbedingungen, laufende Umstrukturierungen, Wachstum und Globalisierung fordern Wachsamkeit und Flexibilität auf allen Ebenen. Gerade durch die zunehmende weltweite Vernetzung hat außerdem die Gefahr für interkulturelle Missverständnisse vehement zugenommen. Wer da nicht fit ist im Einmaleins des guten Benehmens, verbaut sich möglicherweise entscheidende Chancen.

Was sich sonst noch verändert hat:

- Die traditionellen Frauen- und Männerrollen gelten im Geschäftsleben nicht mehr. Es zählt einzig die Hierarchie.
- Oft tritt eine starke Verunsicherung bei beiden Geschlechtern auf, da die alten Rollen keine Sicherheit mehr geben, die neuen aber noch nicht richtig eingeführt sind.
- Auch wenn es langsam vorangeht, sind Frauen in Führungspositionen doch immer häufiger vertreten. Das bedeutet eine Umstellung im Miteinander für alle Betroffenen.
- Mitarbeiter werden immer mehr zu einem bedeutenden Aushängeschild für die Unternehmen. Daher ist gutes Benehmen außerdem ein entscheidender Erfolgsfaktor.
- Die weltweite Vernetzung wird immer wichtiger – und damit auch das entsprechende interkulturelle Know-how.

DRESSCODES UND IMAGE

Die Kunst, sich im Berufsalltag richtig zu kleiden, besteht darin, die gängigen Kleidungsvorschriften zu kennen und sie mit dem persönlichen Stil gekonnt zu verbinden. Sie dürfen im Beruf in der Regel nicht mit Ihren bequemen Alltagsklamotten erscheinen, können aber bei der Wahl Ihrer Businessgarderobe darauf achten, dass die Kleidungsstücke wirklich gut sitzen, aus angenehmen Materialien bestehen und Ihrem individuellen Stil entsprechen. Denn wer sich im Businessoutfit wohl- und authentisch fühlt, ist selbstbewusster und kann sich auf die geschäftlichen Themen wesentlich besser konzentrieren. Zudem ist die Garderobe eine Art Visitenkarte und trägt unser Image nach außen.

In Firmen macht das Erscheinungsbild des Personals einen Teil des Gesamteindrucks aus, den ein Unternehmen der Öffentlichkeit präsentiert. Von den Mitarbeitern wird daher in der Regel auch erwartet, ihr Auftreten und ihr Outfit auf dieses Image abzustimmen. Manchmal gibt es einheitliche Uniformen oder Vorgaben, welchen Stil die Kleidung haben soll und welche Farben bzw. Farbkombinationen gewünscht sind. Sie sollten sich unbedingt daran halten.

Folgende Fragen helfen bei der Auswahl Ihrer Garderobe:

- Um welchen Anlass geht es?
- Was ist das Ziel?
- Wer ist alles dabei?
- Welchen Eindruck sollen diese Menschen von mir gewinnen?

Allgemeine Regeln

Pflege: Oberstes Gebot – Kleidung muss sauber, gepflegt und gebügelt sein. Achten Sie darauf, dass alle Knöpfe dran, keine Fäden gezogen oder Nähte aufgerissen sind. Kleidungsstücke, die aus der Reinigung kommen, auf verbliebene Etiketten überprüfen!

Farbe: Im Geschäftsleben sollte man grundsätzlich sparsam mit kräftigen Farben umgehen und die Basisgarderobe in dezenten Farben halten. Farbtupfer können Sie mit ein paar wenigen Accessoires ins Spiel bringen. Außerdem gilt: je höher die Position, desto dunkler der Anzug.

Material und Marken: Ist es im Alltag eher Geschmackssache, welche Materialien unsere Kleidung hat, sollten Sie im Geschäftsleben auf hochwertige Stoffe achten. Denn auch das Material wirkt. Manchmal empfiehlt es sich, auf gute Marken zu achten, in erster Linie geht es jedoch um die Qualität der Kleidungsstücke, nicht um das Image einer Markenfirma.

Gürtel: Zu jedem Kleidungsstück, das Gürtelschlaufen hat, gehört auch ein Gürtel. Er sollte in Farbe, Qualität und Stil den Schuhen und der Tasche angepasst sein. Das Material muss nicht gleich sein, soll aber gut harmonieren.

Je nachdem: Generell sollte die Kleidung dem Beruf bzw. dem Anlass angemessen sein. In einer Bank gelten andere Kleidungsvorschriften als in einem Designbüro oder einer Bäckerei. Außerdem sind die Regeln von Firma zu Firma verschieden. Wenn Sie einen neuen Job beginnen, dann passen Sie sich den Gepflogenheiten in Ihrem neuen Unternehmen an.

Richtlinien: Sie sollten sich umso genauer an die Kleiderregeln halten, je offizieller der Anlass und je älter und daher oft auch konservativer die Personen sind, mit denen Sie zu tun haben. Bei einem Zusammentreffen mit fremden Menschen ist eine perfekte Garderobe ebenfalls empfehlenswert.

Kleidung situativ auswählen

An der Art des Unternehmens und den dort üblichen Regeln sollten Sie Ihre Garderobe ausrichten. Weitere wichtige Kriterien sind außerdem, ob Sie täglich Kundenkontakt haben, in welcher Hierarchiestufe Sie sich bewegen und in welcher Branche Sie tätig sind. In der Finanzwelt gibt es zum Beispiel ganz andere Anforderungen als in Kreativberufen. Ebenso gilt es jeden Tag aufs Neue bei der Auswahl der Garderobe zu überlegen, ob ein wichtiges Meeting, Kundenbesuche, ein Empfang, eine Einladung zu einem Geschäftspartner oder andere Veranstaltungen anstehen. Und schließlich sollten Sie Ihre Kleidung auch dem Ort entsprechend auswählen. Ein feines Restaurant erfordert einen anderen Stil als ein Szene-Café.

Tipp: Stellen Sie sich vor, wie Sie auf andere Menschen reagieren. Welches Auftreten erwarten Sie von einem Anwalt, Ihrem Steuer- oder Finanzberater, einem Gärtner oder Handwerker, einem Kellner oder der Verkäuferin in einer Modeboutique ...? Mit welcher Kleidung fühlen Sie sich wohl und angemessen gekleidet? Wählen Sie im Zweifelsfalle immer das bessere Outfit.

Casual Friday

Der „Casual Friday“ oder „Dress Down Friday“, die englische Bezeichnung für „legerer Freitag“, kam aus den USA zu uns und ist heute in ganz Amerika, Europa und Asien verbreitet. Gemeint ist die Gepflogenheit, in den Unternehmen am Freitag den strengen Dresscode zu lockern und legere Kleidung zu tragen, um nach Büroschluss gleich mit der Familie ins

Wochenende starten zu können. Sind wochentags Anzug und Krawatte Pflicht, darf es am Freitag daher auch mal eine schöne Jeans mit Shirt sein. Allerdings ist der große Boom bereits wieder am Abflauen und man kehrt auch am Freitag wieder mehr zum gewohnten „Business as usual" zurück. **Wichtig:** auf die internen Gewohnheiten in der Firma achten. In manchen Unternehmen ist auch am Freitag die Jeans nicht erlaubt. Ist dagegen der Casual Friday üblich, sollten Sie sich anschließen und nicht durch formelle Kleidung aus der Reihe tanzen. Ausnahme: Sind für den Freitag Meetings angesetzt, zu denen Vorgesetzte, Kunden oder externe Mitarbeiter eingeladen sind, dann ist förmliche Kleidung Pflicht!

Businesskleidung für sie

- Kostüme oder Hosenanzüge sollten in dezenten Farben gehalten sein und gut sitzen. Frauen können im Geschäftsleben durchaus etwas „farbiger" auftreten als Männer, sollten diese Farben jedoch nur sehr gezielt einsetzen
- Kleider und Röcke dürfen nie so kurz sein, dass sie mehr als eine Handbreit über dem Knie freigeben
- Blusen sind ebenfalls dezent, sauber und gut gebügelt. Im Gegensatz zu den Männern dürfen Frauen im Sommer auch auf Kurzärmliges zurückgreifen
- Feinstrumpfhosen sind selbst im Hochsommer ein Muss! Am besten immer eine Ersatzstrumpfhose dabei haben, falls es mal eine Laufmasche gibt
- Schuhe sollten geschlossen, in Ordnung und gut gepflegt sein. Im Hochsommer sind auch schöne Sandaletten erlaubt, sofern sie sich mit Feinstrumpfhose tragen lassen!
- Accessoires und Schmuck sind am besten schlicht und unaufdringlich, aber hochwertig. Allgemeine Regel: maximal fünf Teile tragen, davon höchstens drei Ringe
- Make-up und Parfum sollten täglich sein, aber dezent und natürlich
  Tipp: Fragen Sie Kolleginnen, denen Sie vertrauen, ob das Parfum angenehm ist.

Tabu:

- Kostüme oder Hosenanzüge in grellen Farben, auffälligen Mustern oder Musterkombinationen
- Alltagsjeans, sehr flippige Hosen und Jacken, Lederkleidung, Miniröcke und Minikleider, Bermudas und Hotpants sind in einem seriösen Büro nicht „tragbar"
- Blusen, die zu figurbetont oder gar hauteng, durchsichtig oder durchscheinend, knallbunt oder großgemustert sind, tiefe Ausschnitte, bauch- oder rückenfreie Tops und schulterfreie Pullis eignen sich ebenfalls nicht

  Ausnahme: ein feines Top unter einem Blazer, aber dann immer nur zusammen getragen.
- Feinstrumpfhosen mit Laufmaschen, ausgeleierte Strumpfhosen oder in falscher Größe, Strapse oder halterlose Strümpfe oder gar ganz ohne Strumpfhose kommen – das alles sind absolute No-Goes!
- Schuhe bitte nicht schmutzig, altmodisch, mit abgelaufenen Sohlen oder Absätzen. Außerdem sind Sandalen, Flip-Flops, Gesundheitsschuhe, Turnschuhe oder extrem hohe Absätze nicht erlaubt. Bei schlechter Witterung nehmen Sie die Schuhe für das Büro mit und wechseln die Regenschuhe oder Winterstiefel, wenn Sie angekommen sind
- Accessoires und Schmuck wie Goldkettchen, glitzernder Modeschmuck, Piercings oder große Ohrringe
- Make-up und Parfum – das Make-up sollte nicht zu dick aufgetragen oder auffällig bunt sein, Düfte nicht zu schwer, zu süß, zu aufdringlich oder zu üppig versprüht

Achtung: Wenn Sie jeden Tag dasselbe Parfüm verwenden, gewöhnt sich Ihre Nase allmählich daran und Sie können leicht zu viel auftragen! Daher öfter wechseln und generell wenig nehmen.

Businesskleidung für ihn

- Anzug in gedeckten Farben (am besten dunkelgrau oder dunkelblau, mit oder ohne Nadelstreifen) und gut sitzend

- Hemd in Weiß oder in Pastellfarben (klassisch: grau oder blau), sauber und ordentlich gebügelt, mit gut sitzenden Ärmeln und Hemdkragen. Auch im Sommer sollten Sie – ist korrekte Kleidung gefordert – ein langärmliges Hemd zum Anzug tragen.
- Krawatte ebenfalls in dezenten Farben, die auf den Anzug und das Hemd abgestimmt ist
- Socken sollten wadenhoch sein. Man darf keine behaarte Haut sehen. Helle Socken trägt der Mann nur zu heller Hose und hellen Schuhen, ansonsten wählt er dunkle Socken
- Schuhe müssen geschlossen und farblich zum Anzug passend, makellos und geputzt sein. Moderne Sneakers – auch wenn sie noch so schön sind – eignen sich höchstens für Anlässe, zu denen „Casual" erlaubt ist, beispielsweise für den „Casual Friday"
- Accessoires und Schmuck werden dezent gewählt. Es sind maximal fünf Stück erlaubt, davon höchstens zwei Ringe. Zum Beispiel der Partnerschafts- oder Ehering, ein Schmuckring, Armbanduhr, Manschettenknöpfe

TABU:

- Anzüge in bunten Farben und/oder mit auffälligen Mustern
- Bermudas oder Shorts, vielleicht auch noch in Kombination mit Sandalen und Socken – absolutes No-Go! Diesen Anblick sollte man auch seiner Familie und seinen Freizeitfreunden ersparen. Alltagsjeans, flippige Hosen und Jacken, Lederkluft
- Hotpants gehören ebenfalls nicht ins Büro
- Hemden in bunten Farben, mit großen Mustern oder unpassendem Schnitt
- Krawatten aus Leder oder Polyester
- Krawatten mit Comic- oder Kindermotiven, Sprüchen oder altbackenen Mustern
- Krawattennadeln mit Comic-, Kinder- oder Hobbymotiven
- Tennis- oder gemusterte Socken, helle Socken zu dunkler Hose und dunklen Schuhen

- Schuhe, die schmutzig sind, abgelaufene Sohlen haben oder altmodisch daherkommen. Sneaker, Sandalen, Gesundheitsschuhe, Flip-Flops, Trekking- und Turnschuhe sollten Sie ebenfalls nur in der Freizeit tragen. Auch Regenschuhe oder Winterstiefel sind im Büro nicht erlaubt – nehmen Sie bürotaugliche Schuhe mit und wechseln Sie vor Arbeitsantritt
- Accessoires und Schmuck wie Goldkettchen, Piercings oder Ohrringe. Trotz der immer größer werdenden Toleranz, was modische Vorlieben betrifft – Ohrringe, ob ein einzelner oder mehrere, sind bei Männern immer noch nicht gern gesehen. Daher sollten Sie vorsichtshalber darauf verzichten.

Standardgarderobe

Wenn Sie gar nicht weiterwissen, können Sie sich an folgende Standards halten:

- Anzug bzw. Kostüm/Hosenanzug in neutraler Ausführung und in dezenter Farbe, hochwertigem Material und klassischem Dessin
- schwarze, geschlossene Lederschuhe
- schwarze Socken für ihn und hautfarbene Feinstrumpfhose für sie

Welcher Schuh passt wann?

Die Auswahl der Schuhe richtet sich nach dem Anlass und nach der Stoffqualität der Kleidung. Als Grundregeln gelten: je förmlicher und eleganter der Anlass, desto glatter der Schuh. Und für offizielle Veranstaltungen: kein Braun nach 18 Uhr. Zum Businessoutfit nur Schnürschuhe!

- Glattlederschuhe zu Flanell und Jeans
- Wildlederschuhe zu Cord und Tweed
- Sneakers zu Denim, Leinen oder Nylon – ein idealer Freizeitschuh
- Der klassische Budapester zu Karos, Schurwolle, Jeans und Cord. Zum dunklen Anzug trägt Mann ihn nur in Schwarz – ein klassisch-sportlicher Schuh
- Lackschuhe zum Smoking oder Cut – für hochoffizielle Anlässe

  Tipp: Nehmen Sie zu wichtigen Anlässen ein kleines Schuhglanzprodukt mit. Einige Hersteller bieten heute Produkte speziell für ein schnelles Auffrischen unterwegs an. Vorsicht: Transportieren Sie es sicher und gut verpackt, möglichst nicht zwischen Geschäftsunterlagen.

Taschen

Handtaschen sollten im Hinblick auf Farbe und Material zu den Schuhen und dem Gürtel passen. Aktentaschen müssen nicht auf die Garderobe abgestimmt sein, allerdings empfiehlt es sich, eine neutrale Farbe zu wählen. Für die Größe gilt grundsätzlich: Je länger der Mensch, desto größer darf auch die Tasche sein. Kleine Frauen sollten auf große Taschen eher verzichten, da sie sie noch kleiner erscheinen ließen und die Gesamtproportionen kein harmonisches Bild ergeben würden.

Körperpflege

Stehen Sie morgens rechtzeitig auf, damit Sie ausreichend Zeit für Ihre Pflege und die Auswahl der Kleidung haben. Zur Pflege gehört neben der normalen Körperhygiene:

Für sie: Haare an Achseln und Beinen entfernen, störende Gesichtshaare auszupfen, dezentes Make-up auflegen, Nagellack überprüfen und gegebenenfalls erneuern.

Für ihn: sich rasieren; im Business kommt auch der Dreitagebart nicht an.

Ausnahme: künstlerisch-kreative Berufe

Tipp: Wer zu Kopfschuppen neigt, sollte ein Spezialshampoo verwenden und seine Kleidung regelmäßig überprüfen und säubern.

STIL AM ARBEITSPLATZ

Auch **Anklopfen** gehört zu den guten Umgangsformen, wenn Sie das Büro Ihres Kollegen oder Mitarbeiters betreten. Egal, wie vertraut der Umgang innerhalb des Unternehmens auch sein mag – diese persönlichen Zonen müssen geachtet werden. Auf jeden Fall sollten Sie anklopfen, wenn die Zimmertür geschlossen ist. Stehen die Türen üblicherweise in Ihrer Abteilung immer offen, sieht Sie der Kollege möglicherweise ja ohnedies kommen, ansonsten sollten Sie dennoch kurz an die geöffnete Tür klopfen, damit er nicht erschrickt, wenn Sie plötzlich vor ihm stehen.

Gewohnheitsrechte wie Sitzordnungen im Meeting, feste Plätze in der Kantine, Parkplätze, die persönliche Kaffeetasse oder bestimmte Aufgaben, die jemand immer übernimmt, müssen ebenfalls ge- und beachtet werden. Zwar gibt es dafür in der Regel keine Vorschriften, doch das Respektieren auch dieser unausgesprochenen Gewohnheitsrechte trägt entscheidend zum guten Betriebsklima bei.

„Reviere" und Kompetenzbereiche spielen eine größere Rolle, als viele denken. Sie sollten beispielsweise nie ohne vorher zu fragen die Büros, Schreibtische und PCs Ihrer Kollegen benutzen, etwas dort holen oder ausleihen. Das ist nur im Notfall erlaubt und selbst dann wäre es am besten, wenn Sie vorher anrufen und telefonisch um Erlaubnis bitten. **AUSNAHME:** Es ist in der Firma generell üblich, dass alle zu allem Zugriff haben oder es wurde, beispielsweise vor dem Urlaubsantritt der Kollegin oder des Kollegen, klar vereinbart, dass Sie bei Bedarf bestimmte Unterlagen holen können. Und: Auch Vorgesetzte sollten sich an die „Reviergrenzen" halten! Gleiches gilt für die Kompetenzbereiche. Greifen Sie nie ohne Absprache in die Zuständigkeiten Ihrer Kollegen ein. Kundenanfragen zum Beispiel, die in den Bereich Ihres Kollegen fallen, können Sie entsprechend weiterleiten, sollten sie aber nie selbst bearbeiten. **AUSNAHME:** Sie haben im Team vereinbart, dass etwa kleinere Anfragen bis zu einer bestimmten Auftragssumme gleich erledigt werden können.

Dienstwege müssen eingehalten werden. Sie sollten sich wie alle anderen an die Vorgaben halten und keine „Sonderrolle" spielen. Wenn Sie konstruktive Beiträge haben, was sich verändern und verbessern ließe, dann warten Sie erst eine Weile ab, bis Sie sich ganz sicher sind, und sprechen Sie dann mit Ihrem Vorgesetzten.

Arbeitsunterlagen sollten immer perfekt sein. In erster Linie natürlich, wenn sie an Kunden verschickt werden. Aber auch intern sollten Sie auf ansprechende Unterlagen achten und Ihren Kollegen keine mit handschriftlichen Hieroglyphen oder mit Kaffeeklecksen versehenen Dokumente vorlegen.

„Gesundheit“ sagt man heute nicht mehr, wenn jemand niesen muss. Im Gegenteil: Falls Sie der Betreffende sind, sollten Sie sich für das Missgeschick bei den anderen entschuldigen. Wenn möglich, auch beim Niesen ein Taschentuch vor die Nase halten. Benutzte Tempotaschentücher gehören im Büro in die Toilette oder in einen fest verschließbaren Abfallbehälter. Niemals in einen offenen Papierkorb! Erstens dürfen sie nicht zum Papiermüll und zweitens können, wenn Sie erkältet sind, die Krankheitserreger sonst weitergegeben werden.

Rauchen schränkt die Freiheit der Nichtraucher enorm ein und gefährdet zudem die Gesundheit aller. Rücksichtnahme und Respekt vor den Bedürfnissen anderer ist gerade bei der Rauch-Frage äußerst wichtig, denn es geht nicht nur um eine kleine persönliche Vorliebe oder einen Kavaliersdelikt, sondern um die gesundheitliche Lebensqualität. Die Gefahren des passiven Rauchens sind inzwischen ja eindeutig nachgewiesen. Auch die Rechtslage ist klar: Nichtraucher haben im Büro, im Gemeinschaftsraum und in der Kantine ein Recht auf rauchfreie Luft. Allerdings ist es in der Praxis oft ein Balanceakt für die Nichtraucher, das durchzusetzen. Zu sehr fühlen sich Raucher ihrerseits in ihrer Freiheit eingeschränkt. Viele Nichtraucher erdulden folglich lieber den Qualm, als es auf einen Streit ankommen zu lassen.

Dennoch: Raucher sollten, nein müssen heute auf jeden Fall um Erlaubnis bitten, bevor sie sich in Anwesenheit anderer dem qualmenden Genuss hingeben. Einzig in ausgewiesenen Raucherzonen ist es natürlich jederzeit erlaubt, eine Zigarette, Zigarre oder Pfeife anzuzünden.

TIPP: Versuchen Sie eine gemeinsame Lösung zu finden, die beide Seiten zufrieden stellt. Gibt es vielleicht die Möglichkeit, getrennte Nichtraucher- und Raucherbüros einzurichten? Oder schaffen Sie einen angenehmen Raucherbereich, in dem sich die Tabakliebhaber nicht abgeschoben oder gar vor die Tür gestellt fühlen.

Viele meinen, im Job sei ein härterer Ton erlaubt oder gar unabdingbar, damit die anderen wissen, wer das Sagen hat, und weil das nun mal kompetenter klingt. Das mag zwar bedingt funktionieren, doch auf Dauer stehen Sie damit Ihrem Erfolg eher im Wege. Denn letztlich kommt kaum einer ohne die anderen nach oben – und wenn er es doch so schaffen sollte, ist er dort an der Spitze einsam. Keine schöne Aussicht.

Das kommt gut an

- Höflichkeit, Freundlichkeit, Charme, Humor
- Wertschätzung, Achtung, Verständnis, Toleranz, Rücksichtnahme
- Interesse, Hilfsbereitschaft, Mitgefühl, Einfühlungsvermögen
- Sachlichkeit in Gesprächen
- Verantwortungsbereitschaft, Kritikfähigkeit
- Ehrlichkeit
- sich untereinander vor Tadel und Zurechtweisungen schützen
- Meinungsstärke, ein klarer Standpunkt
- das Ganze in die eigenen Überlegungen einbeziehen
- gesundes Gefühl für Nähe und Distanz
- Zivilcourage zeigen und auch mal für schwächere Kollegen eintreten, die sich nicht angemessen zur Wehr setzen können
- Grenzen setzen und sich nicht ausnutzen lassen
- Konflikte zunächst unter vier Augen zu lösen versuchen
- Kritik sachlich anbringen. Sie sollte ausschließlich dem Verhalten des Kollegen gelten, ihn aber nicht als Person angreifen
- Routinearbeiten wie Blumen gießen, Post holen oder wegbringen, Anrufbeantworter abhören, Büromaterial bestellen, Papier oder Druckerpatronen nachfüllen sollten gerecht aufgeteilt werden

Das sollten Sie vermeiden

- beim Gespräch stehen, wenn der andere sitzt; entweder beide sitzen oder beide stehen, sonst gibt es ein Ungleichgewicht in der Unterredung

- die Selbstbeherrschung verlieren und Gefühlsausbrüche wie starke Wut oder Tränen zulassen. In Ausnahmefällen kann es mal gut sein, wohldosiert auch Wut zu zeigen, doch Sie sollten sich dabei immer im Griff haben. Sie steuern Ihre Gefühle – nicht die Gefühle Sie!
- Arroganz, Besserwisserei, Angeberei, Kritiksucht, Aufschneiden
- Bescheidenheit, Übereifer
- mit Erotik spielen
- Klatsch, Tratsch, Diskriminierungen, Mobbing. Sich in Abwesenheit anderer über diese beschweren oder lästern. Andere bei Kollegen oder beim Chef anschwärzen oder „verpetzen"
- egoistisch mit Scheuklappen durch die Firma laufen – nur den eigenen Erfolg und das persönliche Vorankommen im Blick, ohne Rücksicht auf andere zu nehmen
- Kollegen durch unnötige Gespräche, Wartenlassen, Bitten um Hilfe bei etwas, das Sie selbst erledigen könnten, von der Arbeit abhalten
- gewohnte Abläufe einfach verändern, ohne die anderen einzubeziehen. Sprechen Sie alle Veränderungen, die andere mitbetreffen, immer erst gemeinsam ab
- Notlügen – sie sind zwar meist nicht weiter schlimm, lassen sich in der Regel aber vermeiden
- verletzende, erniedrigende, gefühllose Kritik
- unehrliches Lob, Anmaßungen, „sich einschleimen"

Gekonnt überleiten

In Bereichen mit Kundenkontakt sollten die Mitarbeiter auch das Überleiten souverän beherrschen. Damit ist die Vermittlung eines Kunden zum zuständigen Kollegen gemeint. Wenn sich beispielsweise ein Kunde am Empfang des Unternehmens anmeldet, benachrichtigt die Rezeptionsmitarbeiterin die zuständige Abteilung. Ein Mitarbeiter aus diesem Team holt den Kunden dann von der Empfangsstelle ab und führt ihn zu seinem Ansprechpartner. Hier stellt er dem Kunden zunächst den Kollegen vor, danach umgekehrt. Der Ansprechpartner begrüßt den Kunden und dankt dem übermittelnden Kollegen. Damit zeigt er, dass er sich nun weiter um den Besucher kümmert und der Übermittler gehen kann. Der Besucher sollte sich noch kurz bedanken und verabschieden.

SICH DUZEN ODER SIEZEN AM ARBEITSPLATZ

Das förmlichere Sie oder ein lockeres Du – immer wieder stellt sich auch am Arbeitsplatz diese Frage. In vielen Firmen hat sich in den letzten Jahren das Duzen oder die Mischform Sie plus Vorname eingebürgert. Neuerdings geht die Tendenz jedoch wieder dahin, die Vorzüge des Sie zu schätzen.

Das Sie ist die förmlichere Variante, die mehr Distanz lässt. Das Du vermittelt dagegen mehr Nähe und Lockerheit. Für jüngere und gleichaltrige Menschen ist es eine gute Möglichkeit, eine vertraulichere Arbeitsbeziehung aufzubauen. Allerdings sollte man das geschäftliche Du nicht mit dem freundschaftlichen Du gleichsetzen. Eine gewisse Distanz muss immer aufrechterhalten und private Themen ausgeklammert bleiben. Im Kontakt mit Kunden und Vorgesetzten ist in der Regel das Sie die bessere Wahl.

Tabu: Fremde Personen gleich von Anfang an duzen. Allerdings kommt es dabei auch auf die Unternehmenskultur wie auf die Branche an. In den Medien, der Werbung, bei Künstlern und Grafikern oder in der IT-Branche ist das Du oft die übliche Umgangsform. Dagegen ist in der Finanzwelt, bei Versicherungen, bei Behörden oder im Rechtsbereich das Sie die Regel.

Vorab

Wenn Sie unsicher sind, ob Sie jemandem das Du anbieten sollen, dann beantworten Sie sich vorab folgende Fragen:

- Passt die Rangfolge?
- Darf ich überhaupt das Du anbieten?
- Und warum möchte ich das tun?
- Geht es mir um die Person, zu der ich gern eine nähere Beziehung pflegen würde?

- Oder stehen eher geschäftliche Interessen im Vordergrund?
- Möchten Sie die Person „ins Boot holen"?

Anbieten

Im Berufsleben ist das Einhalten der Hierarchien oberste Pflicht, wenn es darum geht, wer wem das Du anbietet! Niemals darf ein Mitarbeiter dem Vorgesetzten oder Firmeninhaber das Du anbieten. Aber auch andersherum gilt: Der Chef darf seine Mitarbeiter nicht ungefragt duzen – das wirkt sehr herablassend und erniedrigend. Das Angebot sollte immer so formuliert sein, dass der andere jederzeit die Freiheit hat, das Du auch abzulehnen, ohne mit negativen Folgen rechnen zu müssen.

Annehmen

Sind sich beide Seiten einig, wird das Du mit einem Handschlag „besiegelt". Umarmungen, Brüderschaft trinken oder ähnliche Rituale sind im Business nicht angebracht.

Gute Gelegenheiten ...

... um das Du anzubieten, sind zum Beispiel:

- Freude über gemeinsam erlangte Erfolge
- Situationen, in denen Sie sich sehr verbunden fühlen
- Zeiten, die Gelegenheit lassen, sich auch auf der persönlichen Ebene etwas näherzukommen
- Betriebsausflüge, Firmenfeiern, ein gemeinsames Essen – allerdings dann nur ohne starken Alkoholeinfluss

Ablehnen

Wenn Sie jemandem das Du anbieten, sollten Sie ihm auf jeden Fall die Wahlmöglichkeit lassen, auch nein zu sagen – selbst und gerade wenn Sie in der Position des Vorgesetzten sind. Sie können das zum Beispiel so formulieren: „Wir können aber auch gern beim Sie bleiben, wenn Ihnen das lieber ist." Zeigen Sie Ihrem Gegenüber deutlich, dass Sie nicht verletzt sind und es ihm nicht nachtragen werden, wenn er das Angebot ablehnt.

Sind Sie selbst derjenige, der ein Du ablehnen möchte, sollten Sie das ebenfalls so wenig verletzend wie möglich formulieren. Betonen Sie zunächst die positiven Seiten der Beziehung und erklären Sie dann, warum es für Sie angenehmer ist, beim Sie zu bleiben, etwa so: „Ich freue mich über Ihr Angebot und finde Sie auch sehr sympathisch, aber im Beruf möchte ich generell beim Sie bleiben." Eine Erklärung, die vor allem Ihre Prinzipien und die Vorteile der Ablehnung betont, hinterlässt beim anderen ein gutes Gefühl und er empfindet sich nicht als persönlich abgelehnt. Sollte sich im Laufe der Zeit an Ihrer Einstellung oder der Beziehung untereinander etwas ändern, sodass Sie Ihrerseits nun gern zum Du übergehen möchten, müssen Sie den ersten Schritt wagen.

Der Morgen danach

In der Regel ist es äußerst unhöflich, ein bereits vereinbartes Du wieder rückgängig zu machen. Die einzige **Ausnahme:** Es wurde gedankenlos in alkoholisierter Feierstimmung, beispielsweise auf einem Betriebsfest, zum Du übergegangen. Überlegen Sie gut, ob dieser Wechsel für den Arbeitsalltag sinnvoll ist und das Miteinander erleichtert – oder es vielleicht sogar komplizierter machen könnte. Wer sich damit nicht wohlfühlt und/oder Zweifel hat, ob die Gegenseite auch am Morgen danach noch dazu steht, darf das auch aussprechen. Wenn Sie erst abwarten möchten, wie Ihr Gegenüber damit umgeht, vermeiden Sie zunächst eine direkte Anrede und versuchen Sie aus seinem Verhalten entsprechende Zeichen herauszulesen. Geht es um Ihren Vorgesetzten, warten Sie auf jeden Fall, bis er den ersten Schritt macht, und Siezen Sie ihn gegebenenfalls wieder. Hat er die Verbrüderung ernst gemeint, wird er Ihnen jetzt sagen, dass sein Angebot nach wie vor gilt.

Die Mischform

In vielen Unternehmen hat es sich in den letzten Jahren bewährt, eine Mischform zwischen Du und Sie zu wählen. Meist ist es der Vorname in Verbindung mit dem Sie. Diese Variante bietet eine deutliche Unterscheidung zum freundschaftlichen Du, reduziert aber die sonst übliche

Distanz und Förmlichkeit, die das Sie plus Nachname mit sich bringt. Meist gehört diese Anredeform zur allgemeinen Firmenkultur. Sie sollten Sie daher unter allen Umständen akzeptieren und sich hier nicht ausgrenzen.

Was tun, wenn ...

... Sie ungefragt geduzt werden? Generell ist es eine Beleidigung, einen erwachsenen Menschen unerlaubt zu duzen. Es kann allerdings auch sein, dass das allgemeine Du in der Branche einfach üblich ist. Dann sollten Sie das möglichst einfach akzeptieren und mitmachen. Weiterhin kann es ein Zeichen der Aufnahme in den Kollegenkreis oder einen Verein sein, das Sie als Willkommensgruß betrachten und annehmen sollten. Darüber hinaus gibt es zudem regionale Unterschiede. In ländlichen Gebieten sind es die Bewohner oft gewohnt, sich alle untereinander zu duzen, und tun sich dann bei der Umstellung auf ein Sie schwer. Hier ist es ebenfalls ein Zeichen des Annehmens und der Offenheit. Ist Ihr Gesprächspartner allerdings unhöflich oder unachtsam, was das übliche Wahren der Grenzen und Distanzen betrifft, dürfen Sie das auch anmerken und höflich ablehnen.

... Sie neu in einen Betrieb kommen? Zunächst: abwarten! Lassen Sie sich Zeit und lernen Sie erst die gängigen Umgangsformen im Betrieb und in Ihrer Abteilung kennen. Als Neueinsteiger dürfen Sie ohnehin noch niemandem das Du anbieten. Ist es für Sie nicht ersichtlich, wie die Anrede im Allgemeinen gehandhabt wird, fragen Sie neutral nach: „Wie sprechen Sie sich untereinander an?“ Sind die Kollegen sehr offen, es geht Ihnen allerdings zu schnell und Sie würden lieber beim Sie bleiben, sollten Sie sehr behutsam damit umgehen. Besser ist es, das Duz-Angebot anzunehmen. Vielleicht haben Sie es hinterher schwer, dann wieder vom Sie auf das Du umzusteigen.

... Sie als Vorgesetzter neu in einen Betrieb kommen? Auch hier gilt: zunächst die Firmenkultur besser kennenlernen.

... Sie die Karriereleiter hochklettern und sich vorher im Team alle geduzt hatten, nur nicht mit dem Vorgesetzten? Um das Vertrauensverhältnis im Team zu erhalten, sollten Sie beim Du bleiben. Wer hier plötzlich umschwenkt und so den Erfolgssprung deutlich macht, wirkt überheblich und kann die Atmosphäre im Team zerstören.

WICHTIG: Auch wenn Sie zum Du übergehen – Höflichkeit und Respekt voreinander bleiben ein Muss! Brüderschaft trinken ist im Business in der Regel nicht erwünscht. Die Rückkehr vom Duzen zum Siezen signalisiert, dass Sie sich von der anderen Person besonders distanzieren möchten – Sie sollten von diesem Recht nur in Ausnahmefällen Gebrauch machen. Meist empfinden Betroffene das als sehr verletzend und ausgrenzend.

ZEIT UND ORDNUNG – EINE SACHE DER WERTIGKEIT

Umgang mit der Zeit

Die Zeit anderer Menschen zu „stehlen" ist grob unhöflich. Wer andere ohne triftigen Grund warten lässt, um sich so besonders wichtig zu fühlen, tut weder den anderen noch sich selbst etwas Gutes. Gehen Sie sowohl mit Ihrer eigenen Zeit als auch mit der Ihrer Vorgesetzten, Kunden, Kollegen oder Mitarbeiter achtsam um! Sie missbrauchen die Zeit anderer beispielsweise auch, wenn Sie während eines Gesprächs nebenbei andere Dinge tun, telefonieren, E-Mails checken, das Gespräch unnötig in die Länge ziehen oder sich nicht darauf vorbereitet haben.

Tipps zum Zeitmanagement:

- grundsätzlich achtsam mit der Zeit umgehen – mit der eigenen wie auch mit der anderer Menschen
- vereinbarte Termine einhalten bzw. rechtzeitig absagen, auch bei Kollegen
- den eigenen Zeitplan gegebenenfalls mit Kollegen abstimmen
- vor allem bei Terminen mit Kunden aus dem Ausland bedenken, dass manche Menschen ein anderes Zeitbewusstsein haben
- ausreichend Pufferzeiten einplanen

Unangemeldete Besucher

Stehen plötzlich Kunden oder Geschäftspartner unangemeldet vor der Tür und Sie haben im Grunde keinerlei Zeit, sich um die Gäste zu kümmern, sollten Sie das freundlich, aber bestimmt auch sagen, ihnen jedoch dennoch das Gefühl geben, willkommen zu sein. Schließlich ist es ein unhöflicher Zug der anderen, unangemeldet hereinzuschneien, und sie müssen damit rechnen, ungelegen zu kommen. Wenn irgend möglich, sollten Sie dann einen Weg finden, ein Getränk anzubieten und sich ein paar Minuten zusammenzusetzen. Ideal ist es, wenn ein Mitarbeiter oder Kollege die Bewirtung übernehmen kann und Sie nur kurz dazukommen. Sind Sie gerade auf dem Sprung und können sich keine Verzögerung erlauben, vereinbaren Sie zumindest einen Zeitpunkt, zu dem Sie sich bei den anderen melden. Wichtig: Nehmen Sie sich dennoch die Zeit für eine angemessene Begrüßung und Verabschiedung – die bleiben vor allem in Erinnerung!

Gekonnt organisieren

Für die Organisation von Veranstaltungen, Meetings oder Präsentationen gilt vor allem:

- Planen Sie rechtzeitig – je nach Art der Veranstaltung. Für kurzfristige, teaminterne Präsentationen kann es ausreichend sein, ein paar Tage vorher einzuladen, bei größeren Veranstaltungen sollte die Vorlaufzeit mindestens zwei Monate betragen.
- Berücksichtigen Sie auch mögliche Verzögerungen bei der Organisation.
- Beziehen Sie die Anliegen und Bedürfnisse aller Beteiligten, räumliche wie auch zeitliche Anforderungen, den Bedarf an Bewirtung sowie Zeiten für Fragen und Gespräche mit ein.
- Informieren Sie sich frühzeitig über die Räume und ihre Ausstattung.
- Halten Sie während der Veranstaltung den Zeitrahmen so gut es geht ein.
- Bitten Sie um Feedback zur Organisation.

Zeitliche Richtlinien für die Dauer von Veranstaltungen:
Arbeitsessen: ein bis zwei Stunden
Ball: fünf Stunden
Bankett: vier Stunden
Betriebsfeier: je nach Art eine Stunde oder länger
Offizielles Abendessen: drei bis vier Stunden
Preisverleihung: je nach Art eine Stunde oder länger
Stehempfang: bis zu zwei Stunden
Umtrunk: eine Stunde
Vernissage: eine Stunde
Vortrag: etwa ein bis zwei Stunden

Umgang mit der Ordnung

Bei der Ordnung scheiden sich die Geister. Schwört der eine auf sein heiliges Chaos, in dem er erst so richtig kreativ sein kann, braucht der andere einen sauberen Arbeitsbereich, um überhaupt mit der Arbeit loslegen zu können. Im Geschäftsleben ist eine Grundordnung jedoch die Regel. Die meisten Führungskräfte legt auf Ordnung bei ihren Mitarbeitern Wert.

Tipps für die Ordnung am persönlichen Arbeitsplatz:

- keine leeren Gläser und Kaffeetassen herumstehen lassen
- Getränke und Essen von Geschäftsunterlagen fernhalten
- Besucherstühle nicht mit Papierstapeln belegen
- für einen aufgeräumten und sauberen Schreibtisch sorgen
- Aschenbecher regelmäßig leeren
- regelmäßig Staub wischen und die Arbeitsgeräte (zum Beispiel PC, Bildschirm, Telefon) reinigen
- beschädigte Utensilien wegwerfen

Ordnung in den Gemeinschaftsbereichen:

- persönliche Gegenstände nicht herumliegen lassen
- Müll wegwerfen
- Stühle wieder an ihren Platz stellen

- leere Behälter auffüllen – zum Beispiel Kopierpapier, Einmal-Handtücher oder WC-Papier
- benutztes Geschirr spülen und abtrocknen oder in die Spülmaschine stellen
- das Waschbecken sauber halten
- einen gemeinsam genutzten Kühlschrank sauber halten; abgelaufene Nahrungsmittel rechtzeitig wegwerfen, bevor sie ein „Eigenleben" entwickeln
- Brotzeitbehälter wieder mitnehmen, nicht herumstehen lassen
- sich an gemeinschaftlichen Aufgaben zur Sauberhaltung beteiligen, zum Beispiel Müll wegbringen, Handtücher wechseln oder die Seife erneuern

DER SCHREIBTISCH: EIN SPIEGEL DER SEELE

Zwischen peinlichster Ordnung und kreativem Chaos liegen oft Welten – doch weder das eine noch das andere Extrem ist in der Regel ideal. Und es gibt tatsächlich auch systematische Chaoskreative und chaotische Ordnungspedanten. Da weiß der eine genau, welches Dokument in welchem Papierberg an welcher Stelle liegt, während der andere vor lauter Programm vergessen hat, wo er welchen Gegenstand hingeordnet hat. Was in den eigenen vier Wänden nicht so sehr stört, zumindest nicht fremde Personen, kann am Arbeitsplatz aber zum großen Problem werden. Vor allem dann, wenn verschiedenste Ordnungsvorstellungen und -charaktere aufeinandertreffen. Toleranz ist hier das Wichtigste – solange die unterschiedlichen Vorlieben den Arbeitsfluss nicht stören. Sorgen Sie vor allem dafür, dass Sie sich an Ihrem Schreibtisch wirklich wohlfühlen, schließlich verbringen Sie einen Großteil Ihrer Arbeitszeit dort.

Wie der persönliche Schreibtisch in der Firma auszusehen hat, ist immer abhängig von:

- der Firmenkultur
- Ihrem persönlichen Arbeitsstil

- der Art des Kundenkontakts (nur per Telefon oder auch Kundenbesuche vor Ort)
- der Notwendigkeit, dass andere Kollegen auch etwas finden können müssen

Schreibtisch-Typen

In vielen Fällen kann man von der Ordnung des Schreibtischs auch auf Eigenschaften eines Mitarbeiters schließen. Etwa zwei Drittel der Arbeitgeber bevorzugen Mitarbeiter mit einem aufgeräumten Schreibtisch. Doch Vorsicht vor voreiligen Schlüssen! Betrachten Sie immer das Gesamtbild, die Arbeitsweise und das sonstige Verhalten eines Mitarbeiters, bevor Sie seinen Schreibtisch beurteilen. Und schließen Sie nicht automatisch von Ihren Vorlieben auf die der anderen – die Beweggründe können völlig unterschiedlich sein. Ansonsten können folgende Hinweise helfen, sich selbst bzw. Ihre Mitarbeiter und Kollegen besser zu verstehen und Ihre wie auch deren Stärken optimal zu unterstützen:

Chaos kann viele Hintergründe haben. Sehr kreative Menschen brauchen häufig ein gewisses Maß an Durcheinander und extravagantem Ambiente, um kreativ sein zu können. Richtige „Messies" dagegen haben meist ein echtes Problem mit der Ordnung. Hier ist notfalls ein offenes Gespräch hilfreich oder gar notwendig.

Ordnungsfanatiker stellen in der Regel die andere Seite der Medaille dar. Sie verlieren häufig zu viel Zeit und Energie, da sie sich mit unnötigem Perfektionismus aufhalten. Da muss das Mousepad akkurat im immer gleichen Abstand von der Kante des Schreibtischs entfernt liegen oder jeder Notizzettel druckreif sein, sonst fühlen sie sich unwohl. Sie brauchen klare Strukturen, sind wenig flexibel und kaum offen für Neues. Die Stärken: hohe Zuverlässigkeit und Blick für Details.

Blumen stehen für Zartheit und Verletzlichkeit – ein sensibler, feinfühliger Mitarbeiter. Hier kommt es sehr darauf an, ihn an der richtigen Stelle zu positionieren. Für harte Verhandlungen ist er wahrscheinlich weniger geeignet.

Familienbilder stehen für eine soziale Ader und zwischenmenschliches Gespür. Er arbeitet zuverlässig und genau, macht aber nicht gern Überstunden, weil er möglichst schnell zurück zur Familie möchte. Gefahr: Die Arbeit rückt in den Hintergrund, wenn sich die Gedanken zu sehr um die Familie drehen.

Design zeichnet in der Regel einen karrierebewussten, zielstrebigen Typ aus. Ein mutiger Querdenker mit frischen Ideen. Nachteil: Er hält sich oft für etwas Besseres und hat nur noch den persönlichen Erfolg im Blick.

Schreibtisch-Ordnung

Sauberkeit steht an erster Stelle. Nichts ist ekliger als ein Schreibtisch, der voll steht mit überquellenden Aschenbechern, Gläsern und Kaffeetassen mit eingetrocknetem Bodensatz, einem verblühten Blumenstrauß und Müll. Oder eine verschmutzte Tastatur, ein verstaubter Bildschirm und andere Geräte, die seit Monaten keinen Putzlappen mehr gesehen haben. Gewöhnen Sie sich an, benutztes Geschirr gleich wieder wegzuräumen und regelmäßig alles abzuwischen.

Essen und Getränke möglichst nicht am Schreibtisch zu sich nehmen. Dafür sollte es eine Küche geben. Haben Sie keine andere Wahl, versuchen Sie zumindest, beides nicht zu vermischen. Legen Sie beim Essen die Arbeit beiseite und arbeiten Sie erst dann wieder weiter, wenn Sie fertig gegessen haben, das Geschirr weggeräumt und der Tisch abgewischt ist.

Pflanzen sind gut für das Büroklima, wenn sie gepflegt sind und kein wuchernder Urwald entsteht. Halten Sie die grünen Kollegen daher in Maßen, gießen Sie sie regelmäßig, entfernen Sie eingetrocknete Blätter und Blüten.

Garderobe gehört auch dorthin. Hängen Sie Ihre Jacke oder den Mantel ordentlich an die Garderobe, nicht über eine Stuhllehne. Große Taschen, Einkäufe oder für den Feierabend mitgebrachte Utensilien ebenfalls an der Garderobe abstellen oder – falls vorhanden – in ein Schließfach sperren, nicht neben oder unter den Schreibtisch stellen.

Was sich bei vielen bewährt hat:

- Ablage regelmäßig und ordentlich durchführen
- Aktenordner immer richtig beschriften, nach Inhalt und Jahr
- Aufbewahrungsfristen immer gleich auf dem Ordnerrücken notieren. So ersparen Sie sich unnötiges Herumblättern
- Beschriftung der Ordner im Regal denen im PC angleichen
- Post-it-Haftzettelchen für schnelle Notizen, auch im PC
- Posteingang gleich bearbeiten bzw. richtig zuordnen
- private Unterlagen wie beispielsweise Urkunden, Zeugnisse, Versicherungspolicen, wichtige Verträge oder Bescheide in einem oder wenigen Ordnern zusammenfassen. Diese sollten Sie griffbereit und geschützt aufbewahren
- Schreibtischunterlage aus Leder oder Kunststoff, einfarbig, ohne ablenkende Motive
- Stapel jeglicher Art unter allen Umständen vermeiden, Dokumente und Informationen regelmäßig abarbeiten, ausmisten bzw. archivieren

KLASSE TEAM: WERTSCHÄTZENDES MITEINANDER

Die Arbeit in einem Team bringt viele Chancen, denn gute Leute schaffen gemeinsam mehr, als einer allein es je könnte. Allerdings birgt das vielfältige Miteinander auch reichlich Stoff für Konflikte, Meinungsverschiedenheiten, Reibereien oder Missverständnisse. Doch je besser jeder die anderen Teilnehmer kennt, desto eher lassen sich auftretende Konflikte verstehen und entschärfen. Wichtig ist es, die positiven Seiten der Teamarbeit zu sehen: Es fließen eine Menge Talente und Ideen zusammen, die den Job sehr bereichern und jeden Einzelnen zu Höchstleistungen beflügeln können. Wer vor allem diese Vorzüge im Blick hat und Probleme als Aufgaben sieht, die es gemeinsam zu bewältigen gilt, hat schon fast gewonnen – wie das gesamte Team.

Wichtig: Gehen Sie offen miteinander um und sprechen Sie Konflikte an, bevor sie zu gären beginnen. Teilen Sie sich gegenseitig mit, was Sie aneinander schätzen und womit Sie Schwierigkeiten haben.

UMGANG MIT KRANKHEITEN

Erkrankungen gehören zum Geschäftsalltag dazu, angefangen bei einer relativ harmlosen Erkältung oder Grippe bis hin zu schweren, gar lebensbedrohlichen Krankheiten.

Geschenk zur Genesung: Ist abzusehen, dass der Kollege länger als ein paar Tage ausfällt, ist es eine nette Geste, ihm vom ganzen Team aus einen Blumenstrauß, ein Geschenk und eine Karte mit Besserungswünschen zu übersenden. Am besten legen Sie dafür zusammen und besorgen gemeinsam eine aufmunternde Kleinigkeit. Auf der Karte können dann alle unterschreiben und einen kurzen persönlichen Gruß übermitteln.

Besuche: Einen Besuch sollten Sie vorab ankündigen bzw. erfragen, ob er passend und erwünscht ist. Bedenken Sie, dass Kranke oft sehr geschwächt sind und es sie unnötig anstrengt oder ihnen peinlich ist, in diesem Zustand Gäste zu empfangen. Das gilt für Besuche zu Hause ebenso wie im Krankenhaus. Gut ist es auch, sich bei den Angehörigen erstmal nach dem Befinden zu erkundigen. Die ideale Besuchsdauer liegt bei 30 Minuten bis maximal einer Stunde, es sei denn, der Kranke bittet Sie ausdrücklich, länger zu bleiben, und Sie möchten das auch.

Gesprächsthemen: Den Kranken über seinen Gesundheitszustand ausfragen ist tabu, es sei denn, er möchte selbst davon erzählen. Hören Sie dann aufmerksam zu, steigen Sie allerdings nicht zu sehr in Details ein. Suchen Sie nach positiven, aufbauenden Themen, damit tragen Sie auch zu einer schnelleren Genesung bei. Firmenthemen können Sie kurz anschneiden, das vermittelt dem Erkrankten das Gefühl, noch am Geschehen teilhaben zu dürfen, Sie sollten aber nicht ausufernd über den neuesten Klatsch und Tratsch berichten. Das schwächt eher und wühlt auf.

Tabu: Ärzte oder Schwestern nach dem Gesundheitszustand befragen.

Tipp: Vorgesetzte nur dann besuchen, wenn Sie ein besonders persönliches Verhältnis zueinander haben.

Kondolenzbesuche: Bei einem Trauerfall sollten Sie einem Kollegen nur dann einen Kondolenzbesuch abstatten, wenn Sie ein gutes Vertrauensverhältnis zueinander haben und sicher sind, dass er den Besuch auch möchte. Schließlich erleben Sie ihn – je nachdem, welchen Angehörigen er verloren hat und wie er den Verlust verarbeiten kann – in einem mehr oder weniger starken emotionalen Ausnahmezustand. Wenn Sie sich zu dem Besuch entschließen, sollten Sie gedeckte Kleidung tragen. Schwarz ist den nächsten Angehörigen vorbehalten. Ein Geschenk wird nicht erwartet, gegebenenfalls können Sie dezente Blumen mitbringen. Wenn Sie zur Beerdigung gehen, ziehen Sie sich nach den Trauerfeierlichkeiten diskret zurück, außer Sie werden ausdrücklich zum anschließenden Beisammensein eingeladen.

SICHER, SOUVERÄN UND SELBSTBEWUSST AUFTRETEN

Rechts und links

Wenn Sie im beruflichen Umfeld neben einem anderen Menschen hergehen, sollte die hierarchisch höher gestellte Person auf der rechten Seite sein. Es geht beispielsweise der Vorgesetzte rechts, ebenso der Kunde. Das Geschlecht spielt hier keine Rolle. Ist die Sachbearbeiterin mit einem männlichen Kunden auf dem Firmengelände unterwegs, geht folglich der Kunde rechts.

Ausnahmen: Die rechte Seite ist die gefährlichere, beispielsweise an einer sehr nassen Straße entlang, wo mit Spritzern durch vorbeifahrende Autos zu rechnen ist. Ebenso sollte eine Frau es annehmen, wenn der Herr als Kavalier, obwohl hierarchisch höher gestellt, ihr dennoch die rechte Seite anbietet.

Im Fahrstuhl

Hier ergeben sich gerade im Job wunderbare Gelegenheiten, mit anderen erste Kontakte zu knüpfen oder bestehende zu vertiefen. Hier macht es sich unter Umständen im wahrsten Sinn des Wortes bezahlt, wenn Sie die Kunst des Small Talk gekonnt beherrschen. Ein Einstieg ist schnell gefunden. Bieten Sie beispielsweise dem anderen Fahrgast an, die Etage mit auszuwählen, und fragen ihn dafür ganz einfach, bis zu welchem Stockwerk er fahren möchte. Auf diesem Wege können Sie hier ganz unverfänglich erste Worte wechseln. Treffen Sie die andere Person öfter im Fahrstuhl, ist die Brücke zu einem näheren Kennenlernen schon gebaut.

Wer einen Fahrstuhl betritt, in dem bereits Personen anwesend sind, grüßt die „Mitreisenden" zuerst.

An der Garderobe

Die Gleichberechtigung im Business gilt auch an der Garderobe. War es früher den Herren vorbehalten, den Damen in den oder aus dem Mantel zu helfen, können Frauen heute ebenfalls ohne Weiteres ihre Hilfe anbieten.

Tabu: persönliche Gegenstände wie Hand-, Akten- oder Laptoptasche der anderen Person anzufassen.

Mit dem Chef oder einem Kunden im Auto unterwegs

Auch das kommt im Berufsalltag öfter mal vor: Sie müssen Ihre Kunden von der Bahn abholen oder Ihren Chef zum Flughafen bringen. Der Ehrengast sitzt im Auto immer vorn rechts, nicht auf dem Rücksitz! Der Beifahrerplatz bietet eine bessere Sicht, ist meist auch bequemer und Sie können sich leichter unterhalten. Wenn Ihr Gast sitzt, schließen Sie die Tür vorsichtig und achten Sie darauf, dass er sich nicht mit der Hand am Türrahmen festhält oder eine Mantelecke eingeklemmt wird. Gehen Sie dann vorn um das Auto herum und steigen Sie selbst ein. Am Ziel steigen Sie zuerst aus und öffnen die Beifahrertür von außen, strecken Sie sich niemals sitzend über Ihren Beifahrer zum Türgriff.

BEGRÜSSUNG, BEKANNTMACHEN, VORSTELLEN UND VERABSCHIEDEN

Begrüßen

Im Business gelten in der Regel ausschließlich die hierarchischen Rangfolgen, nicht die gesellschaftlichen. Das bedeutet beispielsweise, dass ein männlicher Chef über seiner weiblichen Mitarbeiterin steht, der jüngere Abteilungsleiter über dem älteren Mitarbeiter. Beim Grüßen gilt: Der

Rangniedrigere grüßt den Ranghöheren zuerst. Reichen Sie sich zur Begrüßung die Hände, gilt es andersherum: Der Ranghöhere reicht dem Rangniedrigeren zuerst die Hand. Kommen Besucher in eine Firma, reichen die Angehörigen des Unternehmens zuerst die Hand. Der Ranghöhere entscheidet auch die Art der Begrüßung, also ob er die Hand reichen möchte oder nicht.

Die korrekte Reihenfolge im Business: Zuerst zählt der Rang, dann der Ort des Treffens, nur in Ausnahmefällen anschließend auch das Alter und das Geschlecht. In einem Unternehmen gibt beispielsweise immer der Ranghöhere die Art des Umgangs miteinander vor. Bei ebenbürtigen Partnern, etwa bei zwei Kooperationspartnern, ist der Treffpunkt ausschlaggebend: Der Gastgeber reicht dem Gast die Hand, lädt ihn damit in sein „Territorium“ ein. Ist auch hier Gleichwertigkeit gegeben, kommt die ältere Person vor der jüngeren und zuletzt die Dame vor dem Herrn. Beweisen Sie Fingerspitzengefühl, indem Sie sich in jeder Situation ganz auf Ihr Gegenüber einstellen und auch mal die traditionelle Rollenverteilung zum Tragen kommen lassen, wenn es Ihnen angemessen erscheint.

Hinzukommen

Treffen Sie sich mit Kunden oder Kollegen, die bereits sitzen, grüßen Sie als hinzukommender Teilnehmer zuerst. Die bereits sitzenden Personen sollten zur Begrüßung alle aufstehen und Ihnen die Hand reichen – Damen und Herren jedes Alters gleichermaßen.

Bekanntmachen und Vorstellen

Da es im Geschäftsleben immer streng nach Hierarchie geht, werden nur gleichgestellte Personen miteinander bekannt gemacht, ansonsten die Rangniedrigeren den Ranghöheren vorgestellt. Das bedeutet beispielsweise, dass Sie einen neuen Mitarbeiter Ihrem Chef vorstellen, den Praktikanten dem Abteilungsleiter.

AUSNAHME: Ausländische Gäste und Kunden erhalten eine bevorzugte Behandlung und gelten hier als Ranghöhere. Die Firmenmitarbeiter werden folglich als Zeichen der Gastfreundschaft und Achtung dem Gast zuerst vorgestellt, unabhängig von ihrer hierarchischen Position.

Die Vorstellung mit einem schlichten „Angenehm“ zu beantworten ist heute überholt. Besser wirkt etwa: „Ich freue mich, Sie kennenzulernen“.

Im Berufsleben gilt außerdem: Es wird zum Vor- und Nachnamen der Personen in der Regel auch die Firma und Position genannt. Wenn Sie etwas nicht verstanden haben, sollten Sie am besten gleich nachfragen, um peinliche Aussprachefehler zu vermeiden.

Bei der Selbstvorstellung nennen Sie, wie es auch im Privatleben üblich ist, Ihren Vor- und Nachnamen ohne akademische Grade und Titel und ohne den Zusatz „Frau“ oder „Herr“. Ideal sind selbstbewusste Formulierungen wie „Ich bin Sabine Mollen“ oder „Ich heiße Gregor Herzog“.

Auch im Geschäftsleben ist es ein Muss für den Ranghöheren, mit der Person, die ihm vorgestellt wurde, nach dem Händedruck ein paar Worte zu wechseln. Wenn möglich, sollte der Vorstellende eine Brücke zwischen beiden schlagen und einen Hinweis auf etwas Verbindendes geben.

Anrede

Bei der Anrede gelten im Berufsleben dieselben Regeln wie im Privaten. Treffen zwei Menschen mit akademischem Grad aufeinander, wird in der gegenseitigen persönlichen Anrede jedoch meist der Titel weggelassen.

Aufstehen

Ob Frau oder Mann – wenn sich zwei oder mehrere Personen im Geschäftsleben per Händedruck begrüßen oder verabschieden, stehen alle dabei auf. Das ist ein Zeichen der Gleichwertigkeit, der Achtung voreinander und eines wohlwollenden Entgegenkommens – für gute Geschäftsbeziehungen unerlässlich!

Sich verabschieden

Grundsätzlich gelten beim Verabschieden dieselben Regeln wie bei der Begrüßung. Bedanken Sie sich mit ein paar netten Worten für das Treffen, zum Beispiel so: „Danke für das angenehme und informative Gespräch.“

Wiederholen Sie nochmals kurz, wie Sie verblieben sind: „Wie ausgemacht melde ich mich Anfang übernächster Woche bei Ihnen." Schließlich folgt der Abschiedsgruß „Auf Wiedersehen". Saloppe Grußformeln wie „Ciao" oder „Tschüss" sollte man im Business besser nicht verwenden.

KOMMUNIKATION IM JOB

Am Telefon ...

... gelten die Regeln wie allgemein im Kapitel 3, „Kommunikationskultur", beschrieben (siehe Seite 106 ff.). Wenn Sie in Abwesenheit eines Kollegen an sein Telefon gehen, wenn es läutet, sollten Sie sich folgendermaßen melden: Tagesgruß wie „Guten Morgen" oder „Guten Tag", Firma, Apparat Leon Müller (Name des Kollegen), hier spricht Sabine Morgenrot (Ihr eigener Vor- und Nachname). Fragen Sie nach, worum es geht und ob Sie vielleicht auch weiterhelfen oder dem Kollegen etwas ausrichten können. Besprechen Sie vorher mit ihm, wie Sie mit solchen Situationen umgehen und sich gegenseitig unterstützen können.

Sind Sie selbst an Ihrem Apparat nicht erreichbar, sollten Sie einen Kollegen bitten, Ihre Gespräche mit zu übernehmen oder den Anrufbeantworter einschalten. Empfehlenswert ist es, mit dem Ansagetext anzugeben, an wen sich der Anrufer im Notfall unter welcher Durchwahl wenden kann, oder eine Handynummer zu nennen, unter der Sie selbst erreichbar sind.

Geschäftskorrespondenz sollte in Form und Inhalt stets klar und leicht verständlich sein, im Zweifelsfalle lieber zu förmlich als zu salopp. Kommen Sie möglichst schnell und präzise zur Sache. Bleiben Sie in Ihrer Wortwahl immer höflich und der Beziehung angemessen. Weitere Informationen zum Schriftverkehr sind im Kapitel 3, „Kommunikationskultur", zu finden (siehe Seite 96 ff.).

E-Mails im Geschäftsleben sollte man generell klar formulieren und knapp halten, ohne jedoch wichtige Details zu vernachlässigen. Achten Sie darauf, alle wesentlichen Punkte Ihres Anliegens möglichst gleich in der ersten E-Mail aufzuführen, damit keine oder nur wenige Nachfragemails nötig sind. Bauen Sie die E-Mails außerdem in übersichtlichen Absätzen auf. Das verbessert die Lesbarkeit enorm und erleichtert die Beantwortung erheblich. Eine Anrede und ein Gruß gehören auch in einer E-Mail dazu. Im Geschäftsleben sollte eine Mail innerhalb von 24 Stunden beantwortet werden. Wenn Sie erst noch Informationen einholen müssen, sollten Sie dennoch innerhalb eines Tages eine kurze Nachricht schicken, in der Sie den Erhalt bestätigen und mitteilen, dass Sie sich um die Beantwortung oder Erledigung schnellstmöglich kümmern. So zeigen Sie Aufmerksamkeit und Engagement.

Tipp: Bedenken Sie, dass das geschriebene Wort leicht missverstanden werden kann. Alle anderen Elemente, die eine persönliche Kommunikation sonst mit beeinflussen, wie beispielsweise der Klang der Stimme oder der Gesichtsausdruck, können ja nicht mitgeschickt werden. Eine genaue Wortwahl ist daher äußerst wichtig.

In der Korrespondenz mit Kunden, Vorgesetzten oder allgemein auf höheren Hierarchieebenen sollten Sie auf Emoticons verzichten. Diese sind höchstens im Team unter den Kollegen erlaubt. Unterlassen Sie es ebenfalls, witzige Junk-E-Mails, Kettenbriefe oder Massenmails im beruflichen Bereich weiterzuleiten. Sie stören die Arbeitskonzentration und rauben Zeit. Abkürzungen sollten Sie nur verwenden, wenn Sie sicher sind, dass der Empfänger sie auch versteht. Im Kontakt mit neuen Kunden daher alles ausschreiben, es sei denn, es handelt sich um allgemein bekannte oder branchenspezifisch übliche Abkürzungen. Achten Sie auch darauf, ob es vorgeschriebene firmeninterne Abkürzungen gibt – diese sollten Sie stets einhalten.

CC oder BCC? An sich eine tolle Möglichkeit: Eine E-Mail lässt sich an viele verschiedene Empfänger gleichzeitig verschicken. Zunächst an den Erstadressaten, wenn Sie die E-Mail-Adresse in das Feld „An" eingeben. Soll die Mitteilung an weitere Personen gehen, können Sie das Feld CC (carbon copy) oder BCC (blind carbon copy) wählen. Mit CC sind alle Empfänger sichtbar, E-Mail-Adressen in BCC werden den anderen nicht angezeigt. Vorsicht ist jedoch bei vertraulichen Informationen geboten. Sicherer ist es, sie an jeden Empfänger einzeln zu schicken.

Die Handschrift hat trotz PC und E-Mail noch nicht völlig ausgedient. So praktisch die modernen Kommunikationswege auch sind – es gibt ein paar Gelegenheiten, bei denen man selbst im Berufsleben zum Stift greifen sollte: Persönliche Grüße auf einer Kurznotiz, Entschuldigungsschreiben, Glückwunschkarten und Kondolenzschreiben werden mit der Hand geschrieben. Wenn Sie eine sehr unleserliche Handschrift haben, halten Sie den Text möglichst kurz und üben Sie vorher ein paar Mal, ihn schön zu schreiben. Zur Not können Sie auch den Hauptteil mit einer Schreibmaschine oder dem PC schreiben und dann einen handschriftlichen Gruß daruntersetzen. Die Weihnachtspost sollte zumindest persönlich unterschrieben sein. Karten an Kunden oder Partner, denen Sie sich sehr verbunden fühlen, sollten Sie ein paar persönliche Zeilen extra hinzufügen.

Neue Grüße

Zum Standardgruß in Briefen und E-Mails „Mit freundlichen Grüßen" und der moderneren Variante „Freundliche Grüße"sind weitere Möglichkeiten hinzugekommen. Beispiele: „Sonnige Grüße aus München", „Winterliche Grüße nach Berlin" oder „Beste Grüße aus dem verschneiten Salzburg".

Visitenkarten gehören im Berufsleben zum Standard. In Unternehmen sind sie in der Regel einheitlich im Sinne der „Corporate Identity" gedruckt, Selbstständige und Freiberufler können sie frei gestalten bzw. professionell erstellen lassen. Ob es reine Geschäftskarten sind oder sie auch Privatdaten enthalten, bleibt jedem selbst überlassen. Überlegen Sie auf jeden Fall vorher gut, ob Sie Ihre privaten Kontaktangaben auch an Mitarbeiter oder Kunden weitergeben möchten. Ob geschäftlich oder privat oder beides – für die Größe spielt das keine Rolle.

Visitenkarten werden bei geschäftlichen Anlässen zu Beginn überreicht. Die Vorteile: Haben Sie einen Namen nicht gleich verstanden, können Sie ihn leicht nachlesen. Andererseits erspart es gegebenenfalls kompliziertes Buchstabieren. Bei der Selbstvorstellung ist es nicht üblich, akademische Grade und Titel zu nennen. Werden jedoch gleich zu Beginn die Visitenkarten ausgetauscht, weiß jeder sofort, mit wem er es zu tun hat.

Achten Sie darauf, dass die Karten tadellos sind – sie dürfen weder Knicke noch Flecken haben. Eine erhaltene „VK" sollten Sie aufmerksam und interessiert lesen, gegebenenfalls nachfragen und sie dann sorgfältig in eine Jackeninnentasche oder in die Geldbörse stecken.

Tabu: Die Visitenkarte achtlos in die Hosen- oder Gesäßtasche schieben oder in den Aktenkoffer werfen!

Tipps: Visitenkarten eignen sich hervorragend für Kurznachrichten, als Kurzinfo bei der Übersendung von Unterlagen oder mit einem persönlichen Gruß versehen zum Überreichen von Geschenken oder Blumen. Bei den zuletzt genannten Gelegenheiten sollten Sie die Karte in einen kleinen, passenden Briefumschlag stecken.

Weitere Informationen zu den Visitenkarten finden Sie im Kapitel 3, „Kommunikationskultur", (siehe Seite 117 ff.).

Small Talk öffnet im Beruf oft entscheidende Türen. Daher lohnt es sich, die Kunst der lockeren Konversation zu beherrschen. Die Grundregeln dafür finden Sie in Kapitel 3, „Kommunikationskultur"(siehe Seite 87 ff.). Für das Berufsleben gilt besonders:

- die Hierarchie achten: In der Regel beginnt die höhergestellte Person das Gespräch
- die Distanzzonen beachten: Das trägt wesentlich zum Wohlgefühl des Gesprächspartners bei
- echtes Interesse zeigen: vor allem durch gutes Zuhören und aufmerksames Nachfragen
- positive Themen ansprechen: aktuelles Geschehen, Kultur, Hobbys, Sport oder Reisen
- Tabuthemen: Betriebsgeheimnisse, Klatsch über Firmenangehörige und Kunden, Probleme, Krankheiten, Politik, Religion und allzu Persönliches

GÄSTE- UND BESUCHERBETREUUNG

Vorab sollten Sie darauf achten, dass

- die Büroräume aufgeräumt und schön hergerichtet sind
- Sitzgelegenheiten bereitstehen
- sauberes Geschirr verfügbar ist
- Essen vorbereitet ist, je nach Anlass kleine Häppchen, Kuchen oder Kekse
- Getränke besorgt sind, entweder Erfrischungsgetränke oder/und Zutaten für warme Getränke
- sich nach Ankunft des Besuchs jemand um die Zubereitung der Getränke und das Servieren kümmert

Nach Ankunft

Wenn der Besuch eingetroffen ist, begrüßen Sie ihn, am besten mit Händedruck. Falls Sie gerade am Schreibtisch sitzen, stehen Sie auf und gehen Sie auf die anderen zu. Wechseln Sie ein paar erste Worte zum „Warmwerden". Sie können beispielsweise fragen, ob die Anreise angenehm oder die Adresse leicht zu finden war. Führen Sie die Gäste nun zur Garderobe und helfen Sie beim Ablegen. Anschließend nehmen Sie alle Platz, wobei Sie sich zuletzt setzen sollten. Tauschen Sie Visitenkarten aus, wenn Sie sich bisher noch nicht persönlich getroffen haben. Bevor Sie mit dem eigentlichen Gespräch beginnen, bieten Sie etwas zum Trinken und zum Essen an. Das Gespräch sollte in einer angenehmen Atmosphäre geführt und unnötige Störungen vermieden werden.

Nachdem Sie zum Ende gekommen sind, führen Sie den Besuch zur Garderobe und helfen ihm beim Ankleiden. Dann begleiten Sie ihn zur Tür, bedanken sich für das Kommen und verabschieden sich.

TELEFONIEREN, MEETINGS UND VIDEOKONFERENZEN

Je nach Anlass der Treffen kann es in Besprechungen zu hitzigen Debatten und Meinungsverschiedenheiten kommen. Um sie nicht unnötig heraufzubeschwören oder anzustacheln, können Sie schon bei der Vorbereitung wie auch bei der Durchführung einiges tun:

Raumwahl: Der Raum sollte ansprechendend sein und eine gute Atmosphäre ausstrahlen. Ein Zimmer mit einer Gerümpelecke, Baustelle oder schmutzigen Tischen weckt von Anfang an ungute Gefühle und Aggressionen.

Schutz: Bei Gesprächen unter vier Augen sollten Sie darauf achten, dass der Gesprächsrahmen geschützt bleibt und nicht ständig das Telefon klingelt oder jemand mit anderen Anfragen oder Problemen hereinstürmt.

Ideal: Wenn eine Sekretärin darauf achtet, dass niemand die Besprechung stört, und das Telefon in dieser Zeit übernimmt. Tabu: bei persönlichen Gesprächen die Tür offen stehen lassen!

Zeit: Auch wenn heutzutage alles schnell gehen muss – nehmen Sie sich ausreichend Zeit für wichtige Gespräche, mit Einzelpersonen wie auch im Team. Das macht sich persönlich wie finanziell in der Regel bezahlt! Sind klare Absprachen getroffen, alle Bedenken vom Tisch, ein wirklicher Konsens gefunden, klappt die Arbeit hinterher meist wesentlich besser – und zudem schneller.

Tabu: während des Gesprächs telefonieren, SMS empfangen oder senden, sachfremde Notizen machen, essen oder Kaffee trinken – es sei denn, Sie haben sich beide einen Kaffee geholt.

Sitzordnung: In Teambesprechungen sollte die gewohnte Sitzordnung eingehalten werden. Kommt es allerdings häufiger in den Meetings zu Konflikten, die Sie sich nicht erklären können, sollten Sie sie mal genauer unter die Lupe nehmen. Möglicherweise ist eine falsche Sitzordnung der Grund für unnötige Reibereien.

Meiden Sie Sitzpositionen direkt gegenüber, sie wirken konfrontativ. Besser sitzt man leicht schräg zueinander.

Miteinander: Die gemeinsamen Ziele sollten immer im Vordergrund stehen. Achten Sie auf die Bedürfnisse aller – und versuchen Sie, gemeinsame Lösungen zu finden. Dazu ist es auch wichtig, dass sich jeder mit seiner Meinung einbringt. Gehen Sie auf Ihre Kollegen oder Mitarbeiter zu und suchen Sie ein offenes Gespräch.

Telefon- und Videokonferenzen

- Auch wenn man Sie in einer Telefonkonferenz gar nicht bzw. in einer Videokonferenz nicht vollständig sieht, sollten Sie dennoch auf ein korrektes Auftreten Wert legen – Ihre Haltung und Ihre Garderobe spiegeln sich auch in Ihrer Stimme und Sprache wider
- Sprechen Sie laut und deutlich, ohne jedoch zu schreien
- Grüßen Sie alle Beteiligten
- Bei Videokonferenzen tragen Sie eher dunkle Kleidung und lassen alles weg, was das Bild unruhig macht und stört

Vorträge und Präsentationen

Ob innerhalb des Teams oder in größerem Rahmen – kurze oder längere Ansprachen, Reden, Vorträge oder Präsentationen gehören in vielen Geschäftszweigen heute zum Arbeitsalltag dazu. Wer öfter damit konfrontiert ist, sollte sich ausführlich mit Vortragstechniken befassen. Für kurze Beiträge sind oft schon folgende Grundregeln sehr hilfreich:

- Ein gepflegtes Äußeres ist Pflicht
- Achten Sie auf eine aufrechte Haltung, so strahlen Sie Selbstbewusstsein und Souveränität aus
- Halten Sie Blickkontakt mit dem Publikum
- Suchen Sie sich einzelne Personen heraus, die Sie direkt ansehen
- Erwähnen Sie anwesende Zuhörer mit Namen
- Versuchen Sie, möglichst frei zu sprechen und den Text nicht auswendig gelernt „herunterzurasseln"
- Bleiben Sie „echt" und verstellen Sie sich nicht
- Sprechen Sie von allen Personen, die Sie erwähnen, wertschätzend
- Benutzen Sie aktive Worte, zum Beispiel „Er veranlasste …" statt „Es wurde veranlasst …"
- Meiden Sie Negatives

GESCHÄFTS- UND ARBEITSESSEN ...

... sind nicht dasselbe. Ein Geschäftsessen ist in erster Linie dazu da, die Geschäftsbeziehung etwas persönlicher zu gestalten und sich auch über Privates auszutauschen. Die Zeit während des Essens sollten Sie daher für Small Talk nutzen und erst nach Beendigung des Mahls noch ein paar Worte über geschäftliche Dinge wechseln. Das Arbeitsessen dient dagegen vor allem zur Besprechung beruflicher Fragen. Mit dem Kaffee müssen alle anstehenden Fragen beantwortet sein.

Dauer und Menüwahl

Während bei Einladungen am Abend mindestens drei Gänge angebracht sind, sollten Sie sich für ein berufliches Mittagessen je nach verfügbarer Zeit auf zwei Gänge beschränken. Wählen Sie entweder Vorspeise und Hauptgericht oder Hauptgericht und Nachspeise. Auf Alkohol wird dabei meist verzichtet.

Anlässe für berufliche Essen:

- Kontaktpflege und Netzwerken: geschäftliche Beziehungen aufbauen und vertiefen
- Geschäftspartner besser kennenlernen: kann helfen, Gemeinsamkeiten zu entdecken, allerdings auch, dass man weniger gut harmoniert
- Verhandlungen etwas auflockern: damit leichter Erfolge zu erzielen, denn in einer gelösten Atmosphäre werden die Parteien sich vielleicht schneller einig
- gelungene Abschlüsse zusammen feiern

Als Gastgeber

Wählen Sie ein geeignetes Lokal, in dem Sie sich möglichst ungestört unterhalten können. Erscheinen Sie etwa zehn Minuten vor dem Termin, um den Tisch zu überprüfen und Details mit dem Service zu besprechen. Bei wichtigen Anlässen, vor allem mit Ehrengast, sollten Sie eine Tischordnung erstellen. Wichtig: Der Ehrengast sitzt immer rechts vom Gastgeber.

Geben Sie gleich bei der Einladung oder spätestens vor der Speisenauswahl bekannt, dass Sie die anderen gern einladen möchten. Bei besonderen Gelegenheiten, zu denen mehrere Personen eingeladen sind, kann es auch sinnvoll sein, ein Menü vorzubestellen. Sprechen Sie sich gegebenenfalls vorher mit dem Restaurant ab.

Helfen Sie dem Gast bei der Auswahl der Speisen und Getränke, indem Sie die Preiskategorie vorgeben. Sie können dafür ein Gericht oder Getränk empfehlen oder mitteilen, was Sie selbst bestellen. Kümmern Sie sich um die Getränke, wenn der Kellner übersieht, dass Gläser leer sind.

Frauen als Gastgeber betreten als Erste das Restaurant und dürfen heute jederzeit das Bestellen und Bezahlen übernehmen oder den Wein verkosten.

In der Regel trinkt der Gastgeber ebenfalls Alkohol, wenn der Gast sich ein alkoholisches Getränk bestellt. Da viele Menschen heute aber Alkoholfreies vorziehen, wird diese Regel relativ locker gehandhabt. Sie dürfen daher als Gastgeber auch auf Alkohol verzichten, selbst wenn der Gast ein Glas Wein bestellt. Allerdings ist es auch wichtig, dass sich der Gast wohlfühlt – hier zeigt sich, wer Fingerspitzengefühl hat und in der Situation richtig entscheidet. Zur Not können Sie ein Glas mitbestellen und nur sehr wenig trinken.

Führen Sie das Gespräch bei Tisch.

Als Gast bedanken Sie sich für die Einladung nach deren Erhalt sowie nach dem Essen. Nützen Sie den Gastgeber nicht aus und bestellen Sie in etwa in derselben Preiskategorie wie er. Ist Ihr Glas leer, warten Sie, bis Ihnen der Kellner oder der Gastgeber einschenkt.

Beide sollten pünktlich sein, die Kleidung dem Anlass und dem Stil des Restaurants anpassen und für eine angenehme Gesprächsatmosphäre sorgen.

Tabu: Sich vor dem Essen einen „Guten Appetit“ wünschen. Was für viele eine nett gemeinte Höflichkeitsgeste ist, gilt vor allem bei beruflichen und offiziellen Anlässen als unschicklich. Einzige *Ausnahme* im Business: In der Kantine sollten Sie Ihren Kollegen sogar einen guten Appetit wünschen. Hier wird es als unhöflich und arrogant angesehen, wenn Sie dies nicht tun oder gar auf die Worte eines Kollegen nichts erwidern.

Die Auswahl des Restaurants

War es früher durchaus üblich, für geschäftliche Besprechungen auch nach Hause einzuladen, wird dies heute kaum mehr praktiziert. Einladungen in ein Restaurant sind neutraler, weniger aufwendig und bieten doch einen stilvollen Rahmen. Gast wie Gastgeber können sich entspannter zusammenfinden. Die Auswahl des Restaurants richtet sich vor allem nach:

- dem Unternehmen: nach dem Stil, der Branche, der Größe oder der Bedeutung auf dem Markt. Je renommierter, größer und internationaler die Firma, desto gehobener darf das Restaurant sein
- nach der Stellung von Gastgeber und Gast: Je höher die Positionen, die sie bekleiden, desto exklusiver sollte das Lokal gewählt werden
- nach dem Geschmack des Gastes, denn er ist „König“: Wenn möglich sollten Sie als Gastgeber sich vorab informieren, welche Richtung und welchen Stil der Gast bevorzugt, damit Sie nicht mit einem Vegetarier in einem Steakhaus landen. Eventuell lassen sich diese Einzelheiten über die Sekretärin herausfinden
- dem Anlass: Je wichtiger das Zusammenkommen ist, desto edler sollte das Ambiente sein. Bei einem kurzfristigen und kurzen Treffen kann es da schon auch mal die (schöne) Kantine sein, für besondere Gelegenheiten dann aber ein Spitzenlokal. Geht es um einen Geschäftsabschluss, den Sie gern erzielen würden, sollten Sie jedoch auch nicht zu exklusiv wählen, sonst könnte der potenzielle Kooperationspartner die Einladung vielleicht als eine Art „Manipulationsversuch“ auslegen
- dem Budget, das dem Gastgeber zur Verfügung steht
- dem gewünschten Treffpunkt: Der Ort sollte möglichst zentral und gut erreichbar gelegen sein. Geben Sie auswärtigen Gästen vorab einen Anfahrtsplan

Außerdem sollten Sie nur ein Lokal wählen, das Sie bereits länger gut kennen. Wenn Sie auf die Qualität und den Service vertrauen können, fühlen Sie sich sicherer. Ein neues Restaurant am besten zunächst eine Weile im privaten Rahmen testen.

Tipp: Legen Sie sich eine Auswahl guter Adressen für verschiedene Anlässe und mit Ausweichmöglichkeiten zu, falls Sie im gewünschten Restaurant zu einem Termin keinen Platz mehr bekommen.
Ansonsten gelten auch hier die allgemeinen Regeln für Restaurantbesuche (siehe dazu Kapitel 5, „Bei Tisch und im Restaurant“, Seite 133 ff.).

In Kantine und Teamküche

Platzfreiheit: Wenn Sie sich an einen Tisch dazusetzen möchten, fragen Sie erst, ob der Platz noch frei ist oder die anderen noch jemanden erwarten.
Guten Appetit: Vor dem Essen einen „Guten Appetit“ wünschen. Anders als sonst bei Tisch üblich ist es in der Kantine erlaubt oder gar Pflicht, das zu tun. Wer einfach schweigend mit dem Essen beginnt, wird oft als arrogant oder als Außenseiter abgestempelt.
Tischmanieren: Ansonsten gelten auch in der Kantine die generellen Benimmregeln bei Tisch.
Geruchsstark: Haben Sie selbst etwas zum Essen dabei, das Sie nun in der Abteilungsküche oder gar im Geschäftsraum zubereiten möchten, achten Sie darauf, dass das mitgebrachte Gericht nicht stark riecht und andere damit belästigt – beim Aufwärmen selbst wie auch hinterher, wenn Sie es gegessen haben. Das gilt vorwiegend für Knoblauch, Zwiebeln und andere starke Gewürze.

BETRIEBSFEIERLICHKEITEN

Offizielle Betriebsfeiern und Betriebsausflüge

Zu Betriebsfeiern wie Jubiläen oder Weihnachtsfeiern sind in der Regel alle Mitarbeiter eines Unternehmens eingeladen und sie bieten daher eine gute Gelegenheit, sich untereinander besser kennenzulernen. Von manchen Kollegen weiß man oft nur den Namen, da man im Alltag nichts miteinander zu tun hat oder höchstens mal kurz Informationen per Telefon austauscht. Auch Betriebsausflüge tragen zu einem besseren Miteinander und zum Zusammenhalt innerhalb der Firma bei, da sie verbindende Erlebnisse schaffen und die Möglichkeit ge-

ben, sich in lockerer Atmosphäre einmal ausführlicher auszutauschen.
Falle Alkohol: Es gibt auf den Feiern meist leckeres Essen und – was sonst im Berufsalltag nicht üblich ist – Alkohol. Halten Sie sich damit besser sehr zurück, vor allem wenn Sie in ausgelassener Stimmung auch mal zu ungewöhnlichen Aktionen neigen oder Dinge sagen, die Sie hinterher bereuen. Für den Berufsalltag kann das äußerst peinliche und unangenehme Folgen haben. Schließlich müssen Sie all Ihren Vorgesetzten und Kollegen am nächsten Tag wieder in die Augen schauen können!
Sympathien: Vor allem sollten Sie sich davor hüten, die nette Kollegin oder den adretten Mitarbeiter aus der Abteilung nebenan „anzumachen". Wenn Sie tatsächlich beide Sympathie füreinander empfinden, kann das Betriebsfest zwar eine gute Gelegenheit sein, sich etwas näherzukommen. Halten Sie jedoch immer noch eine gesunde Distanz ein. Tauschen Sie beispielsweise nur diskret Ihre Telefonnummern aus. Dann ist ein weiteres Kennenlernen möglich, aber es kommt zu keinen Situationen, die der Chef oder andere Firmenangehörige mitbekommen und die zu Klatsch und Tratsch verlocken.

Die Firma als Gastgeber

Zu großen Betriebsfesten ist es Pflicht der verantwortlichen Gastgeber, alle Mitarbeiter des Unternehmens einzuladen. Hier Ausnahmen zu machen und einzelne auszuschließen, ist grob unhöflich und schädlich für das Betriebsklima.

Bieten Sie für alle Geschmäcker eine kleine Auswahl an Speisen an – es wäre etwa für Vegetarier unangenehm, wenn es nur Fleischspeisen gibt. Auch essen viele Menschen kein Schweinefleisch mehr und sind froh, wenn sie stattdessen vielleicht auch Geflügel nehmen können. Das Essen sollte zwar nicht an erster Stelle stehen, aber Sie können damit viel zur guten Stimmung und zur Zufriedenheit Ihrer Gäste beitragen. Oft sind es nur Kleinigkeiten, an die Sie denken sollten, um zu zeigen, dass Sie die Bedürfnisse Ihrer Mitarbeiter ernst nehmen. Letztlich zahlt sich das auch für Sie aus!

Damit es zu keinen alkoholischen Höhenflügen kommt, sollten Sie ausreichend gute alkoholfreie Getränke anbieten. Neben den klassischen Limonaden sind Säfte, Saftschorlen und alkoholfreie Cocktails empfehlenswert. Ebenso muss mindestens eine Sorte alkoholfreies Bier auf die Getränkekarte. Sollten Mitarbeiter dennoch zu viel getrunken haben, achten Sie darauf, dass keiner selbst mit dem Auto nach Hause fährt.

BERUF & PRIVATES MISCHEN?

Generell gilt: So weit möglich, sollte man Berufliches von Privatem trennen – zuallererst innerlich für sich selbst. Im Alltag ist das jedoch nicht immer möglich bzw. oft auch nicht erwünscht, denn beides hat Vor- wie auch Nachteile. So gibt es zunehmend inoffizielle Zusammenkünfte wie After-Work-Partys, man geht gemeinsam zu Veranstaltungen wie Vernissagen oder Konzerten, trifft sich zu privaten Anlässen oder beim Sport. Es wäre unklug, sich hier auszuklinken. Lockeres Beisammensein stärkt das Zusammengehörigkeitsgefühl, die gemeinsame Arbeitsbasis, auch die Freude an der Arbeit, und damit geht vieles leichter. Kleinere Konflikte können bei diesen Gelegenheiten sanfter aus der Welt geschafft werden als im härteren Berufsalltag. Und die Ideen sprudeln in einer lockeren Atmosphäre ebenfalls oft besser.

Viel Fingerspitzengefühl braucht es manchmal, um herauszufinden, was und wie viel Sie an persönlichen Details von sich preisgeben möchten. Der goldene Mittelweg ist auch hier der beste! Ein Einblick in Ihr persönliches Leben, in private Beziehungen, Vorlieben und Wünsche kann die beruflichen Beziehungen vertiefen – aber ebenso stören oder gar Ihre Karriere gefährden.

UNTERNEHMENSKULTUREN

Jedes Unternehmen, jede Abteilung ist anders – je nach den dort gelebten offiziellen und unausgesprochenen Werten, Normen und Regeln. Wenn Sie eine neue Arbeitsstelle suchen, sollten Sie sich auch mit der Firmenkultur auseinandersetzen. Erste Informationen gibt es meist schon über das Internet. Spätestens beim Vorstellungsgespräch sollten Sie sich einen ersten Eindruck verschaffen und danach ehrlich darüber nachdenken, ob Sie im Wesentlichen mit diesen Werten übereinstimmen. Dazu gehören zum Beispiel:

- Firmenphilosophie und -motto
- Unternehmensstruktur
- Führungsstil
- Umgangston
- Dresscode
- interne Kommunikation
- Regeln und Umgang in den Teams

Wenn es mit der Stelle geklappt hat, gilt es ab dem Arbeitsantritt, sich in diese Kultur souverän einzufinden. Gehen Sie aufmerksam und zunächst eher zurückhaltend vor, bis Sie sich gut einklinken können. Gibt es Spannungen, schwelende Konflikte oder unhöfliche Kollegen, halten Sie zunächst freundlich Distanz, bis Sie die genaueren Hintergründe kennen.

DIENST- UND GESCHÄFTSREISEN

Allgemeines

Geben Sie den anderen Kollegen im Team rechtzeitig Bescheid, wann und wie lange Sie unterwegs sind. Anstehende Aufgaben sollten Sie noch vor der Abreise erledigen. Falls während Ihrer Abwesenheit dringende Angelegenheiten bearbeitet werden müssen, bitten Sie vorher einen Kollegen, sie zu übernehmen. Richten Sie einen Autoresponder für Ihre E-Mails ein, der auf alle eingehenden Nachrichten eine automatische Antwortmail verschickt. Geben Sie darin an, wie lange Sie nicht zu erreichen sind und an wen sich der Absender in der Zwischenzeit wenden kann. Ändern Sie den Ansagetext auf dem Anrufbeantworter entsprechend. Informieren Sie den Anrufer darüber, wie lange Sie abwesend sind, und nennen Sie einen

Ansprechpartner für diese Zeit. Bitten Sie einen Kollegen, die Nachrichten auf dem Anrufbeantworter abzuhören und zu bearbeiten bzw. sich bei den Kunden zu melden und mitzuteilen, dass Sie sich nach Ihrer Rückkehr darum kümmern werden. Bei längerer Abwesenheit benachrichtigen Sie die Kunden einige Zeit vor Ihrer Abreise, damit Sie wichtige Aufträge oder Fragen vorher noch bearbeiten können.

International unterwegs

Für Auslandsreisen gelten die üblichen Benimmregeln für Reisen sowie die landesspezifischen Sitten. Informieren Sie sich vor Ihrer Abreise darüber. Einen ersten Einblick bietet Ihnen das Kapitel 8 (ab Seite 295). Lernen Sie weiterhin die gängigsten Floskeln und wichtigsten Begriffe in der Landessprache. Damit können Sie sich besser verständlich machen und zeigen Achtung und Respekt. Holen Sie allgemeine Auskünfte über das Land ein. Mit klugen Fragen zeigen Sie dem Gastgeber, dass Sie sich wirklich für ihn und seine Heimat interessieren. Außerdem bekommen Sie damit ein besseres Gespür für das Land und seine Bewohner. Bringen Sie Gastgeschenke mit und machen Sie sich schlau, wie man diese im Gastland üblicherweise überreicht. Auch hier hilft das Kapitel 8 weiter (siehe Seite 295 ff.).

Informieren Sie sich über landestypische Speisen und überlegen Sie sich gegebenenfalls schon vorab gute Argumente, mit dem Sie manche Speisen ablehnen können, ohne unhöflich zu sein. Am besten eignen sich dafür religiöse Gründe.

Ausführlichere Informationen zu den Umgangsformen in den einzelnen Ländern finden Sie im Kapitel 8 (ab Seite 295).

MESSEN UND KONGRESSE

Der Messemarkt boomt und auch das Angebot an Fachkongressen wird immer breiter und vielfältiger. Für Firmen bieten sich hier gute, doch meist auch teure Gelegenheiten, sich im Markt zu positionieren und neue Kunden zu gewinnen.

Darauf sollte Messepersonal vor allem achten:

- alle Aufgaben vorher absprechen und einteilen
- gepflegtes Äußeres
- gute Umgangsformen
- positive Ausstrahlung
- (potenzielle) Kunden nicht mit platten Standardfloskeln ansprechen
- nicht mit den Händen in den Hosentaschen herumstehen
- einen Tisch mit Stühlen für ausführlichere Gespräche herrichten
- Getränke für längere Beratungen bereithalten, eventuell dazu auch Kleinigkeiten zum Essen

Tabu: rauchen oder Alkohol trinken

BEWERBUNG UND VORSTELLUNGSGESPRÄCH

Die Bewerbung

Sowohl die klassische schriftliche Bewerbung als auch die Online-Bewerbung sind heute gang und gäbe. Bewerber sollten sich am besten vorab bei dem jeweiligen Personalverantwortlichen erkundigen, wie er die Bewerbung erhalten möchte, sofern es nicht in der Stellenausschreibung angegeben ist. Werden beide Wege in der Anzeige angeboten, können Sie frei wählen – und sollten überlegen, wie Ihre Bewerbung am besten zur Geltung kommt. Eine Mappe wirkt zum Beispiel auch durch Form und Farbe, das Papier und die Anordnung der Unterlagen. Die Online-Bewerbung wiederum kann sich durch eine gekonnte Reduktion hervorheben. Darüber hinaus besteht die Möglichkeit, zunächst eine kurze Online-Bewerbung mit den allerwichtigsten Informationen zu schicken und bei Interesse eine detaillierte schriftliche Bewerbung nachzureichen.

Per Post: Wenn Sie eine schriftliche Bewerbungsmappe per Post senden, sollten Sie außer auf die allgemeine Form von Anschreiben, Lebenslauf und Zeugnissen insbesondere auf die korrekte Anschrift und Anrede achten, damit sie beim zuständigen Mitarbeiter im wahrsten Sinn des Wortes „gut ankommt“. Wer sich hier gleich mit allgemeinen Fehlern präsentiert, hat es im weiteren Verlauf des Auswahlverfahrens möglicherweise schon schwerer als die Mitbewerber, wenn er überhaupt weiterkommt.

Online: Eine Online-Bewerbung kann entweder als E-Mail mit Anhängen oder über ein Eingabeformular auf der Internetseite des Unternehmens eingesendet werden. Auf die Form und den Inhalt sollte wie bei der schriftlichen Bewerbung großer Wert gelegt werden. Viele Bewerber geben sich weniger Mühe, weil eine Bewerbung per E-Mail schneller geht und wesentlich weniger kostet als per Post. Doch wer Erfolg haben möchte, muss auch hier die allgemeinen Vorgaben beachten, sonst ist Ihre E-Mail schnell gelöscht – und Ihre Zeit dafür vergeblich investiert.

Vorabinformation: Viele Bewerbungsratgeber empfehlen Jobsuchenden, vor der schriftlichen Bewerbung im Unternehmen anzurufen und sich nach Details zu der ausgeschriebenen Stelle zu erkundigen bzw. bei einer Blindbewerbung vorab nachzufragen, ob derzeit eine gewünschte Stelle zu besetzen ist. Bereiten Sie sich auf dieses Telefonat sehr gut vor! Notieren Sie sich Ihre Fragen. Informieren Sie sich im Vorfeld über den richtigen Ansprechpartner, das Angebot des Unternehmens, die Firmenphilosophie und die Strukturen des Betriebs. Besorgen Sie sich zum Beispiel die Firmenbroschüre und gegebenenfalls weitere Unterlagen. Im Internet finden Sie in der Regel die aktuellsten Neuigkeiten. Alle auf diesen Wegen erhaltenen Zusatzinformationen können Sie in die Bewerbung einfließen lassen.

Nachhaken: Die Spannung ist groß: Wie kam meine Bewerbung an? Habe ich eine Chance auf die Stelle? Guten Stil können Sie auch in dieser Situation zeigen, denn selbst der Umgang mit Wartezeit will gelernt sein. Die meisten Unternehmen versenden nach Eingang der Bewerbung zunächst eine Eingangsbestätigung, größtenteils mit dem Vermerk, dass die Bearbeitung noch eine Weile dauern wird. Hier müssen Sie sich also unbedingt erst einmal in Geduld üben. Aufgrund des allgemeinen Bewerbungsbooms braucht es in den meisten Firmen einige Wochen, bis eine Vorauswahl getroffen wurde. Anrufe sind in dieser Zeit in der Regel zwecklos. Zwei Wochen Wartezeit sollten Sie mindestens einhalten, je nach Firmengröße eher sogar noch vier Wochen, bevor Sie telefonisch nachhaken.

Das Vorstellungsgespräch

Die Einladung zu einem Vorstellungsgespräch kommt – Sie haben die erste große Hürde genommen. Bisher konnten Sie sich gut präsentieren, nun heißt es, im persönlichen Gespräch ebenso zu überzeugen. Dabei zählen neben Ihren fachlichen Kenntnissen vor allem Ihr Erscheinungsbild, Ihre Persönlichkeit, Ihr Auftreten und Ihre Kommunikationsfähigkeit. Achten Sie besonders auf die ersten Sekunden, denn auch in einem Vorstellungsgespräch gilt, dass der erste Eindruck zählt. Er stellt die Weichen für den weiteren Verlauf. Bereits in den ersten Momenten erkennen wir, ob uns jemand sympathisch ist oder nicht. Alles, was hier schiefläuft, lässt sich später wesentlich schlechter wieder ausbügeln als spätere Missgeschicke.

Gut vorbereitet zu sein schafft eine sichere Basis. Zunächst sollten Sie den Termin schriftlich oder telefonisch bestätigen, je nachdem, wie Sie bisher mit Ihren Ansprechpartnern vorwiegend kommuniziert haben. Gehen Sie zur Vorbereitung nochmals alle Informationen zum Unternehmen durch, die Sie haben – ob gedruckte Broschüren, Infos aus dem Internet oder durch persönliche Kontakte erfahren –, und verinnerlichen Sie sie. Notieren Sie sich alle Fragen auf einer Liste, die Sie zum Vorstellungsgespräch mitnehmen können. Bereiten Sie weiterhin Ihre Selbstdarstellung vor und üben Sie sie gegebenenfalls. Sie sollte zwar nicht auswendig gelernt klingen, für viele ist es jedoch hilfreich, den Ablauf ein paar Mal durchzugehen, um sich so die Abfolge besser einzuprägen. Alle Unterlagen, die Sie zum Termin mitnehmen möchten – vor allem den bisherigen Schriftwechsel, wichtige Unternehmensinformationen, Kopien der Bewerbungsunterlagen sowie bei Bedarf zusätzliche Arbeitsproben –, sollten Sie in einer schönen Mappe zusammenstellen. Halten Sie die Kontaktdaten Ihrer Ansprechpartner und des Personalbüros (Namen, Adresse, Telefonnummer) griffbereit für den Fall, dass Sie sie unterwegs schnell benötigen, zum Beispiel bei einem Unfall, einer Panne oder wenn Sie unerwartet lange im Stau stehen. Außerdem sollten mit:

- Notizbuch und Stift (mit Ersatzstift)
- Taschentücher
- Erfrischungstücher

- Schuhputzlappen/Schnellglanz
- Haarbürste oder Kamm
- Dragees für frischen Atem
- ein aufgeladenes Handy (vor dem Betreten des Hauses aber ausschalten!)
- Für Frauen zudem empfehlenswert: Kosmetikutensilien, Taschenspiegel, Nagelfeile sowie eine Ersatzstrumpfhose.

Tipp: Bereiten Sie sich gleich nach der Zusage auf alles vor, damit Sie bei einer kurzfristigen Terminänderung flexibel sein und auch einen früheren Termin wahrnehmen können. Ferner sollten Sie auch mit „Test-Anrufen" vorab rechnen.

Um sich einen persönlichen Eindruck von Ihnen zu machen, achten Personalentscheider vor allem auf:

- das Erscheinungsbild (Pflege und Stil der Kleidung)
- die Umgangsformen (gutes Benehmen)
- das Auftreten (Haltung und Verhalten)
- die Sprache (u. a. Wortschatz, Aussprache, Dialekt)
- die Stimme (Klang und Lautstärke)
- die Auffassungsgabe (Verstehen, Reaktionszeit, Fragestellungen)

Das Erscheinungsbild muss topp sein. Nehmen Sie sich ausreichend Zeit, die Kleidung für das Vorstellungsgespräch auszuwählen. Richten Sie sich dabei nach der Branche, dem Unternehmensstil und der ausgeschriebenen Position. Wenn Sie die Möglichkeit haben, sollten Sie sich das Unternehmen vorab mal ansehen und dabei darauf achten, wie die Mitarbeiter angezogen sind. Kleiden Sie sich zum Vorstellungsgespräch etwas über dem allgemein üblichen Firmenniveau und lieber over- als underdressed, besser zu konservativ als zu leger, eher zu seriös als zu kreativ.

Wichtig: Sie sollten sich in Ihrer Garderobe auch wirklich wohlfühlen, sonst wirken Sie gekünstelt, unruhig und nicht echt.

Pünktlichkeit ist absolutes Muss. Weder ein zu spätes noch ein zu frühes Erscheinen kommen an. Versuchen Sie, wirklich auf die Minute pünktlich bei Ihrem Ansprechpartner zu sein. Für Bewerbungen bei größeren

Unternehmen bedeutet das, etwa 20 bis 30 Minuten früher einzutreffen und gegebenenfalls einen längeren Weg auf dem Firmengelände einzuplanen. Möglicherweise benötigen Sie auch Zeit für Anmeldeformalitäten am Empfang und/oder bei der Sekretärin. Wenn die Entfernung es erlaubt, sollten Sie am besten vorab schon einmal zum Unternehmen hinfahren und sich umsehen, damit Sie den Weg am vereinbarten Tag leichter finden und abschätzen können, wie lange Sie vom Parkplatz bzw. der Busoder Bahnhaltestelle zu Ihrem Gesprächspartner brauchen.

Freundlichkeit auch auf dem Weg zum Ziel. Gehen Sie mit allen Mitarbeitern, die Ihnen im Unternehmen begegnen, höflich um, nicht nur mit dem Personalentscheider und seinen direkten Mitarbeitern. Erstens fühlen Sie sich selbst so besser und haben eine positivere Ausstrahlung. Und zweitens ist es sehr wahrscheinlich, dass der Personalverantwortliche auch die anderen Mitarbeiter des Hauses nach ihrem ersten Eindruck von Ihnen befragt.

Getränke sind mit Vorsicht zu genießen! Zu Beginn werden Sie sicher gefragt, ob Sie etwas trinken möchten. Alkoholfreie Getränke können Sie jederzeit annehmen, sofern Sie sie gut vertragen. Ungünstig wäre es beispielsweise, einen Orangensaft zu nehmen, wenn Ihr Magen darauf manchmal empfindlich reagiert. Am sichersten ist ein stilles Mineralwasser – ohne Kohlensäure, die zum Aufstoßen führen kann. Ablehnen müssen Sie alle alkoholischen Angebote – das ist entweder ein Sucht-Test oder es handelt sich um ein äußerst fragwürdiges Unternehmen. Auch Zigaretten sollten Sie ablehnen, selbst wenn der Personalverantwortliche raucht. In diesem Fall sollten Sie ebenfalls äußerst aufmerksam bleiben und überlegen, ob die Stelle wirklich zu Ihnen passt. Ist der Arbeitsplatz ansonsten topp, das Unternehmen klasse, die Bezahlung in Ordnung, Sie haben insgesamt ein gutes Gefühl und die extremen Rauchgewohnheiten Ihres Gegenübers stören Sie nicht, dann greifen Sie zu! Vielleicht haben Sie mit ihm im Alltag ja auch kaum zu tun. Kaffee dürfen Sie ebenfalls annehmen, solange Ihre Nervosität sich im Rahmen hält. Wenn Sie innerlich ohnedies schon auf Hochtouren laufen, dann lehnen Sie dieses Getränk lieber ab. Vorsicht, wenn Kekse angeboten werden – es können Reste unschön in den Zähnen hängen bleiben oder eine peinliche Situation entstehen, wenn Sie etwas gefragt werden, kurz nachdem Sie ein Keks in den Mund geschoben haben.

Haltung zeigen, denn wie Sie sich im Verlauf des Gesprächs präsentieren, wird darüber entscheiden, ob Sie der gewünschten Stelle einen Schritt näher kommen oder nicht. Neben der fachlichen Qualifikation, Zeugnissen und Äußerlichkeiten zählt nun vor allem Ihr Verhalten im Gespräch. Man wird Sie äußerst genau beobachten. Halten Sie daher …

- immer Blickkontakt mit Ihren Gesprächspartnern, vor allem beim Begrüßen und Verabschieden
- Bodenkontakt; Sie sollten einen guten Stand und auch beim Sitzen beide Füße fest auf dem Boden haben
- bei der Begrüßung per Händedruck die andere Hand fest, ohne zu sehr zu drücken
- ein Taschentuch in der Hosentasche bereit, wenn Sie zu Handschweiß neigen. Dann können Sie sich zwischendurch schnell und problemlos „abtrocknen"
- Ihren Körper entspannt, gerade und aufrecht, die Arme locker an der Seite
- inne, solange Ihr Gesprächspartner spricht. Andere zu unterbrechen ist tabu!
- Augen und Ohren offen. Hören Sie gut zu, schalten Sie all Ihre Sinne ein, um ein möglichst umfassendes Bild zu gewinnen

Im Vorstellungsgespräch zeigt es sich, ob Sie auch im Zwischenmenschlichen miteinander gut „können" oder ob es möglicherweise Schwierigkeiten geben wird. Oft kündigen sich spätere Spannungen und Konflikte bereits durch leichtes Unwohlsein im Bewerbungsgespräch an. Nehmen Sie diese ersten Hinweise ernst!

Die zweite Runde wird eingeläutet, wenn bisher alles gut gelaufen ist. Bereiten Sie auf alle Fälle das erste Gespräch ausführlich nach. Was hat gut geklappt, was ist verbesserungswürdig? Welche neuen Fragen haben Sie jetzt? Rechnen Sie damit, dass auch andere Gesprächspartner mit anwesend sein können. Wenn Sie konkret erfahren, worum es beim zweiten

Gespräch gehen wird, haben Sie es leichter. Bleiben Sie dennoch achtsam, denn auch überraschende Tests sind möglich, etwa ein Testessen. Hier möchten die Personalentscheider wissen, ob Sie sich auch bei Tisch zu benehmen wissen.

BERUFSEINSTEIGER – „DIE ERSTEN 100 TAGE"

Geschafft! Der Arbeitsvertrag ist unterschrieben und der erste Arbeitstag gekommen. Nun heißt es auch bei den Kollegen einen guten Eindruck zu machen. Und Sie nutzen die Probezeit dafür, sich ein klares Bild darüber zu verschaffen, ob Sie wirklich in das Unternehmen passen und ganz hinter Ihrer Tätigkeit stehen können.

Selbstvorstellung

Wie sonst auch üblich, grüßen Sie die andere Person und nennen Sie Ihren Vor- und Nachnamen, am besten so „Guten Tag, ich bin Wolfgang Bauer" oder „Guten Morgen, ich heiße Marlen Mende". „Mein Name ist Angelika Weiß" ist ebenfalls richtig, doch am aktivsten und souveränsten wirkt die Formulierung „ich bin", Sie sollten sie daher bevorzugt verwenden. Stellen Sie sich am ersten Tag auf jeden Fall in Ihrem Team vor, bei Mitarbeitern aus anderen Abteilungen können Sie das nach und nach tun, spätestens wenn Sie das erste Mal miteinander zu tun haben.

Sich in den Betrieb eingliedern

Für einen Neuling bedeutet das zunächst: Augen, Ohren und Mund auf! Beobachten Sie aufmerksam, hören Sie gut zu und fragen Sie nach, sobald Sie etwas nicht verstanden haben. Bitten Sie um Hilfe, wenn Sie nicht weiterkommen, und geben Sie es gleich offen zu, falls Ihnen ein Fehler unterlaufen sein sollte. Bleiben Sie in der ersten Zeit den Kollegen gegenüber so neutral wie möglich, bis Sie die teaminternen Strukturen besser verstanden haben. Verhalten Sie sich Ihrem Vorgesetzten gegenüber auf jeden Fall loyal.

Firmenspezifische Etikette: Passen Sie sich an die Umgangsformen innerhalb des Unternehmens an.
Firmenphilosophie: Jeder Mitarbeiter muss in der Regel das Motto und die Grundsätze des Unternehmens verinnerlichen und sich daran halten.
Dresscodes: Die Kleidungsvorschriften sollten Sie genau beachten, sowohl für den Kundenkontakt als auch intern. Bei besonderen Anlässen gegebenenfalls nachfragen.
Teamverständnis: Wie ist der Zusammenhalt untereinander? Stärkt man sich gegenseitig den Rücken oder herrscht eher ein Konkurrenzkampf? Welche Teamregeln gelten? Gibt es einen Teamsprecher?
Kommunikation: Auf externe und interne, formelle und informelle Kommunikationswege sollte man achten und den Verlauf des Informationsflusses nachvollziehen. Welche Themen dürfen nach außen dringen, welche Interna müssen verschwiegen werden? Diese Vorgaben strikt einhalten! Wie meldet man sich am Telefon? Welche Regeln gelten für den Schriftverkehr – per Post, Fax und E-Mail? Wie gehen die Mitarbeiter intern miteinander um? Ist Siezen oder Duzen üblich?
Ordnung: Die Standards für Sauberkeit und Ordnung müssen beachtet werden. Richten Sie sich danach – sowohl am persönlichen Arbeitsplatz als auch in gemeinschaftlichen Bereichen.
Der eigene Arbeitsplatz: Nützen Sie die gute Energie des Neubeginns. Richten Sie den neuen eigenen Schreibtisch oder Arbeitsplatz allmählich ein. Generell sollten Sie nur wenige und gut ausgewählte persönliche Gegenstände mitbringen, etwa einen Stift, mit dem Sie besonders gut und gern schreiben, aber auf kitschigen „Schnickschnack“ verzichten. In der Anfangszeit ist es am besten, sich erst mal umzusehen, was bei den Kollegen so auf den Schreibtischen steht, und sich daran bei der Auswahl persönlicher Utensilien zu orientieren.

Machen Sie sich mit den Arbeitsgeräten wie PC, Drucker, Kopierer, Telefon u. s. w. vertraut.
Raucher: Informieren Sie sich über die Standards im Unternehmen. Darf generell in den Gebäuden geraucht werden? Wie ist das Rauchen in der Abteilung geregelt? Wo sind die Raucherecken?

Feedback: Bitten Sie Ihren Vorgesetzten nach den ersten Wochen um eine Rückmeldung, wenn ein solches Gespräch nicht von Beginn an vereinbart wurde. Halten Sie immer wieder Rücksprache mit dem Chef – so sieht er, dass Sie sich Gedanken machen und Ihnen an der Stelle wirklich etwas liegt.

Die Fettnäpfchen der ersten Zeit:

- sich bei manchen neuen Kollegen nicht vorstellen
- sich die Namen der Kollegen nicht merken
- von sich aus das Du anbieten – den ersten Schritt müssen die Kollegen machen
- ein Duz-Angebot unhöflich ablehnen – das wirkt abweisend und erschwert Ihre Integration ins Team
- Arroganz, Besserwisserei, Überheblichkeit und Selbstüberschätzung
- Distanzzonen nicht achten
- Hilfsangebote nicht annehmen
- Einladungen ausschlagen, zum Beispiel zur gemeinsamen Kaffeepause
- die üblichen Dienstwege nicht einhalten
- vorschnelle Änderungsideen anbringen – lernen Sie die Strukturen erst näher kennen
- sich nicht auf Besprechungen vorbereiten
- gleich nach Urlaub fragen
- überpünktlich auf den Feierabend pochen
- die Sekretärin oder andere „Untergebene" von oben herab behandeln
- abfällig über andere Mitarbeiter oder die Firma sprechen
- sich an Klatsch und Tratsch beteiligen, andere bloßstellen
- sich vorschnell einem Grüppchen anschließen – birgt die Gefahr, dass Sie unwissentlich „zwischen die Fronten" geraten
- passives Abwarten statt interessiertes Engagement zeigen
- Vergleiche mit einer vorherigen Firma anstellen
- mit Statussymbolen prahlen
- Fehler verheimlichen
- bei Unklarheiten nicht nachfragen
- zu schnell zu offen sein, zu viel Privates erzählen

Und für Führungskräfte gilt

Auch ein neuer Mitarbeiter entscheidet oft schon in den ersten Tagen in einem neuen Betrieb, ob er bleiben möchte oder nicht. Wenn sich in Zeiten großer Arbeitslosigkeit auch viele Menschen so manchen Bedingungen unterwerfen, die sie unter anderen Umständen nicht annehmen würden – es kann Ihnen trotzdem passieren, dass der Neue sich spätestens nach der Probezeit entscheidet, wieder zu gehen. Auch Mitarbeiter wollen beachtet und menschlich behandelt werden, Wertschätzung und Anerkennung erfahren. Wenn man erkennt, dass beide Seiten nicht gut harmonieren, ist es sicher besser, sich frühzeitig wieder zu trennen. Doch es ist sehr sinnvoll, auch die eigene Position zu hinterfragen. Schließlich kostet jede neue Einarbeitung Ihre Zeit und Ihr Geld und bringt Unruhe in die Abteilung. Nehmen Sie sich gerade in der ersten Phase ausreichend Zeit für den Neuen – das macht sich auf allen Ebenen bezahlt.

Darauf können Vorgesetzte und Kollegen achten:

- eine gute Einführung geben
- angemessen auf Fragen antworten
- bei Fehlern konstruktive Hinweise geben und den Neuling deswegen nicht „zur Schnecke machen“
- Hilfe anbieten
- den neuen Kollegen in das Team integrieren, zum Beispiel zu gemeinsamen Unternehmungen einladen

Nach der Probezeit

In manchen Firmen oder Teams ist es üblich, im Kollegenkreis mit einer kleinen Zusammenkunft den Einstieg zu feiern – allerdings erst, wenn Sie auch sicher übernommen wurden. Erkundigen Sie sich vorher, wann der passende Zeitpunkt dafür ist und ob ein Einstand üblicherweise in den Büroräumen oder außerhalb gefeiert wird. Im letzten Fall laden Sie die Kollegen am besten nach Dienstschluss in ein Café oder Restaurant ein. **Tipp:** Vermeiden Sie Lokalitäten, die dazu einladen, reichlich Alkohol zu trinken.

INTERKULTURELLES KNOW-HOW

Im Zuge der zunehmenden Globalisierung, der weltweiten Vernetzung in allen Lebensbereichen, ist es immer wichtiger, sich auch bei internationalen Begegnungen sicher zu bewegen. Viele Unternehmen kooperieren mit Geschäftspartnern aus dem Ausland oder haben selbst weitere Filialen in anderen Ländern. Internationale Kontakte – ob schriftliche Korrespondenz oder Telefonate, Geschäftsreisen oder Besuche der ausländischen Partner – sind daher in vielen Unternehmen an der Tagesordnung. Um gute internationale Beziehungen knüpfen und vertiefen zu können, ist es wichtig, sich auch in die anderen hineinversetzen zu können und ihren speziellen Hintergrund zu verstehen.

Die Umgangsformen sind weltweit sehr verschieden, oft auch sehr gegensätzlich. Wer hier nicht aus reiner Unwissenheit in üble Fettnäpfchen treten will, sollte sich einen Überblick über die wichtigsten Benimmregeln verschaffen. Wenn Sie beispielsweise in Ihrem neuen Job regelmäßig mit Kunden aus bestimmten Ländern zu tun haben, machen Sie sich schon im Vorfeld über die dort üblichen Sitten und Gewohnheiten schlau. So punkten Sie gleich von Anfang an, da Sie Ihre Wertschätzung und Ihr echtes Interesse sowie ein sensibles Bewusstsein für die Unterschiede zeigen. Beispielsweise hat das Kopfnicken viele verschiedene Bedeutungen. Während es bei uns ein Zeichen der Zustimmung ist, steht es in Indien für „nein", in China für Aufmerksamkeit und Verstehen.

Ausführlichere Informationen zu den Umgangsformen in den einzelnen Ländern finden Sie im Kapitel 8 (siehe Seite 295 ff.).

DIPLOMATISCHES GESCHICK

Diplomatisches Geschick zu haben bedeutet vor allem, zwischenmenschliche Probleme und Peinlichkeiten so klug zu umgehen, dass sich niemand bloßgestellt fühlt. Außerdem gehören Kompromissbereitschaft und Rücksichtnahme auf die Wünsche und Bedürfnisse der anderen dazu. Dabei geht es nicht darum, etwas schönzureden, sich bei anderen einzuschmeicheln, sie zu manipulieren oder Konflikten aus dem Wege zu gehen, sondern vielmehr darum, einen gemeinsamen Nenner, den goldenen Mittelweg zu finden, mit dem alle zufrieden sind. Diplomatisches Geschick ist daher nicht nur auf internationalem, politischem Parkett hilfreich, sondern auch im Berufsalltag und in privaten Situationen. Üben Sie, geschickt mit Worten umzugehen und Taktiken einzusetzen, die Machtspielchen ausschalten und stattdessen die Zufriedenheit aller bewirken.

Einige wichtige Regeln der Diplomatie:

- offen sein für neue Wege, nicht auf eigene, gewohnte Methoden beharren
- sich nie als Gegner positionieren, sondern den Willen zum Miteinander zeigen
- in reiner, positiver Absicht sein – das Wohle aller im Blick haben
- sich für die andere Seite wirklich interessieren
- über Fehler anderer taktvoll hinwegsehen
- Ideen einbringen statt Ansprüche geltend zu machen
- sich auch für kritische Anmerkungen bedanken und die positive Seite daran sehen – der andere macht sich auch sinnvolle Gedanken
- selbst auch Zugeständnisse machen und Zwischenlösungen anbieten
- Widerstände des anderen achten und nicht versuchen, sie gewaltsam zu brechen
- Lob und Komplimente aussprechen – aber nur, wenn sie ehrlich gemeint sind!
- eine Lösung anstreben, bei der beide „Sieger" sind oder Ihr Gegenüber sogar ein Stück Vorsprung hat

Wichtig: Auch im Umgang mit der Presse sollten Sie Ihre guten Umgangsformen zum Tragen und Ihr diplomatisches Geschick zum Tragen kommen lassen. Pflegen Sie regelmäßigen und partnerschaftlichen Umgang mit den Journalisten und reagieren Sie zeitnah auf Anfragen.

Stilvoll unterwegs

Ob der tägliche Weg zur Arbeit oder die Fahrt in den Urlaub, ob mit dem eigenen Auto oder mit öffentlichen Verkehrsmitteln, auf einem Schiff oder im Flugzeug – überall, wo Menschen gemeinsam unterwegs sind, müssen sie auch Regeln einhalten, sonst gäbe es an Land, in der Luft oder auf dem Wasser bald ein heilloses Durcheinander. Was ist in Bussen und Bahnen zu beachten? Worauf kommt es bei Flügen an? Was sollten Schiffsreisende wissen? Wie verhält man sich als Gast in der Fremde? Und wie in der Natur? Die Antworten finden Sie auf den folgenden Seiten.

Auch in öffentlichen Verkehrmitteln gelten Regeln für einen guten Umgang miteinander. Bleiben Sie höflich und freundlich, selbst wenn andere murren und unzufrieden sind. Für so manchen bedeutet es richtig Stress, in Bus oder Bahn so nahe mit so vielen anderen Menschen zusammen sein zu müssen. Permanent dringen hier Fremde in unsere Intimzone ein, ohne dass wir uns davor schützen können. Je umsichtiger und achtsamer wir sind, je mehr Verständnis wir zeigen und selbst soweit möglich respektvoll auf Distanz achten, desto angenehmer wird die Fahrt für alle.

Allgemeine Umgangsformen

Höflichkeit und Hilfsbereitschaft: Begegnen Sie Ihren Mitreisenden höflich, freundlich und hilfsbereit. Dazu gehört, beim Einsteigen an den Türen nicht zu drängen oder gar zu schubsen – und wenn Sie noch so sehr auf einen Sitzplatz hoffen. Lassen Sie außerdem zunächst die anderen Fahrgäste aussteigen. In öffentlichen Verkehrsmitteln, in denen man seinen Fahrschein noch beim Fahrer lösen kann, hauptsächlich in Bussen, können Sie ihn auch grüßen und eventuell ein paar freundliche Worte wechseln. Halten Sie Ihre Geldbörse mit genügend Kleingeld bereit, damit die nachfolgenden Fahrgäste nicht unnötig lange warten müssen.

Stehen Sie allein reisenden Kindern, älteren Menschen, Schwangeren, Frauen mit kleinen Kindern und Kinderwagen, Menschen mit Verletzungen oder Behinderungen hilfsbereit zur Seite. Das ist einerseits eine freundliche Geste, andererseits geht das Ein- oder Aussteigen so auch für alle schneller.

Tabu: ohne vorher zu fragen beispielsweise einfach den Kinderwagen mit anheben. Bieten Sie erst Ihre Hilfe an und akzeptieren Sie es, wenn Ihr Hilfsangebot abgelehnt wird.

Alle öffentlichen Verkehrmittel wie Busse, Bahnen und Flugzeuge gelten als öffentlicher Raum, in dem man einem unbekannte Menschen generell nicht grüßen muss. Wenn Sie Platz nehmen, ist ein freundliches Zunicken oder Grüßen Ihres Sitznachbarn jedoch eine nette Geste. Ebenso sollten Sie beim Betreten eines geschlossenen Zugabteils die bereits anwesenden Fahrgäste grüßen. Sich vorzustellen ist dagegen nicht nötig, es sei denn, Sie kommen im Laufe der Fahrt mit einem Fahrgast näher ins Gespräch. Fahren Sie täglich zur selben Zeit dieselbe Strecke, sind Ihnen sicher einige Mitfahrer vom Sehen her vertraut – sie sollten Sie ebenfalls zumindest mit einem kurzen Nicken grüßen.

Sitzen und Sicherheit: Zuallererst: Bieten Sie behinderten, verletzten oder geschwächten Menschen Ihren Sitzplatz an. Auf den dafür vorgesehenen Plätzen müssen Sie das ohnehin tun, auf allen anderen sollten Sie es freiwillig machen. Gehen Sie auch jungen Leuten als gutes Beispiel voran. Erwachsene sollten außerdem berücksichtigen, dass Kinder oder Jugendliche nach der Schule genauso müde sein können wie ein Berufstätiger nach einem Arbeitstag. Entscheiden Sie also aus der Situation heraus.

Verstauen Sie Taschen und Tüten so gut, dass Sie andere damit möglichst wenig behindern. Blockieren Sie keinen Sitzplatz mit Gepäck, sondern nehmen Sie Ihre Sachen auf den Schoß oder stellen Sie sie auf den Boden. Vorsicht ist geboten, wenn Sie einen größeren Rucksack tragen – eine unbedachte Bewegung kann mitunter jemanden treffen, der hinter Ihnen steht oder sitzt. Nehmen Sie den Rucksack daher im Bus oder in der Bahn ab und stellen Sie ihn auf den Boden.

Sitzen Sie aufrecht, die Beine normal und zusammen aufgestellt. Weder breitbeinig dazusitzen noch die Beine lang bis zum Fußbereich des Gegenübers auszustrecken, ist angebracht. Nehmen Sie nicht mehr Raum ein, als Ihnen vom Platzangebot her zusteht. Auch die Füße hochlegen ist tabu, selbst wenn Sie eine Zeitung unter die Schuhe legen.

In sehr überfüllten Bussen oder Bahnen sollten Sie besonders darauf achten, dass Kinder nicht eingequetscht werden oder ältere Personen, die stehen müssen, nicht den Halt verlieren.

Tipp: Mit belehrenden und unfreundlichen Bemerkungen Kindern und

Jugendlichen gegenüber kommt man meist nicht weit. Das verletzt die jungen Leute und sie reagieren mit Trotz oder Rückzug. Bleiben Sie freundlich und seien Sie ein gutes Vorbild – das zählt wesentlich mehr als viele Worte.

Musikhören und Handy: der „Klassiker" unter den Konflikten in Bus und Bahn. Der eine möchte morgens in Ruhe und Stille zur Arbeit fahren, sich auf den Tag konzentrieren und Kräfte dafür sammeln – und der Sitznachbar braucht Power zum Wachwerden und hat seinen iPod oder Discman so laut gestellt, dass trotz Kopfhörer alle Mitfahrer alles mithören können. Oder jemand telefoniert mit dem Handy und Sie finden sich plötzlich als unfreiwilliger Mithörer von morgendlichen Arbeitsanweisungen oder partnerschaftlichen Problemen wieder, die lautstark diskutiert werden. Immer wieder kommt es deshalb zu Konflikten. Wenn Sie sich gestört fühlen, bitten Sie freundlich darum, die Belästigungen einzustellen. Wichtig: Lassen Sie Ihrem Unmut nicht einfach freien Lauf, das erhitzt die Gemüter nur unnötig und trägt kaum zu einer friedlichen Lösung bei. Verständnis und die Bitte um Rücksichtnahme helfen viel eher.

Rauchen: Seit dem 1. September 2007 ist das Qualmen in öffentlichen Verkehrsmitteln, Taxis und auch Mietwagen verboten. An den Bahnhöfen gibt es extra ausgewiesene Raucherzonen, ansonsten ist es hier ebenfalls untersagt!

In der Bahn

Einsteigen und Platz nehmen: Wenn Sie sich am Bahnsteig beim Einsteigen in einen Zug von jemandem verabschieden, achten Sie darauf, dass Sie niemanden dabei blockieren. Bleiben Sie etwas neben der Tür stehen. Seien Sie anderen Personen mit schweren Koffern und Taschen beim Einsteigen behilflich und zeigen Sie Verständnis und Geduld, wenn das etwas dauert. Bevor Sie sich setzen, grüßen Sie die anderen Fahrgäste im Abteil oder den Sitznachbarn in einem Großraumwagen und fragen Sie, ob der gewünschte Platz noch frei ist. Verstauen Sie Ihr Gepäck in der Ablage zügig und so, dass es beim Bremsen nicht herunterfallen und keinen Schaden anrichten kann. Versuchen Sie, die wartenden Gäste, die ebenfalls auf ihre Plätze möchten, nicht zu lange aufzuhalten. Halten Sie Utensilien, die Sie während der Fahrt benötigen, in einer kleinen Tasche bereit, damit Sie nicht umständlich und vor den Augen der anderen Gäste im Abteil danach suchen müssen. Sind Sie mit einem Kind unterwegs, das sehr quengelig und unruhig ist, wählen Sie nach Möglichkeit ein kleines Abteil und keinen Großraumwagen. So werden weniger Mitreisende gestört. Im Idealfall finden Sie ein leeres Abteil oder eines mit einem anderen kleinen Bahnreisenden, so dass beide Ablenkung finden.

Liege- und Schlafwagen: Grüßen Sie auch hier die Mitreisenden und verhalten Sie sich freundlich und diskret. Schließlich kommt man sich hier näher als bei normalen Bahnfahrten. Daher sollte beispielsweise auf das Einhaltend der Distanzzonen, so weit es irgendwie möglich ist, besonders Wert gelegt werden. Und schauen Sie weg, wenn sich jemand umkleidet. Stellen Sie Ihr Gepäck so ab, dass es niemanden stört und in der Dunkelheit niemand darüberstolpern kann. Benützen Sie kein starkes Parfüm, essen Sie einen Tag vorher keinen Knoblauch und achten Sie sehr auf die Hygiene – kommen verschiedenste Gerüche auf so engem Raum zusammen, wird der Aufenthalt sonst zur Qual.

So angenehm es ist, sich auf einer längeren Fahrt hinlegen zu können, die Abteile in Liege- und Schlafwagen sind meist sehr hellhörig. Vermeiden Sie daher lautes Reden, Lachen, Musikhören und Feiern. Die Nachtruhe ab 22.00 Uhr gilt auch auf Schienen. Haben Sie dagegen Verständnis für Geräusche, die sich nun mal nicht vermeiden lassen, wie Babygeschrei und das Reden von Kindern im Traum. Auch so mancher Schnarcher würde viel dafür geben, wenn er davon frei wäre. Wer lärmempfindlich ist, sollte Ohropax dabeihaben.

Sonstiges:

- Eine Zeitung sollten Sie möglichst klein gefaltet halten und nicht ganz aufschlagen, sofern Sie nicht allein im Abteil sind
- Wenn Sie ein Fenster öffnen oder schließen möchten, fragen Sie vorher Ihre Mitfahrer, ob es ihnen angenehm ist. Gleiches gilt für Änderungen

an der Temperatureinstellung. Gehen Ihre Bedürfnisse sehr auseinander, fangen Sie nicht zu diskutieren an, sondern suchen Sie nach einer Möglichkeit, den Sitzplatz zu wechseln

- Müll gehört in die dafür vorgesehenen Behälter. Sind sie überfüllt oder keine vorhanden, nehmen Sie den Müll lieber wieder mit und entsorgen Sie ihn in einem Mülleimer am nächsten Bahnhof
- Keinesfalls leere Glasflaschen einfach stehen lassen, denn bei einer Notbremsung könnten sie an den Wänden oder Metallstangen anschlagen, zerbrechen und schlimmstenfalls jemanden verletzen
- Stehen auf den Bahnhöfen Müllbehälter zum Trennen von Glas, Papier, Kunststoff und Restmüll, nutzen Sie sie und werfen Sie Ihren Müll in den entsprechenden Kontainer
- Wer mit einem Kinderwagen unterwegs ist, sollte ihn so abstellen, dass er keine anderen Passagiere beim Ein- oder Aussteigen behindert
- **Tabu:** Fingernägel säubern, in der Nase bohren, sich im Intimbereich kratzen

MIT DEM AUTO UNTERWEGS

Einsteigen und Platz nehmen

Auch im Auto gilt eine **Sitzordnung**, die Sie kennen sollten:

- Der Ehrenplatz ist der Beifahrersitz. Hier lässt es sich am besten ein- und aussteigen und der Gast hat die beste Übersicht
- Die Person, die in der Rangfolge als Nächste kommt, sitzt hinter dem Beifahrersitz
- Der letzte Platz in der Reihenfolge ist hinten links, hinter dem Fahrer.

Mit Chauffeur: Gibt es einen Fahrer, gilt eine andere Reihenfolge. Der Ehrenplatz ist dann rechts hinten, der zweite Platz links daneben und der Beifahrersitz rangiert an letzter Stelle. Derjenige, der die Fahrt bezahlt, sitzt hinten links, wenn Sie zu zweit unterwegs sind, oder auf dem Beifahrersitz, wenn Sie zu dritt oder viert sind. So kann er diskret die Rechnung begleichen, während der Ehrengast aussteigt. Sind Sie allein unterwegs, nehmen Sie auf dem Beifahrersitz Platz.

Mit Partner: Sind Sie mit Ihrer Partnerin oder Ihrem Partner unterwegs, sitzt sie oder er auf dem Beifahrersitz, die Gäste hinten. Haben Sie einen sehr wichtigen Gast dabei, kann er auch vorn Platz nehmen. Sie sollten die Platzwahl am besten vorab mit Ihrem Partner besprechen, damit Sie dann vor dem Gast nicht plötzlich ratlos dastehen.

Mit Herz: Jede Regel kann auch stilvoll gebrochen werden, wenn die Situation es erfordert. Haben Sie beispielsweise einen Wagen mit nur zwei Türen, dann steigen die Personen hinten ein, denen das leichter fällt. Bringen Sie Gäste nach Hause, sollten sie so sitzen, dass das Aussteigen bei jedem Stopp möglichst einfach und schnell geht. Sind ältere oder verletzte Menschen dabei, dann sind Sicherheitsaspekte besonders zu beachten; daher sollten diese Mitfahrer eher auf der Gehsteigseite einsteigen.

Wenn Sie Gäste oder Kunden nach Hause oder zur Bahn fahren, bleiben Sie noch so lange mit dem Wagen stehen, bis sie ins Haus gegangen oder in den Zug gestiegen sind. Vor allem nachts fühlen sich viele so sicherer. Zudem können Sie noch helfen, sollte der Schlüssel fehlen oder es andere Probleme geben. Ältere Menschen, die schlecht gehen können, oder Frauen freuen sich auch, wenn man sie noch zur Tür begleitet.

Mit Aufmerksamkeit: Der Fahrer öffnet seinen Fahrgästen die Wagentür – der Rangfolge entsprechend erst die Beifahrertür, dann rechts hinten und schließlich links hinten. Zwar macht heute normalerweise jeder die Tür selbst auf, für alle Fälle sollten Sie diese Regel jedoch kennen. Bleibt der Gast im Wagen sitzen, können Sie davon ausgehen, dass er erwartet, die Tür von Ihnen geöffnet zu bekommen. Vor allem in beruflichen Situationen ist dieses Wissen hilfreich, wenn Sie beispielsweise plötzlich Ihren Chef zu einem Kunden fahren oder Gäste vom Flughafen abholen müssen. Auch wenn Sie mit Ihrer Partnerin bzw. Ihrem Partner fein Essen gehen oder auf eine größere festliche Veranstaltung fahren, zeigen Sie Stil, wenn Sie sich so verhalten.

Miteinander reden: Manchen Autofahrern ist es unangenehm, während der Fahrt zu reden – sie wollen sich ganz auf den Verkehr konzentrieren.

Andere wiederum, vor allem sehr geübte Fahrer, fühlen sich wohler, wenn sie eine nette Unterhaltung dabei haben. Falls Sie eher zu den Ersteren gehören, sagen Sie dies Ihren Gästen am besten zu Beginn der Fahrt. Mitfahrer sollten dem Fahrer auch keine ungebetenen Ratschläge erteilen oder andere Kommentare zum Fahrstil abgeben. Ausnahme: Er fährt wirklich gefährlich. Bitten Sie den Fahrer in diesem Fall freundlich, zum Beispiel langsamer zu fahren, da Ihnen das Tempo nicht bekommt. Vermeiden Sie direkte Kritik. Bittet der Fahrer dagegen ausdrücklich um Hilfe, etwa um in einer fremden Großstadt die richtige Abfahrt nicht zu verpassen, dann unterstützen Sie ihn bei der Suche.

Mit Rücksicht: Rauchen sollten Sie nur, wenn alle anderen Mitfahrer ebenfalls rauchen oder wirklich nichts dagegen einzuwenden haben. Ansonsten kann das Qualmen auf so engem Raum für einen Nichtraucher zur Hölle werden. Darüber hinaus gilt es zu bedenken, dass sich Zigarettenrauch hartnäckig halten kann. Allein das kann für Nichtraucher schon unangenehm sein. Wenn Sie öfter wichtige Gäste mitnehmen, die Wert auf Rauchfreiheit legen, ist es empfehlenswert, im Wagen ganz auf das Rauchen zu verzichten. Als Gast in einem Nichtraucherauto sollten Sie sich die Tabaklust vorübergehend verkneifen und bei längeren Fahrten auf Pausen warten, in denen Sie sich im Freien eine Zigarette anstecken können.

Mitgedacht: Ein stilvoller Autofahrer sollte außerdem seinen Wagen in Ordnung halten. Dabei kommt es vor allem auf folgende Punkte an:

- Achten Sie darauf, dass das Auto außen wie innen immer sauber ist. Geraten Sie in ein Unwetter, lässt es sich natürlich nicht vermeiden, dass der Wagen wieder schmutzig wird, aber man erkennt durchaus, ob er am Tag zuvor das letzte Mal gewaschen wurde oder ob der Besuch einer Waschanlage schon länger zurückliegt.
- Leeren Sie den Aschenbecher regelmäßig.
- Halten Sie den Fußraum sauber – und lassen Sie keine Kassenbons, Notizzettel, leere Flaschen, Bonbonpapierchen oder Bananenschalen liegen.
- Auf Duftbäumchen oder ähnliche Spender künstlicher Aromen sollte man besser verzichten; viele Menschen reagieren darauf allergisch und

zudem wirken sie meist ziemlich kitschig.

Ohne Alkohol: Grundsätzlich gilt die zulässige Obergrenze von 0,5 Promille. Aus Sicherheitsgründen ist es jedoch empfehlenswert, ganz auf Alkohol zu verzichten, gerade auch wenn andere Personen mit im Wagen sind.

Rücksicht und Fairness auf den Straßen

Allgemeine Regeln zum richtigen Verhalten im Verkehr lernt man bereits im Fahrunterricht. In der Praxis geht es nicht nur darum, die vorgegebenen Anweisungen seelenlos einzuhalten, sondern den Sinn dahinter zu verstehen und mit Achtung und Wertschätzung den anderen Verkehrsteilnehmern gegenüber zu verbinden.

Blinken ist Pflicht, wenn Sie abbiegen, überholen, die Fahrspur wechseln, aus einer Einfahrt oder aus dem Parkplatz ausfahren wollen. Setzen Sie das Zeichen rechtzeitig, noch bevor Sie selbst bremsen, so dass der nachfolgende Verkehr ausreichend Zeit hat, sich darauf einzustellen und gegebenenfalls ebenfalls zu bremsen. Auch wenn Sie rechtzeitig blinken, müssen Sie dennoch weiterhin den Verkehr im Auge behalten. Auf der Autobahn andere Verkehrsteilnehmer durch Dauerblinken zu drängen ist Nötigung. Nicht oder falsch zu blinken ist nicht nur eine Ordnungswidrigkeit, die zu einer Strafe führen kann, sondern erhöht auch das Sicherheitsrisiko für Sie selbst und Ihre Mitmenschen.

Auch Radfahrer sollten nicht vergessen, Handzeichen zu geben.

Lichtvoll: Licht ist Pflicht – in Deutschland bei schlechter Sicht, in der Dämmerung und nachts. Bei extremer Sichtbehinderung sind auch die Nebelscheinwerfer erlaubt. Um sich und andere durch Blendung nicht zu gefährden, sollten Sie darauf achten, dass Sie Fern- und Nebelleuchten nicht unnötig anlassen. Außerdem sollten die Scheinwerfer sauber sein, damit sie wirklich ihren Zweck erfüllen.

Einfädeln: Die meisten Autofahrer wissen, wie lästig unnötige Staus durch falsches Verhalten beim Einfädeln sind. Viele wechseln zu früh die Fahrspur und verursachen dadurch Unfallrisiken und unnötige Behinderungen. Wechseln Sie erst kurz vor der Engstelle im sogenannten Reißverschlusssystem die Fahrbahn. Blinken nicht vergessen! Bei dichtem Verkehr ordnet man sich auf Autobahnen etwa 200 Meter vor der Verengung in die weiterführende Spur ein, auf Landstraßen 100 Meter, in Städten 50 Meter vorher.

Rechtsfahrgebot: Benutzen Sie immer die Fahrbahn, die am weitesten rechts liegt. Ansonsten behindern Sie unnötig den Verkehr und riskieren zudem ein Verwarnungsgeld. Nach dem Überholen sollten Sie sich so bald wie möglich wieder rechts einordnen, sofern Sie dort mindestens 10 bis 20 Sekunden lang ohne zu bremsen weiterfahren können. Auf dreispurigen Autobahnen ist es erlaubt, auf der Mittelspur zu bleiben, wenn rechts hin und wieder ein Fahrzeug fährt.

Tabu: Nötigung anderer durch dichtes Auffahren, drängeln, aufblenden, dauerblinken oder rechts überholen.

Abstand: Wer andere Verkehrsteilnehmer durch riskantes Auffahren oder Überholen in Gefahr bringt, dem drohen hohe Strafen. Ganz zu schweigen von der Unfallgefahr. Bleiben Sie daher gelassen und nehmen Sie Rücksicht auf die langsameren Fahrer. Drängeln bringt in der Regel nichts weiter außer Stress, Risiken und Kosten.

Parken: Auch beim Parken sollte jeder Autofahrer fair und rücksichtsvoll sein. Viele Autofahrer haben beim Falschparken nur die drohenden Strafzettel im Blick und vergessen dabei, dass sie mit ihrem Verhalten andere Verkehrsteilnehmer behindern oder gefährden können. Verboten ist beispielsweise das Parken auf Gehwegen, in Einfahrten, an Taxiständen, in zweiter Reihe, direkt an Kreuzungen und an Engstellen. Wer gar Rettungsfahrzeuge behindert, riskiert höhere Strafen und Punkte in Flensburg.

Tabu: jemandem den Parkplatz „wegnehmen“. Hier gilt: Wer einen Parkplatz zuerst erreicht und durch Blinken anzeigt, dass er dort einparken möchte, dem „gehört“ er auch, selbst wenn er beim Einparken noch etwas rangieren oder zunächst an der Parklücke vorbeifahren muss. Außerdem sollte man keine anderen Fahrzeuge so zuparken, dass der Fahrer nur noch mühsam aus der Lücke wieder herausfahren kann.

Rücksicht: Sie ist vor allem auch den schwächeren Verkehrsteilnehmern gegenüber geboten. Fußgänger, besonders Kinder, Radfahrer oder Inlineskater, sind bei einem Unfall körperlich direkt in Gefahr, da sie ungeschützt sind. Autofahrer sollten auf sie besonders Rücksicht nehmen und vor allem beim Rechtsabbiegen auf den toten Winkel achten. Weitere Gefahrenquelle: das unbedachte Öffnen der Autotür. Versichern Sie sich vorher, dass kein Radfahrer kommt. Halten Sie zu Radfahrern immer einen Mindestabstand von 1,5 Metern.

Tabu: Radfahrer drängen oder riskant überholen.

Vorsicht heißt, mögliche Gefahren vorauszusehen, und das geht nur, wenn alle Sinne, die ganze Aufmerksamkeit bei der Sache ist. Sie sollten jederzeit schnell reagieren können und Signale wie einen Vorsicht-Schrei eines anderen Verkehrsteilnehmers, die Hupe anderer Fahrzeuge und natürlich auch das Martinshorn von Rettungsfahrzeugen hören.

Tabu sind daher: dröhnende Musik, ablenkende Gespräche oder Hörspiele, telefonieren beim Bedienen des Gefährts, alkoholisiert oder übermüdet fahren.

An einer Unfallstelle

Die Aufnahme eines Unfalls ist für alle Beteiligten in der Regel eine sehr unangenehme Angelegenheit. Versuchen Sie dennoch, so ruhig wie möglich zu bleiben, höflich zu sein und sachlich auf das Geschehen einzugehen. Andere zu beschimpfen bringt nichts, die Emotionen schaukeln sich sonst höchstens hoch und es kommt zu ausgeprägteren Streitigkeiten. Ist es nicht möglich, den Unfall vernünftig mit der Gegenseite zu besprechen, sollten Sie wenn möglich die Polizei zu Hilfe holen.

Müssen Sie **Erste Hilfe** leisten, reden Sie mit den Verletzten. Teilen Sie ihnen mit, dass der Rettungsdienst unterwegs ist. Stehen Personen unter Schock, ist es äußerst wichtig, dass sie ermutigende Worte hören, damit sie nicht in Panik geraten. Gehen Sie generell sehr vorsichtig vor und tun Sie nichts, ohne die Verletzten vorher zu fragen, ob es ihnen recht ist, es sei denn, sie sind bewusstlos. Auch und gerade in einer solchen Situation ist es wichtig, die Menschenwürde des anderen zu achten.

RADFAHRER UND INLINESKATER

Radfahrer sollten neben den in der Straßenverkehrsordnung festgelegten Regeln zum Verhalten anderen Verkehrsteilnehmern gegenüber außerdem folgende Punkte beherzigen:

- Verhalten Sie sich stets umsichtig und rücksichtsvoll den anderen Verkehrsteilnehmern gegenüber
- Bleiben Sie aufmerksam und rechnen Sie auch mit der Unachtsamkeit der anderen. Jeder kennt Momente, in denen er gerade in Gedanken ist, jemanden trifft und grüßt oder überlegt, was er als Nächstes tun muss – doch gerade in solchen Situationen passieren leicht Unfälle
- Fahren Sie nicht rücksichtslos über Gehwege, sondern bleiben Sie auf den Radwegen
- Drängeln Sie sich an Ampeln nicht vor andere Radfahrer
- Passen Sie Ihr Tempo dem Verkehr an – je mehr andere Verkehrsteilnehmer unterwegs sind, desto langsamer und aufmerksamer sollten Sie fahren
- Bedanken Sie sich, wenn andere Ihnen ausweichen
- Bleiben Sie nicht mitten auf dem Weg stehen, wenn Sie jemanden treffen und miteinander reden wollen
- Achten Sie vor allem bei Wegen, die sich Fußgänger und Radfahrer teilen, auf einen rücksichtsvollen Umgang mit den Fußgängern
- Musik hören und telefonieren während der Fahrt sind auch für Radfahrer tabu!

Inlineskater gelten im Straßenverkehr als Fußgänger. Sie sollten vor allem auf Gehsteigen und Fußwegen auf die langsameren Fußgänger achten und nicht rücksichtslos und ohne zu bremsen an den radlosen Mitbenutzern vorbeizischen.

ÜBER DEN WOLKEN

Fliegen ist heute für viele Menschen so selbstverständlich wie eine Bahnfahrt. Die in den letzten Jahren teilweise so preisgünstig gewordenen Flüge ermöglichen es Jung und Alt, längere Strecken bequem zu fliegen, statt stundenlang dafür im Auto oder in der Bahn zu sitzen. Allerdings hat dadurch der Betrieb auf den Flughäfen auch wesentlich zugenommen und ist viel hektischer geworden.

Check-in

Oberstes Gebot: Pünktlichkeit. Planen Sie genügend Zeit ein, vor allem, wenn Sie den Flughafen nicht gut kennen und Ihren Schalter erst noch suchen müssen. Mit Geduld und Gelassenheit kommen Sie hier schneller voran. Sollten Sie dennoch zu spät eintreffen, bewahren Sie Ruhe und lassen Sie Ihre Emotionen nicht an den anderen Passagieren oder dem Check-in-Personal aus. Wer hier trotz alledem höflich und freundlich bleibt, vermeidet unnötigen zusätzlichen Stress und die Formalitäten können meist schneller abgewickelt werden. Halten Sie Ihre Dokumente bereit, damit Sie sie nicht erst am Schalter aus der Tasche kramen müssen. Manchmal gibt es beim Warten in der Schlange zudem erste Gelegenheiten, mit den Mitreisenden interessante Gespräche zu beginnen.

Wenn Sie mitbekommen, dass ältere Menschen, Alleinreisende oder Frauen mit Kindern Probleme mit dem Gepäck haben oder sich nicht zurechtfinden, dann gehen Sie hilfsbereit zur Hand. Viele trauen sich von sich aus nicht, Fremde anzusprechen, wenn sie Hilfe brauchen – bieten Sie daher Ihre Unterstützung ruhig beherzt an. Mehr als eine Ablehnung kann Ihnen kaum passieren.

Es kommt in der Regel jeder mit, der seinen Boarding-Pass am Eincheckschalter erhalten hat. Und die Plätze sind ebenfalls bereits gesichert. Eile und Vordrängen sind daher völlig unnötig. Nützen Sie die Wartezeit, bevor Sie an Bord gelassen werden, um sich ein wenig mit anderen Fluggästen zu unterhalten, die Zeitung zu lesen oder sich die Beine noch etwas zu vertreten.

An Bord

Beim Einsteigen – sowohl in den Shuttle-Bus als auch in das Flugzeug selbst – gilt zuallererst: nicht drängeln. Warten Sie geduldig, bis Sie an der Reihe sind, das Flugzeug wird nicht ohne Sie abheben und Ihr Platz ist auch bereits reserviert. Grüßen Sie die Crew, die Sie am Eingang des Flugzeugs erwartet.

Im Flugzeug müssen Sie zunächst das Handgepäck sicher verstauen. Gehen Sie anderen Passagieren hilfsbereit zur Hand, wenn sie Schwierigkeiten haben, Gepäckstücke nach oben zu hieven. Damit Sie Ihre Sitznachbarn nicht durch ständiges Aufstehen und Öffnen des Gepäckfachs stören, nehmen Sie möglichst alles, was Sie während des Flugs benötigen, gleich mit an den Platz. Dazu gehören etwa alle wichtigen Papiere, den Kulturbeutel, Bonbons und Kaugummi, Ohropax, Taschentücher, Erfrischungstücher und Lesestoff oder Schreibutensilien. Wenn Sie mitbekommen, dass Familien nicht zusammensitzen können, bieten Sie eventuell an, den Platz zu tauschen.

Grüßen Sie Ihre unmittelbaren Sitznachbarn und alle Personen, mit denen Sie in Blickkontakt kommen. Vor dem Start erklärt das Bordpersonal in der Regel die Sicherheitsanweisungen. Bleiben Sie aufmerksam, selbst wenn Sie sie schon kennen, und stören Sie andere Fluggäste nicht durch lautes Reden oder Rascheln mit der Zeitung beim Zuhören. Viele fliegen nur selten oder gar zum ersten Mal und möchten diesen Informationen gut folgen können.

Gespräche mit den Sitznachbarn sind natürlich möglich, Sie sollten jedoch deren Bedürfnisse respektieren. Wenn Sie merken, dass der Herr neben Ihnen seine Zeitung aufschlägt, können Sie davon ausgehen, dass er jetzt in Ruhe lesen möchte. Stören Sie ihn dann nicht, indem Sie ein Gespräch beginnen. Ein späterer Zeitpunkt passt vielleicht besser. Im Gegenzug können auch Sie selbst erwarten, dass man Sie in Ruhe lesen oder sich entspannen lässt. Wenn Ihr Sitznachbar kleine Zeichen wie geschlossene Augen oder die vor Ihnen liegende Zeitung nicht versteht, wechseln Sie ein paar höfliche Worte und entschuldigen Sie sich dann. Sie können ganz ehrlich dazu sagen, dass Sie gerade müde sind und ausruhen oder ein Buch lesen möchten.

Tabu: Wenn Sie in einer Gruppe reisen und die Plätze über mehrere Reihen verteilt sind, sollten Sie sich nicht mit einer anderen Person über die Lehne oder Ihren Sitznachbarn hinweg unterhalten. Das ist für die Passagiere im näheren Sitzumfeld sehr störend. Ebenfalls unangenehm ist es für andere, wenn Sie für ein Dauergespräch im Gang stehen bleiben und Mitreisende unfreiwillig Zuhörer werden oder sie ständig an Ihnen vorbeigehen müssen. Einzige Ausnahme: Ihre Gruppe ist sehr groß und hat das ganze Abteil reserviert.
Sitzplätze zu tauschen ist möglich, wenn Sie einen triftigen Grund und einen gleichwertigen Tauschplatz anzubieten haben. Akzeptieren Sie es jedoch uneingeschränkt, wenn die andere Person nicht wechseln möchte. Genauso können Sie selbst solch eine Anfrage jederzeit ablehnen.
Die Rückenlehne sollten Sie vorsichtig auf- und abbewegen – Ihr Hintermann könnte gerade den Klapptisch benutzen. Besonders ungünstig kann es sein, wenn er ein offenes Getränk dort stehen hat.

Auch wenn Sie vom Vordermann in der Regel wenig zu sehen bekommen – er ist ebenfalls da und spürt es, wenn Sie sich beim Hinsetzen oder Aufstehen an der Lehne seines Sitzes festhalten. Sie fängt an zu wippen und Sie stören ihn so möglicherweise beim Lesen oder Dösen. Selbst beim bloßen Sitzen sind diese kleinen Stöße äußerst unangenehm. Besser ist es, wenn Sie sich an der Lehne Ihres eigenen Sitzes festhalten.
Die Armlehne: Wer zweiter Klasse fliegt, muss sich die mittleren Armlehnen mit seinen Sitznachbarn teilen. Am besten ist es, wenn der Gast auf dem Platz in der Mitte beide Armlehnen „bekommt", da er wesentlich weniger Raum hat als seine Nachbarn rechts und links. Am Fensterplatz ist zur Wand hin meist noch etwas Luft, der Passagier auf dem Gangplatz hat in diese Richtung mehr Bewegungsfreiheit.
Zeitung: Wer Zeitung lesen möchte, sollte auf seine Sitznachbarn Rücksicht nehmen und das Blatt nicht vollständig aufschlagen. Falten Sie die Zeitung so, dass Sie nur Ihre Sitzbreite in Anspruch nehmen. Fertig gelesene Zeitungen kommen nicht auf den Boden. Geben Sie sie dem Bordpersonal oder legen Sie sie beim Aussteigen auf Ihren Sitz.

Toilette: Müssen Sie mal raus, bitten Sie Ihren Sitznachbarn höflich darum, Sie durchzulassen, und bedanken Sie sich dafür. Gehen Sie auf der Toilette achtsam mit der Einrichtung um. Werfen Sie keine Papiertücher auf den Boden und wischen Sie das Waschbecken abschließend mit einem Papierhandtuch aus. Verlassen Sie das WC so sauber, wie Sie es selbst gern vorfinden würden.

Mahlzeiten: Stellen Sie die Sitzlehne aufrecht, damit Ihr Hintermann genügend Platz zum Essen hat. Gehen Sie höflich mit den Stewardessen und Stewards um, zum Beispiel wenn Sie Ihre Bestellung aufgeben oder um weitere Getränke bitten. Manche Fluggäste behandeln das Bordpersonal wie Dienstboten – das kommt nicht gut an! Reichen Sie die Tabletts zu den Mitreisenden weiter, die näher am Fenster sitzen. Vermeiden Sie zu starken Alkoholkonsum!

Kinder: Sind Sie mit Ihren Kleinen unterwegs, sollten Sie kleine Spiele und Bücher mitnehmen, damit sie sich beschäftigen können. Auch ein vertrautes Kuscheltier ist empfehlenswert, das bei Angst oder Heimweh Trost spendet. So können Sie mögliche Wein- und Schreianfälle verhindern oder eindämmen. Falls es doch dazu kommt, entschuldigen Sie sich bei den unmittelbaren Sitznachbarn, bitten Sie sie um Verständnis und bedanken Sie sich gegebenenfalls für ihre Geduld. Meist hilft es zusätzlich, kurz zu erklären, warum das Kind weint.

Nach der Landung

Das früher übliche Klatschen nach einer gelungenen Landung ist heute völlig überholt. Vielmehr gehört eine gekonnte und sichere Landung zu den Selbstverständlichkeiten dazu.

Aussteigen: Bleiben Sie so lange auf Ihrem Platz sitzen, bis das Signal ertönt, dass Sie sich nun abschnallen können. Zunächst steigen die Passagiere von den vorderen Plätzen aus, dann nach und nach alle weiteren – immer der Reihe nach. Warten Sie geduldig, bis Sie dran sind. Drängeln Sie nicht und verfallen Sie nicht in unnötige Hektik – es geht damit auch nicht schneller, im Gegenteil. Die Konzentration geht verloren und Sie beschwören nur Unruhe und Unmut herauf, was dann leicht zu Verzögerungen führt. Verabschieden Sie sich freundlich von der Crew.

Tipp: Trinkgeld zu geben ist im Flugzeug nicht üblich.

Gepäckabholung: Auf dem Weg zur Gepäckausgabe bringen Eile und Vordrängen ebenfalls nicht weiter. Bleiben Sie geduldig und warten Sie in Ruhe, bis Sie Ihr Gepäck vom Band holen können. Suchen Sie sich dort eine Stelle aus, von der aus Sie gut zugreifen können und niemanden behindern. In der Regel ist ausreichend Platz vorhanden, so dass auch hier kein Drängeln nötig ist.

Abholen: Wollen Sie jemanden vom Flughafen abholen, warten Sie im Empfangsbereich. Kennen Sie die Person noch nicht, beispielsweise wenn es sich um einen neuen Kunden handelt, sollten Sie ein Schild vorbereiten, auf dem der Name des Gastes deutlich zu lesen ist. Begrüßen Sie ihn dann und stellen Sie sich vor. Nehmen Sie ihm gegebenenfalls das Gepäck ab und gehen Sie gemeinsam zum Wagen. Etwas Small Talk ist jetzt angebracht. Bedenken Sie jedoch, dass der Gast möglicherweise müde ist – in diesem Fall sollten Sie sich mit ausführlichen Gesprächen etwas zurückhalten.

Für sehr wichtige Gäste kann auf internationalen Flughäfen ein kostenpflichtiger VIP-Service gebucht werden. Die Reisenden werden zum Warten in einen separaten Bereich geführt, während das Flughafenpersonal die Formalitäten erledigt und sich um das Gepäck kümmert.

AUF SEE

Wer mit einem Kreuzfahrtschiff in See sticht, sollte sich mit den Umgangsformen im Hotel auskennen, denn solch ein Luxusschiff ist einem Nobelhotel vergleichbar. Weitere Informationen dazu finden Sie in Kapitel 6, „Veranstaltungen und Übernachtungen", ab Seite 202.

Mit dem Gepäck hilft in der Regel das Schiffspersonal. Hier müssen Sie also nicht selbst Hand anlegen. Trinkgeld wird auch auf einem Schiff gern genommen und darf etwas höher liegen als in einem Hotel einer vergleichbaren Kategorie.

Packen Sie für tagsüber gehobene Freizeitkleidung ein, für den Abend formelle Kleidung. Damen sollten ein Cocktailkleid im Gepäck haben, Herren einen dunklen Anzug oder einen Smoking. Für ein festliches Dinner wie das „Captains Dinner“, den feierlichen Empfang des Kapitäns, ist Abendkleidung Pflicht.

Begrüßen Sie Ihre Tischnachbarn und stellen Sie sich kurz höflich vor. Sie verbringen ja die Essenszeiten miteinander und sollten daher für eine angenehme Atmosphäre und gute Unterhaltung sorgen. Ober heißen an Bord eines Schiffes „Stewards“.

Grüßen Sie auch Ihre unmittelbaren Kabinennachbarn; Sie werden sich sicher häufiger über den Weg laufen. Eine gute Gelegenheit, ein wenig ins Gespräch zu kommen.

Bei Freizeitangeboten gelten ebenfalls die üblichen Umgangsformen.

ACHTSAM REISEN

Reisevorbereitungen

Oberstes Gebot: Sie sind überall, außer in Ihrem eigenen Zuhause, Gast – und sollten sich daher entsprechend verhalten. Wenn Sie in ein Ihnen bisher fremdes Land reisen, informieren Sie sich vorher durch Reiseführer, Vorträge, Diashows, Filme oder im Internet über die wichtigsten Sitten und Regeln. Weiterhin sollten Sie sich einen Überblick über das Land, seine aktuelle Lage und seine geschichtlichen Hintergründe verschaffen. Lernen Sie die wichtigsten Worte wie „Guten Tag“, „Auf Wiedersehen“, „Bitte“ und „Danke“ oder „Entschuldigung“ in der Landessprache sowie die gebräuchlichsten Redewendungen.

Höflichkeit und Sitten weltweit

Vor Ort ist es hilfreich, zunächst die Gastgeber zu beobachten und sich dementsprechend anzupassen. Wenn Sie es ehrlich meinen, ist Ihnen auch niemand böse, wenn Sie mal etwas falsch machen. Entschuldigen Sie sich dann freundlich und fragen Sie gegebenenfalls nach, wenn Sie etwas nicht verstanden haben. Wer ehrliches Interesse und Aufgeschlossenheit zeigt,

wirkt sympathisch und Sie erfahren auf diesem Wege bestimmt aus erster Hand viel Wissenswertes über das Land.
Ausführliche Informationen zu den einzelnen Ländern finden Sie in diesem Kapitel ab Seite 295.

Pünktlichkeit

Der Umgang mit der Zeit ist weltweit sehr unterschiedlich. Länder, in denen die Bewohner viel Wert auf Pünktlichkeit legen, sind zum Beispiel Deutschland, Österreich, die Schweiz, Nordeuropa, die USA, Kanada, Japan und teilweise auch Australien und Neuseeland. Dagegen geht man in Südeuropa, Lateinamerika, Afrika und in arabischen Ländern mit der Zeit wesentlich lockerer um. Reisende sollten dies immer im Hinterkopf behalten und sich nicht versetzt und verletzt fühlen, wenn Einheimische Termine nicht so genau einhalten. Es ist dort die normale Umgangsart.

Small Talk und Tabuthemen

Beim Small Talk mit Menschen aus dem Ausland fühlen sich viele unsicher, wenn sie die dort üblichen Umgangsformen nicht gut kennen. Die Grundregeln für Deutschland helfen Ihnen auch im Ausland weiter. Generell kommen Sie mit einer freundlichen, aber eher zurückhaltenden Art am besten an.

Gehen Sie vor allem vorsichtig mit Blickkontakt, Direktheit, Tabuthemen und kritischen Bemerkungen um. In manchen Ländern gilt direkter Blickkontakt als unhöflich, beschämend oder „Anmache". Selbst die bei uns übliche offene Art, andere Menschen auf einer persönlichen Ebene anzusprechen, kann in anderen Kulturen verletzend wirken. Informieren Sie sich vor der Reise über die Tabuthemen beim Small Talk. Ausführlichere Informationen zu den einzelnen Ländern finden Sie ab Seite 295.

Was ebenfalls sehr danebengehen kann: Sie unterhalten sich mit Ihrer Reisebegleitung unbekümmert auf Deutsch – und denken, dass Sie von den Einheimischen ohnedies keiner versteht. Doch viele Menschen, gerade in den klassischen Urlaubsländern, verstehen durchaus ein wenig bis sehr gut Deutsch, selbst wenn sie es vielleicht nicht sprechen können. Darüber hinaus schnappen sie auch den Unterton in Ihren Worten auf und können in Ihrer Mimik lesen. Daher sollten Sie generell mit Ihren Worten achtsam umgehen und etwa auf Abwertungen, Ironie oder herablassende Bemerkungen grundsätzlich verzichten.

Trinkgeld

Im Ausland liegt das Trinkgeld zwischen 5 und 20 Prozent. Lassen Sie sich beim Bezahlen das Rückgeld genau herausgeben und legen Sie dann das Trinkgeld auf den Tisch oder den Rechnungsteller. Kofferträgern gibt man es gleich nach der Dienstleistung, den Zimmermädchen legt man es am Tag der Abreise im Zimmer hin.

Fotografieren

Wenn Sie Menschen fotografieren möchten, fragen Sie immer vorher, ob sie es gestatten. Menschen sind keine Fotoobjekte. Meist reicht es, wenn Sie mit einem fragenden Blick auf die Kamera deuten und die Reaktion des Betreffenden abwarten. Manche freuen sich und rücken sich in Pose – dann ist das Fotografieren gestattet. Andere drehen den Kopf zur Seite oder gehen ganz weg – dann sollten Sie das achten und auf ein Bild verzichten. Auch in öffentlichen oder privaten Einrichtungen sollten Sie zuerst fragen, ob Aufnahmen erlaubt sind.

Kirchen, Tempel und andere Heiligtümer

Achten Sie auf geeignete Kleidung: Bedecken Sie auf jeden Fall Schultern und Oberschenkel, manchmal müssen Arme und Beine ebenfalls ganz bekleidet sein. Absolut tabu sind Shorts, Miniröcke und Tops. Während einer Messe sollten Sie auf die Besichtigung eines Gotteshauses verzichten. In vielen Tempeln und Moscheen müssen die Schuhe vor dem Gebäude ausgezogen werden. Halten Sie sich auch als Tourist daran!

Geschenke

Informieren Sie sich zuallererst über die im jeweiligen Land üblichen Sitten. Das Geschenk sollte, wie auch bei uns, eine kleine Aufmerksamkeit sein und Freude bereiten. In manchen Ländern ist es nicht üblich, die Präsente in Anwesenheit des Schenkenden auszupacken – wundern Sie sich daher nicht, wenn Ihr Geschenk mehr oder weniger unbeachtet beiseite gelegt wird. Das ist dann in der Regel keine Missachtung, sondern die ortsübliche Gepflogenheit.

Tabu: Ausrangiertes oder Werbegeschenke mitbringen.

Wichtig: Schenken Sie auch in ärmeren Ländern nicht aus einer überlegenen Position heraus, das demütigt die Beschenkten. Sie sollten auch keine zu üppigen Gaben mitbringen, denn vielerorts ist es üblich, sich mit einem Gegengeschenk zu revanchieren – und das bringt Ihr Gegenüber unter Umständen arg in Verlegenheit, wenn ihm das nicht in angemessener Form möglich ist.

Für Reiseleiter oder Tourenführer

Wenn Sie eine geführte Reise oder einen Ausflug buchen, gehört es sich, dem Reiseleiter oder Tourenguide ein Trinkgeld zu geben – Ihrer Zufriedenheit und dem eigenen Ermessen nach. In Gruppen hat es sich bewährt, am Ende der Reise in der Runde zu sammeln und den Gesamtbetrag gemeinsam zu überreichen, eventuell verbunden mit einem kleinen Geschenk. Je länger die Reise dauert, desto besser lernt man sich und die persönlichen Vorlieben normalerweise ja kennen, und so hat bestimmt jemand eine Idee für eine kleine persönliche Aufmerksamkeit. Die Betragshöhe ist abhängig von der Dauer und dem Gesamtpreis der Reise wie auch von der Professionalität und Freundlichkeit des Reiseleiters. Je länger und komfortabler die Reise, je engagierter und zuvorkommender der Leiter, desto höher sollte das Trinkgeld ausfallen. Als Anhaltspunkt: Für eine Reise der Mittelklasse können Sie mit ein bis zwei Euro pro Tag rechnen.

In einer Gruppe unterwegs

Wenn Sie eine Gruppenreise gebucht haben, sollten Sie vor allem die wesentlichen Regeln für das Miteinander beherzigen, denn Störungen und Konflikte in der Gruppe können aus der Traum-Reise schnell eine Trauma-Reise machen.

- Freundlichkeit und Höflichkeit
- Pünktlichkeit – es ist äußerst unhöflich, die ganze Gruppe warten zu lassen
- Geduld und Gelassenheit, selbst wenn es zu Verzögerungen kommt
- Rücksichtnahme und Verständnis
- alle Wünsche gelten lassen und kompromissbereit sein

Souvenirs aus Hotels und Restaurants

An schöne Reisen erinnern wir uns gern zurück und freuen uns über kleine Andenken, die uns im Alltag an die Erlebnisse erinnern. Vielen ist jedoch nicht klar, was sie bedenkenlos aus Hotels mitnehmen dürfen, da es speziell für ihren persönlichen Verbrauch bestimmt ist, und was Eigentum des Hotels ist und bleibt.

Das ist erlaubt: Reine *Ver*-brauchsgegenstände wie Seife, Shampoo und Conditioner, Duschhaube, Nagelfeile, Wattestäbchen und -pads, die abgepackt für Sie bereitliegen oder -stehen, können Sie entweder gleich verwenden oder mitnehmen. Auch Briefpapier und Umschläge dürfen Sie sich nehmen.

Tabu sind dagegen alle *Ge*-brauchsgegenstände, die man nicht verbraucht, wie Aschenbecher, Schreibmappe, Kleiderbügel, Schuhlöffel, Handtücher, Bademantel oder Gläser.

Tipp: Wenn Ihnen eines dieser Utensilien besonders gut gefällt, fragen Sie an der Rezeption, ob Sie es eventuell kaufen können – vielleicht bekommen Sie es einfach so geschenkt, dann können Sie sich auch mit gutem Gewissen daran erfreuen.

Bettler

Geben Sie vor allem Kindern niemals Geld! Sie unterstützen sonst damit, dass schon die Kleinsten mit dem „professionellen" Betteln beginnen und lernen, dass sie damit in kürzester Zeit mehr Geld verdienen als ihre Eltern. Und das bietet keinen Anreiz, sich um Schulbildung zu bemühen. Wenn Sie etwas geben möchten, verteilen Sie höchstens ein paar Kekse oder andere Kleinigkeiten. Erwachsenen Bettlern können Sie durchaus mal ein paar Münzen geben, allerdings fördern Sie damit auch nur diese bettelnde Lebensweise. Manchmal ist es sinnvoller, lieber einer gemeinnützigen Organisation vor Ort etwas zu spenden.

IN DER NATUR

Flora & Fauna

Auch die Natur verdient unsere Beachtung und unseren Respekt. Wenn Sie draußen unterwegs sind, in Wäldern spazieren gehen oder in den Bergen wandern, verhalten Sie sich ruhig und stören Sie die Tiere nicht durch laute Musik oder Schreien. Wer einen Hund dabeihat, sollte ihn unbedingt anleinen. Achten Sie auf Gewächse und reißen Sie nicht bedenkenlos kleine Pflänzchen aus, um sie mitzunehmen. Informieren Sie sich vor allem über geschützte Arten. Muster oder Zeichen in Bäume zu ritzen verletzt deren Rinde. Bleiben Sie beim Wandern und Mountainbiken auf den ausgeschilderten Wegen, um keine Tiere aufzuschrecken oder Pflanzen zu zerstören. In Moorregionen oder unwegsamen Gebieten dient dies auch Ihrem persönlichen Schutz!

Müll und menschliche Bedürfnisse

Müll wie leere Tüten oder Trinkflaschen gehört nicht in die Umwelt. Nehmen Sie alles wieder mit und entsorgen Sie es richtig. Das gilt ebenso für die Schalen von Zitrusfrüchten. Wenn Sie in der Natur ein „Geschäft verrichten“ müssen, sollten Sie dafür am besten eine kleine Mulde ausheben und sie danach wieder schließen. Da dies nicht immer möglich ist, achten Sie zumindest darauf, dass Sie „es“ an einer abgelegenen Stelle tun, damit andere nicht womöglich hineintappen.

Auf dem Campingplatz

Beachten Sie die „Hausordnung“ des Platzes. Auch wenn es auf einem Campingplatz in der Regel recht locker zugeht, ist es für die Nachbarn kein schöner Anblick, wenn sich jemand in Unterhosen und Unterhemd morgens verschlafen den ersten Kaffee kocht. Achten Sie auch hier auf ein

Mindestmaß an Respekt und Distanz, ordentliches Aussehen und freundliches Auftreten. Es sollte selbstverständlich sein, keinen Müll auf dem Platz liegen zu lassen.

Grillen und Lagerfeuer

In freier Natur ist ein offenes Feuer oder Grillen nur auf dafür ausgewiesenen Plätzen erlaubt oder bedarf einer Sondergenehmigung. Vor allem im Wald und in Waldesnähe, das heißt in einer Entfernung von 100 Metern zum Waldrand, ist jegliches Feuerentzünden oder Rauchen streng verboten! Wer im Freien grillt, muss darauf achten, dass der Qualm nicht in umliegende Häuser ziehen kann. Lassen Sie das Feuer nie unbeaufsichtigt. Auf öffentlichen Grillplätzen in der Nähe von Wohnhäusern oder -gebieten ist außerdem auf die Ruhezeiten zu achten. Denken Sie daran, hinterher den Müll wieder mitzunehmen, auch Glasscherben oder Dosen, an denen sich sonst Kinder oder Tiere leicht verletzen können.

Am Badesee

Ob im Urlaub oder nach Feierabend zu Hause – der Sprung in einen Badesee ist für viele ein äußerst erfrischendes und belebendes Vergnügen. Damit der Aufenthalt am See auch insgesamt ein schönes Erlebnis wird, sollten Badegäste einige wichtige Regeln berücksichtigen:

- Halten Sie sich an die vorgegebene Badeordnung, zum Beispiel in puncto Nacktbaden und erlaubte Liegeflächen
- Benutzen Sie, sofern vorhanden, öffentliche Toiletten. Ansonsten sollten Sie im Notfall ins Gebüsch verschwinden, aber nicht im See Ihr Geschäft erledigen
- Gehen Sie sehr achtsam mit Naturschutzzonen und Biotopen um. Meist dürfen sie nicht betreten werden, damit Pflanzen und Tiere nicht gestört oder geschädigt werden
- Falls Duschen angeboten sind, duschen Sie vor dem Baden
- Springen Sie nicht von (wackligen) Stegen ins Wasser, vor allem dann nicht, wenn Sie nicht wissen, wie tief der See an dieser Stelle ist und/oder sich andere Schwimmer in der Nähe aufhalten

- Beim Schwimmen sollten Sie darauf aufpassen, anderen Badegästen nicht den Weg zu kreuzen oder mit ihnen zusammenzustoßen, vor allem auch beim Rückenschwimmen. Gerade an einem See, in dem man längere Bahnen schwimmen kann und sich leicht zu sicher fühlt, sollte man sich öfter mal umsehen
- Lassen Sie keinen Müll liegen, schon gar nicht auf der Wiese, wo andere Menschen beim Barfußlaufen leicht hineintreten können

Tiere füttern

Weder in der Stadt noch auf dem Land ist es sinnvoll, frei lebende Tiere zu füttern. Sie können auch ohne zusätzliche Futtergaben überleben. Wer Tiere wie beispielsweise Tauben in der Stadt füttert, sollte bedenken, dass er damit die Vögel erst richtig anlockt. Mit Rücksicht auf die Bewohner, zum Schutz der Tiere und zum Erhalt der Gebäude sollten Sie besser darauf verzichten.

ETIKETTE WELTWEIT

So verbunden wir inzwischen mit unseren europäischen Nachbarn auch sind – es gibt dennoch zahlreiche kleinere und größere Unterschiede in den Umgangsformen, die man kennen sollte. Oft sind es gerade unbedachte Kleinigkeiten, die über den Aufbau und Erhalt einer guten Beziehung entscheiden. Darüber hinaus kommen wir heute in fast alle Länder unserer Erde – als Urlauber oder im Job. Doch nicht nur für Auslandsreisen ist kulturelles Knigge-Wissen hilfreich, auch für das gesellschaftliche Zusammenleben hierzulande, denn vor allem in Großstädten leben nahezu alle Kulturen Tür an Tür.

Europa

Beneluxländer

Zu den Beneluxländern gehören Belgien, die Niederlande und Luxemburg. Allgemein ist der Umgangston sehr angenehm und locker, Höflichkeit und Zurückhaltung werden vor allem in Belgien geschätzt.

Anrede: Man wechselt recht schnell zum Du, allerdings sollten Gäste warten, bis es ihnen angeboten wird. Akademische Grade und Titel sind nur im Schriftverkehr üblich. In den Gebieten, in denen Französisch gesprochen wird, verwendet man „Madame" bzw. „Mademoiselle" oder „Monsieur". Ein Glück für all diejenigen, die sich Namen schlecht merken können. Beim Vorstellen werden Vor- und Nachname jedoch genannt.

Begrüßung: Je nachdem, wie gut man sich kennt, sind Händedruck und/oder Küsschen auf die linke und die rechte Wange üblich, in den Niederlanden wird dreimal geküsst.

Pünktlichkeit: ist privat wie auch im Job angesagt. Kleinere Verspätungen werden in der Regel unkompliziert toleriert.

Geschenke: sind üblich. Besonders gut kommen ausgefallene und hochwertige Mitbringsel an. Blumen können Sie mit dem Papier überreichen, sie müssen nicht wie bei uns vorher ausgepackt werden.

Achtung: In den Niederlanden gratuliert man nicht nur dem Geburtstagskind, sondern allen Familienmitgliedern und anwesenden Gästen. Das Geburtstagskind hat die Pflicht, kleine Geschenke (zum Beispiel Süßigkeiten) zu verteilen.

Essen: Die Tischsitten in den Niederlanden sind den deutschen Gepflogenheiten sehr ähnlich, in den anderen Regionen orientiert man sich mehr an Frankreich. Dort wird gern, lange und reichlich gegessen. Sie sollten daher genügend Zeit dafür einplanen! Die Niederländer legen dagegen weniger Wert auf Mahlzeiten, sie halten sie knapp und kürzer. Einladungen nach Hause sind eher unüblich und es gibt nur eine Kleinigkeit zu essen. Spontanbesuche werden nicht gern gesehen. Machen Sie daher ein Treffen auf jeden Fall vorher aus. Das Abendessen beginnt für unsere Verhältnisse relativ früh – um 18 Uhr.

Tipp: Um Kontakte zu pflegen, ist der Umtrunk („borrel") wichtig.

Trinkgeld: In den Niederlanden ist das Trinkgeld bereits im Rechnungsbetrag enthalten. Bei gutem Service gibt man trotzdem 5 bis 10 Prozent zusätzlich. In Belgien und in Luxemburg sind etwa 15 Prozent üblich.

Kleidung: Hier geht es viel legerer zu als in Deutschland. Dresscodes werden nicht so genau genommen. Sogar in die Oper muss es kein Festgewand sein.
Business: Die Umgangsformen sind weniger formell und autoritär als in Deutschland. Auf Teamgeist wird sehr viel Wert gelegt, auf Hierarchien dagegen wenig. In Belgien ist Understatement und Zurückhaltung angesagt. In Luxemburg verbinden sich deutsche Gründlichkeit und Zuverlässigkeit mit französischem Laissez-faire. Mit einer lockeren Verhandlungsweise kommen in der Regel alle klar, Sie sollten allerdings sicherheitshalber Vereinbarungen immer schriftlich fixieren.
Sprache/Kommunikation: Der Umgangston ist locker und humorvoll. Im Geschäftsleben spricht man sich schneller mit dem Vornamen an und duzt sich eher. Die Nähe zu Deutschland, auch in der Sprache, führt oft zu Missverständnissen, da man Unterschiede leicht übersieht oder falsch einschätzt.
Tabu: Holland ist nicht die Niederlande, sondern nur eine Provinz dort – also nicht gleichsetzen! In Belgien sollten Sie mit Bemerkungen über Flamen und Wallonen vorsichtig sein – sie sind nicht gut aufeinander zu sprechen. Lassen Sie dieses Thema am besten ganz weg.

Schweiz

Die Schweizer sind ein buntes, liebenswertes, humorvolles und gastfreundliches Volk – manchmal allerdings auch etwas eigenartig, skurril oder distanziert.
Anrede: Es ist in der Schweiz Standard, die förmliche Anrede mit dem Nachnamen zu verwenden. Titel nennt man sowohl bei der schriftlichen als auch bei der mündlichen Anrede. Das Duzen ist nur bei guten Freunden und in der Verwandtschaft üblich.
Begrüßung: Üblich ist die formelle Begrüßung mit Händedruck. Kennt man sich besser, gibt es vor allem in der italienischen oder französischen Schweiz eine Umarmung oder Wangenküsschen dazu. Bei formellen Anlässen sieht man auch den Handkuss noch. Die typische Grußformel ist „Grüezi". Zum Abschied reicht man sich ebenfalls die

Hände. Sagen Sie beim Verabschieden besser „Adieu" als „Tschüss" – Letzteres sollte nur Freunden vorbehalten bleiben und gilt ansonsten als zu lässig.

Pünktlichkeit: Auf Pünktlichkeit legen Schweizer großen Wert, vor allem die Bewohner der deutschsprachigen Gebiete. Je nördlicher die Region, desto genauer nimmt man es in diesem Punkt. Sie sollten sich hier höchstens um einige wenige Minuten verspäten.

Geschenke: Vereinbaren Sie Besuche immer vorher und bringen Sie ein Gastgeschenk mit. Blumen sind jederzeit willkommen, man überreicht sie ohne Papier. Des Weiteren liegen Sie mit einer guten Flasche Wein oder hochwertigen Pralinen richtig.

Essen: Das Essen in der Schweiz ist einfach, aber qualitativ hochwertig. Die wichtigste Mahlzeit gibt es abends. Berühmt sind der Schweizer Käse, das Käsefondue oder die Schweizer Schokolade.

Hinterlassen Sie den Teller sauber – wenn Sie nicht alles aufessen, sollten Sie die Reste zusammenschieben. Im Restaurant zahlt jeder selbst, wenn dies nicht vorher ausdrücklich anders vereinbart wurde. Ansonsten können Sie sich an den in Deutschland üblichen Tischsitten orientieren.

Trinkgeld: In der Regel ist das Trinkgeld im Preis inbegriffen, bei gutem Service rundet man allerdings auf.

Kleidung: ähnlich wie in Deutschland, eher etwas seriöser.

Business: Zuverlässigkeit, Sachlichkeit und klare Verhandlungen sind wichtig. Auf Small Talk legen Schweizer wenig bis keinen Wert.

Sprache/Kommunikation: In der Schweiz spricht man Französisch, Italienisch, Rätoromanisch und Deutsch – in zahlreichen Dialekten. Allgemein üblich ist das Schwyzerdütsch, Hochdeutsch verwenden Schweizer nur im Umgang mit deutschsprachigen Ausländern. Generell ist die Ausdrucksweise sehr höflich und eher umschreibend.

Tabu: Rauchen in Restaurants, Bahnhöfen und öffentlichen Verkehrsmitteln. Achten Sie sehr auf die entsprechenden Hinweisschilder. Vermeiden Sie besser ironische Bemerkungen.

Sonstiges: Halten Sie sich strikt an die Verkehrsregeln und Geschwindigkeitsbegrenzungen, Überschreitungen werden fast immer bestraft. Camping ist nur auf den ausgewiesenen Plätzen gestattet.

Frankreich

Im Land des Lavendels und des Weins legt man großen Wert auf Etikette und vornehme Zurückhaltung.

Anrede: Normalerweise sprechen sich Franzosen nur mit „Madame", „Mademoiselle" oder „Monsieur" an, ohne den Vor- oder Nachnamen dazu zu nennen. Hier können alle aufatmen, die Namen schlecht behalten. Den drei Anreden ist immer der Gruß „Bonjour" vorangestellt. Das Duzen ist vor allem bei älteren Franzosen erst nach Jahren der Freundschaft üblich, jüngere Leute gehen allerdings heute damit auch lockerer um. Im Business ist es üblich, sich zu Siezen und „Madame", „Mademoiselle" oder „Monsieur" mit dem Vornamen zu kombinieren.

Begrüßung: Ein kurzer Händedruck gehört zur Begrüßung dazu. Wenn man sich bereits besser kennt, gibt es Wangenküsschen links und rechts und/oder eine angedeutete Umarmung. Je nach Region kann das auch variieren. Im Business sollten Sie allerdings immer beim Händedruck bleiben.

Pünktlichkeit: In der Regel wird erwartet, dass der Gast pünktlich ist, wobei viele Franzosen es mit der eigenen Pünktlichkeit nicht so genau nehmen. Stellen Sie sich also besser darauf ein, dass Sie etwas warten müssen.

Geschenke: Bei Besuchen sollten Sie wie auch in Deutschland eine kleine Aufmerksamkeit mitbringen – mit Blumen, hochwertigen Pralinen oder einer Flasche Wein liegen Sie immer richtig. Die Blumen werden nicht ausgepackt überreicht. Der Gastgeber öffnet die Geschenke gleich und bietet essbare Präsente später allen an.

Tabu: Chrysanthemen, Nelken oder gelbe Blumen schenken.

Einladungen/Essen: Üblicherweise laden Franzosen zum Apéritif oder zum Abendessen ein. Franzosen sind Feinschmecker. Sie lieben die exquisite Küche und es gibt mindestens Drei-Gänge-Menüs. Baguette gehört zu einem Essen dazu und man darf damit auch Soße auftunken. Rauchen ist bereits nach dem Hauptgang erlaubt, meist geht man dazu in die vorgesehenen Raucherbereiche. Ist kein Aschenbecher vorhanden, darf es auch ein Teller sein.

Trinkgeld: Meist ist das Trinkgeld bereits im Preis inbegriffen, allerdings sollten Sie die Summe aufrunden oder, vor allem wenn der Service sehr gut war, zusätzlich 5 bis 10 Prozent auf dem Tisch liegen lassen. Ist das Trinkgeld nicht in der Rechnungssumme enthalten, darf es auch etwas mehr sein. Im Taxi gibt man etwa 10 Prozent.

Kleidung: lieber overdressed als zu leger. Franzosen legen im Allgemeinen viel Wert auf einen guten, eleganten Stil. Achten Sie darauf, dass die Kleidung immer sauber und gepflegt ist. Herren helfen den Damen nicht in den Mantel – Frau macht das selbst.

Business: Besprechungen werden sehr flexibel geführt. Es gibt kaum feste Tagesordnungen und wenn, dann dienen sie höchstens als Anhaltspunkt, keineswegs als strenge Vorgabe. Es wird viel verändert, improvisiert und bei Weitem nicht so strukturiert durchgeführt, wie das hierzulande üblich ist. Teamwork ist wichtig, allerdings stehen dabei weniger die fachlichen Themen im Vordergrund, sondern mehr Persönliches. Bei einem Businessessen erst nach dem Hauptgang über geschäftliche Themen sprechen.

Sprache/Kommunikation: Franzosen legen Wert auf eine korrekte Sprache und gute Allgemeinbildung. Verwenden Sie den höflichen Konjunktiv. Achtung: „Pardon" bedeutet nicht nur „Entschuldigung", sondern dient auch als allgemeine Dankesfloskel. „Ja" oder „nein" wird immer verbunden mit „Madame", „Mademoiselle" oder „Monsieur" – also „Oui, Madame" oder „Non, Monsieur".

Tabu: beim Small Talk Themen wie Politik, Kritik an der „Grande Nation", die Basken oder Geschäftliches anzusprechen sowie Vergleiche mit Deutschland anzustellen. Direkte Kritik ist unhöflich!

Griechenland

Griechen sind ein sehr herzliches, offenes und gastfreundliches Volk. Deutsche sind gern gesehene Gäste.

Anrede: Als Ausländer sollten Sie auf jeden Fall warten, bis Ihnen das Du angeboten wird. In Griechenland duzt man oft „von oben nach unten", also beispielsweise der Chef seine Mitarbeiter, die ihn jedoch siezen. Die förmliche Anrede ist „kyría" („Frau") oder „kyrios" („Herr") gefolgt vom Nachnamen. Bei Trägern von Titeln und akademischen Graden fällt der Nachname weg, zum Beispiel „Herr Bürgermeister".

Begrüßung: Der Händedruck ist in Griechenland üblich, aber nicht zwingend. Dafür kommt es häufiger vor, dass es bei großer Sympathie eine Umarmung oder ein herzliches Klopfen auf die Schulter gibt. Unter Griechen ist das gang und gäbe. Bis zur Mittagszeit grüßt man mit „kaliméra" („Guten Tag"), danach mit „kalispéra" („Guten Abend"), zeitunabhängig mit „jásu" (Einzahl) oder „jássas" (Mehrzahl).

Pünktlichkeit: Griechen nehmen es mit der Zeit nicht genau, erwarten jedoch von Nordeuropäern in der Regel, dass sie pünktlich sind. Dennoch: Um das akademische Viertelstündchen dürfen Sie sich verspäten, ohne etwas falsch zu machen. Zu Essenseinladungen sollten Sie allerdings pünktlich kommen.

Geschenke: Griechen freuen sich auch über ein Gastgeschenk, es wird aber nicht so sehr erwartet wie in manch anderen Ländern. Blumen, eine feine Köstlichkeit oder Mitbringsel aus der Heimat sind beliebt. Wundern Sie sich nicht, wenn das Geschenk einfach achtlos abgelegt und später ausgepackt wird – das ist in Griechenland oft üblich.

Einladungen/Essen: Gegessen wird abends relativ spät, etwa gegen 21 Uhr. Eine Einladung auszuschlagen gilt als sehr unhöflich. Wer dennoch absagen muss, sollte dies sehr diplomatisch tun und möglichst gleich eine Alternative vorschlagen. Dagegen lassen sich Griechen in ihrer Heimat nicht gern von anderen einladen, es wird eher eine Gegeneinladung nach Deutschland erwartet. Rauchen bei Tisch ist erlaubt, selbst wenn andere noch essen. In der gehobenen Gastronomie gelten die internationalen Tischsitten wie in Deutschland, in den Tavernen geht es dagegen lockerer zu. Anstand und Höflichkeit werden jedoch auch hier erwartet. Tabu ist es zum Beispiel, sich unaufgefordert zu anderen dazuzusetzen oder ohne zu fragen Tische und Stühle zu verrücken.

Trinkgeld: Üblich sind in Restaurants 10 bis 20 Prozent des Gesamtbetrags und werden auch erwartet, in den Tavernen maximal 1 Euro. Sie sollten sich zunächst das Restgeld herausgeben lassen und dann das Trinkgeld auf dem Tisch oder dem Geldteller liegen lassen. Bei Taxifahrten gibt man üblicherweise kein Trinkgeld. Der Zimmerservice erhält am Tag der Abreise einen kleinen Betrag.

Kleidung: Auf korrekte Kleidung wird viel Wert gelegt, selbst im Hochsommer. Vor allem in höheren Schichten geht es elegant und förmlich zu. Allerdings sind bei extrem heißen Temperaturen durchaus auch kurzärmlige Hemden mit Krawatte bzw. Blusen erlaubt. Ansonsten ist ein Anzug Pflicht. Frauen, die allzu freizügig gekleidet sind, gelten in Griechenland als abenteuerlustig und zu wenig gebildet. Manche Griechen sehen Frauen auch nicht gern in langen Hosen.

Business: Griechen sind sehr gastfreundlich, auch im Business. Achten Sie besonders auf korrekte Kleidung. Griechen zeigen sich gerne mit ihren Geschäftspartnern in der Öffentlichkeit, daher ist ein gepflegtes Auftreten Pflicht!

Sprache/Kommunikation: Wie in anderen Ländern auch sollten Sie vor der Reise die wichtigsten Begriffe in der Landessprache lernen. Griechen sehen dies als große Wertschätzung und solch kleine Gesten können Ihnen Tür und Tor öffnen! Für den Small Talk eignen sich gut Themen der griechischen Antike, kulturelle Werte oder das Wetter in Griechenland. Aber nicht damit prahlen oder zu sehr ins Detail gehen! Sonst könnten Sie so manchen Einheimischen vor den Kopf stoßen, denn viele kennen sich mit Einzelheiten weniger gut aus als die Touristen des Landes. Die meisten Griechen sind kontaktfreudiger und impulsiver als Deutsche. Sie fragen andere oft aus, erzählen aber auch gerne von sich und Abwesenden. Sind Ihnen die Fragen unangenehm, dann stellen Sie einfach Ihrerseits welche.

Achtung: Wie auch in Bulgarien oder Polen bedeutet Kopfschütteln „ja" und Kopfnicken „nein".

Tabu: Diskussionen über Themen rund um die Türkei, denn das Verhältnis zwischen Griechenland und der Türkei ist nicht das beste. Ebenfalls ungünstig: politische Themen oder die Teilung Zyperns. Griechen haben einen ausgeprägten Nationalstolz, der nicht verletzt werden sollte, zum Beispiel durch Abwertung oder Schändigung nationaler Symbole. Keine Steine von

den antiken Stätten als Reiseandenken mitnehmen. FKK wird in Griechenland abgelehnt. Manche Klöster dürfen Frauen nicht in Hosen betreten. Wenn Sie vor Ikonen stehen, sollten Sie ihnen nicht den Rücken zukehren.
Sonstiges: Es gibt eine nette Sitte: Griechen wünschen sich an jedem Wochenanfang eine schöne Woche, zum Monatsbeginn einen schönen Monat.

Großbritannien

Viele setzen Großbritannien mit England gleich, doch das ist nicht korrekt. Das Vereinigte Königreich Großbritannien besteht aus England, Schottland, Wales und Nordirland. Briten sind meist vornehm distanziert und distinguiert, aber auch pragmatisch und haben teilweise einen sehr skurrilen und makabren Humor.
Anrede: In der Regel sprechen sich Briten mit dem Vornamen an, auch im Business. Das steife „Sie" kennt man hier nicht. Titel sind vor allem im Schriftverkehr wichtig.
Begrüßung: Eine Begrüßung mit Händedruck ist bei den Briten nicht üblich, nur beim ersten Vorstellen und bei offiziellen Anlässen. Die übliche Begrüßungsfloskel: „How do you do?" sollten Sie mit „Fine, thank you" beantworten.
Pünktlichkeit: Auf ein korrektes Einhalten von Terminen legen Briten großen Wert.
Geschenke: Wird bei geschäftlichen Kontakten nach Hause eingeladen, sollten Sie ein Gastgeschenk mitbringen. Mit den Klassikern Blumen, Wein oder Pralinen sind Sie auch hier auf der sicheren Seite. Zu persönliche Geschenke besser meiden. Blumen zum Überreichen nicht auspacken. Sie können sie auch bereits vorher zusenden.
TABU: weiße Lilien
Einladungen/Essen: Private Einladungen sind selten. Die Küche in Großbritannien hat keinen guten Ruf, allerdings wird auch hier das Angebot vielfältiger, internationaler und feiner, vor allem in den Großstädten. Sehr beliebt sind Geschäftsessen oder gesellschaftliche Anlässe, bei denen geschäftliche Kontakte geknüpft oder vertieft werden können.

Hauptmahlzeit ist das abendliche Dinner. Bei den Tischmanieren unterscheidet sich die „upper class“ von den Durchschnittsbürgern. Wichtigste Unterschiede zu Deutschland: Den Suppelöffel führt man seitlich zum Mund, nicht von vorne, und die Gabel wird mit den Zinken nach unten benutzt.

Trinkgeld: Zu den Essenspreisen kommen auf der Rechnung meist noch 15 Prozent für das Gedeck („cover charge“) sowie 15 Prozent für den Service („service charge“) hinzu. Ist der Service noch nicht enthalten, sind 10 bis 15 Prozent Trinkgeld für den Kellner üblich, ansonsten gibt man etwas weniger. Im Pub an der Theke gibt man kein Trinkgeld. Im Taxi wird aufgerundet, Gepäckträger bekommen 1 Pfund.

Kleidung: Briten lieben konservative, hochwertige Kleidung. Die Kleiderordnung ist sehr streng; falls legeres Outfit erwünscht ist, wird extra darauf hingewiesen. In der Freizeit sind die Briten meist relativ locker. Absolut tabu: Braune Anzüge, bestimmte Krawattenmuster (besser unifarbene wählen) sowie Socken in Sandalen! Nacktbaden ist unüblich, „oben ohne“ langsam akzeptierter.

Business: Auch in „GB“ ist der internationale Kleiderkodex üblich. Generell gilt: lieber overdressed als zu leger. Ansonsten ist Understatement angesagt. Nach Feierabend geht es oft auf einen After-Work-Drink in den Pub. Sich hier auszuschließen gilt als unhöflich.

Sprache/Kommunikation: Probleme werden gerne etwas heruntergespielt. Bei wichtigen Angelegenheiten sollten Sie auf die Aussage „no problem“ hin lieber nochmals nachfragen. Briten gehen mit Emotionen sehr sparsam um, was leicht zu Irritationen oder Missverständnissen führen kann. Weiterhin pflegen sie eine sehr höfliche Sprache. „Please“ („Bitte“), „Thank you“ („Danke“) und „Sorry“ („Entschuldigung“) sollte man sehr häufig verwenden. Befehle und direkte Fragen sind unschicklich, man bittet äußerst höflich um etwas.

Tabu: sich vordrängeln – ob in der Warteschlange oder in den öffentlichen Verkehrsmitteln. Allerdings geht es hier mittlerweile auch nicht mehr ganz so höflich zu. Keine negativen Bemerkungen über das Königshaus machen und nicht über den Irlandkonflikt sprechen. Vorsicht mit dem

Victory-Zeichen. Verwendet man es mit dem Handrücken nach außen, kommt diese Geste unserem „Stinkefinger" gleich!

Italien

Dieses Land hat viele Facetten. Am deutlichsten sind Unterschiede zwischen Nord und Süd auszumachen. Während die Umgangsformen im Norden unseren sehr ähneln, gibt es im Süden zahlreichere Abweichungen.
Anrede: Italiener legen großen Wert auf Titel. Sie werden auch ohne Namen verwendet. So sprechen Italiener alle studierten Menschen einfach mit „dottore" oder Lehrer mit „professore" an. Einem unbekannte Personen mit „Du" („tu") anzureden gilt als sehr unhöflich und beleidigend. Verwenden Sie daher immer das „Sie" – auf Italienisch „lei". Viele Umgangsformen sind denen in Frankreich ähnlich.
Begrüßung: Lernt man einander erst kennen, begrüßt man sich immer mit Händedruck. Dabei Blickkontakt halten! Sehr schnell kann man jedoch zur lockeren Umarmung mit Wangenküsschen wechseln. In der Regel sind es zwei Küsschen, je nach Region kann das jedoch auch variieren. Bei offiziellen Anlässen ist zur Begrüßung das „Buon giorno" („Guten Tag") üblich, bei Abendveranstaltungen „Buona sera" („Guten Abend"). Unter Freunden begrüßt und verabschiedet man sich mit einem „Ciao" – das steht für „Hallo", aber auch für „Tschüss".
Pünktlichkeit: Italiener nehmen es mit der Pünktlichkeit wie viele andere Südländer nicht so genau – erwarten sie allerdings von uns.
Einladungen/Geschenke: Italiener laden sehr gern ein – ob zu privaten oder zu geschäftlichen Zwecken und am liebsten nach Hause. Einladungen können auch relativ kurzfristig ausgesprochen werden. Gastgeschenke sind gern gesehen. Blumen (keine Chrysanthemen!) immer im Papier überreichen oder noch besser schon vorher schicken. Ansonsten eignen sich sorgfältig ausgesuchte Mitbringsel und Kleinigkeiten für die Kinder.
Essen: Für das Essen nimmt man sich viel Zeit und legt Wert auf gute Tischsitten. Man darf sich locker unterhalten und die Geselligkeit hat einen hohen Stellenwert. Im Restaurant darf man seinen Tisch nicht selbst auswählen, sondern wartet, bis der Kellner ihn zuweist. Es ist un-

höflich, in einem feinen Lokal nur ein Hauptgericht zu bestellen. Eine Vorspeise oder einen Nachtisch sollten Sie auf jeden Fall dazunehmen. Der Gastgeber übernimmt die Rechnung. Üblich ist es, sich mit einer Gegeneinladung zu revanchieren. Bei privaten Essen sollten Sie aufpassen, ob die anderen ihren Teller leer essen oder etwas zurücklassen. Die Interpretationen sind sehr verschieden und das eine wie das andere kann Ihnen als höflich oder eben unhöflich ausgelegt werden. Manchmal bedeutet ein Rest auf dem Teller, dass es nicht geschmeckt oder dass der Gastgeber sich verschätzt hat – andernorts ist es ein Zeichen der Höflichkeit. Brot wird gebrochen.

Tabu: zu viel Alkohol zu trinken. Betrunken zu sein gilt als unkultiviert und stillos.

Trinkgeld: Es ist üblich, ein Trinkgeld von maximal 10 Prozent zu geben. Bei einer Fahrt mit dem Taxi runden Sie die Summe auf.

Kleidung: Elegante, feine, modische Kleidung ist Italienern sehr wichtig. Ob Frau oder Mann, privat oder im Business – stets wird großer Wert auf hochwertige Kleidung gelegt. Im Geschäftsleben ist der Anzug ein Muss. Farben und Muster sind generell dezent und gedeckt. Auf öffentlichen Straßen und Plätzen, in Restaurants und Cafés sind zu saloppe Freizeit- und Badebekleidung tabu! Manchmal kann die falsche Kleidung sogar zu einer Geldstrafe führen. Nacktbaden ist verpönt und verboten. „Oben ohne" wird toleriert, wenn auch nicht sehr geschätzt. Im Süden sind die Sitten strenger als im Norden.

Business: Der Job kommt für Italiener immer an zweiter Stelle – nach der Familie. Nehmen Sie sich Zeit für Zwischenmenschliches und Small Talk, erkundigen Sie sich nach der Familie und zeigen Sie eigene Familienfotos. Am besten kommt man in Italien mit Charme und Geduld weiter. Lassen Sie sich zu nichts überreden und halten Sie alle Vereinbarungen schriftlich fest. Treffen Sie sich zum Essen, sollten alle geschäftlichen Angelegenheiten während des Mahls besprochen werden. Spätestens zum Espresso müssen alle Dinge geregelt sein.

Sprache/Kommunikation: Italiener rücken beim Sprechen ihrem Gegenüber schon mal etwas mehr „auf die Pelle". Dies ist kein Zeichen von Unhöflichkeit, sondern hier normal im Umgang miteinander. Sie dürfen einen Italiener im Redefluss durchaus unterbrechen. Italiener lieben es, locker und lebendig zu kommunizieren und vor allem über die Familie zu sprechen. Vorsicht ist geboten, wenn Italiener schweigen, dann ist meist etwas nicht in Ordnung und Sie sind vielleicht in ein Fettnäpfchen getreten. Wenn Sie selbst ein paar Ausdrücke in der Landessprache lernen, bereiten Sie den meisten damit eine große Freude!

Tabu: Rauchen in den Zügen. Betrunkensein. Kirchen mit nackten Armen und Beinen zu betreten. Chrysanthemen als Gastgeschenk – das sind Friedhofsblumen. Über Themen wie Politik, Kritik am Land, den Zweiten Weltkrieg, die Mafia, den Nord-Süd-Konflikt oder die katholische Kirche zu sprechen. Rote Rosen zu anderen Zwecken zu schenken, als um damit seine Liebe zu einem Menschen auszudrücken.

Sonstiges: Wenn Sie ein Privathaus betreten, nicht einfach die Jacke ablegen, sondern fragen, ob Sie das dürfen. Wundern Sie sich nicht, wenn Frauen mit Frauen und Männer mit Männern Arm in Arm gehen – das ist völlig normal und kein Zeichen von gleichgeschlechtlicher Liebe.

Polen

Polen sind sehr herzliche und gastfreundliche Menschen. Das Verhältnis zwischen Deutschland und Polen, aber auch Ungarn, Tschechien, der Slowakei oder Bulgarien ist oft noch sehr gespalten, zunehmend finden jedoch Annäherungen statt. Der Tourismus boomt und es gibt immer mehr Geschäftsbeziehungen.

Anrede: Männer spricht man mit „Pan“ („Herr“) und dem Nachnamen an, Frauen mit „Pani“ („Frau“). Zum Duzen gehen Polen erst dann über, wenn sie es vereinbart haben. Üblich ist dann das „Du“ mit dem Vornamen. Hierarchien haben in Polen einen hohen Stellenwert. Daher redet man Personen auch mit ihrem Titel an, zum Beispiel „Herr Direktor“. Akademische Bezeichnungen spricht man nur Professoren gegenüber aus. Im Schriftverkehr gilt die offizielle Anrede, in E-Mails geht es lockerer zu.

Begrüßung: Zur Begrüßung ist ein Händedruck üblich, unter guten Freunden Wangenküsse. Polen legen viel Wert auf traditionelle Höflichkeit. Sogar der Handkuss, verbunden mit einer galanten Verbeugung, wird noch praktiziert. Wichtige Grußformeln sind: „Dzien dobry" („Hallo" oder „Guten Morgen") und „Dobry wieczór" („Guten Abend").

Pünktlichkeit: Damit nehmen es Polen meist nicht so genau.

Geschenke: Gastfreundschaft ist sehr wichtig. Bringen Sie immer ein Gastgeschenk mit. Ideal sind eine Flasche Wein, Spezialitäten aus Ihrer Heimat oder Geschenke für die Kinder. Blumen passen immer, aber nur in ungerader Anzahl schenken! Auch Bücher sind sehr geschätzt. Manchmal erhalten sogar die Gäste Geschenke. Namenstage sind in Polen wichtiger als Geburtstage. Wenn Sie zum Namenstag gratulieren, bereiten Sie eine große Freude.

Essen: Polen laden gern ein – ob geschäftlich oder privat, ob ins Restaurant oder nach Hause, ob zum Mittagessen, zu Tee oder Abendessen. Gegeneinladungen sind ebenfalls willkommen.

Mittags sollten Sie auf jeden Fall pünktlich sein, bei Abendveranstaltungen darf es auch etwas später werden. Wochentags feiert man höchstens bis 23 Uhr, am Wochenende auch länger. Die Polen tischen zu Essenseinladungen reichlich auf und bieten immer wieder einen Nachschlag an, auch wenn Sie schon lange satt sind. Heiße Getränke so heftig mit dem Löffel umzurühren, dass es klirrt, gilt als unschicklich!

Trinkgeld: ist üblich und sollte bei etwa 10 Prozent liegen.

Kleidung: Polen kleiden sich vorwiegend konservativ und elegant. Man legt viel Wert auf Religion und die Kirchenfeste werden entsprechend gefeiert, auch mit gebührender Kleidung.

Business: Nehmen Sie sich Zeit, Ihren Geschäftspartner kennenzulernen und eine persönliche Beziehung aufzubauen. Small Talk gehört dazu. Polen reden lieber als Dinge schriftlich zu vereinbaren. Bei wichtigen Angelegenheiten sollten Sie im Nachhinein die wesentlichen Punkte schriftlich fixieren.

Sprache/Kommunikation: Es erleichtert den Umgang, wenn Sie die polnische Sprache ein wenig beherrschen.

ACHTUNG: Kopfschütteln heißt dort ebenso wie in Bulgarien oder Griechenland „ja", Kopfnicken dagegen „nein".

Tabu: negativ über den Papst oder die Kirche zu reden, Vergleiche mit dem Osten anzustellen, den Zweiten Weltkrieg oder die Kriminalität anzusprechen, Frauen nach dem Alter zu fragen. Pferdefleisch zu essen oder anzubieten ist in Polen ein großer Fauxpas. Pferde sind für die Menschen dort wie Freunde. Verwechseln Sie nicht die Hauptstädte von Polen (Warschau) und Russland (Moskau).
Sonstiges: Polen sind in manchen Dingen abergläubisch. Demnach bringt es Pech, Gäste direkt an der Türschwelle zu begrüßen oder kurze Erledigungen hier abzuwickeln. Warten Sie daher ab, bis Sie hereingebeten werden oder die Person zu Ihnen nach draußen kommt.

Ungarn

Ungarn sind sehr höflich, achten sehr auf Etikette und Hierarchien. Zwischen Ungarn und Deutschland gibt es zahlreiche geschäftliche Verbindungen.
Anrede: Ungarn stellen sich in der Regel mit dem Nachnamen vor, manchmal folgt dann noch der Vorname. Sie legen Wert auf akademische Titel oder Amtsbezeichnungen, die in Verbindung mit dem Nachnamen genannt werden.
Begrüßung: Zur Begrüßung reicht man sich normalerweise die Hände. Gute Freunde begrüßen sich mit einer Umarmung und mit Wangenküssen. Der Handkuss ist noch üblich. Es reicht immer die Frau ihre Hand zuerst. Die offizielle Begrüßung heißt „Jó napot kivánok" („Guten Tag") oder „Jó estét kivánok" („Guten Abend"). Zum Abschied sagt man „Viszontlátásra" („Auf wiedersehen") oder „Viszlát". Bei weniger formellen Anlässen können Sie auch „Szervusz" bzw. „Szia" („Bis dann") verwenden.
Pünktlichkeit: wird sehr genau genommen.
Geschenke: Mitbringsel bei Einladungen sind üblich. Geschenke aus Deutschland kommen gut an, ebenso Blumen in ungerader Anzahl. Ungarn feiern Namenstage und freuen sich, wenn man daran denkt.
Essen: Gastfreundschaft ist auch in Ungarn wichtig. Das Beisammensein ist locker. Vereinbaren Sie für einen Besuch einen Termin, unange-

meldet dürfen nur Verwandte und gute Freunde kommen. Unter der Woche sitzt man höchstens bis 23 Uhr zusammen. Es ist unhöflich, beim Biertrinken anzustoßen, bei Wein oder anderen Getränken gehört es sich dagegen.

Trinkgeld: üblich sind etwa 10 Prozent.

Kleidung: Vor allem im Business kleidet man sich eher konservativ. Frauen dürfen sich weiblich zeigen.

Business: Der persönliche Kontakt ist im Geschäftsbereich sehr wichtig. Nutzen Sie jede Gelegenheit, um die Beziehung zu stärken – durch Gratulationen zum Geburtstag oder Namenstag, einen netten Small Talk und Komplimente. Bei Verhandlungen braucht man oft viel Geduld und Verständnis.

Sprache/Kommunikation: Ungarn legen großen Wert auf Höflichkeit. Sie sollten daher unbedingt die wichtigsten Wörter kennen: „köszönöm" für „danke", „kérem" für „bitte" und „bocsànat" für „Entschuldigung". Kritik sollte nie direkt geäußert werden.

Tabu: Ungarn nur mit den negativen Bildern von Dracula und der Rocky Horror Picture Show zu verbinden.

Sonstiges: Der Erfinder des Zauberwürfels stammt aus Ungarn. Viele Ungarn freuen sich, wenn Gäste dies wissen und anerkennen.

Tschechien

Ist eine gute persönliche Beziehung aufgebaut, sind Tschechen sehr gesellig.

Anrede: Auf eine korrekte Anrede mit Titel wird Wert gelegt, so zeigen Sie Ihren Respekt. Vor dem Namen kommt die Anrede „Pan" („Herr") oder „Pani" („Frau"). Mit dem Vornamen spricht man nur sehr gute Bekannte und Verwandte an.

Begrüßung: wie in Deutschland mit Händedruck, aber nicht unbedingt nötig. Männer warten, bis ihnen die Frau die Hand reicht. Zur Begrüßungen sagt man „Dobry den" („Guten Tag"). „Ahoj" verwendet man in lockeren Situationen – es steht für „Hallo" oder auch „Tschüss". Eine Umarmung ist nur bei guten Bekannten und Verwandten üblich.

Pünktlichkeit: Damit nimmt man es in Tschechien nicht so genau. Lieber ein paar Minuten zu spät als zu früh erscheinen.
Geschenke: Gastgeschenke sind üblich, zum Beispiel Blumen oder Alkoholisches. Auch Kleinigkeiten für die Kinder kommen gut an.
Einladungen/Essen: In Privathäuser laden Tschechen meist nur Verwandte und gute Freunde ein, ansonsten trifft man sich in einem Restaurant. Bevor Sie eine Privatwohnung betreten, ziehen Sie die Schuhe aus. In der Regel werden Hausschuhe angeboten. Die Tischsitten sind fast wie in Deutschland. Wichtig ist es, dass der Gast alle Speisen probiert und lobt. Er sollte auch bald einen Toast auf die Gastgeberin aussprechen. In ein Glas, das noch nicht ausgetrunken ist, nachzuschenken, gilt als unhöflich.
Trinkgeld: wie in Deutschland.
Kleidung: Je nach Situation und Branche kann der Kleidungsstil sehr unterschiedlich sein. Generell gilt auch hier: lieber zu förmlich als zu leger. Allerdings kann man overdressed leicht auch als arrogant eingeschätzt werden.
Business: Generell ist der Umgang dem in Polen sehr ähnlich. Tschechen ist Harmonie und eine persönliche Beziehung wichtig. Achten Sie daher darauf, auch einen Einblick in Privates zu geben. Tschechen legen keinen besonders großen Wert auf Regeln und Vorschriften, sie verändern sie gern nach Bedarf. Geschäftsessen sind wichtig für das persönliche Kennenlernen.
Kommunikation: Tschechen sind zu Beginn eher zurückhaltend und beobachten; haben sie Vertrauen gefasst, sind sie offen und gesellig. Gut kommt es an, wenn Sie positiv über das Land und berühmte Vertreter in Sport und Kunst sprechen.
TABU: die Bezeichnung „Tschechei“ zu verwenden. Sie erinnert noch an die Besetzung Tschechiens in der Zeit des Nationalsozialismus. Auch mit anderen Themen der Vergangenheit besser sehr vorsichtig umgehen, vor allem im Kontakt mit älteren Menschen. Direkte Kritik sollten Sie vermeiden.
Sonstiges: Zum Schutz vor Passivrauchen ist Rauchen auf Bahnhöfen, an Bus- und Trambahn-Haltestellen, in Schulen, Kinos, Theatern, Sportstätten und Verwaltungsgebäuden verboten.

Rumänien

Rumänier sind im Umgang eher formell, ruhig und zurückhaltend. Älteren Menschen wird großer Respekt entgegengebracht. Man schätzt ihre Weisheit und sie haben ein hohes Ansehen.

Anrede: Rumänen sprechen sich formell mit dem Nachnamen an. Den Vornamen zu verwenden ist nur unter Freunden üblich. Die Anrede für eine Frau ist „Doamna", für einen Herrn „Domnul". Auf Titel legen Rumänen großen Wert – man nennt sie in der mündlichen und schriftlichen Anrede.

Begrüßung: Rumänen begrüßen sich wie in Deutschland üblich mit Händedruck, dabei sieht man sich in die Augen. Weiterhin ist hier Frauen gegenüber noch der Handkuss üblich, gute Freunde begrüßen sich mit einer Umarmung. Generell legen Rumänen auf die Umgangsformen großen Wert und sind anfangs eher distanziert, bis sie die andere Person besser kennen.

Pünktlichkeit: Generell erwarten Rumänen Pünktlichkeit. Zu einer Esseneinladung sollten Sie sehr pünktlich sein, zu Feiern darf man sich um das akademische Viertelstündchen verspäten.

Geschenke: Gastgeschenke sollte man zu Einladungen auf jeden Fall mitbringen. Üblich sind zum Beispiel Blumen, Pralinen oder Alkohol (zum Beispiel Likör). Wenn Sie Blumen wählen, dann sollte der Strauß aus einer ungeraden Anzahl bestehen – eine gerade Anzahl nimmt man zu Beerdigungen mit. Auch Kleinigkeiten für die Kinder sind sehr beliebt und geschätzt.

Einladungen/Essen: Rumänen legen viel Wert auf gute Tischsitten. Setzen Sie sich auch in Privathaushalten niemals einfach auf den nächst besten Stuhl, sondern warten Sie, bis Ihnen ein Platz angeboten wird. Servietten legt man nicht wie bei uns auf den Schoß, sondern sie bleiben auf dem Tisch liegen. Mit dem Essen darf man erst beginnen, wenn der Gastgeber das Mahl eröffnet. Besonders beliebt sind großzügige Lobreden auf die Gastgeber. Sind Sie eingeladen, sollten Sie sich vorher darauf einstellen und gut vorbereiten. Rumänen bieten großzügig Nachschlag an. Wenn man satt ist, sollte man das deutlich zeigen, denn es ist auch ein Zeichen von Höflichkeit, einen Nachschlag abzulehnen, selbst wenn man eigentlich noch Hunger hat. So kann das Ablehnen leicht missverstanden werden.

Trinkgeld: In Restaurants ist bereits Trinkgeld im Rechnungsbetrag enthalten, man gibt jedoch 5 bis 10 Prozent zusätzlich. Auch für kleinere Dienstleistungen und Taxifahrten ist Trinkgeld üblich.

Kleidung: Die formelle Kleidung ist seriös, eher dunkler als in Deutschland.

Business: Achten Sie bei geschäftlichen Zusammenkünften mit Rumänen die Hierarchien und Strukturen ebenso wie den autoritären Führungsstil. Die persönlichen Beziehungen sind wichtig und man sollte sich erst etwas besser kennenlernen, bevor man in die Verhandlungen einsteigt. Sie sollten sich vor allem zuverlässig, bescheiden, geduldig, offen und ehrlich zeigen. Verhandlungen sind oft sehr langwierig. Planen Sie daher Termine rechtzeitig und rechnen Sie damit, dass es zu vielen Umentscheidungen kommen kann.

Sprache/Kommunikation: Rumänisch zählt zu den romanischen Sprachen. Rumänen sind eher ruhige, distanzierte und reservierte Menschen, die sich gerne ins Private zurückziehen. Sie möchten ihre Privatsphäre geschützt wissen und schätzen es sehr, wenn andere ebenfalls darauf achten.

TABU: Sich als Besserwisser geben und ungeduldig sein.

Sonstiges: Rauchen ist in Rumänien weit verbreitet und akzeptiert. Ausgewiesene Nichtraucherzonen gibt es kaum. Nichtraucher sollten sich darauf einstellen.

Bulgarien

Bulgaren lieben Gastfreundschaft und Geselligkeit, sind charmant und tolerant.

Anrede: wie in Deutschland. Die korrekten Anreden lauten „Gospodin" („Herr"), „Gospozha" („Frau") oder „Gospozhitsa" („Fräulein") und stehen ebenfalls vor dem Nachnamen.

Begrüßung: wie in Deutschland mit Händedruck.

Pünktlichkeit: 15 Minuten Verspätung sollte man mindestens einplanen. Auf die Minute pünktlich zu sein ist nur im Business üblich.

Geschenke: Besucher sollten ein Geschenk mitbringen, das nicht zu teuer sein darf, damit es den Gastgeber nicht in Verlegenheit bringt. Blumen sind üblich, nicht aber Chrysanthemen, Lilien oder Gladiolen (sind Friedhofsblumen).

Einladungen/Essen: Einladungen nach Hause und auch Spontanbesuche sind üblich. Die wichtigste Mahlzeit ist das Mittagessen. Beim Zuprosten sieht man sich in die Augen. Die Gastgeberin eröffnet das Mahl. Probieren Sie auf jeden Fall von allen Speisen und sprechen Sie Ihre Anerkennung aus. Wer sein Glas leer trinkt, dem wird immer wieder nachgeschenkt. Bulgaren sitzen lange zusammen und es ist unhöflich, früh aufzubrechen.

Trinkgeld: In Restaurants sind 10 Prozent üblich, die manchmal bereits in der Rechnungssumme enthalten sind. Auch für Serviceleistungen sollten Sie ein Trinkgeld geben.

Kleidung: ähnlich wie in Deutschland, eher konservativ und formell. Frauen betonen gern ihre Weiblichkeit.

Business: Bulgaren legen Wert darauf, eine persönliche Beziehung mit Geschäftspartnern aufzubauen. Einladungen nach Hause dienen auch der Beziehungspflege. Sie sollten sie nicht ausschlagen. Da Bulgaren sehr spontan sind, lassen Sie sich Termine besser kurz vorher noch einmal bestätigen.

Kommunikation: Bulgaren sind sehr kommunikativ. Sie freuen sich, wenn Gäste ein paar Worte in der Landessprache können und Interesse an ihrer Kultur zeigen. Ein sehr guter Türöffner!

Wichtig: In Bulgarien bedeutet Kopfnicken wie auch in Griechenland und Polen „nein“ und Kopfschütteln „ja“.

Tabu: mit Geld anzugeben, über die Kriminalität zu sprechen.

Österreich

Charme, Charme und wieder Charme zeichnet Österreicher vorwiegend aus.

Anrede: Auf die Nennung akademischer Abschlüsse und Titel legen Österreicher äußerst großen Wert. Man bindet sie in die Anrede ein. Der

Nachname kann, muss aber nicht immer ausgesprochen werden. Beispiele: „Frau Magister" oder „Herr Professor". Mit Vornamen spricht man nur gute Freunde und Familienmitglieder an. Gleiches gilt für das Duzen.

Begrüßung: Man reicht sich zur Begrüßung die Hände. Unter guten Freunden und Bekannten sind Wangenküsse üblich. Zu besonderen Anlässen wird der Handkuss noch praktiziert.

Tipp: ausführlichere Informationen siehe Kapitel 2 (Seite 38 ff.) und 3 (Seite 100 ff.).

Pünktlichkeit: ist äußerst wichtig und wird generell erwartet.

Geschenke: Gastgeschenke sind Pflicht! Die Klassiker Blumen, edle Pralinen oder Wein passen auch hier. Eine Kleinigkeit für die Kinder ist ebenfalls willkommen. Besonders beliebt sind Mitbringsel aus Ihrer Heimat.

Tabu: Chrysanthemen, weiße Lilien und rote Rosen zu schenken.

Einladungen/Essen: Einladungen nach Hause sind eher unüblich, aber wenn sie ausgesprochen werden, sind sie eine große Ehre. Der Gastgeber bringt vor dem Essen einen Toast aus. Wer seinen Teller ganz leer isst, zeigt, wie gut ihm das Essen geschmeckt hat.

Trinkgeld: In Cafés und Restaurants sind 5 bis 10 Prozent Trinkgeld üblich. Im Hotel bekommt das Zimmermädchen je nach Kategorie 1 bis 2 Euro pro Tag, der Gepäckdienst 1 Euro pro Gepäckstück. Für eine Taxifahrt sind ebenfalls 5 bis 10 Prozent üblich.

Kleidung: Auf das Erscheinungsbild legen Österreicher großen Wert. Die Kleidung ist wie in Deutschland, vor allem schlicht, elegant, hochwertig und eher etwas konservativer. Zu manchen Anlässen ist auch Tracht üblich. Fragen Sie im Zweifelsfalle nach.

Business: Geschäftskontakte müssen lange aufgebaut und gepflegt werden. Small Talk ist wichtig. Man sollte sehr auf die Hierarchien achten und mit längeren Planungsphasen rechnen.

Sprache/Kommunikation: Die Sprache ist Deutsch in zahlreichen Dialekten, die oft sehr vom Hochdeutschen abweichen. Ideale Themen für Small Talk sind die österreichische Kultur und der Wintersport.

Tabu: Themen wie Antisemitismus und Zweiter Weltkrieg anzusprechen, deutsche Überheblichkeit, sehr persönlich zu werden.

Sonstiges: Österreich ist berühmt für den Charme seiner Bewohner. Lassen Sie auch Ihren spielen.

Skandinavien

Dänemark, Schweden, Norwegen und Finnland – die skandinavischen Länder stehen vor allem für Zurückhaltung, Toleranz, Gleichberechtigung und Saunagenuss. Der Frauenanteil der Erwerbstätigen ist hoch und Frauen werden auch in Führungspositionen vorbehaltlos akzeptiert. In die Sauna zu gehen gehört zum Alltag – wundern Sie sich daher nicht, wenn Sie eine Einladung zum Saunieren erhalten. Es ist ein Zeichen der Ehre und sollte nur mit einer sehr guten Begründung abgelehnt werden.

Dänemark

Die Dänen sind sehr freundliche und tolerante Menschen, die viel Wert auf Bescheidenheit legen. Generell sollte man im Umgang mit Dänen sehr auf Höflichkeit achten.

Anrede: wie in Deutschland, meist aber etwas lockerer als bei uns. Das Duzen ist weiter verbreitet und es ist durchaus üblich, sich gleich von Beginn an nur beim Vornamen zu nennen und sich zu duzen. Warten Sie am besten ab, wie Ihr Gegenüber Sie anspricht. Titel werden nur im Schriftverkehr genannt.

Begrüßung: wie in Deutschland. Beim ersten Kennenlernen immer mit Händedruck, ansonsten ist Händeschütteln nicht zwingend.

Pünktlichkeit: Pünktlich zu sein gehört zu gutem Benehmen dazu, ob privat oder geschäftlich. Zum Essen sollten Sie auf die Minute erscheinen, ansonsten ist das akademische Viertelstündchen Spielraum erlaubt.

Geschenke: Kleine Aufmerksamkeiten sind wie in Deutschland üblich. Blumen sollten Sie bereits am Vortag schicken, allerdings keine Chrysanthemen. Spirituosen sind recht beliebt, da Alkohol in Dänemark sehr teuer ist.

Essen: Die Tischsitten sind unseren sehr ähnlich. Besonderheiten: Der Gast ist in Dänemark dafür zuständig, für eine gute Atmosphäre zu sor-

gen. Er hält nach dem Essen zum Dank eine witzige Rede. Wichtig ist es, sich für eine Einladung mehrmals zu bedanken, auch hinterher nochmals.
Trinkgeld: In Restaurants ist ein Trinkgeld von etwa 10 Prozent üblich, eher etwas weniger geben als in Deutschland.
Kleidung: wie in Deutschland, eher etwas legerer. Bei Einladungen sollte man besser vorher nach dem Dresscode fragen. Auch bei Kirchenbesuchen sind die Kleidungsvorschriften locker. Strände sind in der Regel öffentlich, „oben ohne" und Nacktbaden meist erlaubt. Sollte FKK verboten sein, ist das extra ausgeschildert.
Business: Auf Small Talk legen Dänen wenig Wert, man kommt schnell zur Sache. Der Geschäftston ist sachlich und eher direkt. Dänen sind sehr zuverlässig. Geschäftssprache ist meist Englisch.
Sprache/Kommunikation: Die Landessprache ist Dänisch, weiterhin sprechen viele Bewohner Deutsch oder Englisch. In der Kommunikation sollte man vor allem bescheiden auftreten und das Miteinander in den Vordergrund stellen. Dänen sind emotional und haben einen trockenen Humor.
Tabu: Eine andere Flagge als die Landesflagge zu hissen ist streng verboten und wird sogar bestraft. Unpünktlichkeit, Angeberei, Klatsch, Ironie, sich über andere lustig machen kommen gar nicht gut!
Sonstiges: Wie in ganz Skandinavien geht man zum Rauchen nach draußen.

Schweden

Zurückhaltung, Toleranz und Lockerheit rangieren bei den Schweden ganz oben.
Anrede: Schweden duzen sich in der Regel und sprechen sich mit Vornamen an, nur in sehr formellen Situationen ist das „Sie" in Kombination mit dem Nachnamen üblich. Als Ausländer sollten Sie abwarten, wie Sie angesprochen werden und sich dem anpassen. Titel und akademische Grade haben eher eine geringe Bedeutung und werden nur im Schriftverkehr verwendet.
Begrüßung: Die förmliche Begrüßung lautet „God morgon" („Guten

Morgen“) oder „God dag“ („Guten Tag“), die lockere Variante ist „Hej“ („Hallo“). Begrüßungsküsse sind eher unüblich und nur in freundschaftlichen Beziehungen angebracht.

Pünktlichkeit: Schweden legen großen Wert auf Pünktlichkeit – privat wie geschäftlich. Verspätungen im Privaten sollten maximal 10 Minuten betragen.

Geschenke: generell wie in Deutschland. Blumensträuße sollten nicht ganz weiß sein. Mitbringsel aus der Heimat sind gern gesehen. Geschenke dürfen nicht zu teuer sein, da man den Gastgeber damit sonst in Verlegenheit bringt.

Einladungen/Essen: Vor dem Betreten einer Privatwohnung zieht man die Schuhe aus. Es gelten ähnliche Tischsitten wie in Deutschland.

Trinkgeld: generell etwas weniger als in Deutschland. Meist ist das Trinkgeld bereits im Rechnungsbetrag enthalten, bei sehr gutem Service gibt man nochmals 10 Prozent. Bei Taxifahrten rundet man auf, Gepäckträger bekommen etwa 5 Kronen.

Kleidung: wie in Deutschland, eher etwas legerer und dunkler. Bei Kirchenbesuchen sind die Kleidungsvorschriften ebenfalls locker. Mit „oben ohne“ sollte man vorsichtiger umgehen. FKK ist nur an ausgewiesenen Stränden erlaubt.

Business: Hierarchien spielen eher eine geringe Rolle, Teamwork steht im Vordergrund. Bei Verhandlungen ist man klar, sachlich, direkt und immer höflich. Auch im Geschäftsbereich duzt man sich nach kurzer Zeit auf allen Ebenen.

Sprache/Kommunikation: Englisch und Deutsch werden in Schweden oft gesprochen, was die Verständigung sehr erleichtern kann. Schweden sind im Gespräch eher zurückhaltend und sehr diszipliniert. Jemanden beim Reden zu unterbrechen ist unschicklich. Des Weiteren ist es üblich, eher Understatement zu zeigen und nicht anzugeben oder sich über andere zu erheben. „Tack“ heißt „danke“ und sollte wie andere Höflichkeitsfloskeln oft benutzt werden.

Tabu: Rauchen an öffentlichen Plätzen und ohne vorher andere Anwesende zu fragen. Direkte Kritik zu äußern ist unüblich. Es wird nicht gern gesehen, wenn Urlaubsgäste zahlreiche Lebensmittel aus der Heimat mitbringen, um sie auf der Reise zu verzehren.

Sonstiges: Beim Zuprosten gelten strengere Regeln. Man beginnt erst zu essen, wenn der Gastgeber oder Ehrengast einen Toast („Skal") ausgesprochen hat. Beim Zuprosten schaut man sich zuerst in die Augen, dann trinkt man, blickt sich nochmals an, nickt sich zu und setzt dann erst das Glas ab.

Campen ist in freier Natur erlaubt, solange man dabei achtsam bleibt. Es gilt das sogenannte „Jedermannsrecht" (Allemansrätten), das jedem erlaubt, sich frei in der Natur zu bewegen – auch auf Privatgrundstücken, ob Einheimische oder Ausländer. Voraussetzung ist allerdings, dass man achtsam mit der Natur und den Anlagen umgeht. Vermeiden sollte man daher zum Beispiel, geschützte Pflanzen abzureißen, während der Brutzeit Vogelschutzgebiete zu begehen und mit Fahrzeugen abseits der befestigten Wege zu fahren.

Norwegen

Norweger sind vorwiegend ruhige, eher schweigsame Menschen. Sie legen viel Wert auf Gleichberechtigung, etwa die Hälfte der Erwerbstätigen sind Frauen.

Anrede: Verwenden Sie das „Sie" und den Nachnamen. Norweger sind hier etwas zurückhaltender als Dänen und Schweden, man duzt sich allerdings schneller als in Deutschland. Im Business ist es auch üblich, sich nur mit dem Titel anzusprechen, zum Beispiel „Herr Direktor".

Begrüßung: Mit Händedruck begrüßen sich Norweger nur beim Kennenlernen und nach längerer Abwesenheit, im Alltag ist es ebenso wie Wangenküsse eher unüblich. Zur Begrüßung reicht ein „God morgen" („Guten Morgen"), „God dag" („Guten Tag") oder „Hei" („Hallo").

Pünktlichkeit: wie in Schweden

Geschenke: sind wie in Deutschland üblich. Kleine Mitbringsel überreichen Sie selbst, Blumen sollten Sie vorher schicken. Gern gesehen werden Spirituosen, da sie im Land sehr teuer sind. Am besten sollten Sie jedoch vorher anfragen, ob Alkohol erwünscht ist, da viele Norweger Alkohol auch ablehnen.

Einladungen/Essen: Bei privaten Einladungen wird in der Regel erwartet, dass der Gast seine Schuhe auszieht, um keinen Schmutz in die Wohnung zu tragen. Sie sollten daher sehr auf ordentliche Socken achten. Wenn Sie privat eingeladen sind, helfen Sie beim Tischdecken und Abräumen. Die Tischsitten sind überwiegend wie in Deutschland. Die Gastgeberin spricht einen ersten Toast aus und eröffnet das Mahl. Im Verlauf des Mahls spricht auch der Gast auf die Gastgeber einen Toast aus. Besonderheit: Als Schlusszeichen legt man das Besteck ab wie bei uns, die Gabel allerdings mit den Zinken nach unten.

Trinkgeld: In Norwegen erwartet man kein Trinkgeld, Sie können allerdings die Summe diskret aufrunden; im Taxi auf die nächsten 5 Kronen.

Kleidung: wie in Deutschland, eher etwas legerer. Auch bei Kirchenbesuchen sind die Kleidungsvorschriften locker. Am Strand ist „oben ohne" möglich.

Business: Die Umgangsformen sind denen in Deutschland sehr ähnlich, eher weniger formell und lockerer. Teamarbeit steht im Vordergrund, Hierarchien spielen kaum eine Rolle. Man legt auf Freundlichkeit und Unterstützung großen Wert. Bei Tisch wird nicht über Geschäftliches gesprochen.

Sprache/Kommunikation: Norweger sind eher schweigsam und besonnen. Viele können gut Englisch. Beliebte Gesprächsthemen sind das Land und berühmte Künstler wie der Schriftsteller Henrik Ibsen. Wie in Schweden ist es wichtig, sich häufig zu bedanken („takk"). Beim Small Talk sollten Sie vor allem nicht über die europäische Integration sprechen.

Tabu: wie in Schweden die Missachtung der Natur. Es gilt das sogenannte Jedermannsrecht, das jedem erlaubt, sich frei in der Natur zu bewegen – solange er sie achtet. Gestikulieren, Schreien und Drängeln sind verpönt. In öffentlichen Gebäuden und Bahnhöfen herrscht striktes Rauchverbot. Niemals „Takk for alt" („Danke für alles") sagen – das steht üblicherweise nur auf Grabsteinen und Trauergestecken.

Sonstiges: Wein und hochprozentigen Alkohol gibt es nur in speziellen Geschäften. In Restaurants ist Alkohol teuer und darf nur mit Lizenz ausgeschenkt werden.

Finnland

Finnen sind sehr naturverbunden und gesundheitsbewusst, etwas konservativer und strenger als die anderen skandinavischen Bewohner.

Anrede: Offiziell sprechen sich Finnen mit dem Nachnamen an, Titel werden ebenfalls genannt. Wie in den anderen skandinavischen Ländern duzt man sich schnell, auch die Lehrer werden geduzt. Im Business sollte man die Geschäftspartner mit ihrem Titel ansprechen, zum Beispiel „Herr Direktor".

Begrüßung: „Hyvää huomenta" („Guten Morgen"), Hyvää päivää („Guten Tag"), „Hyvää ilta" („Guten Abend") sind die formellen Begrüßungsformeln. Der Name wird oft weggelassen. Ein lockeres Hallo heißt „Hei" oder „Moi". Wangenküsse und Umarmungen sind nicht üblich.

Pünktlichkeit: Finnen legen mehr als die anderen skandinavischen Bewohner Wert auf Pünktlichkeit, besonders im Geschäftsleben. Lieber ein paar Minuten früher kommen als zu spät!

Geschenke: Gastgeschenke sind wie bei uns üblich, wobei man auch auf die Verpackung großen Wert legt. Blumen sollten Sie vorher ins Haus schicken, aber keinen weißen Blumenstrauß (Friedhofsblumen). Alkohol ist beliebt, da im Lande teuer.

Einladungen/Essen: Achten Sie auf den Dresscode, oft ist er auf der Einladung vermerkt. Wenn nicht, besser vorher nachfragen! Wie in ganz Skandinavien betritt man auch in Finnland Privatwohnungen nie mit Schuhen. Üblicherweise hält der Gast nach dem Essen eine Dankesrede. Das Zusammensein sollte bis Mitternacht beendet sein. Bedanken Sie sich am nächsten Tag nochmals für die Einladung.

Trinkgeld: In Restaurants sind 5 bis 15 Prozent üblich. Auch Kofferträgern und Portiers sollte man etwa 1 Euro geben, ansonsten ist Trinkgeld unüblich.

Kleidung: wie in Deutschland, eher konservativer und bei festlichen Anlässen etwas dunkler. Parfüms sollten Sie besonders sparsam verwenden! Privat darf die Kleidung sehr leger sein. Mit dem Nacktbaden geht man ziemlich locker um.

Business: Besprechungen werden offen und sachlich geführt, Finnen sind sehr zuverlässig. Früher beließ man es oft bei mündlichen Vereinbarungen, heute wird möglichst alles schriftlich fixiert. In Geschäftsbriefen gibt es oft keine Anrede. Finnen legen großen Wert auf die Sommerpause von Juni bis August – was auch im Wirtschaftsleben deutlich zu spüren ist. Bei Geschäftskontakten sollte man dies einplanen und achten.

Sprache/Kommunikation: Nach Finnisch ist Schwedisch die zweite Landessprache. Finnen beherrschen Fremdsprachen oft ausgezeichnet. Neben Schwedisch sind Englisch und Deutsch sehr beliebt und man spricht mit Ausländern gerne in deren Sprache. Sie sollten das würdigen und Geduld zeigen, wenn es noch nicht ganz fließend klappt. Das erleichtert die Verständigung in vielen Bereichen. Im Finnischen gibt es kaum Höflichkeitsformen, sodass Fragen für unser Empfinden oft sehr direkt wirken. Das hat aber nichts mit Unhöflichkeit oder Distanzlosigkeit zu tun, sondern ist nur eine Eigenheit dieser Sprache. **Wichtig:** Das Bedanken spielt bei den Finnen eine große Rolle! Gute Small-Talk-Themen sind zum Beispiel die Natur, das Mittsommernachtsfest oder Sport.

Tabu: In Gesprächen sollten Sie das Thema Alkohol meiden, ebenso auf ironische Anspielungen und Witze verzichten.

Sonstiges: Ein wichtiger Feiertag ist Mittsommer. „Juhannus" wird am Samstag zwischen dem 20. und 26. Juni gefeiert – die ganze Nacht hindurch. Ab Mittag sind die Geschäfte geschlossen. Es ist dem Weihnachtsfest gleichwertig.

Spanien

Spanier stehen zum Beispiel für Freundlichkeit, Temperament und Improvisationstalent.

Anrede: generell wie in Deutschland. Man kann auch nur „Señora" bzw. „Señorita" oder „Señor" sagen. Die Unterscheidung zwischen Frau und Fräulein ist in Spanien üblich.

Begrüßung: Zur Begrüßung reicht man einander die Hände, unter guten Bekannten umarmt man sich schneller als in Deutschland. Freundinnen wählen einen Wangenkuss auf beide Seiten, befreundete Männern klopfen sich auf die Schulter oder den Rücken. Die gängigsten Grußformeln sind „Hola" (Hallo"), „Buenos dias" („Guten Morgen") und „Buenas tardes" („Guten Tag").

Pünktlichkeit: Geschäftlich wird Pünktlichkeit erwartet, zu privaten Anlässen sollten Sie 1/2 bis zu 1 Stunde später kommen – je südlicher der Ort, desto später.

Geschenke: Ein Gastgeschenk mitzubringen ist üblich, passend sind die Klassiker Blumen, Pralinen oder Wein. Rote Rosen können in Spanien zu jeder Gelegenheit verschenkt werden, Chrysanthemen gelten als Friedhofsblumen.

Einladungen/Essen: Einladungen sollten nicht abgelehnt werden. Probieren Sie von allen Speisen und loben Sie die Gerichte. Trinken Sie nicht zu viel Alkohol – das gilt als unanständig.

Trinkgeld: Legen Sie nach dem Bezahlen etwa 5 bis 15 Prozent der Rechnungssumme auf den Tisch oder den Rechnungsteller. Den Preis für eine Taxifahrt runden Sie auf die nächsten 50 Cent oder den nächsten Euro auf.

Kleidung: Spanier kleiden sich formeller als Deutsche. Sie legen vor allem im Business großen Wert auf korrekte Kleidung. Bei Kirchenbesuchen ist angemessene Kleidung ebenfalls äußerst wichtig. Frauen müssen aber kein Kopftuch mehr tragen. Am Strand ist „oben ohne" meist erlaubt, FKK nur an ausgewiesenen Stellen.

Business: Bei beruflichen Kontakten zählen vor allem Geduld, Zuverlässigkeit und Effizienz. Hierarchien spielen eine größere Rolle als in Deutschland. Die persönliche Beziehung ist wichtig und kann durch eine Einladung zum Essen vertieft werden.

Sprache/Kommunikation: Andere zu unterbrechen ist in Spanien nicht unhöflich, sondern signalisiert Interesse. Small Talk zu Beginn eines Zusammenseins ist üblich. Gute Themen sind das Wetter, Wein, Familie, Fußball, Urlaub und Kunst. Nie direkte Kritik äußern.

Tabu: negative Äußerungen über den Stierkampf oder die Siesta, zu fluchen, nein zu sagen. Umschreiben Sie Absagen sehr höflich. Tabuthemen im Small Talk sind zum Beispiel der Nationalsozialismus, das Baskenland, Katalonien oder das Franco-Regime.

Sonstiges: Halten Sie die Siesta von 14 bis 16 Uhr großzügig ein. Wer diese Zeit stört, gilt als unhöflich.

Außereuropäische Länder

USA

Das Land der unbegrenzten Möglichkeiten – oder doch nicht? Ein paar Grenzen gibt es auch in den Vereinigten Staaten und manchmal sind sie sogar noch enger gesteckt als bei uns. So locker die meisten Menschen dort im Allgemeinen sind, sie haben auch recht konservative und teilweise prüde Seiten.

Anrede: Normalerweise genügt ein „Hi" oder „Hello" und man ist schnell in Kontakt. In der Regel spricht man sich bald nur mit dem Vornamen an.

Begrüßung: Eine Standardfloskel zur Begrüßung ist die Frage „How are you", auf die man allerdings nicht ehrlich antworten sollte. Der Händedruck ist nicht üblich, höchstens beim ersten Treffen. Wenn Sie in Begleitung sind, sollten Sie immer auch die anderen Personen vorstellen.

Pünktlichkeit: Auf Pünktlichkeit wird extrem viel Wert gelegt.

Geschenke: Bei privaten Einladungen immer nachfragen, ob Sie etwas zum Essen beisteuern können. Eine Flasche Wein passt in der Regel gut, sie wird gleich geöffnet und gemeinsam getrunken. Wenn Sie Blumen schenken, sollten sie teuer sein.

Essen: In den meisten Lokalen ist es üblich, darauf zu warten, bis ein Platz zugeteilt wird. Achten Sie auf entsprechende Schilder. Normalerweise stellt sich Ihnen der Kellner mit seinem Namen vor. Es ist völlig unüblich, Tische mit fremden Gästen zu teilen. Fragen Sie daher nie, ob Sie sich irgendwo dazusetzen dürfen! Beim Bestellen darauf achten, dass mit „Entree" hier das Hauptgericht gemeint ist. Getränke werden üblicherweise mit Eis serviert. Wenn Sie das nicht möchten, am besten gleich bei der Bestellung darauf hinweisen. Kleine Lokale können sich oft keine Alkohollizenz leisten – hier dürfen Sie Wein oder Bier selbst mitbringen. Die üblichen alkoholischen Getränke sind meist in den Supermärkten erhältlich, an Sonntagen jedoch oft nur zu bestimmten Zeiten.

Amerikaner schneiden das Essen zunächst komplett klein und legen dann das Messer weg, um mit der Gabel in der rechten Hand zu essen. Wenn Sie etwas reklamieren möchten, können Sie das jederzeit tun. Zum Essen wird kaum Alkohol getrunken. Wenn, dann gibt es einen Drink vor dem Essen. Wird Kaffee geordert, ist das ein Signal, dass man nach dessen Genuss baldigst aufbrechen sollte. Das Personal bringt danach gleich die Rechnung. Die Bezahlung übernimmt immer der Mann. Bitten Sie um „the check, please". Bei Einladungen zahlt der Gastgeber, ansonsten gehen die Rechnungen getrennt. Bei uns in der Regel tabu, hier aber sogar in besseren Restaurants üblich: Wenn Sie Ihr Gericht nicht aufessen, können Sie sich den Rest einpacken lassen und mitnehmen. Das Frühstück ist in der Regel bei der Übernachtung in einem Hotel nicht dabei, Sie müssen es extra dazubestellen.

Trinkgeld: Sie sollten immer ein Trinkgeld von etwa 15 bis 20 Prozent geben. Die Löhne sind in den USA so niedrig, dass das Personal auf dieses zusätzliche Geld, „tip" genannt, angewiesen ist. Auch bei schlechtem Service sollten Sie etwas geben, dann etwa 10 Prozent. Steht das Trinkgeld schon auf der Rechnung, können Sie den Betrag ebenfalls reduzieren. Bei einer Taxifahrt gibt man etwa 15 Prozent.

Kleidung: Auch im lockeren Amerika legt man Wert auf gute und korrekte Kleidung. Vor allem im Geschäftsleben ist das Outfit oft ein wichtiger Türöffner. Wer unpassend gekleidet ist, bleibt dagegen auch mal vor verschlossenen Türen stehen. Je höher man auf der Karriereleiter klettert, desto formeller sollte die Garderobe sein. Frauen sollten vor allem im Business immer Feinstrumpfhosen tragen. Zur allgemeinen Hygiene gehört es auch dazu, Achselhaare und Beinbehaarung zu entfernen. Nackte Haut zu zeigen ist vielerorts unschicklich. In manchen Restaurants gibt es Krawattenpflicht.

Business: Amerikaner arbeiten viel und lange. Es gilt: „Time is money" – achten Sie die Zeit. Viele wichtige Besprechungen finden bei abendlichen Geschäftsessen statt.

Sprache/Kommunikation: Fragen nach dem Einkommen oder Vermögen sind für uns überraschend, in den USA allerdings normal.

On the Road: Im Auto dürfen keine alkoholischen Getränke konsumiert oder auch nur geöffnet transportiert werden. Wer einen Strafzettel bekommt, sollte ihn rasch bezahlen, sonst kann er an der Grenze Probleme bekommen.

Tabu: Sich vorzudrängeln gilt als sehr unhöflich. Nacktbaden oder „oben ohne" an öffentlichen Pools, Meeresstränden oder Seen ist nicht erlaubt. Hier drohen sogar Strafen. Auch Kinder sollten nicht „ohne" baden. Männer tragen keine engen Badehosen, sondern weite Shorts. Umziehen ist nur in den Umkleidekabinen gestattet.

Rauchen ist nur in den entsprechend ausgewiesenen Bereichen erlaubt. Ansonsten ist das genussvolle Qualmen wie auch der Alkoholkonsum in der Öffentlichkeit verboten. Werden Sie von einer Verkehrsstreife angehalten, bleiben Sie ruhig im Wagen sitzen – hastige Bewegungen vermeiden und nicht aussteigen. Das könnte als Griff zu einer Waffe ausgelegt werden.

Besondere Vorsicht gilt auch im Umgang mit dem anderen Geschlecht. Halten Sie Distanz und vermeiden Sie Berührungen – die Grenze zur sexuellen Belästigung ist sehr eng gesteckt.

Tabuthema beim Small Talk ist vor allem die Außenpolitik der USA.

Sonstiges: Die Regelungen und Gesetze in den einzelnen Staaten sind teilweise sehr unterschiedlich. Erkundigen Sie sich auf jeden Fall vorher speziell für die Regionen, die Sie besuchen wollen. Achten Sie vor allem auf die Gesetze zum Alkoholkonsum. Personen unter 21 Jahren bekommen in öffentlichen Lokalen keinen Alkohol – Ausweiskontrollen sind möglich! Auch zu Discos oder Nachtbars erhält man erst ab 21 Jahren Zutritt.

Amerikaner sind meist sehr offen, unkompliziert und gastfreundlich, allerdings gehört diese Art dort zum normalen Umgangston und darf keinesfalls missverstanden werden. Halten Sie sich daher dennoch an die üblichen Distanzzonen und wahren Sie einen angemessenen Abstand.

Wenn Sie auf die Toilette müssen, fragen Sie nach einem „restroom", „bathroom", „ladies' room" oder „men's room". Die Bezeichnung „toilet" gilt als ordinär.

Achten Sie auf die richtige Benennung der verschiedenen Abstammungen, zum Beispiel „African Americans“ oder „Hispanics“.

Männer sollten mit Komplimenten vorsichtig umgehen. Zu leicht kann ihnen das als sexuelle Anspielung ausgelegt werden.

Hunde dürfen nicht in Restaurants oder Geschäfte, aber auch nicht im Auto zurückgelassen werden. Sie sollten die Tiere daher nur mitnehmen, wenn Sie sie kurz vor der Tür sitzen lassen können – ansonsten für einen Hundesitter sorgen.

In den Geschäften können Sie Waren selbst nach einigen Monaten noch umtauschen.

Kanada

Kanada ist ein Bundesstaat in Nordamerika, von den USA unabhängig, mit einer großen kulturellen Vielfalt. Sprachlich wie auch kulturell ist es zweigeteilt: Der Westen ist britisch, der Osten französisch. Kanada ist Europa in vielen Bereichen ähnlich.

Anrede: Kanadier gehen generell bei der Anrede schnell zum Vornamen über. Der Umgangston ist locker, auch wenn man sich erst kennenlernt.

Begrüßung: Bei der Begrüßung gibt es Unterschiede zwischen den beiden Kulturen: Im Osten sind die französischen Wangenküsschen mit Umarmung üblich, im Westen grüßt man sich mit Händedruck oder einem „Hi“. In größeren Gruppen grüßt man ebenfalls mit einem freundlichen „Hi“.

Pünktlichkeit: Kanadier sind pünktlich, aber nicht überpünktlich. Ein paar Minuten Verspätung mit einer kurzen Entschuldigung sind in Ordnung. Fremde sollten jedoch auf Pünktlichkeit achten.

Geschenke: Privat laden Kanadier gern nach Hause ein, geschäftliche Dinge werden an neutralen Orten besprochen. Kleine Gastgeschenke sind üblich. Mit Blumen, verpackt überreicht, machen Sie nichts verkehrt. Ein Mitbringsel aus Europa kommt richtig gut an.

Essen: Kanadier lieben genussvolle Mahlzeiten und Small Talk. Ihre Tischsitten entsprechen den unseren. Beim Essen spricht man nicht über Geschäftliches, sondern erst danach. In vielen Restaurants gilt Rauchverbot. Alkohol ist nicht überall zu bekommen. Klären Sie dies am besten bei der Reservierung ab.

Trinkgeld: Das Trinkgeld liegt wie in den USA bei 15 bis 20 Prozent und ist ein Muss. Kofferträger erhalten 1 bis 2 US-Dollar pro Gepäckstück, Zimmermädchen 1 bis 2 US-Dollar pro Übernachtung. Für Taxifahrten gibt man etwa 15 Prozent zusätzlich.

Kleidung: Im Business sollten Sie auf korrekte Kleidung achten, wobei die britischen Gebiete etwas konservativer sind. Für Männer ist der Anzug mit Krawatte Pflicht, Frauen tragen ein Kostüm oder einen Hosenanzug. Privat geht es lockerer zu. Nacktbaden ist nur an Stränden gestattet, die ausdrücklich dafür ausgewiesen sind.

Business: Small Talk eignet sich zum Warmwerden, dann geht man jedoch bald zum Thema über. Kanadier verhandeln sehr offen und direkt. Grundsätzlich trennt man Privates und Berufliches strikt, lediglich beim Small Talk gibt es Überschneidungen.

Sprache/Kommunikation: Kanada ist zweisprachig, etwa ein Drittel spricht Französisch, der Rest Englisch. Kanadier sind sehr direkt und locker.

TABU: Vergleichen oder verwechseln Sie Kanadier nicht mit den US-Amerikanern. Tabuthemen sind zum Beispiel die indianischen Ureinwohner oder die Abholzpolitik. Auch Witze über andere Religionen oder Kulturen sollte man vermeiden, da die Kanadier großen Wert auf einen toleranten Umgang miteinander legen.

Sonstiges: In manchen Restaurants gibt es Krawattenpflicht oder einen Dresscode.

Australien

Australien ist ein Traumland – es bezaubert durch landschaftliche Wunderwerke wie den Ayers Rock oder das Great Barrier Reef, durch die Magie der Ureinwohner und ihrer Traumpfade und durch die Vielfalt seiner Bewohner.

Anrede: In der Regel spricht man sich privat schnell nur mit dem Vornamen an, warten Sie allerdings, bis man Ihnen das anbietet. Beruflich ist es

hingegen üblich, sich mit Vor- und Nachnamen anzureden. Auf akademische Titel legt man eher wenig Wert, keinesfalls sollte man damit angeben.
Begrüßung: Der Händedruck ist kaum üblich, wenn, dann nur unter Männern. Frauen begrüßen sich mit Wangenküsschen. Für das Begrüßen gibt es kaum Vorgaben. Jeder kann es so handhaben, wie er es am liebsten möchte. Häufig beschränkt man sich auf einfache Floskeln.
Pünktlichkeit: Auf Pünktlichkeit legen Australier großen Wert, privat wie beruflich. Eine Verspätung, die über 15 Minuten hinausgeht, gilt als sehr unhöflich.
Geschenke: Ein Gastgeschenk sollten Sie mitbringen, vor allem hochwertige Süßwaren oder eine Flasche guter Wein werden gern genommen. Im Business sind Geschenke allerdings unüblich.
Einladungen/Essen: Kennt man sich näher und pflegt eine freundschaftliche Beziehung, sind Einladungen nach Hause üblich. Die allgemeinen Tischsitten entsprechen denen in Deutschland. Eine wichtige Ausnahme: Wenn nur mit Gabel oder Löffel gegessen wird, behält man die andere Hand im Schoß. Außerdem schiebt man Speisen auf den Gabelrücken. Ist man mit Freunden, Kollegen oder Geschäftspartnern in einer Kneipe unterwegs, sollte man mindestens eine Runde ausgeben. Wer nur für sich bestellt, gilt als egoistisch.
Trinkgeld: In Restaurants kann Trinkgeld gegeben werden, es ist aber nicht zwingend. In der Regel gibt man nur bei besonders gutem Service einen Zuschlag von etwa 10 Prozent.
Kleidung: grundsätzlich wie in Deutschland, im Privaten eher etwas legerer und abhängig vom Klima. „Oben ohne" ist an den Stränden mehr und mehr erlaubt, Nacktbaden aber nur in ausgewiesenen Zonen.
Business: Der geschäftliche Umgangston ist leger, freundschaftlich und humorvoll. Auch wenn diese Art sehr locker wirkt, Australier sind gewissenhaft und nehmen die Arbeit sehr ernst. Die Businesskleidung ist konservativ. Nehmen Sie sich die Zeit, um Ihre Gesprächspartner kennenzulernen. Small Talk, ein Geschäftsessen oder eine kurze Einkehr nach Feierabend in eine Kneipe eignen sich dafür sehr gut. Bei allen Treffen außerhalb der Firma wird nicht über Geschäftliches gesprochen – Austra-

lier trennen strikt zwischen Beruf und Privatem. Auch vergangene Erfolge sind kein Thema, sondern man konzentriert sich auf die gegenwärtige Arbeit.

Wichtig: Das Privatleben rangiert vor dem Job!

Sprache/Kommunikation: Australier sind locker, positiv, humorvoll, tolerant und direkt – auch mit Kritik. In der Regel ist sie jedoch freundschaftlich gemeint und keineswegs verletzend. Gute Gesprächsthemen sind die Kultur und Sport.

Tabu: Negative Themen, Vergleiche mit Neuseeland oder die Geschichte und Situation der Ureinwohner sollte man meiden. In der Öffentlichkeit putzt man sich nicht die Nase, dazu zieht man sich am besten in einen Waschraum zurück. Überheblichkeit, Angeberei, Arroganz und Lautsein machen keinen guten Endruck.

Sonstiges: Australier sind sehr locker und tolerant, haben aber durchaus ihren Nationalstolz, der geachtet werden sollte.

Türkei

Ein Land mit zahlreichen Kontrasten – und sehr gastfreundschaftlichen Bewohnern.

Anrede: Weibliche Personen spricht man mit „Bayan“ (Frau) oder „Hamin“ (Dame) an, Männer mit „Bay“. Die Zusätze kommen nach dem Vornamen.

Begrüßung: In der Türkei ist der Handschlag zur Begrüßung üblich. Freunde begrüßen sich auch mit Wangenküssen auf die rechte und linke Wange.

Pünktlichkeit: Generell gehen Türken mit der Zeit wesentlich lockerer um. Verspätungen von 15 Minuten werden leicht toleriert.

Geschenke: Blumen und kleine Geschenke sind üblich.

Essen/Einladungen: Eine Einladung abzulehnen ist unhöflich, denn sie hebt den Gastgeber in seinem Ansehen und eine Ablehnung bringt ihn um diese Ehre. Allerdings erwartet man auch eine Gegeneinladung, mindestens jedoch ein Gastgeschenk, das beim Abschied überreicht wird. Man lädt nach Hause oder ins Restaurant ein.

Bevor Sie Privatwohnungen betreten, sollten Sie die Schuhe ausziehen. Türken sind sehr großzügig und tischen üppig auf. Wenn Sie satt sind, sagen Sie das deutlich und vermeiden Sie, jetzt noch groß das Essen zu loben.

Besitztümer oder Schmuck nicht bewundern – das verpflichtet den Eigentümer, sie Ihnen zu schenken. Sich bei Tisch die Nase zu putzen oder zu gähnen gilt als unhöflich. Lässt es sich nicht vermeiden, stehen Sie diskret auf und verlassen Sie den Raum oder gehen Sie in eine Raumecke. Wichtig: nie mit der linken, unreinen Hand essen und auf jeden Fall die Gewohnheiten im Fastenmonat Ramadan achten.

Trinkgeld: In Lokalen sind 10 bis 15 Prozent Trinkgeld üblich. Für den Zimmerservice lassen Sie 1 bis 2 Euro pro Tag liegen. Gepäckträger sollten umgerechnet etwa 1 Euro pro Gepäckstück bekommen. Für eine Taxifahrt runden Sie auf, allerdings maximal auf 10 Prozent.

Kleidung: Generell ist die Kleidung in der Türkei seriös und eher konservativ. Daran sollten sich auch Touristen halten. Tragen Sie keine körperbetonte Kleidung und zeigen Sie möglichst wenig Haut. Für Frauen sind Röcke besser als Hosen. In Moscheen sollten Oberarme und Beine bedeckt sein. „Oben ohne" und FKK sind nur selten erlaubt.

Business: Für geschäftliche Verhandlungen gehen Türken lieber in Cafés oder Lokale. Wichtig ist, eine gute Beziehung aufzubauen, sich anzupassen und Respekt gegenüber den Besonderheiten des Landes zu zeigen. Wer ein paar Worte auf Türkisch spricht, sammelt Pluspunkte.

Sprache/Kommunikation: Die türkische Sprache ist weit verbreitet und kennt zahlreiche Mundarten. Türken erzählen gern ausschweifend und blumig. Hören Sie interessiert zu und unterbrechen Sie nicht. Seien Sie mit Komplimenten großzügig. Gute Gesprächsthemen sind vor allem Fragen zur Geschichte der Türkei.

Tabu: Nacktheit – sie gilt in der Türkei als Sünde. Auch Zärtlichkeiten sollten nicht in der Öffentlichkeit ausgetauscht werden. Tabuthemen beim Small Talk sind vorwiegend die Kurdenfrage und Kritik an der Politik des Landes.

Sonstiges: Wer eine Moschee besuchen möchte, muss vorher die

Schuhe ausziehen. Schultern und Beine sollten bedeckt sein, bei Frauen oft auch die Haare. Wird gerade gebetet, darf man die Moschee nicht betreten.

Indien

Spätestens seit „Bollywood" boomt Indien. Ein Land mit unzähligen Facetten und Kontrasten, von größter Armut bis hin zu modernstem Luxus.

Anrede: Beim Kennenlernen ist die Anrede förmlich, man spricht sich mit dem Nachnamen an und legt Wert auf Titel. Kommt man sich näher, wechseln Inder schnell zum Vornamen, allerdings sollten den ersten Schritt immer die indischen Gastgeber tun.

Begrüßung: Inder begrüßen und verabschieden sich mit der traditionellen Verbeugung. Dazu legt man die Handflächen zusammen, hält sie vor die Brust und verneigt sich leicht nach vorn. Dazu sagt man „Namaste", das bedeutet „Ich grüße den Gott in dir". Der Händedruck ist nur dann üblich, wenn man sich nach langer Zeit wiedersieht oder ein längerer Abschied bevorsteht. Auf Rangordnungen legen Inder großen Wert. Der Rangniedrigere wartet, bis er begrüßt wird. Nur unter sehr guten Freunden ist auch eine Umarmung üblich.

Pünktlichkeit: Der Umgang mit der Zeit ist eher locker. Verspätungen zwischen 15 Minuten und 1 Stunde sind akzeptiert. Im Business sollten Sie allerdings auf Pünktlichkeit achten.

Geschenke: Gastgeschenke sind üblich, allerdings keine Blumen und keine Lederwaren, da Kühe in Indien heilige Tiere sind. Am besten passen Spezialitäten aus Ihrer Heimat.

Einladungen/Essen: Inder laden gern ein. Manchmal wird bei Tisch noch traditionell mit den Händen gegessen, aber niemals mit der unreinen linken Hand. In Restaurants ist Besteck üblich. Hindus essen kein Rindfleisch, muslimische Inder kein Schweinefleisch. Mit Alkohol vorsichtig umgehen – viele Inder trinken gar keinen. Bei Tisch sich nie schnäuzen. Angebote erst ablehnen und beim zweiten Mal annehmen. Sich nach dem Essen dafür zu bedanken wird als Beleidigung aufgefasst!

Trinkgeld: So vielfältig Indien ist, geht man auch mit Trinkgeld um. Es gibt keine festen Regeln. In Restaurants liegt man mit etwa 10 Prozent gut, für alle anderen Serviceleistungen sind 10 Rupees angemessen. Informieren Sie sich am besten vorher über die Gewohnheiten vor Ort und setzen Sie Ihre Gaben mit den dort üblichen Löhnen in Relation. Für viele Bewohner ist das Trinkgeld eine wichtige zusätzliche Einnahmequelle.

Kleidung: Die Kleidung ist seriös, im Geschäftsleben heller als bei uns. Dunkle und schwarze Kleidung sind tabu. Frauen sollten sich nicht freizügig zeigen. Miniröcke, Figurbetontes und tiefe Ausschnitte sind unpassend.

Business: Die persönliche Beziehung spielt eine große Rolle. Achten Sie die Hierarchien, beweisen Sie Zuverlässigkeit und Geduld. Den Geschäftspartner unter Druck zu setzen gilt als unhöflich.

Sprache/Kommunikation: Indien war lange Zeit britische Kolonie – und der Einfluss ist heute noch spürbar, unter anderem in der Sprache. Vielerorts kommt man mit Englisch ganz gut klar. Geeignete Themen für den Small Talk sind die indische Tradition, Hobbys und Sport. Über Persönliches spricht man nur, wenn danach gefragt wird. Kopfschütteln kann von „ja“ bis „nein“ alles heißen – achten Sie auf den Kontext.

Tabu: direkte Kritik zu äußern, nein zu sagen oder zu widersprechen. Politik, Religion und Kritik am Land sollte man im Small Talk meiden. Wohnungen betritt man nicht mit Schuhen. Zärtlichkeiten dürfen nicht in der Öffentlichkeit ausgetauscht werden.

Sonstiges: Tempel und Moscheen dürfen nur ohne Schuhe und mit bedeckten Armen und Beinen betreten werden. Sehr unangenehm sind manchmal aufdringliche Bettler. Geben Sie nichts und gehen Sie zügig weiter. Generell Bettlern höchstens einen Rupee geben, bettelnde Kinder nicht unterstützen!

China

China präsentiert sich vor allem im Spannungsfeld zwischen Tradition und Moderne.

Anrede: Bei der Anrede nennt man erst den Nach-, dann den Vornamen. Die formelle Variante besteht aus der Anrede für Frau oder Herr, dem Nachnamen und gegebenenfalls dem Titel. Bevor Sie einen Namen falsch aussprechen, fragen Sie lieber nach und zeigen Sie, dass Sie sich bemühen, die richtige Aussprache zu lernen.

Begrüßung: Der Händedruck ist traditionell nicht üblich, wird bei Kontakten mit Personen aus dem Westen aber praktiziert. Umarmungen sind generell unüblich.

Pünktlichkeit: Chinesen legen Wert auf Pünktlichkeit, kommen Sie lieber zu früh als zu spät.

Geschenke: Kleine Geschenke erfreuen die Gastgeber sehr. In China gibt man allerdings keine Blumen – die sind vorwiegend gedacht, um Tote zu ehren. Uhren und Halstücher sind ebenfalls tabu, sie symbolisieren das Lebensende. Übertrieben kostspielige Präsente werden leicht als Bestechungsversuch aufgefasst. Als Geschenke eignen sich vor allem nützliche Gegenstände, allerdings keine Messer. Sie gelten als Symbol dafür, dass man eine Verbindung trennen möchte. Überreichen Sie das Präsent mit beiden Händen. Chinesen nehmen Geschenke wie auch Einladungen meist nicht sofort an, denn das würde als gierig gelten, sondern erst beim zweiten oder dritten Angebot – als Zeichen der Demut. In China ist es unhöflich, das Mitbringsel vor den Augen des Gastes auszupacken, es wird einfach beiseite gelegt.

Essen: Essen Sie reichlich und probieren Sie möglichst von allen Speisen. Bei Tisch zu schmatzen und zu rülpsen ist bei den Chinesen ein Zeichen der Wertschätzung – das Essen schmeckt. Unhöflich ist es dagegen, sich am Tisch zu schnäuzen. Lassen Sie ein Anstandshäppchen liegen, um zu zeigen, dass Sie satt sind. Legen Sie die Essstäbchen immer neben der Schüssel ab. Sie senkrecht in den Reis zu stecken ist ein Trauerritual – und würde bei Tisch bedeuten, dass Sie den Anwesenden den Tod wünschen. Trinken Sie ein Glas mit einem alkoholischen Getränk nie ohne Aufforderung ganz aus. Das Nachschenken übernimmt nur der Gastgeber.

Trinkgeld: Generell ist Trinkgeld in China nicht üblich. In touristischen

Gebieten werden auf die Rechnung jedoch oft verdeckt rund 10 Prozent aufgeschlagen. Dem Zimmermädchen gibt man ein paar Yuan.
Kleidung: Chinesen kleiden sich eher konservativ, vor allem im Business. Frauen sollten sehr darauf achten, hochgeschlossene Kleidung in gedeckten Farben zu tragen. Weiß und Schwarz gelten als Trauerfarben.
Business: Für das Kennenlernen nehmen sich Chinesen viel Zeit, denn ohne eine gute Beziehung werden keine Geschäfte getätigt. Hierarchien spielen eine sehr große Rolle. Geschäftstreffen werden lange im Voraus geplant. Was Sie vor allem mitbringen sollten: Geduld und Demut.
Sprache/Kommunikation: Die Chinesische Sprache gilt als sehr komplex und es gibt neben dem Hochchinesisch zahlreiche Unterdialekte. Tabuthemen im Small Talk sind vor allem die Politik Chinas, Menschenrechte, die Beziehung zu Tibet, Negatives über das Land, Umweltprobleme und die Pressefreiheit. **WICHTIG:** Schweigen im Gespräch bedeutet in der Regel Widerspruch.
TABU: In der Öffentlichkeit Zärtlichkeiten auszutauschen, zu gestikulieren, zu pfeifen, betrunken zu sein, die Beherrschung zu verlieren. Direkter Blickkontakt gilt als respektlos.
Sonstiges: Das Wichtigste für Chinesen ist, niemals ihr Gesicht zu verlieren.

Japan

Höflichkeit und Harmonie stehen bei den Japanern an vorderster Stelle.
Anrede: Japaner sprechen sich mit dem Nachnamen an, dem der Zusatz „-san" bzw. „-sensei" bei Akademikern angehängt wird. Nur sehr gute Freunde duzen sich.
Begrüßung: Die traditionelle Begrüßung in Japan ist die Verbeugung. Der Händedruck ist eher unüblich, kommt seit einigen Jahren aber immer häufiger vor. Am besten warten Sie ab, wie Ihr Gegenüber Sie begrüßt.
Bei der Verbeugung muss sich der Rangniedrigere tiefer und länger verneigen.

Pünktlichkeit: ist in allen Bereichen sehr wichtig.

Geschenke: Auf Geschenke legen Japaner großen Wert. Sie sollten sehr hochwertig und kunstvoll verpackt sein.

Essen/Einladungen: Bevor Sie Privathäuser betreten, ziehen Sie Ihre Schuhe aus. In der Regel stehen für Gäste Hausschuhe bereit. Manchmal ist dies auch in Hotels üblich. Vor dem Essen bekommt man ein warmes, feuchtes Tuch zum Reinigen der Hände. Der Ranghöchste beginnt mit dem Essen und bringt einen Toast aus. Suppen und Nudelgerichte darf man schlürfen, alle anderen Gerichte sollten leise gegessen werden. Wer in ein Restaurant eingeladen wird, sollte das Gericht bestellen, das der Gastgeber empfiehlt. Die Rechnung begleicht immer nur eine Person. Ein Zeichen besonders großer Ehre ist es, zu einer Teezeremonie eingeladen zu werden.

Trinkgeld: Wie in China ist Trinkgeld in Japan nicht üblich. Zimmermädchen bekommen ein paar Yuan.

Kleidung: Japaner legen sehr großen Wert auf hochwertige, gepflegte Kleidung. Modische Marken finden besonders Gefallen. Auf Parfüm sollte man verzichten. **Wichtig:** Weiß ist die Farbe der Trauer.

Business: Für Geschäftskontakte sollte man sich sehr gut vorbereiten und die Gepflogenheiten der Japaner kennen. Auf Hierarchie und Status legen Japaner großen Wert. Die gesellschaftliche Stellung ergibt sich aus Ausbildung, beruflicher Position, Familienzugehörigkeit und Alter. Teamarbeit hat ebenfalls einen hohen Stellenwert.

Sprache/Kommunikation: Japaner führen Gespräche sehr bedacht und ernsthaft. Sie hören sehr aufmerksam zu und unterbrechen den Gesprächspartner nicht. Beim Sprechen wird nicht gestikuliert oder die Stimme erhoben. Mit Kritik sollte man sehr vorsichtig umgehen!

Tabu: Gefühle in der Öffentlichkeit zu zeigen, Nase zu putzen, Beine übereinanderzuschlagen, Japaner mit Chinesen gleichzusetzen, persönliche Kritik und direkter Blickkontakt.

Sonstiges: Japan wird von den Männern dominiert. Frauen wird in der Regel wenig bis keine Achtung entgegengebracht.

Russland

Vor allem die Gastfreundschaft und Herzlichkeit der Russen fällt bei einem Besuch hierzulande oder in deren Heimat positiv auf.

Anrede: Russische Personennamen haben drei Bestandteile. Zwischen dem üblichen Vor- und Nachnamen ist der Vatersname eingeschoben, der vom Vornamen des Vaters abgeleitet ist. Trifft man eine Person zum ersten Mal, verwendet man den Nachnamen. Bei allen weiteren Gelegenheiten kombiniert man den Vornamen mit dem Vatersnamen. Dies ist die formelle Anrede für alle Personen, die man siezen möchte. Bei allen offiziellen Anlässen spricht man sich mit dem Titel und dem Nachnamen an. In Wodkalaune duzt man sich schnell.

Begrüßung: Zur Begrüßung schüttelt man die Hände. Damen gegenüber ist auch heute noch der Handkuss üblich, allerdings nicht im Businessbereich. Bekannte und Freunde begrüßen sich mit herzlichen Umarmungen und Wangenküssen. „Sdrastwuitje“ heißt „Seien Sie gegrüßt“, „Dobri djen“ „Guten Tag” und „Privjiet“ „Hallo“. Üblicherweise lächeln Russen bei der Begrüßung nicht! Das ist kein Zeichen von Unfreundlichkeit, sondern Ausdruck besonderer Wertschätzung.

ACHTUNG: sich nicht an der Türschwelle grüßen und begrüßen – das bringt dem Glauben der Russen nach Unglück.

Pünktlichkeit: Russen legen keinen besonderen Wert auf Pünktlichkeit, erwarten sie aber von Deutschen.

Geschenke: Gastgeschenke wie Blumen, Pralinen, Wein oder Wodka sind gern gesehen. Blumen dürfen nicht gelb sein und sollten nur in ungerader Anzahl verschenkt werden. Sich für Geschenke zu bedanken und sie gleich auszupacken ist oft nicht üblich. Halten Sie sich mit Bewunderungen zurück – sonst schenkt man Ihnen die Gegenstände möglicherweise.

Einladungen/Essen: Bei Einladungen in Privathäuser zieht man sich vor dem Betreten die Schuhe aus und stattdessen Hausschuhe an. Essen tischen Russen reichlich auf. Wenn Sie satt sind, lassen Sie etwas auf dem Teller liegen. Unhöflich ist es, Getränke abzulehnen, auf Trinksprüche nicht einzusteigen und nicht in der Runde mitzutrinken. Das sollte man zumindest ein- oder zweimal tun. Wer absolut keinen Alkohol trinken möchte oder darf, sollte zumindest das Glas mit erheben und so tun, als ob er nippen würde. Am nächsten Tag bedanken Sie sich nochmals für die Einladung.

Trinkgeld: ist wieder üblich, man gibt etwa 10 bis 15 Prozent.

Kleidung: Mit konservativem, formellem Stil liegen Sie in Russland richtig. Frauen schminken sich oft sehr auffällig, auch tagsüber.

Business: Russen legen auf Hierarchien großen Wert. Außerdem ist die persönliche Beziehung sehr wichtig. Daher gehört auch der einleitende Small Talk dazu, um sich näher kennenzulernen. Termine werden nicht immer eingehalten. Manches dauert, erfordert viele Verhandlungen, viele Nachfragen. Üben Sie sich in Geduld, haken Sie immer wieder konkret nach, ohne belehrend zu wirken. Streben Sie Lösungen an, bei denen beide aus der Situation als Sieger hervorgehen – Nachgeben wirkt als Schwäche und sollte von beiden Seiten vermieden werden. Bei Geschäftsessen sind heute keine Wodkaexzesse mehr üblich. Geschenke überreicht man erst zum Ende einer Zusammenkunft, um nicht den Verdacht einer Bestechung zu wecken.

Sprache/Kommunikation: Ein höflicher Umgangston ist enorm wichtig.

Tabu: Sich bei Tisch zu schnäuzen ist verpönt. Tabuthemen sind Politik, Korruption, direkte Kritik, Negatives über die Zarenfamilie. Das Wort „Toilette“ wird nur umschrieben, nicht ausgesprochen.

Sonstiges: Okay-Zeichen, zu dem man Daumen und Zeigefinger zu einem Kreis formt, gilt in Russland als obszön.

Arabische Länder

Zu den arabischen Ländern gehören zum Beispiel Algerien, Jordanien, Kuwait, der Libanon, Libyen, Marokko, Palästina und Tunesien. Araber legen besonderen Wert auf Traditionen und ihren islamischen Glauben.

Anrede: Die typische Anrede für Männer ist „Sayed“ (Herr) in Verbindung mit Vor- und Nachnamen oder Titel und Nachname.

Begrüßung: Üblich ist die Begrüßung per Handschlag, manchmal auch Wangenküsse. Hält Ihr Gegenüber Ihre Hand besonders lange fest, drückt er damit aus, dass er Ihnen besonders freundschaftlich zugeneigt ist. Frauen sollten generell sehr vorsichtig und zurückhaltend mit Männern umgehen und nur ausgewählten Männern die Hand reichen. Die Unterschiede in den Ländern sind oft sehr groß. Informieren Sie sich daher vor der Reise detaillierter über Ihr Zielland.

Pünktlichkeit: Im Business ist Pünktlichkeit Pflicht, bei privaten Anlässen geht es etwas lockerer zu.

Geschenke: Eine Aufmerksamkeit für den Gastgeber sollte sein. Hochwertige Pralinen eignen sich gut, ebenso ein ausgesuchtes Präsent aus der Heimat. Blumen sind weniger üblich. Alkohol sollte man gar nicht verschenken, er ist für Moslems tabu. Die Geschenke packt man nicht in Anwesenheit der Gäste aus.

Einladungen/Essen: Gastfreundschaft hat einen hohen Stellenwert. Private Einladungen sind daher eine große Ehre. Bevor Sie das Haus betreten, ziehen Sie Ihre Schuhe aus. Kleidung, die viel Bewegungsfreiheit hat, ist angebracht, da Araber oft auf dem Boden sitzen. Man wäscht sich vor und nach dem Essen die Hände, gegessen wird nur mit der rechten Hand. Der Gast wird sehr zuvorkommend behandelt und sollte das auch annehmen. Wenn Sie satt sind, lassen Sie ein Anstandshäppchen auf dem Teller liegen. Wer Kaffee bestellt oder serviert, zeigt, dass er bald zum Ende kommen möchte.

Trinkgeld: Üblich sind etwa 10 Prozent, sofern sie noch nicht in der Rechnungssumme enthalten sind. „Bakschisch" wird generell gerne genommen, zu allen möglichen, auch noch so kleinen Anlässen.

Kleidung: Araber sind recht konservativ. Die Kleidung sollte formell und sehr gepflegt sein. Frauen achten vor allem auf bedeckte Arme und Beine.

Business: Geschäftliche Angelegenheiten besprechen Araber gern in Restaurants. Verhandlungen können sehr lange dauern, sind oft recht emotional und erfordern ein sehr hohes Maß an Höflichkeit und Geduld. Zum Warmwerden spricht man über private Themen. Direkte Kritik und Auseinandersetzungen sind tabu. Handeln gehört zum guten Ton – es ist

Pflicht eines Geschäftsmannes. Ziel muss sein, dass jeder als „Sieger" aus der Verhandlung geht.

Sprache/Kommunikation: Vermeiden Sie beim Small Talk Fragen nach der Familie, vor allem nach der Frau, sowie die Themen Religion, Terrorismus und die politische Lage. Direkte Kritik sollte auf jeden Fall sehr positiv formuliert sein, sonst fühlen sich Araber leicht persönlich angegriffen.

Tabu: Niemals darf man die Fußsohlen anderen Personen zuwenden. Die linke Hand gilt als unrein. Alkohol ist in der Öffentlichkeit verboten.

Sonstiges: Berücksichtigen Sie den Fastenmonat Ramadan ab Mitte September.

Ägypten

Ägypter sind sehr freundlich und herzlich, liberal und tolerant. Wer als Gast seinen Respekt zeigt und sich damit von der Vielzahl unachtsamer Touristen abhebt, erfährt hohe Anerkennung.

Anrede: Zur Anrede „Sayyida" („Frau") bzw. „Sayyed" („Herr") nennt man den Vornamen oder Vor- und Zuname, aber niemals nur den Nachnamen. Fragen Sie nach der richtigen Reihenfolge, manchmal sind Vor- und Nachnamen für uns schwer zu unterscheiden. Auf akademische Grade und Titel legen Ägypter viel Wert.

Begrüßung: Unter Männern gibt es bei der Begrüßung einen Handschlag mit Blickkontakt und, bei guten Bekannten und Freunden, eine Umarmung bzw. Wangenküsschen. Frauen sollten – vor allem Männern gegenüber – zur Begrüßung beim Lächeln und Kopfnicken bleiben. Nehmen Sie sich Zeit für die Begrüßung und etwas Small Talk – Eile ist nicht gern gesehen.

Pünktlichkeit: Zu Einladungen können Sie ruhig etwas später kommen, 30 Minuten sind durchaus okay.

Geschenke: Bei privaten Einladungen erwartet man keine Gastgeschenke, die Gastgeber freuen sich aber über Blumen, eine Kleinigkeit aus der Heimat, Süßigkeiten oder Mitbringsel für die Kinder. Was Sie nicht mitbringen sollten: Hektik. Werden im Gegenzug von den Gastgebern Geschenke angeboten, sollte man diese in der Regel nicht annehmen.

Einladungen/Essen: Wenn Ägypter Sie einladen, ist eine Gegeneinladung Pflicht! Denken Sie daran, dass Moslems kein Schweinefleisch essen und wenig Alkohol trinken. Manchmal essen Frauen und Männer noch getrennt. Sie sollten von allem probieren, in Ruhe speisen und dürfen ruhig etwas übrig lassen, denn in der Regel wird sehr üppig aufgetischt. Wenn Sie satt sind, sollten Sie dies mit Nachdruck bekunden.

Trinkgeld: „Bakschisch" ist überall gern gesehen, üblich sind etwa 10 Prozent. In vielen Fällen öffnet es auch Türen.

Kleidung: Bei geschäftlichen Angelegenheiten ist formelle Kleidung üblich. Frauen sollten sich dezent und hochgeschlossen kleiden. Nackte Haut ist tabu, Arme und Knie sollten auf jeden Fall bedeckt sein. Kurze Hosen trägt man nur am Strand. Leicht bekleidete Frauen betrachtet man meist als leichte Mädchen. „Oben ohne" kommt immer mehr vor, ist aber von vielen nicht gerne gesehen. Schwarze Kleidung ist Beerdigungen vorbehalten.

TIPP: Bei Einladungen nach Hause sollten Sie berücksichtigen, dass Ägypter oft auf Kissen am Boden sitzen – und dass dafür eine entsprechend bequeme Kleidung nötig ist.

Business: Geschäftliche Verhandlungen brauchen in der Regel viel Zeit. Planen Sie auch die Gebetszeiten mit ein. Bei Geschäftsessen wird erst beim Mokka über die entscheidenden Themen gesprochen.

Sprache/Kommunikation: Für kleine Gespräche sollte immer Zeit sein. Hektik und Eile sind nicht angebracht. Beim Small Talk sollten Sie Themen wie Politik, Nahost- und Israelpolitik, Religion, Ehefrauen und Töchter meiden. Gut geeignet sind dagegen die ägyptische Geschichte, Besonderheiten des Landes und das Essen.

TABU: Menschen fotografieren, ohne vorher um Erlaubnis zu fragen. Auch militärische Einrichtungen, Flughäfen, Bahnhöfe, Hafenanlagen und Brücken sind tabu. Sich bei Tisch zu schnäuzen ist sehr unschicklich. Die linke Hand gilt als unrein. Direkter Blickkontakt wird oft als sexuelle Anmache ausgelegt – daher Vorsicht! Es ist auch nicht erlaubt, Zärtlichkeiten in der Öffentlichkeit auszutauschen. Frauen dürfen nicht auf der Straße rauchen.

Sonstiges: Vor einem Besuch in der Moschee die Schuhe ausziehen.

Manchmal ist es auch nötig, die Haare mit einem Tuch zu bedecken. Die Fußsohlen dürfen nie auf Menschen oder Heiligtümer zeigen. Betende Menschen nicht fotografieren, stören oder daran vorbeigehen – sonst verliert das Gebet seine Wirkung.

Südafrika

Dieses Land ist geprägt durch einen Mix aus verschiedensten Nationen wie Asiaten, Indern, Deutschen oder Holländern und zahlreichen afrikanischen Stämmen. Es ist ein Schmelztiegel der Kulturen, Sprachen und Religionen, der bereits in der Kolonialzeit entstanden ist.

Anrede: In der Regel sprechen sich Afrikaner schnell mit dem Vornamen an, wenn sie sich auf gleicher gesellschaftlicher Ebene befinden. Auch Untergebene nennt man beim Vornamen. Passen Sie sich am besten Ihrem Gegenüber an.

Begrüßung: So vielfältig wie die Kulturen in Südafrika sind auch die Begrüßungsformen. Wer englisch spricht, verwendet meist ein einfaches „Hello“, das von den meisten Menschen verstanden wird. Schwarze untereinander haben oft spezielle Begrüßungsrituale wie besondere Handschläge, die für Außenstehende ziemlich kompliziert aussehen. Weiße begrüßen sich selten mit Händedruck. Generell begrüßen sich Verwandte und gute Freunde mit einer Umarmung und Wangenküsschen.

Pünktlichkeit: ist auch in Südafrika angesagt. Vereinbarte Termine sollten Sie sich immer extra bestätigen lassen, in der Regel können Sie sich dann darauf verlassen.

Einladungen/Geschenke: Bei Einladungen werden keine Mitbringsel erwartet, aber man freut sich darüber. Eine Flasche Wein kommt besser an als ein Strauß Blumen. Betreten Sie das Haus der anderen Person erst, wenn Sie hereingebeten wurden.

Essen: Die Tischsitten sind fast wie in Deutschland. In Restaurants sollten Sie warten, bis Ihnen ein Tisch zugewiesen wird. Den Ober ruft man mit „Excuse me“. Wenn Sie getrennt zahlen möchten, sollten Sie das gleich bei der Bestellung angeben.

Trinkgeld: Üblich sind etwa 10 Prozent.

Kleidung: Im Business ist der internationale Dresscode üblich. Für den Herren Anzug mit Krawatte, für die Dame Kostüm oder Hosenanzug. Privat darf es locker, sportlich und bequem sein. Absolutes Tabu sind auch hier Sandalen mit Socken! Ebenfalls nicht erlaubt: „oben ohne". Südafrikaner sind in puncto Freizügigkeit nicht sehr tolerant.

Business: Verhandlungen werden ähnlich, aber nicht so direkt geführt wie in Deutschland. Sie sollten daher etwas mehr Geduld haben.

Sprache/Kommunikation: Es gibt elf verschiedene, offizielle Landessprachen: Englisch, Afrikaans (Kapholländisch) und neun afrikanische Sprachen.

Tabu: Menschen ohne vorherige Erlaubnis zu fotografieren. Kindern Geld zu geben und sie damit zum Betteln zu animieren. In den Großstädten sollten Sie abends und in der Nacht nicht allein zu Fuß unterwegs sein, sondern immer ein öffentliches Taxi nehmen. Beim Small Talk nicht über Politik oder Rassenproblematiken sprechen.

Sonstiges: Nehmen Sie ausreichend Kleingeld mit, damit Sie jederzeit passend zahlen und Trinkgeld geben können. Das Personal hat meist kein Wechselgeld.

Special für sie und ihn

Bei aller Gleichberechtigung und Gleichwertigkeit wird es heute auf der anderen Seite für Frauen wie für Männer immer wichtiger, sich auf die eigene Persönlichkeit zu besinnen und authentisch zu leben. Und dazu gehört auch, sich mit den Geschlechterrollen hinsichtlich der Umgangsformen auseinanderzusetzen. Wie zeigt man sich dem eigenen wie auch dem anderen Geschlecht gegenüber? Worauf kommt es beim Flirten an? Auf welche Fallen sollte man achten, wenn es im Job knistert? Was ist beim ersten Besuch bei den – möglicherweise künftigen – Schwiegereltern zu beachten?

Chic und souverän

Damit Sie in Ihrer Kleidung richtig zur Geltung kommen, sollten Sie auf ein paar entscheidende Details achten:

Bewegungsfreiheit: Die Kostüm- oder Hosenanzugjacke muss gut sitzen, sodass Sie ausreichend Bewegungsspielraum haben, auch bei geschlossenen Knöpfen. Denn wie das Sakko bei den Herren sollte die Jacke beim Begrüßen geschlossen sein. Unangenehm, wenn sich dann unnötige Spannungsfalten über den Oberkörper ziehen.

Schnittig: Der Schnitt von Jacke und Hose oder Rock sollte die Körperproportionen vorteilhaft betonen. Kleine Frauen verzichten daher besser auf weite Kleidungsstücke, da sie darin eher „untergehen". Stattdessen sind Modelle zu empfehlen, die zwar nicht hauteng sitzen, aber die Körperzonen noch zur Geltung bringen. Große Frauen können dagegen eher Weites tragen, vor allem, wenn sie noch dazu sehr schlank sind.

Schulterpolster: Große oder füllige Frauen wirken mit Schulterpolstern oft sehr „kastig" und zu männlich. Besser wählen sie Jacken ohne oder mit nur sehr kleinen Schulterpolstern.

Die Handtasche

Grundregeln: Je größer die Frau, desto größer darf die Handtasche sein, damit harmonische Proportionen erhalten bleiben. Abendtäschchen sind immer kleiner als die Handtaschen für den Tag. Farbe und Material sollten stets auf die Schuhe und gegebenenfalls auf den Gürtel abgestimmt sein. Das heißt nicht, dass die Farben exakt übereinstimmen müssen, aber sie sollten miteinander harmonieren.

Feinheiten: Für Anlässe, bei denen ein Stehempfang mit Häppchen zu erwarten ist, ist eine Handtasche empfehlenswert, die Sie umhängen oder leicht unter den Arm klemmen können. So haben Sie beide Hände frei, um ein Glas zu halten und auch etwas zu essen. Zu feierlichen Anlässen im Abendkleid gehört ein elegantes Etui oder Schmucktäschchen. Im Alltag ist eine neutrale, zeitlose Handtasche praktisch, die Sie zu vielen Outfits kombinieren und ebenso zu beruflichen Angelegenheiten mitnehmen können. So müssen Sie nicht ständig die Handtasche wechseln und den gesamten Inhalt umräumen.

Ordnung: Sie haben ein Rendezvous, sitzen im netten Gespräch und möchten etwas aufschreiben. Nun beginnt eine Suchaktion in den Tiefen Ihrer Handtasche … irgendwo muss der Kugelschreiber doch sein. Oder die offene Tasche fällt Ihnen aus der Hand und ihr Inhalt kullert über den Gehweg … Um solche und ähnliche Peinlichkeiten zu vermeiden, sollten Sie auf Ordnung in der Handtasche achten. Räumen Sie regelmäßig alles aus, was Sie nicht benötigen oder was Müll ist, wie Kaugummipapier oder alte Notizzettel.

Inhalt: Was letztlich in die Tasche hineinmuss, entscheidet natürlich jede Frau für sich. Außer Schlüsselbund und Geldbörse können das sein:

- Handy
- kleine Extrabörse für Münzen
- Stofftaschentuch (neutrale Farben und keine Blümchenmuster)
- Papiertaschentücher
- Taschenspiegel
- Kosmetikutensilien in einem Kosmetiktäschchen
- Deo
- Kamm oder Haarbürste
- Notizblock
- Kugelschreiber
- gegebenenfalls wichtige Medikamente

Gut zu Fuß

Schuhe sind mehr als nur ein notwendiges Kleidungsstück – für die meisten Frauen sind sie das i-Tüpfelchen, das ihren persönlichen Stil erst richtig unterstreicht. Falsch ausgesuchte Schuhe können dagegen die Wirkung jedes tollen Outfits völlig zerstören.

Die Auswahl an Damenschuhen ist heute riesengroß. Generell hat sich bewährt: Kaufen Sie lieber ein qualitativ hochwertiges Modell, das gut zum

Stil und zur Qualität Ihrer Kleidung passt, als viele modische Paare, die aber nicht wirklich bequem und gesund für Ihre Füße sind. Eine gute Beratung zahlt sich hier oft aus!

Schuhe für Alltagsanlässe: Pumps oder Schnürschuhe, die zur Kleidung passen

Schuhe für formelle Gelegenheiten: farblich auf das Outfit abgestimmte Pumps

Für die Freizeit: Sneakers, Mokassins, Sandalen, Trekking-Sandalen, Flip-Flops

Tipps: Die Schuhe müssen immer gut gepflegt sein und dürfen keine abgelaufenen Absätze haben!

Wer sehr große und breite Füße hat, sollte generell spitz zulaufende und hochhackige Schuhe meiden.

Weibliche Formen

Wer leicht zunimmt oder insgesamt kräftiger gebaut ist, sollte vor allem darauf achten, dass sein Gesamtbild ausgewogen ist. Dazu gehört es, „Problemzonen" nicht noch zusätzlich zu betonen, zum Beispiel durch auffällige Farben oder Muster, sondern stattdessen die persönlichen Vorzüge hervorzuheben. Sorgen Sie auch dafür, dass Sie sich in Ihrer Kleidung wohl und selbstbewusst fühlen, dann ist die Ausstrahlung wesentlich besser als mit den falschen Farben (siehe Kapitel 4, „Dresscodes und Stilberatung", Seite 128 ff.) oder wenn die Sachen nicht richtig passen.

Tabu: sich in zu enge Kleidungsstücke „quetschen".

Mit dem Auto unterwegs: elegant ein- und aussteigen

So chic ein knapper Rock oder das lange Abendkleid mit den entsprechenden hohen Schuhen auch sein mögen – es braucht etwas Übung, damit elegant bei einem Fahrzeug ein- oder auszusteigen. Und: je flacher und niedriger der Wagen, desto kunstvoller müssen Sie ein- und aussteigen. Die helfende Hand des Fahrers ist hier mehr als nützlich und Sie sollten sie auf jeden Fall annehmen.

Einsteigen: Die eleganteste Form ist, sich zunächst auf den Sitz zu setzen, während die Füße noch auf dem Boden stehen. Dann heben Sie beide Beine gleichzeitig an und drehen sich um 90 Grad in den Wagen hinein. Steht keine helfende Hand zur Verfügung, stellen Sie erst den an der Wagenseite stehenden Fuß in das Auto, setzen sich dann hin, wobei bei Miniröcken darauf zu achten ist, dass die Knie möglichst geschlossen bleiben, und ziehen schließlich das andere Bein in den Wagen nach.

Tragen Sie ein Abendkleid, raffen Sie den Rock mit der linken Hand, um nicht in der Stofffülle hängen zu bleiben oder sich daraufzusetzen. Vermeiden Sie es möglichst, auf dem Rücksitz Platz zu nehmen, vor allem, wenn es hinten keine Tür gibt und Sie mit dem Kopf voran in den Wagen hineinkriechen müssten. Bei langen Kleidern ist es ein Problem, den Rock mitzunehmen, ohne ihn zu beschädigen, bei Miniröcken recken Sie dabei den Po nach hinten und der Rock rutscht noch weiter hoch. Hier gilt generell: lieber einen etwas längeren Rock wählen, wenn Sie nicht genau wissen, wie Sie zum Treffpunkt oder Veranstaltungsort kommen.

Fahren: Während des Fahrens ist es vor allem beim Minirock wichtig, darauf zu achten, dass er nicht schon bei kleinen Bewegungen zu sehr hochrutscht.

Aussteigen: Ergreifen Sie die Hand des Fahrers mit Ihrer rechten Hand. Stellen Sie die Beine eng nebeneinander auf die Straße und lassen Sie sich leicht aus dem Wagen herausziehen. Der Helfer sollte ein gutes Gespür dafür haben, welche „Zugkraft" Sie brauchen, um sich ohne verkrampfte Anstrengung erheben zu können, Sie aber auch nicht durch zu heftiges Ziehen ins Schwanken zu bringen. Sind Sie im Abendkleid, nehmen Sie den Rock mit der linken Hand vorsichtig und halten ihn, bis Sie stehen. Im Minirock haben Sie die linke Hand frei, um gegebenenfalls den Rock wieder nach unten zu ziehen, wenn er zu sehr hochrutschen sollte. Die Handtasche halten Sie ebenfalls in der linken Hand. Haben Sie etwas im Wagen vergessen oder verloren, stellen Sie sich seitlich und gehen Sie leicht in die Knie.

Beauty-Knigge: stilvolle Kosmetik

Zu einem perfekten Outfit gehört für Frauen auch eine gute Körper- und Schönheitspflege. Daher sollte „frau" sich um entsprechende Körperhygiene kümmern und auf eine gepflegte Frisur achten. Für formelle Anlässe und im Business ist auch ein dezentes Make-up Pflicht. Es sollte natürlich aussehen, die eigenen Vorzüge hervorheben, Schwächen gegebenenfalls kaschieren und keinesfalls wie eine Maskierung wirken.

Zu den Basics gehören:

- Zahn- und Mundhygiene
- Körperpflege – regelmäßig duschen und/oder baden, gegebenenfalls Körperlotion verwenden
- regelmäßige Haarwäsche und -pflege
- ein guter Haarschnitt
- Entfernen der Achsel- und Beinhaare
- regelmäßige Pflege der Hände
- Maniküre und Pediküre
- dezentes Deo
- unaufdringliches Parfum
- natürliches Make-up, Puder und/oder Rouge
- Lippenstift und Augen-Make-up

Und nach Wahl:

- Lackieren der Finger- und Zehennägel
- Tönen oder Färben der Haare
- Kaschieren von Hautunreinheiten mit einem Abdeckstift
- Kosmetikbehandlungen

TABU:

- Mund- und Körpergeruch
- nachwachsender Haaransatz bei gefärbtem Haar oder bei Strähnen
- abgesplitterter Nagellack

- zu bunte oder zu lange Fingernägel
- öffentlich die Fingernägel schneiden oder feilen
- dick aufgetragenes und/oder schrilles Make-up
- sich in der Öffentlichkeit schminken – lediglich den Lippenstift kurz nachziehen oder etwas Puder bzw. Rouge aufzulegen ist erlaubt
- aufdringliches oder zu üppig versprühtes Parfum
- in der Öffentlichkeit die Haare kämmen

Tipps für ein gekonntes Make-up

Schminken Sie sich am besten bei Tageslicht, denn Kunstlicht verfälscht die Farben. Das Make-up sollte dem natürlichen Hautton angeglichen sein und nicht wie eine Maske wirken. „Weniger ist mehr" ist hier das Motto der Wahl. Farblich sollte nur ein Bereich des Gesichts betont sein – entweder die Augen oder der Mund, wobei man die Farben auf die Kleidung abstimmt. Generell eignen sich für den Tag am besten natürliche, gedeckte Töne, für den Abend dürfen es ruhig auch etwas kräftigere sein.

Bei der Auswahl der Make-up-Farbtöne am besten eine fachliche Beratung hinzuziehen. Make-up und Puder an der Innenseite des Unterarms testen – der Hautton hier entspricht in etwa dem des Gesichts. Tragen Sie das Testprodukt auf den Unterarm auf und überprüfen Sie den Ton dann außerhalb des Ladens im Tageslicht.

Tipp: Überprüfen Sie später zwischendurch immer wieder, ob das Make-up noch in Ordnung ist oder ob Farben verwischt sind oder Sie Lippenstift an den Zähnen haben.

„Die Nase pudern" und andere Frauengeheimnisse

Sich die Nase pudern gehen

Mit dieser Redensart ist gemeint, dass sich eine Frau in den Waschraum zurückziehen möchte, um das Make-up aufzufrischen oder auf die Toilette zu gehen. Früher war es üblich, dass die Herren am Tisch sich erhoben, wenn eine Dame dafür aufgestanden ist. Das ist heute nicht mehr nötig. Allerdings ist es, wenn nicht klar ist, wer die Rechnung bezahlt, für den

Herrn eine gute Gelegenheit, das bereits zu erledigen, wenn er seine Begleiterin einladen möchte.
ACHTUNG: Die Redewendung steht auch für das Koksen.

Auf der Toilette

Stehen Sie als Frau in einer Schlange am WC an und müssen gerade sehr dringend, fragen Sie höflich weiter vorn nach, ob man Sie vorlässt. Unschicklich ist es, schnell auf die Herrentoilette zu gehen. Auch Männer haben ein Schamgefühl. Selbst wenn die Toilette unbesetzt war, als Sie hineingegangen sind, kann in der Zwischenzeit jemand gekommen sein, den Sie beim Hinausgehen unangenehm überraschen.

Unter Freundinnen

Sie sind mit Ihrer Freundin auf einer Feier eingeladen und merken, dass sie einen Knopf ihrer Bluse offen, Schuppen auf der Jacke oder Salatreste zwischen den Zähnen hat. Wie es ihr sagen? Sie können ihrer Begleitung zum Beispiel ein Zeichen geben oder, falls sie es nicht versteht und der Rahmen es gestattet, sie diskret bitten, kurz mit nach draußen zu kommen. Generell ist es unter Freundinnen gut, ein paar „Geheimzeichen“ auszumachen, um sich gegebenenfalls auf solche Dinge gegenseitig hinweisen zu können. Gleiches gilt natürlich auch für gute Freunde.

Flirten mit Charme und Stil

Flirten ist für manch einen wie ein Lebenselixier, doch auch hier kann man Fehler begehen, die eine neue Begegnung schwierig machen oder die Lust auf weiteres Kennenlernen völlig nehmen. Ein schöner Flirt ist wie ein lebendiger Tanz, das Sichbegegnen zweier Menschen ohne jegliche Verbindlichkeiten – ganz im Moment. Sie sollten den Augenblick nicht dadurch verpassen, dass Sie ständig an Regeln denken. Dennoch sollten Sie sich vorher über mögliche Fettnäpfchen informieren – und hinterher reflektieren, was Sie beim nächsten Mal besser machen könnten. Hilfreich ist es auch, andere Menschen – beispielsweise in einem

Café oder in einer Bar – diskret zu beobachten. Vertrauen Sie auf Ihre innere Stimme.

Kleiner Flirt-Knigge

Blickkontakt aufnehmen ist das A und O. Wenn Sie Ihren Traumprinzen nicht ansehen, wie soll er dann merken, dass Sie ihn meinen? Mit einem offenen und neugierigen Blick signalisieren Sie ihm, dass Sie Interesse haben. Und Sie merken gleich an der Reaktion, ob Sie auf Gegeninteresse stoßen – oder eher nicht.

Der Körper spricht mit, mehr, als Sie denken. Wenn Sie nun Blickkontakt aufgenommen haben, aber völlig verkrampft und verschlossen dasitzen, senden Sie Ihrem Gegenüber widersprechende Botschaften. Das irritiert und verunsichert – und er wird sich eher zurückhalten.

Ehrlich sein und nicht kokettieren, wenn Sie im Grunde gar nichts von ihm wollen.

Schönheit kommt von innen, heißt ein altbekannter Spruch. Achten Sie vor allem auf Ihre Einstellung und Ihre inneren Werte. Das macht Sie attraktiv und anziehend für das andere Geschlecht. Dennoch: Ein gepflegtes Äußeres gehört ebenfalls dazu. Körperhygiene und ein dezentes Make-up sind verführerischer als üppige Farbe, die Ihre natürliche Schönheit versteckt. Auch mit viel Schmuck zu klimpern kommt meist nicht gut an.

Reizend wirken Sie, wenn Sie Ihre Reize sparsam und bewusst einsetzen.

Ansprechen ist angesagt, wenn auf beiden Seiten die Signale auf Ja stehen. Nun sollte einer diesen nächsten Schritt wagen. Vermeiden Sie langweilige Floskeln, suchen Sie vielmehr eine persönliche Ansprache, der aktuellen Konstellation entsprechend. Beispiel: „Sie haben so ein nettes Lächeln, dass ich mich jetzt einfach traue, Sie anzusprechen." Wichtig: Reagieren Sie möglichst spontan aus der Situation heraus. Stellen Sie sich bald vor, dann können Sie sich auch mit dem Namen ansprechen.

Gesprächsstoff gibt es reichlich. Mit den bewährten Small-Talk-Themen liegen Sie für den Anfang immer richtig. Ideal sind der Treffpunkt und momentane Geschehnisse als Anknüpfungspunkte. Zeigen Sie echtes

Interesse, lassen Sie auch ihn zu Wort zu kommen und stellen Sie sich nicht anders dar, als Sie sind. Das wirkt sonst gekünstelt, steif, distanziert. Zeigen Sie Ihrem Gesprächspartner durch bestätigende Gesten und Nachfragen, dass Sie ihm aufmerksam folgen. Stellen Sie offene Fragen, aber vermeiden Sie eine „Verhör-Situation". Entdecken Sie Gemeinsamkeiten. **Komplimente** kommen gut an, jedoch nur, wenn sie ehrlich gemeint sind. Verwenden Sie keine leeren Floskeln.
TABU: Anmachsprüche wie „Kennen wir uns nicht ..." oder „Darf ich Sie einladen?". Formulieren Sie lieber persönlich, bevor Sie auf plumpe Floskeln zurückgreifen. Außerdem sind nicht sehr ansprechend: Besserwisserei, Angeberei, den anderen korrigieren wollen, Intoleranz, Ungeduld.

Ein Missgeschick vor dem Date

Beschwingt bereiten Sie sich auf ein Date vor. Alles ist gut durchdacht und rechtzeitig vorbereitet. Sie pflegen sich und machen sich chic. Alles scheint perfekt zu sein. Sie sind genau in der Zeit. Gut gelaunt und voller Vorfreude biegen Sie um eine der letzten Ecken – da kommt Ihnen ein Auto entgegen und sein Fahrer steuert mitten durch die Pfütze am Straßenrand. Na toll! Und was nun? Zeit, sich nochmals umzuziehen, ist keine mehr. Hier hilft nur die Flucht nach vorn. Entschuldigen Sie sich gleich bei der Begrüßung für Ihr „Outfit" und erklären Sie kurz, wie es dazu kam. So vermeiden Sie, dass jeder von Ihnen beiden während des Treffens im Hintergrund darüber nachgrübelt – Sie, weil es Ihnen peinlich ist, und er, weil er nicht weiß, was geschehen ist.

Umgang mit Belästigungen

Frauen müssen oft erst lernen, mit Aufdringlichkeiten umzugehen und sich erfolgreich dagegen zu wehren. Ob an- bzw. „auszügliche" Blicke, zweideutige Anreden, körperliche Übergriffe oder eindeutig sexuelle Angebote – machen Sie hier sehr schnell sehr deutlich klar, dass Sie das nicht dulden und sich dagegen zur Wehr setzen können. Auch andere Belästigungen wie Mobbingangriffe kommen in den letzten Jahren immer häufiger vor.

So können Sie sich schützen:

- Selbstbewusstes Auftreten schreckt viele Angreifer von vornherein ab. Sie fühlen sich nur stark, wenn sie schwache Menschen vor sich haben.
- Halten Sie Blickkontakt!
- Sagen Sie laut und deutlich nein. Wenn Ihnen das schwerfällt, können Sie es zu Hause üben, bis es sicherer klingt.
- Lernen Sie, dass Sie notfalls auch jemandem weh tun dürfen, wenn Sie selbst in Gefahr sind. Viele Frauen trauen sich nicht, sich zur Wehr zu setzen, weil sie den anderen damit verletzen könnten.
- Üben Sie einige Techniken zur Selbstverteidigung ein.

Auf verletzende Kommentare reagieren

Ob es Anmerkungen zu Ihrem Äußeren sind, Angriffe auf Ihre persönliche Würde oder Ihren Lebensstil … Gerade unter Frauen kommt es leider auch häufig zu verletzenden Auseinandersetzungen. Missverständnisse, Machtspiele, Neid, Missgunst oder Unzufriedenheiten … und schnell kochen die Emotionen hoch. Wenn Sie mit verletzenden Worten angegriffen werden, sollten Sie sich schnell zur Wehr setzen, um Ihr Gegenüber in seine Schranken zu weisen und die Selbstachtung nicht zu verlieren. Konkrete Tipps zum gekonnten Kontern finden Sie im Kapitel 3 unter „So nicht: Gesprächskiller" (siehe Seite 88 ff.). Versuchen Sie bei Konflikten möglichst, eine Eskalation zu vermeiden. Bleiben Sie positiv, suchen Sie das Gespräch, zeigen Sie aber auch klar und eindeutig, wo für Sie die Grenze ist. Frauen neigen oft dazu, Verletzungen zu lange zu schlucken – bis ein Teufelskreis entsteht, der ihre Selbstachtung und ihre Ausstrahlung immer weiter beeinträchtigt.

Als Frau auf Reisen

Was heute gang und gäbe ist, war noch in der ersten Hälfte des letzten Jahrhunderts eine Seltenheit und oft auch sehr gefährlich: eine Frau allein auf Reisen. Heutzutage sind Frauen wesentlich besser abgesichert, können auch bei speziellen Veranstaltern buchen und finden sich unterwegs in der Regel schnell zurecht. Das Internet als Informationsquelle bietet eine Fülle an Auskünften und Angeboten. Hier findet „frau" fast alles über Hotels, Tourenanbieter oder Wellnesseinrichtungen für Touristinnen.

Wissen hilft weiter

Informieren Sie sich vor der Reise ausführlich über Land und Leute, die üblichen Sitten und das Frauenbild. Nehmen Sie Kontakt zu Frauenorganisationen in Deutschland oder im Zielland auf, schließen Sie sich einer Frauengruppe an oder tauschen Sie sich mit Frauen mit ähnlichen Interessen und Zielen aus, beispielsweise über Internetforen. Auch Botschaften oder Konsulate sind gute Anlaufstellen.

Damit Sie nicht falsch interpretiert werden ...

... sollten Sie keine zu aufreizende Kleidung tragen und sich den Kleidungsgewohnheiten im jeweiligen Land etwas anpassen. Das bedeutet nicht, dass Sie im indischen Sari herumlaufen sollen – aber möglichst viel Haut bedeckt halten und keine Missverständnisse provozieren. Auch mit freundlichen Gesten wie Lächeln oder Komplimenten ist –vor allem Männern gegenüber – vorsichtig umzugehen. Seien Sie höflich distanziert und respektvoll, aber nicht zu offenherzig. Achten Sie die im jeweiligen Land für Frauen gültigen Umgangsformen. Wollen Sie heilige Stätten besuchen, müssen Sie in der Regel Schultern und Oberarme, Dekolleté und Beine bekleidet haben. Am Strand gilt es, sich möglichst den Einheimischen anzupassen. In vielen Ländern ist Nacktbaden verboten – halten Sie sich daran. Suchen Sie dafür extra ausgewiesene FKK-Strände oder abgelegene Buchten auf; Letzteres aber besser aus Sicherheitsgründen nicht ganz allein.

Achten Sie auf Ihre sieben Sachen!

Passen Sie gut auf Ihr Gepäck auf, lassen Sie es nirgends unbeaufsichtigt stehen. Prahlen Sie nicht mit Luxusgütern – das lockt die meisten Diebe erst magisch an. Understatement ist sympathischer und sicherer. Geben Sie Wertvolles wie Schmuck, die gerade nicht benötigte Kamera und Bargeld in den Hotelsafe. Hängen Sie Hand- oder Fototaschen so um, dass man sie Ihnen nicht im Vorbeilaufen oder -fahren entreißen kann. Wertgegenstände sollten Sie nicht in die Handtasche stecken, sondern direkt am Körper tragen, zum Beispiel in einem Brustbeutel oder einem Geldgürtel. Seien Sie besonders wachsam, wenn Sie etwas bezahlen und Sie jemand ablenken möchte oder in ein Gespräch verwickelt. Im Auto oder Mietwagen nichts Wertvolles offen liegen lassen. Wenn Sie überfallen werden, sich nie mit den Angreifern anlegen. Geben Sie lieber das Gewünschte her – Ihr Leben ist wichtiger.

MÄNNER-SPECIAL

Das Männerbild heute

Männer haben es heute oft schwer, allen Anforderungen – von außen, aber auch den eigenen – gerecht zu werden: Er soll stark sein – aber kein Macho, er muss Schwäche zeigen können – darf aber nicht zum Softie mutieren, er sollte auch alle Benimmregeln perfekt kennen und souverän anwenden – und trotzdem einen Hauch von Rebellion und Abenteuerlust versprühen. Und noch vieles mehr. Männer heute haben oft ihre Identität verloren – die alten Rollenbilder passen nicht mehr und geeignete neue gibt es noch nicht. Der neue Mann verbindet Individualität mit Anpassungsfähigkeit, gewinnt eine neue Stärke, indem er auch seine weiblichen Seiten zeigt, findet seine neue Identität, indem er sich lebt, wie er ist – jenseits vorgegebener Rollenbilder und mit ihnen. Immerhin: In diesen unsicheren Zeiten kann der „Knigge" für viele ein wichtiger Halt sein.

Benimm für den modernen Mann – die Basics

Benehmen kommt bei den meisten Frauen noch immer bzw. wieder richtig gut an. Die Standards der Begrüßung, beim An- oder Ausziehen des Mantels zu helfen, zuhören zu können, ihr galant die Tür aufzuhalten oder den Vortritt zu lassen sichert ihm daher nach wie vor Pluspunkte. **Souverän** sich in sein Gegenüber hineinversetzen können und in der Situation spüren, welches Verhalten angebracht ist. Sie sollten sich der schwächeren Person anpassen und nicht auf Biegen und Brechen Ihr Leistungsvermögen unter Beweis stellen wollen. Das brächte Ihnen vielleicht Bewunderung ein, aber in der Regel gehen die anderen dann eher etwas auf Distanz.

Wichtig ist der Mensch, mit dem Sie gerade zusammensitzen – nicht das Handy. Stellen Sie es daher am besten ab oder auf lautlos, aber geben Sie Ihrer Begleitung nicht das Gefühl, dass Sie eigentlich Wichtigeres zu tun hätten.

Übernehmen der Rechnung ist nicht zwingend, hier braucht es Fingerspitzengefühl. Bei den meisten Frauen kommt es jedoch gut an, wenn Er weiß, wie man eine Rechnung diskret begleit. Am besten geht das direkt beim Servicepersonal.

Nach-Hause-Bringen und Zur-Tür-Begleiten gelten noch immer als sehr aufmerksame Geste und dienen zudem dem Schutz der anderen Person, vor allem nachts. Dabei ist es auch erlaubt, beim Nebeneinandergehen den Arm anzubieten!

Wahren Sie, selbst wenn Ihnen eine Frau noch so gut gefällt, respektvoll Distanz und vermeiden Sie es auf jeden Fall, ihr körperlich nahe zu kommen, bevor Sie sich besser kennen. Auch ein „zufälliges Vorbeistreifen" ist tabu!

Signalisieren Sie Ihr Interesse durch freundlichen, offenen Blickkontakt und eine offene Körperhaltung. Versuchen Sie möglichst entspannt und echt zu sein. Das schafft Vertrauen und mehr Leichtigkeit im Umgang miteinander.

Aufdringlichkeit schreckt ab. Achten Sie die Intimsphäre der Frau und treten Sie ihr nicht durch ungeschickte Fragen zu nahe. Wenn Sie ein deutliches Nein-Signal bekommen, zum Beispiel durch Vermeiden des Blickkontakts oder deutliches Wegdrehen, sollten Sie das auch respektieren – und sich dadurch nicht erst recht aufgefordert fühlen.

Kleidung ist ebenfalls ein Zeichen der Wertschätzung. Wenn Sie zu einer Verabredung in allzu lässigen Klamotten kommen, dürfen Sie sich nicht wundern, wenn die Frau mit Ihnen ebenso lässig umgeht. Je stilvoller Ihr

Auftreten, desto größer die Chancen auf eine schöne Begegnung. Was nicht gut wirkt: dicke Goldkettchen oder aufdringliches Aftershave.

Einer Frau in den Mantel helfen kann Mann auch in Zeiten der Gleichberechtigung. Viele Frauen schätzen diese nette Geste noch immer. Erwarten Sie im Gegenzug jedoch nicht , dass Frauen Ihnen ebenfalls helfen, bestenfalls sollten sie Ihnen Ihre Garderobe reichen.

Männlichkeit wird von vielen völlig unterschiedlich gesehen. Versuchen Sie, Ihr Selbstbewusstsein in sich zu finden – und nicht durch Statussymbole, übertriebene Selbstdarstellung oder dominantes Machtgehabe. Auch Standard-Anmachsprüche kommen nicht gut an.

Tabu: Rücksichtslosigkeit und allzu machohaftes Auftreten.

Tipps für Dates

Small Talk ist in vielen Situationen sehr hilfreich, öffnet Türen und manchmal auch Herzen. Negative Themen und Probleme auf jeden Fall meiden, aber auch Interessensgebiete, die nicht jeder Frau Sache sind – zum Beispiel Autos, Fußball oder komplexe technische Verfahren. Wenn Sie herausfinden möchten, ob Ihr Gegenüber an diesen Themen interessiert ist, können Sie eines davon kurz anschneiden und auf die Reaktion achten.

Tabu: Monologe über Ihre Lieblingsthemen halten. Führen Sie solche Gespräche lieber mit Freunden, von denen Sie wissen, dass sie sich auch dafür interessieren.

Erkundigen Sie sich nach den Vorlieben Ihrer Begleitung. Fragen Sie beispielsweise, in welches Restaurant sie gehen möchte oder welcher Kinofilm sie anspricht.

Hilfsbereit sein, etwa die Tür aufhalten, etwas aufheben, wenn es ihr hinuntergefallen ist, oder seine Hilfe bei Reparaturen anbieten. Manche Frauen mögen es allerdings nicht besonders, sich zu sehr helfen zu lassen – weil sie lieber alles selbst tun oder nicht gelernt haben, Hilfe anzunehmen. Nehmen Sie das nicht persönlich, bleiben Sie freundlich und entgegenkommend.

Und sonst:

Pünktlichkeit punktet auch beim Date.

Galant, freundlich und zuvorkommend sein.

„Männergeheimnisse"

Männer achten immer mehr auf ihre Gesundheit und ihr Aussehen – und greifen immer häufiger zu Kosmetikprodukten, gönnen sich Wellnessbehandlungen und sind auf gesunde Ernährung bedacht.

Die Hygienestandards wie Duschen, Rasieren und eine gute Zahn- und Mundpflege sind auf jeden Fall erst einmal die Basis. Darüber hinaus können Sie sich mit Pflegecremes, Peelings und Gesichtsmasken Gutes tun und so Ihr Hautbild verbessern. Auch für den Mann ist eine regelmäßige Handpflege Pflicht. Wenn Sie zudem auf dezente Deos, Aftershaves und Parfums zurückgreifen, sind Sie auf der sicheren Seite.

Stil am stillen Örtchen

Auch auf den Toiletten tut sich was – in puncto Knigge. Doch viele Männer sind deshalb verunsichert. So beweisen Sie selbst dort Stil: Grüßen Sie andere Männer lediglich im Waschbereich. Auf der Toilette selbst sollte nicht gesprochen werden. Zur Begrüßung können Sie anderen kurz zunicken, sollten sich zufällig Ihre Blicke treffen. ... und hinterher natürlich Hände waschen …

Tabu: Im Toilettenbereich sollten Sie keinesfalls auf die Idee kommen, sich die Hände zu reichen – auch wenn Sie dort jemandem begegnen, den Sie üblicherweise per Händedruck begrüßen.

Toilettenfehler

Der Kollege in der Firma oder ein Bekannter auf einer Feier hat vergessen, den Reißverschluss seiner Hose zu schließen. Was tun? Wenn Sie im Job ein gutes Verhältnis auf gleicher hierarchischer Ebene haben oder gut befreundet sind, sagen Sie es ihm diskret, sodass sonst niemand etwas davon mitbekommt. Gerade in der Firma ist es sinnvoll, mit vertrauenswürdigen Kollegen ein Zeichen auszumachen, beispielsweise sich an einen Hemd-

knopf fassen, damit Sie sich jederzeit gegenseitig mit einer schnellen Geste darauf hinweisen können, dass am Outfit etwas nicht stimmt.
TABU: den anderen mit seinem Fauxpas bloßstellen oder sich darüber lustig machen.

Mann im Anzug: gekonnt gekleidet

Anzugtaschen können Sie nach dem Kauf öffnen, sie müssen nicht zugenäht bleiben. Die leichte Naht verhindert, dass die Taschen in den Geschäften durch das Anprobieren ausgebeult werden. Manche Menschen lassen sie allerdings auch später noch zu, damit der Anzug glatter fällt und die Taschen nicht abstehen.
Einreiher machen schlanker als Zweireiher.
Farben werden nach unten hin immer dunkler, nie umgekehrt.
Hosenträger am besten nur mit speziell dafür gedachten Hosen tragen.
Krawatten sollten so gebunden sein, dass die Spitze genau bis zur Gürtelschnalle reicht. Krawattennadeln sind nach wie vor korrekt, allerdings derzeit kaum „in". Es kommt ganz auf Ihren Geschmack und das jeweilige Outfit an.
Einstecktuch und Krawatte dürfen nicht aus demselben Stoff bestehen. In der Regel ist die Krawatte etwas gemustert und das seidene Einstecktuch uni in einer der Krawattenfarben. Klassisch verwendet man ein weißes Baumwolltuch. Tragen Sie beispielsweise eine dunkelblaue Krawatte mit einem Muster in Hellblau und Rosé, kann das Einstecktuch eine der drei Farben haben.
Hemden zu offiziellen Anlässen passen in einfarbig Weiß oder Blau. Gemusterte und andersfarbige Hemden sollten Sie nur zu legeren Anlässen und in der Freizeit tragen.
Kurzarmhemden sind zum Anzug tabu! Hier gilt die Regel: Das Jackett darf nicht mit der Haut in Berührung kommen. Außerdem sollten die Hemdmanschetten immer etwas aus den Ärmeln des Jacketts hervorragen.
Jackettknöpfe müssen auch richtig geschlossen werden:
Zweireiher immer schließen, selbst wenn es noch so heiß ist.

Bei zwei Knöpfen wird ein Knopf geschlossen, ob der obere oder der untere ist egal.

Bei drei Knöpfen können Sie entweder die oberen beiden zumachen oder nur den mittleren. Die erste Möglichkeit ist die moderne Variante.

Für vier Knöpfe gilt: die drei oberen oder die beiden mittleren zuknöpfen. Ein Fünf-Knopf-Sakko wird bis auf den untersten Knopf ganz geschlossen.

Den Frack trägt man immer offen.

Eine Weste knöpft man bis auf den untersten Knopf zu und lässt sie auch zu.

Wenn Sie sich hinsetzen, können Sie alle Knöpfe öffnen – außer beim Zweireiher. Sobald Sie aufstehen, müssen Sie die Knöpfe wieder schließen.

Ein Stofftaschentuch ist Pflicht für jeden Mann, der ganz korrekt auftreten möchte. Stecken Sie immer ein gebügeltes Stofftaschentuch ein, möglichst nicht auffällig groß und bunt kariert. Allerdings sollte es nur einmal verwendet werden und eignet sich daher nicht als Dauertaschentuch bei einer Erkältung. Hier sollten Sie auf Papiertaschentücher zurückgreifen und sie immer gleich nach der Benutzung in der Toilette entsorgen oder in einen geschlossenen Müllbehälter werfen.

Schuhe tragen entscheidend zum Gesamtbild bei. Generell gilt: Schnürschuhe sind eleganter als Slipper. Zu formellen Anlässen sollten Sie daher schwarze Schnürschuhe tragen. Slipper passen besser zu legeren Gelegenheiten.

SIE UND ER

Zu Gast bei den künftigen Schwiegereltern

Irgendwann ist immer das erste Mal – auch beim Kennenlernen der künftigen Schwiegereltern. Meist sind alle etwas aufgeregt und gespannt, ob man sich gleich versteht oder etwas Zeit zum Warmwerden braucht … In der Regel hat der Partner in dieser Situation am meisten Sicherheit, da er der Einzige ist, der bereits alle Beteiligten kennt, und er sollte daher auch das Zusammentreffen etwas führen.

Äußerlichkeiten sind nicht entscheidend, aber doch wichtig: Schöne Kleidung und ein gepflegtes Äußeres sind daher ein Muss. Sie gehen aber weder zu einem Bewerbungsgespräch noch zu einem Gala-Dinner oder einem Ball. Allerdings können Sie den Liebsten vorher nach dem Stil seiner Eltern fragen – und sich etwas darauf einstellen. Daher ist eine Garderobe ideal, die dem Stil der Gastgeber sowie Ihrem persönlichen Geschmack gerecht wird. Wichtig: Sie sollten sich in Ihrer ersten wie auch in der zweiten Haut wohl fühlen – und nicht gekünstelt oder verkleidet wirken. Tabu sind allerdings: extreme Miniröcke, Tops, hochhackige Pumps – also ein allzu aufreizendes Outfit. Tattoos oder Piercings können Sie zeigen, aber nicht provokativ zur Schau stellen. Gehen Sie ganz natürlich damit um – und stehen Sie dazu. Sprechen Sie sich gegebenenfalls vorher mit dem Liebsten ab.

Pflege gehört selbstverständlich auch dazu: duschen und Haare waschen sind Pflicht! Ansonsten gelten auch hier die allgemeinen Regeln für öffentliches Auftreten.

Geschenke öffnen Türen, auch die Herzenstüren der künftigen Schwiegereltern. Bringen Sie einen kleinen Strauß Blumen mit, nicht zu üppig, aber geschmackvoll ausgewählt. Ein persönlich abgestimmtes Mitbringsel kommt ebenfalls gut an – vielleicht hat Ihr Partner ja schon mal von den Vorlieben der Eltern erzählt. Sicher ist er Ihnen bei der Auswahl behilflich.

Begrüßen Sie die Eltern mit der üblichen Anrede und dem Nachnamen. Fragen Sie Ihren Partner am besten vorher, wie sie am liebsten angesprochen werden möchten. Duzen ist tabu! Ausnahme: Ihr Partner hat Ihnen allen schon so viel voneinander erzählt, Sie haben vielleicht auch schon öfters mit den Eltern telefoniert, dass bereits eine gute Basis da ist, um sich auch duzen zu können. Allerdings: Das Du muss von den Eltern angeboten werden, niemals von Ihnen! Ein freundliches Lächeln und Blickkontakt beim Begrüßen – und die erste Hürde ist geschafft.

Kommunikation Sicher gibt es zunächst eine Menge Fragen auf allen Seiten, doch lassen Sie es langsam angehen und fallen Sie nicht mit der Tür ins Haus. Zeigen Sie Interesse, seien Sie aber nicht zu neugierig. Mit den gängigen Small-Talk-Themen finden Sie einen leichten Einstieg. Wenn

Ihnen andererseits Fragen der Eltern zu nahe gehen oder Sie sich ausgefragt vorkommen, dann dürfen Sie das durchaus auch freundlich sagen. Wichtig: ehrlich sein. Stellen Sie sich so dar, wie Sie sind – nicht prahlen, sondern sich eher etwas zurücknehmen. Wenn die Beziehung hält, dann werden Sie sich ja noch sehr oft begegnen und früher oder später müssen Sie Farbe bekennen, und das kann dann richtig peinlich werden.
Essen: Es gelten die allgemeinen Tischsitten. Seien Sie aufmerksam und achten Sie auf die speziellen Gewohnheiten der Familie. Mithilfe beim Aufdecken und Abräumen kommt gut an. Auf jeden Fall anbieten!
Mit dem Partner dürfen Sie ruhig kleine Zärtlichkeiten austauschen, aber in Maßen! Sonst könnten sich die Eltern peinlich berührt fühlen.

Wenn es im Büro knistert

Wir verbringen einen Großteil unserer Lebenszeit im Job und da ist es kein Wunder, dass es – vorausgesetzt Frauen und Männer arbeiten zusammen – auch mal mehr oder weniger heftig funken kann. Vom prickelnden Flirt, bei dem es aber letztlich bleibt, bis hin zur Hochzeit mit dem Traumpartner ist alles möglich. Leider auch, was die Gerüchteküche betrifft. Ob Gerede, böser Tratsch, Neid, Mobbing … oder ehrliche Freude über eine glückliche Liebe, die Reaktionen können so unterschiedlich sein wie die Charaktere.

Um Ihrer beider Arbeitsplatz nicht zu gefährden, sollten Sie:

- in den ersten paar Monaten Ihre Beziehung geheim halten, bis Sie sich sicherer geworden sind und das erste Verliebtsein abgeklungen ist
- sich auf keinen Fall von Ihrer Arbeit abhalten lassen
- möglichst den Chef persönlich „einweihen“, bevor er es über andere erfährt
- Ihre Liebe nicht zur Schau stellen
- sich nach wie vor an die korrekten Verhaltensweisen im Betrieb halten

Früh übt sich: Knigge für Kids und Jugendliche

Wer schon von Kindesbeinen an lernt, wie man sich richtig benimmt, hat es im Leben wesentlich leichter – sowohl in der Schule als auch später im Beruf und im gesellschaftlichen Umgang. Zwar lässt sich Versäumtes selbst dann noch nachholen, doch kostet das Zeit, Geld und Energie. Je früher Kinder die Regeln des Miteinanders lernen und je spielerischer sie damit aufwachsen, desto müheloser können sie sie verinnerlichen.

Tipps für Kids: Kennst du das: Du steigst in den Bus ein und grüßt den Busfahrer – und er antwortet dir nicht? Oder du bietest einer älteren Person einen Platz an und bekommst kein Dankeschön dafür? Das kann sehr frustrierend und manchmal auch verletzend sein. Und beim nächsten Mal denkst du dir dann vielleicht: „Jetzt habe ich keine Lust mehr". So sehr wirkt sich gutes oder eben schlechtes Benehmen der anderen auf dein Wohlbefinden aus. Und andersherum ist es genauso: Wenn du dich schlecht benimmst, nicht grüßt und unfreundlich bist, einfach deine Launen an anderen auslässt, dann ärgern die sich über dich. Wenn alle jedoch freundlich zueinander sind, fühlt sich jeder wohler und zufriedener und das Zusammenleben macht viel mehr Spaß.

Warum gute Manieren für Kinder?

Kinder fühlen sich unserer Gesellschaft ohne Regeln ziemlich ausgeliefert. Sie brauchen eine Orientierung, wie man sich richtig verhält und gut miteinander umgehen kann. Je sicherer sie sich damit sind, desto besser können sie ein starkes Selbstbewusstsein entwickeln und ihre Ziele auf mitmenschlichem Weg erreichen. Je früher ein kleiner Mensch sich die gesellschaftlichen Umgangsformen anzueignen beginnt, desto leichter und müheloser kann er bald damit jonglieren und seinen persönlichen Umgangsstil finden. Eltern, die ihre Kinder dabei unterstützen möchten, können auch spezielle Etikettekurse für Grundschulkinder oder später für Teenager buchen.

Auf jeden Fall brauchen Kinder **Vorbilder**; das sind **zunächst** vorwiegend die Eltern und enge Bezugspersonen, dann zunehmend auch Freunde, andere Erwachsene im Umfeld, Idole aus der Musikwelt, dem Kino oder der Literatur. Und Kinder sind bereits in jungen Jahren auch selbst schon Vorbilder – für jüngere Kinder oder gleichaltrige Freunde. Doch was bedeutet es eigentlich, eine Vorbildfunktion zu haben? Wer ein gutes Vorbild sein will, sollte sich selbst so benehmen, wie er es von den anderen erwartet. Das, was wir leben, wirkt viel mehr als das, was wir sagen.

Was Sie im Umgang mit Kindern beachten sollten

Kindgerecht: Achten Sie auf die Bedürfnisse des Kindes – meist wissen die Sprösslinge ziemlich genau, was ihnen guttut und was nicht. Das sollte man nicht übergehen, sondern vielmehr die natürliche Intuition des Kindes fördern.

Altersgemäß: Geben Sie Ihrem Kind Zeit, Umgangsformen seinem Alter gemäß zu lernen. Gehen Sie spielerisch damit um und vermitteln Sie Manieren mit Leichtigkeit und Freude, keinesfalls mit Druck und Strafen. Sonst verliert das Kind die Motivation und die natürliche Freude am Lernen.

Hilfe zur Selbsthilfe: Helfen Sie Ihrem Kind, den Sinn guter Manieren zu begreifen und von innen heraus ein Gefühl dafür zu entwickeln. Halten Sie es nicht nur dazu an, nachzumachen oder nachzusprechen, was sich in einer bestimmten Situation so gehört, sondern ermöglichen Sie ihm, auch den Sinn dahinter zu verstehen. Möchten Sie zum Beispiel vermitteln, dass man beim Niesen oder Husten die linke Hand vorhält, dann sollten Sie nicht nur sagen: „Das macht man halt so", sondern dazu erklären, warum, etwa so: „Beim Niesen und Husten werden Krankheitskeime in die Luft geschleudert, durch die andere Menschen angesteckt werden können. Um das zu vermeiden, hält man sich die Hand vor, und zwar die linke. So bleibt die rechte Hand, mit der man einander normalerweise begrüßt, immer sauber, vor allem wenn man sich nach dem Niesen nicht gleich die Hände waschen kann. Noch besser ist es aber, sich gleich ein Taschentuch vorzuhalten."

Achten und ernst nehmen: Achten Sie das Kind als eigenständige Persönlichkeit und nehmen Sie seine Bedürfnisse ernst. Kinder lernen Achtung und Respekt vor allem dadurch, dass sie am eigenen Leib erfahren, wie gut es sich anfühlt, wertvoll zu sein und als individuelle Persönlichkeit wertgeschätzt zu werden.

Loben und ermutigen: Jedes Kind macht Fehler. Es muss sogar Fehler machen, um zu lernen. Richten Sie Ihr Hauptaugenmerk jedoch auf die Dinge, die es schon gut kann, und fördern Sie richtiges Verhalten durch Lob und Bestätigung, statt nur über das zu schimpfen, was es noch nicht beherrscht. Vor allem sollten Sie ein Kind nie wegen eines Fehlers demütigen.

Schützen: Maßregeln, befehlen, schimpfen oder beschämen Sie Ihr Kind nicht vor anderen Personen. Warten Sie, bis Sie unter vier Augen oder in der Familie sind, und sagen Sie dem Kind dann deutlich und klar, was es falsch gemacht hat, ohne es jedoch als Menschen schlecht zu machen. Zeigen Sie dem Kind, dass Sie es lieben, auch wenn es sich mal nicht richtig verhält. Kinder machen das selten aus Absicht, sondern deshalb, weil sie die Zusammenhänge noch nicht verstehen.

Tipps für Kids: richtiges Benehmen im Umgang mit anderen

So kommst du zu Hause, in der Schule und in der Freizeit gut mit den Erwachsenen und anderen Kindern klar:

Höflich sein: Geh mit anderen immer so um, wie du auch selbst gern behandelt werden möchtest.

Hilfsbereitschaft: Biete einem schwächeren Kind oder auch einem Erwachsenen Hilfe an, wenn du siehst, dass sie oder er etwas nicht allein schafft. Überlass älteren Menschen in der Bahn oder im Bus deinen Platz, wenn sie schlecht laufen können oder sehr erschöpft sind.

Pünktlichkeit: Zeig deinen Eltern, Geschwistern, Verwandten und Freunden, dass du sie ernst nimmt und sie sich auf dich verlassen können, indem du pünktlich bist. Außerdem ist es einfach nicht nett, wenn du andere Menschen unnötig warten lässt. Sicher machen sich deine Eltern dann auch Sorgen. Wenn du ein eigenes Handy hast, ruf an, wenn du dich verspätest.

Fair sein: Stell andere nicht bloß und lach sie nicht aus, wenn sie etwas nicht wissen oder können. Jeder kommt immer wieder mal in eine Situation, in der er etwas nicht weiß oder vergessen hat. Du wärst sicher auch froh, wenn du dann Unterstützung von anderen bekämst und nicht noch deswegen ausgelacht wirst. Es ist ja so schon unangenehm genug.

Echten Mut zeigen: Setz dich für andere ein, wenn sie ungerecht behandelt werden – auch vor den Eltern oder dem Lehrer. Die Erwachsenen bekommen manchmal nicht alles mit, was bei Konflikten und Auseinandersetzungen mit anderen geschieht, und sie sind dann darauf angewiesen, dass die beteiligten Kinder oder Zuschauer ihnen ehrlich berichten, was sie gesehen oder erlebt haben.

Zuhören: Anderen zuzuhören und sie ausreden zu lassen ist sehr wichtig. Es gilt als sehr unhöflich, einfach dazwischenzureden oder nur von sich zu berichten. Auch wenn deine Eltern telefonieren oder Erwachsene miteinander reden, solltest du Geduld zeigen und warten, bis sie das Gespräch beendet haben.

Probleme lösen: Bei Auseinandersetzungen und Problemen sollten alle Seiten zu Wort kommen und man wirklich nach einer gemeinsamen Lösung suchen.

Fair diskutieren und streiten: Auseinandersetzungen und Meinungsverschiedenheiten gehören zum Leben dazu, ob in der Familie, im Freundeskreis oder in der Schule. Manchmal kommt es auch zu heftigeren Streitigkeiten. Es ist wichtig, in solchen Situationen immer fair zu bleiben und die Probleme und Konflikte möglichst sachlich zu besprechen, niemals den anderen persönlich zu beleidigen, körperlich zu verletzen oder ihn als Menschen herabzuwürdigen.

Untereinander: Wenn du mit einer Freundin oder einem Freund Probleme hast, solltest du erst versuchen, mit demjenigen darüber zu sprechen und den Konflikt friedlich zu lösen. Wenn ihr nicht weiterkommt, bittet einen Erwachsenen um Hilfe, vermeidet aber heftige Streitereien oder gar Handgreiflichkeiten.

Husten und Niesen: Wenn du husten oder niesen musst, solltest du immer deine linke Hand vor den Mund oder die Nase halten oder noch besser ein Taschentuch verwenden, wenn du es rechtzeitig griffbereit hast. Das verhindert, dass du andere dabei „triffst“ und möglicherweise ansteckst, wenn du zudem erkältet bist. So ist außerdem deine rechte Hand immer sauber, um jemanden zu begrüßen.

Wenn Erwachsene sich schlecht benehmen

Ja, auch das kommt zunehmend vor. Da sind die Kids und jungen Leute höflich und zuvorkommend, lassen ältere Menschen in Ruhe vor sich in den Bus einsteigen – und ernten dafür ein grantiges Gemurmel und keine Spur von Dankbarkeit. Erwachsene nehmen sie nicht ernst, behandeln sie herablassend, drängeln sich vor oder sind rücksichtslos. Da wissen auch Kinder oft nicht weiter.

Tipps für Kids: Wenn dir so etwas passiert, denk am besten nicht lange darüber nach und vergiss die Sache. Wirst du dagegen von jemandem ungerecht behandelt, beispielsweise von einem Lehrer, dann solltest du ihn bitten, mit dir zu sprechen, und ihm schildern, wie du die Situation siehst. Du hast hier das Recht, dich zu wehren, und das solltest du auch wahrnehmen.

IN DER FAMILIE

Familienkultur, die familieninternen Regeln und Umgangsformen geben einer Familie Zusammenhalt und ihren Mitgliedern ein Gefühl der Zugehörigkeit. Kinder spüren den Rückhalt und gewinnen dadurch Sicherheit und Selbstvertrauen. In einer Familie, in der ein achtsamer und respektvoller Umgang miteinander selbstverständlich ist, nehmen Kinder dieses Lebensgefühl automatisch in sich auf und lernen gutes Benehmen ganz von selbst.

Klare Regeln sind wichtig. Erklären Sie Ihrem Kind kurz und deutlich, welches Benehmen Sie erwarten, lassen Sie sich aber nicht auf sinnlose, lange Diskussionen ein. Bei Problemen ist es durchaus vernünftig, sich ausgiebig darüber zu unterhalten und auch verschiedene Meinungen anzuhören, nicht aber bei Ihren Grundsatzregeln für das Zusammenleben. Vor dem Essen werden die Hände gewaschen. Punkt. Und die Füße gehören nicht auf den Tisch. Punkt.

Halten Sie sich auch selbst an die Regeln, die Sie Ihrem Kind vorgeben. Es wäre äußerst unfair, von ihm die Einhaltung einzufordern und für sich selbst Ausnahmen zu machen.

Grenzen setzen, ohne die Kinder vorzuführen oder zu beschämen. Kinder brauchen klare Strukturen und Grenzen, sie sehnen sich geradezu danach. Das Kind ist darauf angewiesen, dass seine Eltern ihm zeigen, wie man sich in unserer Gesellschaft benimmt. Dazu gehört es, ihm richtiges Verhalten beizubringen, es mit den Regeln vertraut zu machen, aber ebenso, die Grenzen aufzuzeigen. Und es liegt in der Hand der Erwachsenen, ihre Macht wertschätzend und respektvoll einzusetzen, dem Kind auf seinem Weg wirklich wohlwollend zur Seite zu stehen und diese Macht nicht zu missbrauchen. Das Kind ist auf Ihre Hilfe angewiesen, es hat keine andere Wahl. Verzichten Sie auf Zwang, Druck, Strafen, psychische und körperliche Gewalt. Versuchen Sie vor allem, Kindern – ihrem Alter gemäß – die hinter den Regeln stehenden Werte zu vermitteln. Statt eines strikten Verbots ohne weitere Erklärung dazu können Sie ihm zum Beispiel klar machen, dass stundenlanges Telefonieren mit dem Handy Geld kostet – Geld, das Sie erst einmal verdienen müssen oder Ihr Sprössling, etwa durch Mithilfe im Haushalt oder erste Ferienjobs.

Was das Zusammenleben schöner macht

Auf die **Kleidung** sollte man auch in der Familie achten. Natürlich möchte sich jeder wohlfühlen und die Klamotten dürfen bequem sein. Nur schlampig, schmutzig und mit zerrissenen Sachen sollte man auch zu Hause nicht herumlaufen.

Die **Privatsphäre** der anderen sollte von jedem Familienmitglied, ob Eltern oder Kinder, geachtet werden.

Taschen in jeglicher Form, ob Hand-, Akten- oder Schultaschen, Rucksäcke, Mantel- oder Jackentaschen, gehören auch zur Intimsphäre jedes Menschen. Hier ist es ebenfalls sehr unanständig, ohne zu fragen in den Taschen der anderen Familienmitglieder zu wühlen. Wer etwas vom anderen braucht, sollte immer erst danach fragen. Ausnahme: Taschen, die für die ganze Familie bestimmt sind, zum Beispiel Einkaufstaschen oder Wickel- und Reisetaschen für Kinder.

Man blättert nicht im **Terminkalender** der anderen. Er gehört, wie alle sehr persönlichen Dinge, darunter vor allem auch Tagebücher, zum Tabubereich. Benötigen Sie einen Termin, um Ihre eigene Planung abzustimmen, fragen Sie bei der Person nach.

Tipp: Legen Sie einen allgemeinen Kalender an, in den alle Familienmitglieder die Termine eintragen, die für alle wichtig sind.

Auf **Gerechtigkeit** achten – zum Beispiel bei Geschenken, die an die gesamte Familie gerichtet sind. Das heißt etwa bei einer Pralinenschachtel mit 20 Stück darf man sich in einer Familie mit vier Personen höchstens fünf Stück nehmen, wenn es nicht anders abgesprochen ist.

Weiterhin sollte man es respektieren, wenn für Familienmitglieder **Nacktsein** unangenehm ist. Allgemein geht man heute viel lockerer mit Körperlichkeit um, manche Menschen fühlen sich dennoch mit Nacktheit unwohl. Auch für Kinder gibt es auch Phasen, in denen sie sich genieren, zum Beispiel in der Pubertät. Achten Sie es daher, wenn beispielsweise Jugendliche im Bad allein sein wollen.

Weitere Tipps für Alle:

- Bevor man das Zimmer eines anderen Familienmitglieds betritt, sollte man anklopfen. Ist die Tür nur angelehnt, darf man auch ohne Klopfen eintreten
- Briefe, die an ein bestimmtes Familienmitglied adressiert sind, darf kein anderes öffnen, es sei denn, es ist ausdrücklich so ausgemacht
- Niemals in den Sachen der anderen kramen, wenn sie nicht da sind!
- Auch die Geldbörsen der anderen sind tabu
- Generell darf man anderen nichts wegnehmen, was ihnen gehört – ob nun leihweise oder ganz. Immer erst fragen!
- Wenn man etwas benutzt, das für alle da ist, zum Beispiel eine Schere oder den Staubsauger, sollte man den Gegenstand hinterher wieder an den Aufbewahrungsort zurückbringen
- Ist die Toilette oder das Badezimmer besetzt, dann darf man nur im Notfall stören. Hier auf jeden Fall auch vorher anklopfen!
- Auch in der Familie sollte man pünktlich sein und sich an Abmachungen halten
- Wenn man sich über etwas ärgert, nicht laut fluchen und schimpfen oder gar Gegenstände durchs Zimmer werfen

- Gibt es Probleme und Konflikte mit anderen Familienmitgliedern, sollte man sie möglichst ruhig, am besten zuerst unter vier Augen, miteinander besprechen
- Wenn man etwas falsch gemacht hat oder ein Missgeschick passiert ist, entschuldigt man sich gleich beim anderen. Ist ein Schaden entstanden, so sollte man möglichst versuchen, ihn wieder gutzumachen, etwa indem man einen Gegenstand repariert oder einen anderen Ausgleich anbieten
- Generell sollte man nicht schlecht über andere sprechen, wenn sie nicht anwesend sind

Telefonieren

- Am gemeinschaftlichen Telefon meldet sich jeder mit dem Vor- und Nachnamen, dann weiß der Anrufer gleich, wen er am Apparat hat, und man vermeidet Verwechslungen, denn oft klingen die Stimmen der Familienmitglieder sehr ähnlich
- Handys sind in der Regel persönliche Telefone – hier kann jeder selbst entscheiden, wie er sich melden möchte. Klingelt das Mobiltelefon eines anderen Familienmitglieds, sollte man nicht rangehen, außer es ist ausdrücklich so miteinander abgesprochen
- Jeder hat das Recht, ungestört zu telefonieren. Daher sollte man es respektieren, wenn sich jemand dazu in ein anderes Zimmer zurückziehen möchte. Während dieser Zeit dann nicht stören!
- Es gehört sich nicht, anderen nachzuspionieren und die Wahlwiederholungstaste am Telefon zu betätigen. Zwar mag diese Form der Kontrolle die Neugierde befriedigen, aber das Vertrauensverhältnis stört sie. Daher sollte jeder abwägen, was ihm wirklich wichtig ist

Benehmen nach Scheidung und in Patchworkfamilien

Viele Kinder und Jugendliche wachsen heute bei nur einem Elternteil oder abwechselnd bei den getrennt lebenden Elternteilen bzw. in sogenannten Patchworkfamilien auf. Zum Wohle des Kindes sollten die getrennten Eltern darauf achten, dass sie – auch wenn es scheinbar unüberbrückbare Meinungsverschiedenheiten gibt – fair und freundlich miteinander umgehen und gemeinsame Treffen nicht zu Belastungen für die Kinder werden. Gerade bei größeren Feierlichkeiten ist hier großes Fingerspitzengefühl gefragt. Stellen Sie Ihre Konflikte zurück und sorgen Sie bestmöglich dafür, dass Ihr Nachwuchs nicht unter den partnerschaftlichen Auseinandersetzungen leidet. Zudem ist es eine hervorragende Möglichkeit, durch Ihr Vorbild dem Kind zu zeigen, wie man in dieser Situation, trotz starker Konflikte im Umgang miteinander, höflich, fair und wertschätzend bleiben kann.

Tipps für Kids: Halte dich aus den Angelegenheiten der Eltern heraus, auch wenn es manchmal zu Streitigkeiten kommt und du gern vermitteln oder helfen würdest. Du kannst ihnen aber durchaus sagen, dass es dir nicht gefällt, wie sie miteinander umgehen. Manchmal merken sie es vielleicht nicht.

KINDER IN DER ÖFFENTLICHKEIT

Tipps für Kids

Grüßen und Begrüßen: Wenn du unterwegs dir bekannte Menschen triffst, zeigst du mit einem Gruß, dass du sie gesehen hast und achtest. Nicht zu grüßen ist sehr unhöflich und verletzend für den anderen. Allgemein gilt die Regel: Wer jemanden zuerst sieht, der grüßt zuerst. Manche Menschen legen Wert darauf, dass auf die traditionellen Rangfolgen geachtet wird. Dann grüßt der jüngere Mensch den älteren zuerst, der Junge oder Mann das Mädchen oder die Frau. In der Schule solltest du den Lehrer, Rektor oder andere Mitarbeiter zuerst grüßen.

Begrüßen heißt, den anderen mit körperlichem Anfassen wie einem Händedruck oder – bei guten Freunden – auch einer Umarmung zu grüßen. Man begrüßt sich immer mit der rechten Hand, auch wenn du Linkshänder sein solltest. Dir noch unvertraute Menschen solltest du zunächst immer nur mit einem Händedruck begrüßen, bis ihr euch besser kennt. Wenn dir jemand seine Hand reicht, dann gibst du ihm auch deine – es ist sehr unhöflich, auf eine angebotene Hand nicht zu reagieren. Hast du Gäste zu dir nach Hause eingeladen, dann reichst du deinen Besuchern zuerst die Hand.

Beim Händedruck solltest du darauf achten, dass du die andere Hand nicht „quetschst", „schüttelst" oder deine ganz schlaff hinhältst. Richtig ist ein kurzer, leichter Händedruck, der für beide angenehm ist.

Beim Begrüßen solltest du auch immer aufstehen, um der anderen Person zu vermitteln, dass sie es dir wert ist, dass du dich für sie erhebst.

Sich vorstellen: Wenn du dich selbst jemandem anderen vorstellst, nennst du ihm deinen Namen. Bei Erwachsenen solltest du den Vor- und Nachnamen sagen: „Guten Tag, ich bin Silvia Fischer". Stellst du dich dagegen anderen Kindern vorstellst, kannst du den Nachnamen in der Regel weglassen, beispielsweise so: „Hallo, ich bin Frederick".

Andere bekannt machen: Triffst du zwei Freunde, die sich noch nicht kennen, solltest du die beiden miteinander bekannt machen. Zum Beispiel so: „Hallo Beate, das ist Simon, mein bester Freund", und dann „Simon, das ist Beate. Wir sind zusammen in einer Klasse."

In Gruppen: Wenn du zu einer Gruppe hinzukommst, grüßt du zuerst. Du solltest alle Personen grüßen, damit sich niemand übersehen fühlt. Ist eine für dich besondere Person dabei, kannst du sie auch zuerst begrüßen. Bei einer großen Gruppe, zum Beispiel beim Musikunterricht, begrüßt du die Personen entweder der Reihe nach oder, wenn es sehr viele sind, mit einem allgemeinen „Hallo" in die Runde.

Offen sein: Beim Grüßen und Begrüßen ist es wichtig, der anderen Person in die Augen zu schauen, freundlich zu lächeln und die Hände aus den Hosentaschen zu nehmen. Wenn du Erwachsene grüßt, kannst du zum Beispiel „Guten Morgen" oder „Guten Tag" sagen, bei Gleichaltrigen auch „Hallo".

Anklopfen: Wenn du einen Lehrer sprechen möchtest, der in seinem Büro oder im Lehrerzimmer ist und die Türe geschlossen hat, musst du vorher anklopfen. Niemals eine geschlossene Tür einfach so öffnen, es sei denn, es handelt sich um öffentliche Einrichtungen wie die Cafeteria.

Tabus:

- einem bekannte Menschen nicht ansehen und nicht grüßen
- Nägel kauen, Daumen lutschen, in der Nase bohren
- laut fluchen, Schimpfwörter und Kraftausdrücke benutzen
- andere Kinder wegdrängen oder schubsen
- andere beleidigen, hänseln, auslachen, verletzen, abwerten
- Erwachsene kneifen oder schlagen, wenn dich etwas ärgert
- Müll auf die Straße werfen
- auf die Straße spucken
- einen ausgekauten Kaugummi einfach auf dem Weg fallen lassen

Beim Einkaufen ...

... kommt es häufig zu unangenehmen Szenen für Eltern wie auch für das Kind. Die Großen möchten so schnell wie möglich den Einkauf hinter sich bringen, während die kleine Prinzessin oder der Prinz Regale auszuräumen beginnt oder von den Süßigkeiten nicht wegzubekommen ist. Kinder möchten gefordert werden. Binden Sie sie daher in das Einkaufen mit ein. Erklären Sie Ihrem Kind, was Sie brauchen, und lassen Sie es diese Dinge aus den Regalen nehmen, sofern keine Bruchgefahr besteht. Gegebenenfalls können Sie es einen eigenen kleinen Einkaufswagen schieben lassen. Die ausgewählten Sachen an der Kasse auf das Band zu legen kann auch ein jüngeres Kind schon übernehmen. Bei kleineren Einkäufen und wenn an der Kasse wenig los ist, können Sie es sogar das Bezahlen üben lassen. Es freut sich über die ihm übertragene Verantwortung und denkt gar nicht daran, Blödsinn zu machen. Weder zu großzügig noch zu streng zu sein ist sinnvoll. Machen Sie mit dem Kind vor dem Einkauf aus, dass es sich ein Produkt aussuchen darf – und bleiben Sie darin konsequent. So lernt der Sprössling, dass es Grenzen gibt, und auszuwählen, was ihm wirklich wichtig ist. Er betrachtet die vollen Einkaufsregale dann schon unter einem anderen Blickwinkel.

Wichtig: Lassen Sie sich nicht durch Schreien und Weinen von den kleinen „Monstern“ erpressen. Wer hier einmal nachgibt, kann bald bei jedem Einkauf mit solchen Auseinandersetzungen rechnen.

In öffentlichen Verkehrsmitteln

Vor allem bei kürzeren Fahrten kann man dem Kind gut beibringen, sich anzupassen, auf die anderen Mitreisenden Rücksicht zu nehmen und eigene Bedürfnisse bis nach der Fahrt zurückzustellen. Belohnen Sie es hinterher mit einem Besuch auf dem Spielplatz oder in der Natur, wo es sich wieder austoben kann.

In Großstädten geht es in den öffentlichen Verkehrsmitteln wie Bussen und Bahnen oft sehr hektisch und eng zu. Achten Sie darauf, dass Ihr Kind von den umstehenden Erwachsenen wahrgenommen und nicht rücksichtslos zur Seite gedrückt wird.

Auf längeren Strecken sollten Sie für Abwechslung sorgen. Wenn das Kind unruhig wird, gehen Sie mit ihm etwas auf und ab, bieten Sie ihm ein Buch oder eine kleines Spiel an, aber lassen Sie es nicht unbeaufsichtigt durch die Gänge rennen oder andere Fahrgäste stören. Je nach Alter und Schlafgewohnheiten sollte es vor der Fahrt ausreichend geschlafen haben, damit es nicht müde und damit quengelig wird. Sorgen Sie auch bei Fahrten in Verkehrsmitteln ohne WC dafür, dass es vorher noch auf der Toilette war. Fühlen sich Mitreisende gestört, erklären Sie kurz, warum das Kind gerade unruhig ist – das weckt Verständnis und viele können dann auch besser mit den Störungen umgehen. Zudem schafft der Kontakt eine persönlichere Ebene, der den Ärger ebenfalls schneller abklingen lässt.

Tabu: Kleine Kinder auf die Sitze steigen und die Nase an die Scheibe drücken lassen – auch wenn es noch so interessant ist, die vorbeifliegende Landschaft zu beobachten. Wählen Sie einen Fensterplatz und nehmen Sie das Kind gegebenenfalls auf den Schoß. So sitzt es etwas erhöht und kann das Geschehen draußen ebenfalls gut verfolgen. Achten Sie außerdem darauf, dass es nicht mit verschmierten Fingern die Sitze beschmutzt. Der nächste Fahrgast bemerkt das vielleicht nicht und hat hinterher Schokoladen- oder Obstflecke auf der Kleidung.

Mit Kindern auf Reisen

Urlaubsreisen mit Kindern können ein Erlebnis, aber auch sehr anstrengend sein und in einem Chaos enden. Wer ein paar wesentliche Tipps beachtet, kann von vornherein einige Stressfaktoren ausschließen:

Einführen: Erklären Sie vor den Reisen Ihrem Kind die Umgangsformen im jeweiligen Land. Schauen Sie gemeinsam Bücher oder Filme darüber an, damit es ein Gefühl für Land und Leute bekommt.

Fahrt: Erklären Sie dem Kind vor der Reise, wie Sie fahren werden und worauf es achten muss, vor allem wenn Sie das erste Mal mit dem Zug oder dem Flugzeug unterwegs sind. Nehmen Sie zu den Verkehrsmitteln passende Kinderbücher mit, dann kann das Kind gleichzeitig lernen und die Dinge in der Praxis erleben.

Ziele: Wählen Sie Land, Ort und Unterkunft wirklich kindgerecht aus. Es sollten Freizeitmöglichkeiten für Kinder angeboten und leicht zugänglich sein, ausreichend Platz zum Toben zur Verfügung stehen und ein Publikum angesprochen sein, das sich über Kinderlachen freut und sich nicht davon gestört fühlt.

Tipps für Teens in der Öffentlichkeit

Höflichkeit: Andere Menschen grüßen, beim Einkaufen oder in öffentlichen Verkehrsmitteln nicht drängeln oder schubsen, sich an einer Warteschlange ordentlich anstellen, keinen Müll auf die Straße oder ins Gebüsch werfen – das sind die Grundlagen für gutes Benehmen in der Öffentlichkeit.

Rücksicht: Verhalte dich so, dass du niemanden störst, egal ob durch dröhnende Musik, schrilles Handyklingeln, lautes Telefonieren, Reden oder Streiten mit anderen. Spuck keinen Kaugummi auf die Strasse.

Handyknigge: Benutz das Handy so wenig wie möglich. Beim Telefonieren damit sollte man sich generell kurz fassen und leise sprechen. Das Mobiltelefon gehört nicht auf den Tisch, wenn du beim Essen bist oder dich mit Freunden im Café triffst. Nur im Notfall kannst du bei einem Treffen kurz telefonieren oder eine SMS verschicken. Dann solltest du aber mit ein paar Worten erklären, warum das gerade wichtig ist, und dich entschuldigen. Am besten ist es jedoch, das Gerät ganz abzuschalten oder zumindest den Vibrationsalarm einzustellen. In der Schule gehört das Handy ebenfalls ausgeschaltet.

Sprich mit deinen Eltern ab, wer die Handygebühren zahlt, und achte auf die Kosten.

SICH UNTERHALTEN

TIPPS FÜR KIDS: Manchmal fühlt man sich als Kind ganz schön doof, wenn sich die Großen unterhalten und man steht nur daneben, darf nicht mitreden und niemand unterhält sich mit einem. Kein Wunder, dass du da ungeduldig wirst und zeigen möchtest, dass du auch noch da bist. Du wirst allerdings schon gemerkt haben, dass Quengeln und lautes Schreien deine Eltern eher ärgerlich macht. Wenn du sie dagegen freundlich bittest, dir auch mal zuzuhören, tun sie das viel eher.

Damit du allgemein mit anderen Kindern und mit Erwachsenen gut klarkommst, solltest du vor allem diese Punkte beachten:

- Wenn du etwas möchtest, gehört es sich, danach zu fragen und „bitte“ zu sagen. Bekommst du es, ist es wichtig, dass du dich dann auch dafür bedankst
- Wenn du Mist gebaut oder etwas vergessen hast, solltest du dich auf jeden Fall dafür bei der anderen Person entschuldigen
- Kinder sprechen Erwachsene außerhalb der Familie immer mit „Sie“ an. Erst wenn sie dir erlaubt haben, dass du auch „du“ zu ihnen sagen darfst, kannst du das tun
- Wenn du etwas erzählst, solltest du langsam sprechen, damit dich auch jeder versteht
- Kommen in dem, was du erzählst, neben dir weitere Personen vor, dann nenne zuerst die anderen und anschließend dich selbst, zum Beispiel so: „Sabine und ich sind dann auf den Spielplatz gegangen“
- Unschöne Worte und Kraftausdrücke sollte man gar nicht verwenden

Tipps für Eltern

Baby- und Kindersprache meiden: Nehmen Sie schon Ihre kleinen Kinder ernst und bringen Sie das auch im Sprechen zum Ausdruck. Sagen Sie also „Hund“ statt „WauWau“ oder „Essen“ statt „Hamham“. So fühlen sich auch die Kleinsten wichtig und geachtet, lernen die Sprache leichter und werden nicht unnötigerweise verwirrt. Bitten Sie auch die Verwandtschaft und Freunde darum, „normal“ mit dem Kind zu sprechen.

Loben statt tadeln: Lob ermutigt und schenkt Freude am Lernen – Tadel, Kritik und ständige Verbesserungen demotivieren. Je mehr Sie Ihr Kind für seine Fortschritte loben und Bemühungen anerkennen, desto lieber und freudiger wird es gutes Benehmen anstreben.

KIDS BEI TISCH

Essen lernen Kinder zuallererst bei den Eltern. Daher sollten sie ein gutes Vorbild sein. Viele Erwachsene wissen jedoch selbst oft nicht, wie man was nun richtig macht, daher ist es hilfreich, in diesem Fall erst mal die eigenen Kenntnisse aufzufrischen. Doch es gibt neuerdings auch Etikettekurse für Kinder und Jugendliche. Hier werden die Kinder spielerisch in die Welt des guten Benehmens eingeführt und lernen die wichtigsten Tischmanieren wie auch die einfachen, allgemeinen Umgangsformen.

WICHTIG: Versuchen Sie nicht, durch extravagante Etikettekurse aus Ihrem Kind „etwas Besseres“ zu machen. Damit tun Sie dem Nachwuchs keinen Gefallen, sondern fördern eher, dass er in eine Außenseiterrolle gerät. Gute Manieren sollen das Miteinander erleichtern und fördern, nicht Menschen voneinander trennen.

Gemeinsam essen – die ersten Regeln für Kids

Die Grundregeln bei Tisch können schon die Kleinsten lernen und einhalten:

- vor dem Essen die Hände gründlich waschen und abtrocknen
- sich nur mit sauberer Kleidung an den Tisch setzen
- wenn es feste Sitzplätze gibt, den anderen nicht ihren Platz wegnehmen

- mit dem Essen erst dann anfangen, wenn alle am Tisch sitzen
- aufrecht sitzen und sich nicht mit den Ellbogen auf dem Tisch abstützen
- den Teller nicht zu voll laden und nur das nehmen, was man wirklich möchte
- wenn jemand anderer zu viel auf den Teller gibt, muss das Kind nicht aufessen
- die Gabel oder den Löffel zum Mund führen, nicht den Kopf über den Teller halten
- das Messer nicht ablecken
- mit geschlossenem Mund kauen
- erst runterschlucken, dann sprechen
- beim Essen nicht zu viel reden
- vor allem schöne Dinge erzählen, die alle Familienmitglieder interessieren
- mit dem Essen nicht spielen
- Gläser mit Stiel auch am Stiel fassen, andere Gläser etwa in der Mitte
- wer satt ist, kann den Rest stehen lassen, aber das leise tun und nicht laut „bäh" oder „ich platze" rufen
- erst aufstehen, wenn alle fertig sind und die Tafel aufgehoben ist
- wenn es zu lange dauert, die anderen fragen, ob man schon aufstehen darf
- sich für das Essen bedanken und sagen, wie es geschmeckt hat
- seinen Platz sauber hinterlassen
- beim Ab- und Aufräumen helfen

Das ist bei Tisch NICHT ERLAUBT: rülpsen, schmatzen, schlingen oder in der Nase bohren. Negative, gruslige, unappetitliche Sachen erzählen. Nebenbei Fernsehen, lesen, in Magazinen blättern, telefonieren oder mit Kopfhörern Musik hören gehört sich nicht. Das Gesicht verziehen und laut sagen, wie eklig man etwas findet.

TIPP: Etwa ab dem Schuleintritt sollten Kinder auch langsam lernen, gut mit Messer und Gabel umzugehen.

Tipps für Kids: Wie isst man was?

Spaghetti werden von den Italienern normalerweise nur mit der Gabel aufgewickelt, die man dazu in der rechten Hand hält. Du kannst aber auch den Löffel mit der linken Hand zu Hilfe nehmen, dann geht das Aufwickeln leichter.

Pommes solltest du mit der Gabel essen, außer in Schnellimbiss-Lokalen, da ist es auch mit den Fingern erlaubt. Zu lange Pommes nicht einfach in den Mund schieben oder Stück für Stück abbeißen, sondern vorher mit dem Messer in mundgerechte Happen zerteilen.

Erdnüsse darf man nicht mit den Fingern aus dem Schälchen nehmen. Normalerweise liegt ein Löffel bereit, mit dem du sie in deine Hand gibst.

Lebensmittel, die offen in einer Schale liegen – zum Beispiel Obst, Nüsse, Gummibärchen oder Chips –, nicht wieder in die Schale hineinlegen, wenn du sie schon mit den Fingern angefasst hast. Wenn du das Stück nicht magst, vielleicht weil eine Nuss oder ein Apfel eine schlechte Stelle hat, dann kannst du es auf einen Teller oder eine Serviette legen.

Eis am Stiel ist manchmal schwierig zu essen, ohne dass man dabei kleckert. Am besten setzt du dich dazu an einen Tisch und nimmst dir vorher eine Serviette, mit der du tropfendes Eis auffangen kannst.

Mit Kindern im Restaurant

Gehen Sie mit Ihren Kindern frühzeitig in Restaurants, so gewöhnen sie sich an die Umgangsformen dort und lernen meist auch von den Kellnern eine Menge dazu. Manchmal dürfen sie sogar einen Blick in die Küche werfen und bekommen so ein noch besseres Verständnis für die Gesamtzusammenhänge.

Was Eltern beachten sollten: Halten Sie Restaurantbesuche am Anfang kurz und wählen Sie Lokale mit wenig Wartezeiten oder mit Angeboten für Kinder wie einem Spielplatz oder einem Streichelzoo aus. So entsteht wenig Ungeduld und Unruhe bei den Kleinen. Lassen Sie die Kinder selbst ihre Speisen auswählen und bestellen, sofern sie das in vernünftigem Rahmen tun. Zeigen Sie ihnen, wie man richtig isst und wie man Speisen, die einem nicht schmecken, ohne vor Ekel verzerrte Mimik oder laute Iiiihh-

Tönen liegen lassen kann. Achten Sie darauf, dass die Kinder während des Essens sitzen bleiben und ruhig sind, aber „quälen" Sie vor allem die Kleineren nicht unnötig lange, indem sie auf ihrem Platz bleiben müssen, bis alle mit dem Essen fertig sind. Sie können inzwischen ruhig schon mal aufstehen, sich umsehen, etwas spielen oder ein Buch anschauen. Wichtig ist vor allem, dass sie nicht wild herumlaufen oder durch Schreien die anderen Gäste stören.

KINDER ZU GAST ODER ALS GASTGEBER

Kinder zu Gast

Sind Sie als Eltern zu Veranstaltungen eingeladen, zu denen Sie auch Ihre Kinder mitbringen können, stehen dem anfangs oft Bedenken entgegen. Dennoch: Es ist eine gute Gelegenheit für die Kinder, zu sehen, wie man sich als Gast bei anderen verhält, und auch generell etwas über soziales Verhalten zu lernen. Sie können den Kids die Umgangsformen kindgerecht erklären, vor allem aber erziehen Sie durch Ihr Vorbild. Das Kind wird genau beobachten, wie Sie sich geben, und das nachahmen.

Tipps für Kids: die Grundregeln

- „Bitte" und „danke" sagen ist sehr wichtig. Wenn du etwas möchtest, darfst du dir das keinesfalls einfach nehmen, sondern musst den Gastgeber erst fragen. Bekommst du es, dann bedanke dich auch dafür.
- Wenn du bei anderen zu Gast bist, musst du dich ihnen anpassen. Andere Menschen machen vieles anders, als du es von zu Hause gewohnt bist – aber das ist deswegen nicht falsch. Schau einfach aufmerksam zu, wie sie es machen.
- Respekt vor den anderen zu haben ist ganz wichtig. Du darfst nicht einfach laut sagen, wie doof oder scheußlich du etwas findest.
- Wenn die Erwachsenen sprechen, nicht einfach dazwischenreden. Bitte deine Eltern leise darum, dir kurz zuzuhören, aber nicht, wenn deine Mama oder dein Papa selbst gerade spricht. Warte kurz, bis sie fertig gesprochen haben.

TABU: andere Räume unerlaubt zu betreten oder neugierig danach zu fragen, wenn der Gastgeber es nicht von sich aus anbietet, weil er zum Beispiel etwas zeigen möchte. Und einfach etwas mitzunehmen, weil es dir gefällt – alle Sachen gehören den Gastgebern; schließlich wäre es dir auch nicht recht, wenn jemand zu dir zu Besuch käme und einfach deine Lieblingspuppe mitnehmen würde, weil er sie hübsch findet.

Was den Besuch für alle angenehmer macht

Für Kinder ist es meist ziemlich langweilig, längere Zeit mit Erwachsenen am Tisch zu sitzen. Bieten Sie Ausweichmöglichkeiten und Abwechslung, dann wird den Kleinen nicht langweilig und Sie können sich ungestörter unterhalten:

- einen extra Kindertisch herrichten, an dem alle Kinder sitzen
- wenn es die Zeit erlaubt, gibt es zum Beispiel einen lustig dekorierten Kinderkuchen und kleine Spielereien auf jedem Platz, als Tischkarte mit Namen versehen
- eine Spielecke herrichten oder die Kinder in das Spielzimmer der Gastgeber-Kinder gehen lassen

Wenn ein Malheur passiert...

... sollten die Eltern auf jeden Fall anbieten, für den Schaden aufzukommen. Wenn Sie entsprechend versichert sind, trägt eventuell auch die Versicherung die Kosten.

Kinder als Gastgeber

TIPPS FÜR KIDS: Eine Geburtstagsfeier planen

Dein Geburtstag kommt näher und du möchtest ihn gern mit deinen Freunden feiern? Dann sprich mit deinen Eltern ein paar Wochen vorher über deinen Wunsch. Für die Feier musst du mit deinen Eltern eine Gästeliste erstellen, die Einladungen schreiben und verschicken, einkaufen, Spiele überlegen, die Geburtstagstafel herrichten und hinterher aufräumen.

Die Gästeliste erstellen: Schreib eine Liste mit all den Namen der Kinder, die du gern einladen möchtest:

- deine besten Freunde
- Freunde, bei denen du selbst eingeladen warst
- Kinder, die du magst und gern als Freude gewinnen würdest
- Kinder, die neu in deine Klasse, in den Sportverein oder in die Nachbarschaft gekommen sind und die du gern besser kennenlernen möchtest

Einladungen schreiben und verschicken: Die Einladungen kannst du entweder selbst gestalten oder als fertige Karten kaufen, in die du noch alle wichtigen Informationen wie das Datum der Feier, die Uhrzeit, den Ort und was die Gäste mitbringen sollen eintragen kannst.

Einkaufsliste schreiben und einkaufen: Überleg mit deinen Eltern, was du deinen Gästen anbieten möchtest, zum Beispiel Kuchen, Kekse, Kakao, Milch, Tee, Säfte, Mineralwasser. Dann schreib eine Einkaufsliste mit all den Zutaten, die du dafür brauchst, und den Getränken. Außerdem brauchst du Servietten, Kerzen und eine Dekoration für den Geburtstagstisch. Besprich mit deinen Eltern, wer dir beim Zubereiten und Herrichten hilft – es sei denn, du kannst das schon allein. Dann müssen alle Sachen natürlich auch noch eingekauft werden.

Tipp: Mache die Einkaufsliste erst fertig, wenn du dir auch die Spiele überlegt hast, denn auf die Liste gehören auch die Preise und kleine Geschenke für deine Gäste.

Programm ausdenken: Du solltest schon vorab darüber nachdenken, was du mit deinen Gästen auf der Feier machen möchtest. Denk dir zum Beispiel ein Motto aus, passende Spiele dazu, ein Theaterstück, eine Schnitzeljagd … Du kannst auch überlegen, was dir auf anderen Festen sehr gut gefallen hat.

Herrichten: Am Morgen deines Festes oder einen Tag vorher solltest du mit den Vorbereitungen für die Feier selbst beginnen. Stell einen Tisch und Stühle für alle Gäste und dich selbst auf. Dann kommt eine Tischdecke darauf und für jeden Gast ein Teller, eine Serviette, eine Tasse mit Untertasse, ein Glas und Besteck. Wenn du magst, kannst du auch Tischkarten mit den Namen deiner Gäste schreiben und überlegen, wie die Kinder sitzen sollen. Am besten ist es, wenn du abwechselnd immer ein Mädchen und einen Jungen nebeneinander platzierst. Dann kannst du noch einen Geschenketisch aufstellen und alle Utensilien für die Spiele herrichten.

Wenn die Gäste kommen...

... solltest du sie erstmal begrüßen und sagen, dass du dich über ihr Kommen freust. Dann kannst du ihnen zeigen, wo sie ihre Jacke ausziehen und aufhängen können, wo sie die Schuhe abstellen. Am besten schreibst du auf deine Einladung, dass jeder Hausschuhe oder dicke Socken mitbringen soll. Wenn deine Eltern manche Kinder noch nicht kennen, solltest du sie ihnen vorstellen. Dazu sagst du erst deinen Eltern, wer das Kind ist, dann deiner Freundin oder deinem Freund, dass das deine Mutter bzw. dein Vater ist. Zeige ihnen, wo deine Geburtstagstafel steht, und dann kann es losgehen ...

... und wieder gegangen sind

Wenn die Gäste gegangen sind, das Aufräumen nicht vergessen. Es wäre deinen Eltern gegenüber nicht nett, wenn du dich nicht auch darum kümmerst. Dann helfen sie dir beim nächsten Mal bestimmt wieder gern.

Geschenke

Zum Umgang mit Geschenken

Kinder sind meist voller Freude, wenn sie schön verpackte Geschenke erhalten, und wollen sie sofort auspacken. Zeigen Sie Ihren Sprösslingen, wie man es richtig macht.

TIPPS FÜR KIDS: Geschenke annehmen

- Wenn du ein Geschenk bekommst, bedanke dich erst einmal dafür, bevor du gleich mit dem Auspacken beginnst
- Beim Auspacken das Geschenkpapier nicht einfach aufreißen und achtlos hinter dich werfen, sondern das Päckchen vorsichtig öffnen und das Papier dann beiseitelegen

- Schau dir das Geschenk an und sag, dass es dir gefällt. Du kannst auch erzählen, wenn es zu anderen Sachen, die du schon hast, gut dazupasst
- Wenn du es nicht so toll findest, solltest du versuchen, nicht allzu enttäuscht zu sein, sondern dich trotzdem darüber zu freuen, dass du etwas geschenkt bekommen hast. Vielleicht kannst du den Gegenstand ja mal mit jemandem tauschen, der ihn gut findet
- Zum Schluss solltest du dich dann nochmals dafür bedanken

Geschenke oder Geld

Ob Kinder, Jugendliche oder Erwachsene – im Grunde freut sich jeder über ein schönes Geschenk. Für junge Menschen, die noch nicht über große finanzielle Mittel verfügen, ist es meist eine noch größere Freude, wenn sie ihr Geschenk selbst auswählen dürfen oder Geld bekommen, um es sich selbst kaufen zu können. Oft entstehen hier Konflikte, wenn Erwachsene die Präsente gern auch persönlich auswählen möchten. Große Feierlichkeiten wie Kommunion oder Konfirmation sind besondere Festtage für die Kinder oder Jugendlichen. Sie stehen im Mittelpunkt des Geschehens und die Erwachsenen sollten an diesem Tag die Wünsche der Ehrenperson achten und ihre eigenen Bedürfnisse auf jeden Fall zurückstellen. Vielleicht lässt sich auch ein Kompromiss finden, mit dem beide zufrieden sind: Schenken Sie einen Geldbetrag und etwas Kleines, Persönliches dazu. Wichtig ist, dass der Beschenkte wirklich Freude daran hat – das ist die Hauptsache.

Ähnlich ist es auch bei einem gemeinsamen Geschenk, zu dem die Verwandtschaft Geld zusammenlegt. Sofern es Ihre finanziellen Mittel erlauben, sollten Sie sich daran beteiligen und auch mit einem nur kleinen Geldbetrag dazu beitragen, dass der Wunsch der Ehrenperson in Erfüllung gehen kann.

Gastgeschenke für Kinder

Zu Einladungen bringt man üblicherweise ein Gastgeschenk mit – ob nun die Eltern die Gastgeber sind oder die Kinder selbst. Kinder freuen sich meist riesig über die Mitbringsel, allerdings sollten Eltern aufpassen, dass sich keine Erwartungshaltung in den Kids aufbaut. Sonst überrascht Ihr Nachwuchs Besucher irgendwann mit der peinlichen Frage: „Und wo ist mein Geschenk?“. Machen Sie Ihrem Kind klar, dass nicht jeder Besuch immer auch ein Geschenk mitbringt und Sie sich vor allem über das Zusammensein freuen. Geschenke sollten eher eine Nebensache, nicht der Hauptgrund sein, warum sich Kinder über Besuch freuen.

KLAMOTTEN

TIPPS FÜR KIDS: So seid Ihr gut gekleidet

- aufpassen, dass alle Kleidungsstücke gut zusammenpassen
- keine schmutzigen Sachen anziehen
- darauf achten, dass die Kleidung keine Löcher hat – es sei denn, das ist so gewollt
- keine Socken mit Löchern anziehen
- saubere und ordentliche Schuhe tragen

TIPPS FÜR TEENS: klasse Outfit

Wenn du deine Kleidung aussuchst, überleg dir vor allem gut, wie du bei den anderen ankommen möchtest. Eine zerrissene Hose macht sich zum Beispiel bei einem Vorstellungsgespräch zu einem Ferienjob in einem Kaufhaus nicht gut. Zu einem Treffen mit deiner besten Freundin brauchst du dagegen natürlich nicht im Anzug erscheinen. Es kommt immer ganz auf die Situation an.

- Piercings und Tatoos? Überleg dir, ob du das wirklich möchtest, und wenn ja, an welcher Körperstelle? Muss es auffällig sein oder ist es nicht besser, eine Stelle zu wählen, die du bei manchen Gelegenheiten auch verdecken kannst?
- Egal, wie hipp das Dessin – Kleidung muss sauber sein, sonst ist sie eklig!
- Bei der Schulkleidung solltest du darauf achten, nicht damit vor den anderen zu prahlen. Auch in der Schule zeigt man durch angemessene Kleidung seine Wertschätzung den anderen gegenüber – Mitschülern wie auch Lehrern

- Im Berufsleben wirst du später sehr auf die richtige Kleidung achten müssen – je weiter du einmal auf der Karriereleiter hochklettern möchtest, umso wichtiger ist es, dich mit den sogenannten Dresscodes, den Kleidungsvorschriften, auszukennen. Je eher du dich damit beschäftigst, desto leichter fällt es dir später (siehe Kapitel 4, Seite 122 ff.)

Für Eltern:

Gerade in der Jugendzeit verlieren Eltern immer mehr ihren Einfluss auf ihr Kind –Freunde, die Clique, Konkurrenten und Vorbilder aus den Medien spielen eine wesentlich größere Rolle für den langsam erwachsen werdenden Nachwuchs. Jugendliche wollen und müssen selbst entscheiden dürfen, wie sie sich kleiden. Lassen Sie Ihren Kindern diese Freiheit und achten Sie ihre eigene Meinung und ihren Geschmack. Nur so können sie nach und nach ihren eigenen Stil finden. Dennoch brauchen die Teens auch in dieser Zeit Unterstützung – selbst wenn sie es gerade nicht zugeben können und zunächst alles ablehnen, was von den Eltern kommt. Machen Sie daher keine übertriebenen Kleidungsvorschriften, sondern vermitteln Sie dem Kind die Werte, die dahinterstehen, und die Fragen, die es sich schließlich selbst beantworten muss:

Welche Werte sind mir wichtig? Brauche ich es, mit Markenklamotten zu prahlen, oder achte ich mehr darauf, gute Freunde zu haben? Möchte ich in einer Gemeinschaft dazugehören oder ein Außenseiter sein?

Wie möchte ich bei anderen ankommen? Als unangepasster Rebell oder als selbstbewusste Persönlichkeit mit einem guten, eigenen Geschmack? Als schlampig, ungepflegt und ungehobelt oder als angenehmer, sympathischer Mensch, mit dem andere gern zusammen sind?

Zeigen Sie älteren Teenagern außerdem rechtzeitig vor dem Eintritt ins Berufsleben:

- die allgemeinen Umgangsformen zwischen Erwachsenen
- die Regeln für die Kommunikation
- das korrekte Benehmen bei Tisch
- welche Dresscodes im Geschäftsleben gelten
- wie eine Krawatte richtig gebunden wird

- wie man mit Visitenkarten korrekt umgeht
- wie man Feste richtig organisiert
- welche Unterschiede es zu anderen Kulturen gibt und wie man damit umgeht

Schulkleidung: Miteinander statt Konkurrenz

Der Deutsche Knigge-Rat befürwortet eine einheitliche Schulkleidung, da sie Gemeinschaftssinn, soziale Verantwortung und das Gruppenzugehörigkeitsgefühl fördert. Viele Schüler streben heute zu einseitig vorwiegend eigennützige Ideale wie Geld, Statussymbole, Prestige oder Macht an und verlieren dabei menschliche und gesellschaftliche Werte wie Gemeinschaft, Teamfähigkeit, Rücksichtnahme mehr und mehr aus den Augen. Stattdessen soll eine einheitliche Schulkleidung ähnlich dem Dress bei Mannschaftssportarten Teamgeist und Identität vermitteln und selbstsüchtigen Störungen zuvorkommen. Weiterhin bereitet die Schulkleidung auf das Berufsleben vor, denn dort müssen sich die jungen Menschen auch anpassen und auf Dresscodes achten.

Weiterführende Literatur:

Begemann, Petra: Der kleine Business-Knigge. Eichborn 2005.
Bonneau, Elisabeth: 300 Fragen zum guten Benehmen. Gräfe & Unzer 2005.
Bonneau, Elisabeth: Gastgeber-Knigge. Schön und entspannt feiern. Gräfe & Unzer 2005.
Bonneau, Elisabeth: Kleiner Ess- und Tischknigge. Gräfe & Unzer 2006.
Bonneau, Elisabeth: Knigge for Business. Für erfolgreiches Auftreten im Beruf. Hampp 2002.
Gänkler, Isabell/Hess, Reinhardt: Knigge für Weintrinker. Sicherheit im Umgang mit Wein. Hallwag 2005.
Goleman, Daniel: Emotionale Intelligenz. dtv 1997.
Klein, Hans-Michael: Benimm im Business. Cornelsen 2005.
Knigge, Adolph Freiherr: Über den Umgang mit Menschen. Nikol 2004.
Nagiller, Brigitte: Klasse mit Knigge! Stilsicher in allen Lebenslagen. Mosaik 2007.
Nagiller, Brigitte: Knigge, Kleider und Karriere. Sicher auftreten mit Stil und Etikette. Mosaik 2004.
Naumann, Frank: Die Kunst der Diplomatie. 20 Gesetze für sanfte Sieger. Rowohlt 2003.
Oppel, Kai: Business-Knigge international. Der Schnellkurs. Haufe Verlag 2006.
Pesendorfer u.a.: Änderungen und neue Inhalte der ÖNORM A 1080 vom 1. März 2007, Trauner Schulbuch Verlag Österreich 2007.
Quittschau, Anke/Tabernig, Christina: Business-Knigge. Die 100 wichtigsten Benimm-Regeln. Haufe 2007.
Rupprecht-Stroell, Birgit: Auslands-Knigge. Gräfe & Unzer 2002.
Wolff, Inge: Anti-Blamier-Knigge. So verbessern Sie Ihren Auftritt. Gräfe & Unzer 2004.
Wolff, Inge: Knigge im Job. So machen Sie immer eine gute Figur. Gräfe & Unzer 2006.
Wolff, Inge: Umgangsformen. Bassermann 2004.

Hilfreiche Internetadressen:

www.adac.de –Allgemeiner Deutscher Automobil-Club ADAC e.V.

www.aeiou.iicm.tugraz.at – Österreichisches Kulturinformationssystem

www.aid.de – aid infodienst Verbraucherschutz, Ernährung, Landwirtschaft e.V.

www.dehoga.de/www.hotelsterne.de – Deutscher Hotel- und Gaststättenverband e.V.

www.familienhandbuch.de – Online-Magazin zu Kindererziehung und Familienbildung

www.ihk.de – Industrie- und Handelskammern

www.jobware.de – Karriere-Portal

www.knigge-rat.de – Deutscher Knigge-Rat (unabhängige Experten-Verbindung)

www.kochatelier.de – Online-Magazin rund um Küchenthemen

www.landesverkehrswacht.de – Deutsche Landesverkehrswacht

www.lemenu.de – Online-Magazin rund ums Kochen

www.mieterbund.de – Deutscher Mieterbund e.V. DMB

www.stellenboersen.de – Das Uni- und Karriereportal

www.wikipedia.de – freie Enzyklopädie

SACHREGISTER

Abendanzug 124
Abendkleid 124
abholen 287
Abkürzungen
- auf Einladungskarten 57
- bei Titeln 99
- in E-Mails 106
absagen 92
Abschied 34ff., 46ff., 297, 309
Abstand halten 69
Adelstitel 38, 39, 43, 99ff.
Ägypten 340ff.
- Anrede 340
- Begrüßung 340
- Business 343
- Einladungen 341
- Essen 341
- Geschenke 340
- Kleidung 341
- Kommunikation 341
- Pünktlichkeit 340
- Sonstiges 341f.
- Sprache 341
- Tabu 341
- Trinkgeld 341
Akkolade 36
Alkohol 255, 265, 279
altmodisch 42f.
Ananas 166
anklopfen 374
Anlässe, familiäre 62ff., 67
Anrede 36ff., 243
- korrekte 36, 310
- schriftliche 104
Anrufbeantworter 113, 114
- Mailbox 113
- Text 113f.
Anschrift 97ff., 104
ansprechen 86f.
anstoßen 160
Anzug, dunkler 125
Anzugtaschen 360
Aperitif 160, 176
Äpfel 166
Apfelsinen 166
Applaus 191f., 193
Arbeitsplatz 223ff.
- eigener 266
Arbeitsteam 45
Arbeitsunterlagen 224
Armlehne 285
Arroganz 83
Artischocken 166
Aufdringlichkeit 357
Aufmerksamkeiten 48, 49, 51, 316
Aufrichtigkeit 18
aufstehen 35, 243
Auftreten 18f.
- richtiges 18ff.
- selbstbewusstes 240ff.
auschecken 204, 207
Ausdruck, guter 108
Ausland 120
ausleihen 25, 72
Äußeres, gepflegtes 352, 362
aussteigen 286, 348
Austern 166f.
Austerngabel 167
Australien 328
- Anrede 328
- Begrüßung 329
- Business 329f.
- Einladungen 329
- Essen 329
- Geschenke 329
- Kleidung 329
- Kommunikation 330
- Pünktlichkeit 329
- Sonstiges 330
- Sprache 330
- Trinkgeld329
- Tabu 330
- Trinkgeld 329
Authentizität 19
Auto 75f., 276ff., 347
- Abstand 280, 281, 326
- blinken 279
- einfädeln 279
- fahren 348
- mit Chauffeur 276
Avocado 167

Babysprache 378
Badesee 294f.
Bahn 274ff.
- Liegewagen 275
- Schlafwagen 275
Ballkleidung 201
- Ballkleid 201
Bananen 167
Bankett 164
Bart 21
Beeren 167f.
begleiten 197, 248, 357
- zum Platz 198
begrüßen 18, 34ff., 241f., 362, 373
Begrüßung 34ff.
bekannt machen 36, 40, 242f., 374
Belästigungen 353f.
Benehmen, gutes 14f., 17ff., 364ff.
Beneluxländer 295ff.
- Anrede 296
- Begrüßung 296
- Business 297
- Einladungen 296
- Essen 296
- Geschenke 296
- Kleidung 297
- Kommunikation 297
- Pünktlichkeit 296
- Sprache 297
- Tabu 297
- Trinkgeld 296
Benimmunterricht 15
Berufseinsteiger 265ff.
Berufstitel 39
Beschwerde 91, 94f., 184
Beschwerdekultur 94
Besonderheiten, religiöse 165f.
Besteck 138ff., 152ff.,
- auflegen 223
- richtig benutzen 152ff.
Besteckbänkchen 138
Bestecksprache155
bestellen 182
Besucher, unangemeldete 233
Besucherbetreuung 248f.
Betreff-Zeile 116
Betriebsausflüge 254ff.
Betriebsfeiern 254ff.
Bettler 292
Bewerbung 259ff.
- klassische 259f.
- nachhaken 260

– online 260
– per Post 259f.
– Vorabinformation 260
Bewerbungsmappe,
– schriftliche 259f.
bezahlen
– im Restaurant 185f.
Beziehungen 226 ff.
Beziehungskompetenz 31
Birnen 168
Black Tie 124
Blicke 18f.
Blickkontakt 83, 352
Blumen 50
Blumensprache 50
Blumengesteck 145
Bonbons 192
Brief 96ff.
– Anrede 100ff.
– geschäftlicher 96ff.
– offizieller 96f., 137, 218
Brot 140, 168
Brötchenteller 157
Brunch 164
Büfett 145, 161, 164
– Frühstücksbüfett 145
Bulgarien 313ff.
– Anrede 313
– Begrüßung 313
– Business 314
– Einladungen 314
– Essen 314
– Geschenke 314
– Kleidung 314
– Kommunikation 314
– Pünktlichkeit 313
– Trinkgeld 314
Büro 363
Business 214ff.
Businesskleidung 124
– Business Casual 124
– Business Professional 124
– Businessanzug 124
– für ihn 220ff.
– für sie 219f.
– Standardgarderobe 222
Butter 140

Campingplatz 293f.
Canapés 168
Casual Friday 218f.
Casual Wear 124
Chaos 236
Check-in 283
China 334f.
– Anrede 334
– Begrüßung 334
– Business 335
– Einladungen 314
– Essen 334
– Geschenke 334
– Kleidung 335
– Kommunikation 335
– Pünktlichkeit 334
– Sonstiges 335
– Sprache 335
– Tabu 335
– Trinkgeld 334f.
Cocktailkleid 124, 125
Cravatte 124
– blanche 124
– noire 124
Cut 124

Damenwahl 199
Dänemark 316
– Anrede 316
– Begrüßung 316
– Business 317
– Einladungen 315
– Essen 316f.
– Geschenke 316
– Kleidung 317
– Kommunikation 317
– Pünktlichkeit 316
– Sonstiges 317
– Sprache 317
– Tabu 317
– Trinkgeld 317
Dank 47
Date 358
Deckteller 137
Dekoration 145, 146
Dessertbesteck 139, 153
Dienstreisen 257f.
– Allgemeines 257f.
Dienstweg 224
Diner 164
Dinner 164, 304, 362
– Captains Dinner 288
Diplomatie 270
– Regeln 270
Distanz 31ff.
– gesellschaftliche 32
– gesunde 19
– intime 31f.
– öffentliche 32
– persönliche 32
Distanzzonen 31ff.
Doktor ehrenhalber
(Dr. E.h.) 99
Doktor honoris causa
(Dr. h. c.) 99
Drehtür 188
Dress Down Friday 218
Dresscode 122, 124ff., 216ff., 266
– Regeln, allgemeine 217f.
Du
– ablehnen 229f.
– anbieten 44, 229
– annehmen 229
Düfte 20, 51
duzen 19, 43ff., 115, 228

Ehejubiläen 65
Ehrenamt 78f.
Ehrenplätze 149
Ehrlichkeit 68
Eier 168
Eigenheim 73
einchecken 204
Eindruck, erster 12f.
Einfühlungsvermögen
(Empathie) 30
Einladung 53ff., 178f.
– absagen 59f.
– annehmen 53ff.
– aussprechen 53ff.
– erhalten 59f.
– nach Hause 178
Einreiher 360
Einschulung 66
Einstecktuch 360
einsteigen 274f., 276, 347f.
Einweihungsparty 76, 78
Einzug 76, 77
Eis 168
– am Stiel 381
Eitelkeit 83
Eltern 378, 381f., 388
E-Mail 95, 105ff.,
– Abkürzungen 106
– Anhang 106
– beantworten 105f.
– Kontrolle 105
– Kurznachricht 121
– PM 115

– Smileys 116
– Stil 116
Emanzipation 15
Empathie (Einfühlungsvermögen) 30
„Entrée“ 324
entschuldigen 26
Entschuldigung 93
Erdnüsse 381
Erinnerungskarten 58
Ernährung, vegetarische 163
Erste Hilfe 281
Erstkommunion 63
Essbesteck 139
Essen 363
Essstäbchen154
Etikette 10f., 18f., 21, 23, 25
– firmenspezifische 266
Europa 295ff.

Fahrstuhl 240f.
Fairness 279ff.
Familienfeste 61f.
Familienkultur 369
Farbberatung 122 ff., 130
Farben 128ff., 360
Farbtypen 130f.
Farbwirkungen 128ff.
Fauxpas 26
Fax 95, 112
Faxgrüße 113
Faxkopf 112
Faxregeln 112f.
Feedbackgespräch 91, 267
Feigen 168
Fenster
– öffnen 275
– schließen 275
Fettnäpfchen 26, 267
Finger 154
– als Essgerät 154
Fingernägel 20
Fingerschalen 158
Finnland 321ff.
– Anrede 321
– Begrüßung 321
– Business 321f.
– Einladungen 321
– Essen 321
– Geschenke 321
– Kleidung 321
– Kommunikation 322
– Pünktlichkeit 321
– Sonstiges 322
– Sprache 322
– Tabu 322
– Trinkgeld 321
Firma
– als Gastgeber 255f.
Firmenphilosophie 266
Firmung 63
Fisch 168f.
Fischbesteck 168
Fleisch 169
– dunkles 176
– helles 176
Fliege
– schwarze 124
– weiße 124
Flirten 351ff.
Flug 283ff.
Fondue 169
fotografieren 290
Frack 124, 201, 361
Frankreich 299f.
– Anrede 299
– Begrüßung 299
– Business 300
– Einladungen 299f.
– Essen 299f.
– Geschenke 299
– Kleidung 300
– Kommunikation 300
– Pünktlichkeit 299
– Sprache 300
– Tabu 299
– Trinkgeld 300
Frau, moderne 345ff.
Fräulein 313, 322
Freizeitkleidung 288
Freundlichkeit 28
Führungskräfte 268

Gabel 136, 153
Gähnen 193
Gänge 173ff.
Garderobe 237, 241
– offizielle 140f.
Garnelen 172
Garten 73
Gast 209ff.
– Kinder als 383
Gäste 58ff.
Gästeauswahl 58
Gästebetreuung 248
Gästeliste 58f.
Gastfreundschaft 60
Gastgeber 149, 251f.
– Kinder als 383
Gastgeschenke 48f., 362
– für Kinder 386
Gatte 36
Gattin 36, 37
Geburtstage 62f.
Geburtstagsfeier 383
– planen 383
Gedeck 152ff.
– Frühstücksgedeck 144
– großes 142, 143
– Kaffeegedeck 144
– kleines 141
– mittleres 142
Gefahren 281
Geflügel 139, 169, 176, 255
Geld 386
Gemahl 36, 37
Gemahlin 36, 37
gemeinsam essen 379
Genesungswünsche 95
Gepäckabholung 286f.
Gerechtigkeit 371
Geschäftessen 61f., 251ff.
– Anlässe 251
– Dauer 251
Geschäftsadresse 103
Geschäftsbrief 96ff., 101, 103
Geschäftskorrespondenz 244
Geschäftsreisen 257, 269
Geschenk 48ff., 290f., 385f.
– annehmen 52f.
– auspacken 52f.
– unpassendes 53
– zur Genesung 239
Geschick, diplomatisches 269f.
Geschirr 137f.
– Ergänzungen 138
– Grundausstattung 137, 139
Gespräche 87. ff., 284
Gesprächsblockaden 92
Gesprächskiller 88f.
Gesprächsstoff 352
Gesprächsthemen 239
Gesten 82f.
Gestik 81f.
„Gesundheit“ 225

Getränke 263f.
Gewohnheitsrechte 224
Gläser 139f., 152f., 156
– Anordnung 140, 150, 259
– Auswahl 160
– Besonderheiten 132, 140, 165, 200, 316, 331, 341
– Grundausstattung 137, 139
– richtig benutzen 152f.
Gnädige Frau 36, 39
Gnädiger Herr 36
Gourmetlöffel 139, 154
Grad, akademischer 38, 43, 99f., 101f., 104
Grenzen setzen 369
Griechenland 300ff.
– Anrede 300f.
– Begrüßung 301
– Business 303
– Einladungen 301
– Essen 301
– Geschenke 301
– Kleidung 302
– Kommunikation 302
– Pünktlichkeit 301
– Sonstiges 303
– Sprache 302
– Tabu 302f.
– Trinkgeld 301f.
Grillen 294
Großbritannien 303ff.
– Anrede 303
– Begrüßung 303
– Business 304
– Einladungen 303f.
– Essen 303f.
– Geschenke 303
– Kleidung 304
– Kommunikation 304
– Pünktlichkeit 303
– Sprache 304
– Tabu 303
– Trinkgeld 304
Großer Gesellschaftsanzug 124
Gruppen 45
Gruppenreise 291f.
Grüße 246
– in Briefen 246
– in E-Mails 246
Grüßen 68, 284, 373
Grußkärtchen 121
Grußschreiben 95
„Guten Appetit“ 158, 254
„Guten Tag“ 35

Haarschnitt 19
Habit noir 124
Hallo 35
Haltung 35, 264
Hände 18, 20,
Händedruck 18, 35f., 39
Händeschütteln 35f.
Handgepäck 284
Handschlag 35
Handtasche 245f.
Handy 106, 109ff., 147
– Verbote 110
Haus
– hüten 212f.
Haustiere 74
Hautpflege 21
Hemden 360
Hilfsbereitschaft 272f.
Hochzeit 63ff.
Hochzeitstage 65
Höflichkeit 12, 27ff., 272f., 288f.
Hosenanzug 328, 343, 345
Hosenträger 360
Hotel 202ff., 287, 292, 315
– Minibar 205
– Personal 206
– Sterne 203
Hummer 169, 170
Hummergabel 169
Hummerzange 139, 169
Humor 94
Husten 366, 368
Hustenbonbons 192
Hygiene 19ff., 275, 325

Image 216ff., 221
Indien 332f.
– Anrede 332
– Begrüßung 332
– Business 333
– Einladungen 332
– Essen 332
– Geschenke 332
– Kleidung 333
– Kommunikation 333
– Pünktlichkeit 332
– Sonstiges 333
– Sprache 333
– Tabu 333
– Trinkgeld 333
Inlineskater 282
Intelligenz, emotionale 30f.
Internationalität 15
Intimzone 33, 272
Italien 305 ff.
– Anrede 305
– Begrüßung 305
– Business 306
– Einladungen 305
– Essen 305f.
– Geschenke 305
– Kleidung 306
– Kommunikation 306f.
– Pünktlichkeit 305
– Sonstiges 307
– Sprache 306f.
– Tabu 306, 307
– Trinkgeld 306

Jackettknöpfe 360
Japan 335f.
– Anrede 335
– Begrüßung 335
– Business 336
– Einladungen 336
– Essen 336
– Geschenke 336
– Kleidung 336
– Kommunikation 336
– Pünktlichkeit 327
– Sonstiges 336
– Sprache 336
– Tabu 336
– Trinkgeld 336
Jubiläen 254
Jugendliche 364ff.

Kaffee 160
Kanada 327ff.
– Anrede 327
– Begrüßung 327
– Business 328
– Einladungen 315
– Essen 327f.
– Geschenke 327
– Kleidung 328
– Kommunikation 328
– Pünktlichkeit 327
– Sonstiges 328

- Sprache 328
- Tabu 328
- Trinkgeld 328
Kantine 254
Kartoffeln 163
Käse 169f., 176
Kaviar 170
Kerzen 4
Killerphrasen 88f.
Kinder 72, 363ff., 207f., 286, 366
- als Gastgeber 383
- zu Gast 382f.
Kinderlärm 71
Kindersprache 378
Kino 194
Kirchen 290
Kirchenkonzerte 194
Kirschen 170
Kiwis 170
Klamotten 387ff.
Klatschen 191, 286
Kleiderkodex 304
Kleiderordnung 124
Kleidungshinweis 124
Kleidungsvermerk 124, 189f.
Kleidungsvorschriften 132ff.
- besondere 132
Kleiner Gesellschaftsanzug 124
Klingeltöne 110
Klingelzeichen 190
Knoblauch 170
Knödel 170
Know-how, interkulturelles 269
Kollegen 268
Kommentare, verletzende 354
Kommunikation 80ff., 266, 362f.
- bei Tisch 161
- am Telefon 244ff.
- im Job 244ff.
- nonverbale 81, 83
- verbale 81, 83, 85, 87, 89, 91
Kommunikationsfähigkeit 31
Kommunikationskultur 80ff.
Kompetenzbereiche 224
Kompliment 93, 199, 353
Kondolenzbesuche 239f.
Kondolenzbriefe 95
Konferenzen 248, 250
Konfirmation 63
Konflikte 92, 256
Kongresse 258f.
Kontakte
- knüpfen 85
Konversation 85ff.
Konzert, klassisches 190f.
Korb 198f.
Körperhaltung
- geschlossene 84
- offene 84
Körperpflege 223, 349
- für ihn 223, 258
- für sie 223
Körpersprache 81ff., 188
Korrespondenz, moderne 96ff.
Kosmetik 349f.
Kostüm, festliches 125
Krabben 170
Krankenbesuch 51
Krankenhausbesuche 51
Krankheiten 239f.
- Umgang mit 239f.
Krawatte 360
Kreuzfahrt 287f.
- Garderobe 288
Kritik 93, 156
Kritikgespräche 91
Kuchen 170
Kurzarmhemden 360
Küsschen 36

Lagerfeuer 294
Länder, arabische 338ff.
- Anrede 338
- Begrüßung 339
- Business 339f.
- Einladungen 339
- Essen 339
- Geschenke 339
- Kleidung 339
- Kommunikation 340
- Pünktlichkeit 339
- Sonstiges 328
- Sprache 340
- Tabu 340
- Trinkgeld 339
Landung 286
- aussteigen 286, 347, 348
Langusten 170
Lärm 71
Lärmschutzregelungen 70
Linkshänder 164
Lob 93, 156, 379
Löffel 153
logieren 204
Lokal, gutes 179
Lügen 27
Lunch 164

„Mahlzeit" 158
Mahlzeiten 286
Maiskolben 170
Make-up 21, 147, 350
Mandarinen 170
Manieren, gute 365ff.
Mann, moderner 356ff.
Männerbild 356
Männlichkeit 358
Massage 193
Material 217
Medien, neue 15
Meetings 248ff.
- Sitzordnung 249
Melonen 171
Menschlichkeit 150
Menü 174f.
- 3-Gänge-Menü 174
- 6-Gänge-Menü 174
- 8-Gänge-Menü174
- Abendmenü 174
- Mittagsmenü 174
Menübesteck 139
Menükarte 136, 181
Menükunde 173ff.
Menüregeln 175
Menüwahl 251
Messen 258f.
Messer 153
Mieter 74, 77
Mimik 82
Minibar 205
Missgeschick 162, 351
Mitarbeiter, neuer 268
Mitbringsel 49f.
Miteinander 78, 238
- wertschätzendes 238
Mitmenschlichkeit 115
Mittagsmenü 174

Mittagsruhe 70
Mitverhältnis 73f.
Mobbing 92
modern 42
Müll 293
Muscheln 171
Museum 194f.
Musik hören 274, 275

Nachbarschaft 68ff.
Nach-Hause-Bringen 357
Nachsendevermerk 113
Nachsicht 70,
Nachtruhe 70, 275
nachwürzen 158
Nacktsein 371
Nähe 31
Namen 41, 115
- beim Namen nennen 86
Natur 293ff.
nein sagen 69
Netcops 116
Netiquette 105, 114
Netz 114ff.
- Regeln 115ff.
Niesen 193, 368
Norwegen 319ff.
- Anrede 319
- Begrüßung 319
- Business 320
- Einladungen 320
- Essen 320
- Geschenke 319
- Kleidung 320
- Kommunikation 320
- Pünktlichkeit 319
- Sonstiges 320
- Sprache 320
- Tabu 315
- Trinkgeld 320
Nüsse 171

Obst 171
offen sein 374
Offenheit 18, 231
Öffentlichkeit 17f., 110, 373, 377
Ohren, saubere 21
Oliven 171
Oper 190f., 297
Ordnung 232ff., 266
- Umgang mit 234f.
Ordnungsfanatiker 236
organisieren 233
Österreich 23, 29, 38f., 49, 100ff., 314ff.
- Anrede 314f.
- Begrüßung 315
- Business 315
- Einladungen 315
- Essen 315
- Geschenke 315
- Kleidung 315
- Kommunikation 315
- Pünktlichkeit 313
- Sonstiges 316
- Sprache 315
- Tabu 315
- Trinkgeld 315

Paare 150
Papierservietten157
parken 280
Platz nehmen 276
Partnerwechsel
- beim Tanzen 198
Pastete 171
Patchworkfamilien 372
Pause 192
Pensionierung 66f.
Personal 183, 206
Pflanzen 237
Pflege 217, 362
Pizza 171
Placement 148f.
Planen 232, 383
Platz nehmen 150f., 274f.
Platzteller 135, 137
Platzwahl 150f., 277
PM (private Mail) 115
Polen 307ff.
- Anrede 307
- Begrüßung 307ff.
- Business 308
- Einladungen 308
- Essen 308
- Geschenke 308
- Kleidung 308
- Kommunikation 308f.
- Pünktlichkeit 308
- Sonstiges 309
- Sprache 308f.
- Tabu 309
- Trinkgeld 308
Polterabend 64, 132
Pommes frites 380
Präsentationen 250
Privatbrief 97, 100, 102f.
Privates 256
Privatgespräche 109
Privatsphäre 313, 370
Probezeit 268
Probleme
- lösen 368
Problemzonen 347
Pünktlichkeit 19, 21ff., 79, 190, 262, 283, 289

Radfahrer 282
Rang, militärischer 38
Rangordnungen 149f., 332
rasieren 21, 223, 359
rauchen 225, 274
Raucher 164f., 225, 266
Räume, private 211
Raumwahl 249
Rebsorten 176f.
Rechtsfahrgebot 280
Regeln 115, 146
Reisegruppen 291
Reiseleiter 291
Reisen 121, 258, 288ff.
- Frau 354ff.
- geführte 291
- mit Kindern 286, 376f.
- Ziele 377
Reisevorbereitungen 288
Reklamationen 184f.
- Gründe 184f.
reklamieren 184f.
Respekt 28f.
Restaurant 94, 133 ff., 178ff., 381
- Auswahl 179f., 253f.
- betreten 180
- bestellen 182
- Kinder 381
- Souvenirs 292
- verlassen 180, 184, 286, 331, 342, 367
Reviere 224
richtig auftreten 18
Richtlinien für das Trinkgeld 207
Rotwein 176f.
Rückantwort 59, 112
Rückenlehne 285
Rücksicht 68, 70, 278, 279ff., 377

Ruhestand 99
Ruhezeiten 70, 205, 294
– allgemeine 70f.
Rumänien 312ff.
– Anrede 312
– Begrüßung 312
– Business 313
– Essen 312f.
– Einladungen 312
– Geschenke 312
– Kleidung 313
– Kommunikation 313
– Pünktlichkeit 312
– Sonstiges 313f
– Sprache 313
– Tabu 313
– Trinkgeld 313
Running dinner 164
Russland 337f.
– Anrede 337
– Begrüßung 337
– Business 338
– Einladungen 337f.
– Essen 337f.
– Geschenke 337
– Kleidung 338
– Kommunikation 338
– Pünktlichkeit 337
– Sonstiges 338
– Sprache 338
– Tabu 338
– Trinkgeld 338

Salat 172
Sauberkeit 237
Schallschutzstufen 71
Schaumwein 176
Scheidung 372
Schnäuzen 193
Schnecken 172
Schneckengabel 172
Schneckenzange 172
schneiden 158
Schreibtisch 235ff.
Schreibtischordnung 237f.
Schreibtisch-Typen 236f.
Schüchternheit 85
Schuhe 147, 222f., 346f., 361
Schulabschluss 66
Schulkleidung 389
Schulstart 66
Schutz 249
Schweden 317
– Anrede 317
– Begrüßung 317
– Business 318
– Einladungen 318
– Essen 318
– Geschenke 318
– Kleidung 318
– Kommunikation 318
– Pünktlichkeit 318
– Sonstiges 319
– Sprache 318
– Tabu 318f.
– Trinkgeld 318
Schweiz 29, 30, 38, 39, 40, 49, 100, 102, 104, 289, 297ff.
– Anrede 297
– Begrüßung 297f.
– Business 298
– Essen 298
– Geschenke 298
– Kleidung 298
– Kommunikation 298
– Pünktlichkeit 298
– Sonstiges 298f.
– Sprache 298
– Tabu 298
– Trinkgeld 298
Schwiegereltern 361f.
Selbstbewusstsein 31
Selbstvorstellung 265
Servicepersonal 161, 183
– Umgang mit 183
Servieren 151f.
– von rechts 152
– von links 152
– Reihenfolge 152
Serviette 156f.
– Ablage 157, 177, 238, 274
– brechen 136
– falten 136
– Handhabung 156, 168
Shrimps 172
Sicherheit 273f.
siezen 19, 43ff., 115, 228ff.
Signatur 115
Silberteller 135, 137
Sitten 288ff.
Situationen, schwierige 64, 91
Sitzgelegenheiten 135, 208, 248
Sitzhaltung 148
Sitzordnung 148, 151, 249, 276
– vorgegebene 151
Sitzplätze 190, 285, 379
Skandinavien 316, 317, 321
Small Talk 19, 85ff., 247, 289f., 358
Smart Casual 124
Smileys 116
Smoking 124, 201, 222, 288
SMS 95, 111f.
Souvenirs 205f., 292
Souveränität 10, 16, 27, 250
Spaghetti 172, 380
Spanien 322ff.
– Anrede 322
– Begrüßung 322
– Business 323
– Einladungen 323
– Essen 323
– Geschenke 323
– Kleidung 323
– Kommunikation 323
– Pünktlichkeit 323
– Sonstiges 324
– Sprache 323
– Tabu 323
– Trinkgeld 323
Spargel 172, 181
Speisekarte 181, 182, 184
Speisen 166ff.
Speisenfolge, klassische 174
Speisepläne 181
Spezialbestecke 139
Spezialkarten 181
Sportveranstaltungen 201f.
– Fair Play 202
– Teilnehmer 201f.
Sprache 128
– der Blumen 50
– der Farben 128
Standardgarderobe 222
Steinobst 171
– Aprikosen 171
– Datteln 171
– Pfirsiche 171
– Nektarinen 171
– Pflaumen 171
Stil
– am Arbeitsplatz 223ff.
– persönlicher 127ff.
Stilberatung 122ff.

Stinkefinger 305
Stofftaschentuch 361
Straßenanzug 125
Streit 92
Stresemann 124, 201
Südafrika 342f.
– Anrede 342
– Begrüßung 342
– Business 343
– Einladungen 342
– Essen 342
– Geschenke 342
– Kleidung 343
– Kommunikation 343
– Pünktlichkeit 342
– Sonstiges 343
– Sprache 343
– Tabu 343
– Trinkgeld 343
Suppe 173
Supplement 155
Sushi 173
Süßspeisen 176
Sympathie 255

Tabuthemen 247, 289f.
Tafelbesteck 139
Tageskarte 181
Taktgefühl 28, 180
Tanzformen 200
Tanzmuffel 200
Tanzschule 200, 201
Tanzveranstaltungen 196f.
Taschen 370
Taufe 65, 95
Teamküche 254
Teamverständnis 266
Tee 160
Telefax 112
Telefon 107ff., 244
Telefonate
– geschäftliche 109
– private 109
telefonieren 106ff. 109, 110, 112, 372
Telefonkonferenz 250
Telefonzeiten 108, 109, 112
Teller 158
Terminkalender 370
Terrine 171, 175
Theater 90f., 196, 311, 384
Themen 87
Tiere 208
– füttern 295
– im Hotel 287, 315
Tipps für Kids 367, 369, 373, 378, 380, 382, 383, 385, 387
Tipps für Teens 377, 387
Tisch
– decken 134ff.
Tischanordnung 150
Tischdecke 135
Tischdekoration 87
– Blumengesteck 66, 145, 146
– Dekorationsmottos 146
– Kerzen 146
Tische, runde 150
Tischgebete 147
Tischgeräusche 159
Tischgespräche 159
Tischkarten 136, 384
Tischkultur
– zu Hause 148
Tischmanieren 146ff., 254
– allgemeine Regeln 146ff., 217, 279
Tischnachbar 161, 162, 164, 288
Tischordnung 148f.
– Ordnungskriterien 150
– im Restaurant
Tischplan 150
Tischregeln 146ff., 379f.
Tischsitten 146ff.
Tischthemen 161
Titel
– nichtakademische 37ff.
Toilette 286, 326, 351, 359
Toilettenfehler 359
Toleranz 29, 68, 71
Tonfall 106
Tranchierbesteck139
Trauerfall 95
Trauerfeier 66, 111, 132, 240
Treppen steigen 24
Trinkgeld 185f., 207
Trinkstil 159
Trolls 116
Tschechei 311
Tschechien 310ff.
– Anrede 310
– Begrüßung 310
– Business 311
– Einladungen 311
– Essen 311
– Geschenke 311
– Kleidung 311
– Kommunikation 311
– Pünktlichkeit 311
– Sonstiges 311
– Tabu 311
– Trinkgeld 311
Türkei 330ff.
– Anrede 330
– Begrüßung 330
– Business 331
– Einladungen 330f.
– Essen 330f.
– Geschenke 330
– Kleidung 331
– Kommunikation 331
– Pünktlichkeit 330
– Sonstiges 331f.
– Sprache 331
– Tabu 331
– Trinkgeld 331
Tuxedo 124

Übernachtungen 187ff.,
Übernachtungsgäste 208f.
Uhrzeiten, übliche 57f.
Umgang
– mit Kindern 207, 211, 283, 366, 376, 381
Umgangsformen 223f.
– allgemeine 272
– nachbarschaftliche 68ff.
Umzug 76, 78, 270, 353, 355, 380
Unfall 261, 279, 280, 281
Ungarn 309ff.
– Anrede 309
– Begrüßung 309
– Business 310
– Essen 309f.
– Geschenke 309
– Kleidung 310
– Kommunikation 310
– Pünktlichkeit 309
– Sonstiges 310
– Sprache 310
– Tabu 310
– Trinkgeld 310
Unsicherheiten 83
unterhalten 378 f.

Unternehmenskulturen 256f.
Unterschiede, kulturelle 33
USA 324ff.
- Anrede 324
- Begrüßung 324
- Business 325
- Einladungen 315
- Essen 324
- Geschenke 324
- Kleidung 325
- Kommunikation 325
- Pünktlichkeit 324
- Sonstiges 326
- Sprache 325
- Tabu 326
- Trinkgeld 325

Verabschieden 46, 243
Verabschiedung 6, 233
Veränderungen 14f.
Veranstaltungen 187, 188ff., 234
- festliche 201
Vereine 78, 79
Verkehrsmittel, öffentliche 272ff., 375f.
- Handy 274
- Hilfsbereitschaft 272f.
- Musik hören 274
- Sicherheit 273f.
- Sitzen 273f.
Verlobung 54, 55
Vermieter 73, 74, 77
Vernissage 195f., 234, 256
Vertraulichkeit 115, 117
Videokonferenzen 248ff.
Visitenkarte 117ff., 118, 119, 120, 121, 246f.
- Angaben 117f.
- überreichen 119, 291, 296, 305, 319
Vorbilder 365, 388
Vorgesetzte 268
Vorlaufzeiten 53
Vorlegebesteck 139, 175
Vorsicht 281
Vorspeisen 145, 176
vorstellen 40ff., 242f.
- sich 42f., 374
Vorstellungsgespräch 259ff., 261ff.
- Erscheinungsbild 262
- Freundlichkeit 263
- Getränke 263f.
- Haltung 264
- Pünktlichkeit 262
- Vorbereitung 261f.
Vorträge 250

Warten 24f.
Wein
- degustieren 177f.
- dekantieren 177
- temperieren 177
- Temperatur 177
Weinkunde 176f.
Weintrauben 173
Weißwein 177
weltweit 295ff.
Wertschätzung 29,
Weste
- schwarze 124
- weiße 124
White Tie 124
Wohnung
- hüten 212f.
Würfelzucker 173

Zähne 20, 263, 350, 351
Zahnstocher 147
Zärtlichkeiten
- austauschen 202, 363
Zeit 249,
- Umgang mit 232ff.
Zeitangaben 23
- c.t. (cum tempore) 23, 57
- s.t. (sine tempore) 23, 57
Zeitmanagement 232
Zeitung 285
- lesen 285
Zimmerlautstärke 70f.
zu spät kommen 193
zuhören 368
Zuhörer 88
Zusammenleben 370ff.
Zuschauer 201